Masuren — Geschichte, Land und Leute

Reinhold Weber

Masuren
Geschichte — Land und Leute

Verlag Gerhard Rautenberg · Leer

Das Bild auf dem vorderen Buchdeckel zeigt die Stadt Lyck mit Kirche und See (1978). Auf dem hinteren Buchdeckel ist ein Bild vom Schwenzait-See bei Angerburg wiedergegeben. Beide Fotos stammen von Dietrich Weldt. Das Foto auf Seite 2 stammt von Herrn Seidenstücker, Berlin.

© 1983 by Verlag Gerhard Rautenberg, Leer
Gedruckt bei Druckerei Gerhard Rautenberg, 2950 Leer
Die buchbinderische Verarbeitung besorgte Großbuchbinderei Arthur Kuhlmann,
2900 Oldenburg.
Alle Rechte vorbehalten
Printed in Western Germany
ISBN 3-7921-0285-4

INHALTSVERZEICHNIS

VORWORT 7
DAS LAND MASUREN UND SEIN GELTUNGSBEREICH 9
DAS LAND DER TAUSEND SEEN 12
KLIMA 15
GESCHICHTE 18
Die ur- und frühgeschichtliche Besiedlung Masurens 18
Erschließung Masurens durch den Deutschen Orden 45
Herzogszeit 70
Der Tatareneinfall 1656 74
Die große Pest (1709—1711) 75
Friedrich Wilhelm I. 75
Der siebenjährige Krieg (1756—1763) 87
Die napoleonischen Kriege (1806—1815) 94
Vom Wiener Kongreß bis zum 1. Weltkrieg 98
Der 1. Weltkrieg 101
Die Abstimmung am 11. Juli 1920 110
Zwischen den Weltkriegen 121
Der 2. Weltkrieg, Flucht und Vertreibung 136
Berichte aus den Kreisen über die Flucht im Winter 1944/45 154
Der Kreis *Neidenburg* 154
Der Kreis *Ortelsburg* 158
Der Kreis *Johannisburg* 161
Der Kreis *Lyck* 164
Der Kreis *Treuburg* 172
Der Kreis *Lötzen* 175
Der Kreis *Sensburg* 179
Der Krieg ist vorbei 182
KURZBERICHTE DER GESCHICHTE DER
MASURISCHEN STÄDTE 190
Arys 190
Gehlenburg 191
Johannisburg 193
Lötzen 196
Lyck 199
Neidenburg 204

Nikolaiken 207
Ortelsburg 209
Passenheim 213
Rhein 214
Seehesten 217
Sensburg 219
Soldau 221
Treuburg 224
Willenberg 227
VOLKSTUM UND NATIONALITÄT 230
BRÄUCHE IN MASUREN AUF DEM LANDE IM
JAHRESABLAUF 251
LITERATURVERZEICHNIS 258
BILDQUELLENVERZEICHNIS 265
REGISTER 267
Personenregister 267
Register für Orts-, Gelände- und Landschaftsnamen 271
VERZEICHNIS DER GRÖSSTEN SEEN MASURENS 277

VORWORT

Über „Masuren" sind in früheren Zeiten einige gute Bücher geschrieben worden, so z. B. von Max Töppen: „Geschichte Masurens" (1870), Albert Zweck: „Masuren" (1900), A. Ambrassat: „Ostpreußen" (1912), Heß von Wichdorff: „Masuren" (1915) und Hermann Gollub: „Masuren" (1934). Eine umfassende Darstellung, wie sie zuletzt H. Gollub im Jahre 1934 gegeben hat, fehlt seitdem, wenn auch nicht verkannt sein soll, daß in jüngster Zeit eine Reihe von Einzeldarstellungen, meist Reisebeschreibungen von heute erschienen sind.

Der Anregung von Herrn Rautenberg sen. bin ich im Jahre 1981 gern gefolgt, eine umfassende Darstellung von Masuren, seiner Vorgeschichte und Geschichte, seiner Landschaft mit seinen weltbekannten 1000 Seen, seinen Wäldern und Bergen sowie seiner Tierwelt, seiner Menschen, ihrem Leben und Treiben, aber auch ihren fürchterlichen Erlebnissen während und nach dem 2. Weltkrieg bei der Flucht und Vertreibung zu geben.

Ich glaube auch dazu besonders berufen zu sein; denn ich bin in Masuren, im Kreise Lyck geboren, habe dort bis 1938 gelebt, das Gymnasium in Lyck besucht und auf zahlreichen Radtouren ganz Masuren kennengelernt; alle Städte bis auf Soldau, das im Jahre 1919 leider zu Polen geschlagen wurde, konnte ich in den Jahren 1927—1938 besuchen und erleben.

In diesem Buch soll der die Geschichte verfälschenden Darstellung polnischer Historiker und Politiker entgegengetreten werden, wenn von diesen die deutschen Ostgebiete stets als „wiedergewonnene" Gebiete" bezeichnet werden. Wenn auch Marschall Pilsudski sich am 10. November 1927 gegenüber dem deutschen Reichsaußenminister Dr. Stresemann äußerte:

„Ostpreußen ist unzweifelhaft deutsches Land, das ist von meiner Kindheit an meine Meinung, die nicht erst der Bestätigung durch die Volksabstimmung (1920) bedurfte."

So versuchen polnische Historiker noch in jüngster Zeit nachzuweisen, daß z. B. Masuren uraltes polnisches Land sei und zu den von Polen beanspruchten „wiedergewonnenen Gebieten" gehöre.

Das Buch soll andererseits zuverlässige Kenntnisse von Masuren, von seinem Schicksal, seiner Landschaft und seinen Bewohnern vermitteln. Es soll ein Nachschlagwerk für alle aus diesem Raum stammenden Ostpreußen und deren Nachkömmlingen sein. Denn die heranwachsende Jugend beginnt mit wachsendem Interesse zu fragen, was war Ostpreußen und Masuren, die Heimat ihrer Vorfahren, und wie lebten dort die Menschen?

Masurenlied

Wild flutet der See;
Drauf schaukelt der Fischer den schwankenden Kahn.
Schaum wälzt er wie Schnee
Von grausiger Mitte zum Ufer hinan.
Wild fluten die Wellen auf Vaterland's Seen, wie schön!
O tragt mich auf Spiegeln zu Hügeln, Masovias Seen!
/: O Heimatland, Masovias Strand,
Masovia lebe mein Vaterland :/

Wild brauset der Hain.
Dort spähet der Schütze des Wildes Spur.
Kühn dringt er hinein,
Durchwandert die Täler, die Höhen, die Flur.
Ihr schwebenden Wolken gedenket doch mein, am Hain!
O führt mich durch Wälder und Felder zur Heimat ein.
/: Der Jugend Hain, der Seen Strand
Masovia lebe mein Vaterland :/

Tal, Hügel und Hain!
Dort wehen die Lüfte so frei und so kühn.
Möcht immer dort sein
Wo Söhne des Vaterlands kräftig erblühn.
Dort ziehen die Höhen durch Nebelsgrau, o schau!
Hold lächelt auf Seen und Höhen des Himmels Blau.
/: O Heimatland, Masovias Strand,
Masovia lebe mein Vaterland :/

F. A. Dewischeit

DAS LAND MASUREN
UND SEIN GELTUNGSBEREICH

Das „Land der dunklen Wälder und kristallnen Seen" ist der südliche und südöstliche Teil der Provinz Ostpreußen.

Zwischen Narew, einem Nebenfluß der Weichsel, und dem „Preußischen Landrücken" wohnten seit uralten Zeiten die prußischen Galinder; an diese schlossen sich etwa östlich der Linie Löwentin-See, Spirding-See und dem Pissek-Fluß (Galindefluß), also östlich des „Masurischen Tals" die Sudauer, ein besonders volkreicher Prußenstamm, an, deren Siedlungsraum im Norden und Osten bis zur Memel und dem Bobr, im Süden bis zum Narew reichte.

Erst im 6. Jahrhundert n. Chr. tauchten nach dem Abzug der letzten Germanenstämme, Goten und Gepiden, aus dem Raum der unteren und mittleren Weichsel slawische Völker, darunter Polen und Masowier, auf. Etwa um 950 n. Chr. bildete sich an der mittleren Weichsel das Herzogtum „Masowien" mit der Hauptstadt Plock. So wurde jedenfalls dieses Fürstentum ab 1000 n. Chr. von päpstlicher Seite genannt. Die Polen sprachen vom Herzogtum „Mazury" und von dessen Einwohnern, den „Mazurzi", während für den Deutschen Orden dieses Land die „Masau" war.

Der Chronist M. Christophorus Hartknoch aus Thorn nannte in seinem historischen Werk (1684) Conrad von Masowien stets „Conradus Hertzog in Masuren" und die Bewohner ebenfalls „Masuren". Danach ist Conrad nicht ein preußischer, sondern ein „masurischer" Fürst. Er spricht andererseits vom Schloß Lyck in „Sudauen", auch vom Schloß „leczen" (Lötzen) in „Sudauen" an einem See, welcher „leventin" heißt „auff gerichtet, dabey hernach ein Städtlein zugeleget".

Nach der historischen Karte der Homann Erben von 1796 liegt nach den Teilungen Polens „Masuren" in Polen.

Zur Ordenszeit wurde das früher von den prußischen Stämmen Sudauen und Galindern besiedelte Gebiet „Wildnis" genannt; in der zweiten Hälfte des 17. Jahrh. kam daneben die Bezeichnung „Polnische Ämter" auf. Damit wurde zum Ausdruck gebracht, daß in diesen preußischen Ämtern Leute wohnten, die vorwiegend eine polnische Mundart sprachen.

Die Besiedlung der „Wildnis" begann der Deutsche Ritterorden ab Mitte des 14. Jahrh. Doch erst nach dem 2. Thorner Frieden (1466) setzte eine starke Einwanderung aus der „Masau" in die „Wildnis" ein. Der Orden führte nunmehr eine systematische Besiedlung im Süden und Osten seines verbliebenen Hoheitsgebietes durch und gründete Güter und Dörfer. Da der Zuzug nach dem Verlust der Westgebiete, Westpreußen, Pommern und dem Ermland, aus Deutschland nach 1466 nahezu versiegte und nur wenige prußische Siedler zur Verfügung standen, sah sich der Orden gezwungen, Siedler aus Masowien, vor allem Kleinadlige (Schlachta) und Bauern, hereinzulassen.

Zunächst dauerten die Beziehungen der Neusiedler zu ihrem Mutterland Masowien ungeschmälert fort. Der große Riß trat erst 1525 durch die Umwandlung des Ordensstaates in ein evangelisches Herzogtum Preußen ein. Hierzu schreibt Kuhn (S. 22 a. a .O.) u. a. „Im Herzogtum Preußen nahmen die Masowier 1525 zusammen mit dem ganzen Lande die Reformation an und trennten sich damit von ihren beim Katholizismus verbleibenden Stammesgenossen im Süden. Die staatliche und kirchliche Gemeinsamkeit mit den Deutschen führte die Masuren bald dazu, sich nicht mehr als Polen, sondern als Preußen zu fühlen. Ihre Pfarrer und andere kulturellen Führer studierten an der Königsberger Universität, ihre polnische Mundart blieb von der jüngeren sprachlichen Entwicklung im Königreich (Polen) ausgeschlossen und durchsetzte sich mit deutschen Formen in Wortschatz und Grammatik, ihre kirchlichen polnischen Texte wurden mit gotischen Lettern gedruckt. Die Annahme des besonderen Stammesnamens „Masuren" zu Beginn des 19. Jahrh. war nur ein Schritt in dieser Entwicklung. Beim Gebrauch des Wortes wurde nicht mehr daran gedacht, daß es ursprünglich im Polnischen die Bewohner des Herzogtums Masowien bezeichnete, sondern es sollte umgekehrt die völlige Verschiedenheit von Masowiern und Polen betonen."

„Im Südteil des Ermlandes dagegen blieben die Masowier katholisch, und damit behielt auch die Stammesbezeichnung „Polen" für sie bis in die Gegenwart Geltung. Doch waren sie vom Polentum durch einen Ring der evangelischen Masuren getrennt und auch in der Zeit der Zugehörigkeit zum polnischen Staat von 1466 bis 1772 Angehörige eines überwiegend deutschen, wenn auch nicht deutsch regierten Territoriums. So haben sie in der preußischen Zeit ebenso den inneren Anschluß an das Deutschtum gefunden wie ihre evangelischen Sprachgenossen und diesen Zugehörigkeitswillen in der Abstimmung von 1920 ebenso klar bewiesen."

Der Name „Masuren" für die Landschaft zwischen der Kernsdorfer Höhe im Südwesten und der Seesker Höhe im Nordosten ist erst Anfang des 19. Jahrh. aufgekommen, wahrscheinlich im Zusammenhang mit Preußens Neuerwerb von Neu-Ostpreußen 1793 (2. Teilung Polens) und 1795 (3. Teilung Polens zwischen Preußen, Österreich und Rußland). Neu-Ostpreußen entsprach gebietsmäßig etwa dem alten polnischen Fürstentum Masowien mit der Hauptstadt Plock/Weichsel.

In einem Bericht des Oberconsistorialrathes Zollner vom 28. Sept. 1802 über die Lycker Provinzialschule heißt es u.a.: „in dem ganzen masurischen Theile von Preußen ist keine andere gelehrte Schule" . . . (Töppen S.V.) In der Johannisburger Stadtchronik ist von „Masurens Städten" im Jahre 1822 die Rede. Der Direktor J. S. Rosenheyn spricht in dem Programm des Gymnasiums zu Lyck vom Okt. 1825 von einer „Provinz Masuren".

Mit der ostpreußischen Kreiseinteilung 1818 wurde der Name „Masuren" gebräuchlich. Es ist allerdings festzuhalten, daß die Bezeichnung „Masuren" ethnographischen, nicht aber geographischen Ursprungs ist. Ein preußisches Masuren als selbständiges Land oder als eigner Verwaltungsbezirk hat es niemals gegeben.

Noch nach 1920 haben um Suwalki lebende Polen den Holzkaufmann Walter Danowski aus Grabnick, Kr. Lyck, und seine Landsleute als „Prußakis", niemals als „Masursis" bezeichnet; denn „Mazury" läge in Polen um die Stadt Plock.

Jedenfalls hat „Masuren" zwischen Neidenburg und Goldap niemals zu Polen gehört.

Allerdings herrscht unter Historikern und Verwaltungsleuten keine Übereinstimmung, welche Landstriche zu „Masuren" zu rechnen sind.

Der Königsberger Oberlehrer, Dr. Krosta, bezeichnete 1875 unter „Masuren" die evangelischen Einwohner Ostpreußens mit masurischer Muttersprache und grenzte sie von den Bewohnern des katholischen Ermlandes mit Allenstein, Rößel und Bischofsburg ab. Er rechnete zu Masuren die Kreise Osterode, Neidenburg, Ortelsburg, Sensburg, Johannisburg, Lyck, Lötzen und Treuburg sowie Teile der Kreise Rastenburg, Angerburg und Goldap. Das ist das Gebiet der „ostpreußischen Seenplatte", das Land zwischen den beiden höchsten Erhebungen Ostpreußens, der Kernsdorfer Höhe (313 m) im Westen und der Seesker Höhe (309 m) im Nordosten. Es umfaßt etwa $\frac{1}{3}$ von Ostpreußen und $\frac{1}{4}$ seiner Bevölkerung.

Wehler (S. 147) geht noch weiter. Er rechnet das Gebiet südlich der Linie Liebemühl — Goldap zu „Masuren", also den Regierungsbezirk Allenstein, dazu den Kreis Treuburg und Teile der Kreise Rastenburg, Angerburg und Goldap.

Einen gewißen Anhalt gibt der Vorschlag für die Kreiseinteilung aus dem Jahre 1818 (Rep. 8, Abt. I. Nr. 10). Danach bildete Rastenburg mit den Gebieten der Hauptämter Bartenstein und Barten sowie dem Erbhauptmann Gerdauen einen Kreis. Rastenburg wurde demnach nicht zu „Masuren" gerechnet.

Die Hauptämter Angerburg, Lötzen, Sehesten (bei Sensburg) und das Erb-Amt Neuhoff wurden zu einem Kreis zusammengefaßt; Die Hauptämter Oletzko, Lyck und Johannisburg bildeten einen Kreis, während die Hauptämter Ortelsburg, Hohenstein, Soldau, Gilgenburg und Neidenburg zum Kreis Neidenburg geschlagen wurden. Das Gebiet Masurens war damit vorgezeichnet.

Dagegen kam das Hauptamt Osterode mit Pr. Holland, Liebstadt, Mohrungen und Deutsch-Eylau zum Kreis „Oberland", gehörte also nicht zu „Masuren", während Stadt- und Landkreis Allenstein und Rössel einen Kreis im Ermland bildeten.

Waren das verwaltungsmäßige Entscheidungen zu Anfang des 19. Jahrh., wurden seit 1905 die Kreise des Masurenlandes mit Ausnahme der Kreise Treuburg und Angerburg unter Einbeziehung der Kreise Allenstein und Rössel/Bischofsburg und dem oberländischen Kreis Osterode in dem Regierungsbezirk Allenstein zusammengefaßt.

Der Name „Masuren" wurde in Deutschland durch zwei Ereignisse allgemein bekannt. Da sind einmal die Schlachten im 1. Weltkrieg zu nennen, die Schlacht bei Tannenberg im August 1914, die Schlacht an den Masurischen Seen im September 1914 und die Winterschlacht in Masuren im Februar 1915 — der Name stammt von Kaiser Wilhelm II. persönlich —. (Hindenburg: Aus meinem Leben, S. 105). Zum anderen hat die Abstimmung vom 11. Juli 1920 Masuren in aller Munde gebracht.

DAS LAND DER TAUSEND SEEN

Der hervorragende Geograph Caspar Hennenberger, der vor rund 400 Jahren in unermüdlicher siebenjähriger Tätigkeit die erste große Landkarte des Preußenlandes geschaffen und dabei das ganze Land eingehend durchstreift hatte, hat in seiner im Jahre 1584 erschienenen „Kurtzen und wahrhafftigen Beschreibung des Landes Preußen" geschrieben: „Ja, wo ist ein Land, das so viel schöner und herrlicher Seen hatte als Preußen. Dann die schwartzen und grawe Mönche, so dis Land mit irem Bettelsack wohl durchzogen, haben frischer Seen 2037 berechnet, unter welchen der wenigste 4 Huben innen haben soll." (Gemeint ist das Gebiet der späteren Provinzen Ost- und Westpreußen und von Teilen Pommerns. Dann darf man zu Recht Masuren als das Land der tausend Seen bezeichnen.)

Die Landschaft wurde in der Eiszeit geformt. Vor etwa 500 000 Jahren drangen aus dem hohen Norden infolge klimatischer Veränderungen gewaltige Gletscher nach Süden vor. Während dreier Eiszeitperioden war ganz Nordeuropa zeitweise bis zum Rand der deutschen Mittelgebirge und den Karpathen von gewaltigen viele hundert Meter hohen zusammenhängenden Gletschermassen bedeckt. Das mächtige Inlandeis arktischer Gebiete schleppte gewaltige Massen lockeren Gesteinschutts und Erde aus den nordischen Gebieten mit sich; unterwegs wurden die weichen Gesteine zerrieben und als zäher, kalkhaltiger sandiger Ton, als „Grundmoräne" unter dem Eis abgelagert; die härteren, widerstandsfähigeren nordischen Gesteinsblöcke, die sogenannten „eratischen Blöcke", wie der „Tatarenstein" bei Neidenburg oder als „Lindenstein" bei Eckertsdorf oder der „Opferstein" bei Jucha blieben regellos verteilt liegen.

Am Rande des Inlandeises lagerten sich, von Schmelzwassern ausgewaschen, Haufen von lockeren, gröberen wie feineren Gesteinsbruchstücken und Geröllen in schmalen, langgestreckten Zügen und Hügelketten ab. Diese Höhenzüge bezeichnete man als „Endmoränen"; sie stellen die jeweiligen Rand- oder Stillstandslagen des Inlandeises bei seinem späteren Rückzuge in der Abschmelzperiode dar. Durch unregelmäßiges Vorrücken und Zurückschreiten des Inlandeises, durch Hin- und Herschwanken des Randes (Oszillationen) entstand ein unregelmäßiger Wechsel von bald festen, bald lockeren Absätzen; daher erklären sich die zahlreichen kleinen und großen Zwischeneinlagerungen von grobem Kies, kiesigem Spatsand und Sand, z. T. auch von mächtigen Tonbänken und Mergelsandschichten innerhalb der kompakten Geschiebemergel-Ablagerungen.

Dort, wo längere Zeit hindurch der Eisrand still lag, brachen aus den Spalten im Eis und aus Gletschertoren gewaltige strudelnde Schmelzwasser hervor, die in dem niedrigen eisfreien Vorland unendliche Mengen des mitgerissenen kiesigen und feinen Sandes in weiten, schwach geneigten Sandebenen ablagerten. Wir haben also zwei Großlandschaften: Da ist einmal das Moränengebiet von Holstein über Mecklenburg, Pommern, Westpreußen, dann unterbrochen vom Weichseltal, östlich der Weichsel weiter durch Masuren nach Litauen und in die baltischen Länder hinein, der „Baltische Höhenrücken", anderseits, nach Süden, die Sanderflächen.

Innerhalb des „Baltischen Höhenrückens" bildet Masuren mit Teilen des Ermlandes und dem Oberland den durch die bedeutende Höhenlage und den großen Seenreichtum auffallenden Abschnitt, den „Preußischen Landrücken" oder das „preußische Seengebiet". So wie das Land nach dem Verschwinden der Gletscher vor etwa 30 000 Jahren zurückblieb, ist es bis heute geblieben. Nur sind inzwischen eine Anzahl von Seen verlandet und zu Mooren geworden.

Im Westen grenzt der „Preußische Landrücken" an das Tal der Weichsel, im Osten an die Höhen von Suwalki. Masuren ist der Teil des „Preußischen Landrückens", der sich in sanftem Bogen zwischen den beiden beherrschenden Eckpfeilern, den Kernsdorfer Höhen im Südwesten und der Seesker Höhe im Osten hinzieht. Innerhalb dieses Gebietes hebt sich ein nördliches, in weiten Teilen über 200 m ansteigendes, Hügelland in scharfer Abgrenzung von der südlichen Ebene, der Sanderebene ab, die langsam gegen den Narew abflacht. Hier die „Bucklige Welt", dort, südlich davon, die „Sanderebene"!

Zwei Senken, die des Alleflusses und die der großen Seen, vom Mauersee über den Löwentinsee zum Spirdingsee, durchziehen die „Bucklige Welt" des „Preußischen Landrückens". Von ihnen aus steigt das Land nach beiden Seiten an. Hier wird Masuren in zwei, ihrem Aufbau nach ähnlichen Hälften, das westliche und das östliche Masuren, getrennt.

Bezeichnend dürfte für das westliche Masuren der regellose Verlauf der Endmoränenkette sein. Typisch dafür ist ein Blick vom Bismarckturm in Sensburg. Hier eröffnet sich ein herrlicher Blick über die langgestreckte, von Hügeln umrahmte Sensburger Seenkette, die wie eine tiefe Kerbe in das wellige Land einschneidet. Während diese Seenrinne mit Heiligenlindesee, Kersten-, Juno-, Schoß- und Lockwinnersee und den benachbarten Seenrinnen im Westen mit Gehland-, Sorquitter- und Pillackersee und im Osten mit den bekanntesten Rinnenseen, nämlich Rheinschersee, Talter Gewässer, Nikolaiker- und Beldahnsee sowie dem Niedersee eine einheitliche nordsüdliche Richtung aufweisen, ist in dem Verlauf der vielfach unterbrochenen Höhenzüge wenig von einer Gesetzmäßigkeit zu entdecken.

Eine Ausnahme macht die Kernsdorfer Höhe. Bei einer Fahrt von Osterode nach Hohenstein erscheint dieser Höhenzug als ein sich nordsüdlich hinziehender Wall, der von mehreren bewaldeten ruhigen Kuppen gekrönt wird. Die höchste Erhebung mit 313 m tritt kaum aus dem langgestreckten Zuge hervor. Oben von der Höhe aus und auch vom weit südlich verlaufenden Kamme eröffnen sich überraschende Fernsichten in zwei weite beckenartige Landschaften, nach Westen in das Drewenzbecken und nach Osten in das waldreiche Allegebiet. Bei diesem Höhenzug ist auffallend der rasche Wechsel von Lehm, Sand, Kies, Geröll und vor allem der große Reichtum an Steinen, darunter auch viele eratische Blöcke. Manche Äcker an den Hängen sind förmlich von Steinen übersät.

Nach Süden läßt sich die Kernsdorfer Höhe über Gilgenburg bis nach Mlawa in Polen hin verfolgen. Das weite Höhengebiet zwischen Neidenburg, Soldau und Mlawa weist vorwiegend unfruchtbaren Sand- und Kiesboden auf. Zwischen Wiesen und Mooren fließt in dem über einem Kilometer breiten Tal das kleine Neideflüßchen nach Süden; es mündet in den Nebenfluß der Weichsel, den Bug.

Unterhalb der Kernsdorfer Höhe im Osten liegt das Schlachtfeld von Tannenberg aus dem Jahre 1410 zwischen dem Deutschen Orden und dem vereinigten polnisch-litauischen Heer. Es dehnt sich zwischen den Dörfern Tannenberg und Grünfelde aus. Früher war hier eine Kapelle. Im Jahre 1901 wurde auf dem Schlachtfeld, und zwar auf der Altarstätte der ehemaligen Kapelle, ein etwa 200 Zentner schwerer $2\frac{1}{2}$ m hoher eratischer Block als Gedenkstein errichtet; dieser trug als Inschrift: „Im Kampfe für deutsches Wesen, deutsches Recht starb hier der Hochmeister Ulrich von Jungingen am 15. Juli 1410 den Heldentod".

Ein Kleinod ganz Masurens ist die Kruttinna, auch Kruttinnenfluß oder -fließ genannt. Sie gehört zu den Hügellandbächen, die kein einheitliches Tal in ihrem Oberlauf verfolgen, sondern eine Anzahl von Kesseln und Furchen der Moränenlandschaft untereinander verbinden. Umstritten ist, wo die Quelle zu finden ist. Templin (a.a.O.S. 71ff) schreibt über die Kruttinna u. a.: „Man besteigt den Kahn und gleitet im tiefsten Waldesfrieden über den schilfumrahmten Cruttinnen-See zum kristallklaren Wasser des breiten Flüßchens. Bald setzen die Ruder aus, und die steuernde Stange treibt uns langsam flußabwärts zwischen den dichtbelaubten Ufern dahin, deren grünes Laubholz bald hier, bald dort die Äste über uns verschlingt, sich duftig in dem frischen Gewässer spiegelt und seine herabhängenden Zweige hineintaucht, als wollte es das köstliche Naß schlürfen. Unter uns schimmert in kristallner Tageshelle das Bett des Flüßchens mit seinen farbigen Steinchen und weißen Muscheln, mit seiner märchenhaften Vegetation von schmiegsamen auf- und niedertauchenden Wasserpflanzen, zwischen denen flinke Fischlein an unserm Nachen vorübereilen. Nichts unterbricht die feierliche Stille. Wir genießen die Zauberwelt. Bald sind wir in Cruttinnen. Hohe Kiefern künden uns, den Laubwald überragend, die Nähe der Oberförsterei an. In zahllosen Windungen fließt die Cruttinna von hier weiter. Unterhalb Grünheide, wo ihre Gewässer über eine Mühlenschleuse rauschen, liegt nicht weit von dem Gute Jägerswalde der Duß-See, aus dessen Ufergrün sich malerisch das griechische Nonnenkloster, mit einem Türmchen und einem Kreuze geziert, aus dem dunklen Grün der Bäume heraushebt. Weiter abwärts zieht sich neben grünen Wiesen Eckertsdorf hin, in dessen Nähe ein schönes Naturdenkmal Zeugnis ablegt von der Urkraft der Natur: eine Linde, die in einem mächtigen Findling von 4 m Länge und 3 m Breite Wurzel gefaßt und ihn gesprengt hat. Leider hat der Sturm die Linde gebrochen.

Auf den linken Uferhöhen der Cruttinna erhebt sich Ukta zu beiden Seiten der Chaussee, mit seinen beiden Brücken lieblich in Grün versteckt. Weiter bahnt sich die Cruttinna durch wunderbaren Laub- und Nadelwald ihren Weg nach Norden bis zum Garten-See und aus diesem in den Beldahnsee. Unvergeßlich bleibt eine Kahnfahrt auf dem Gartensee, in dessen tiefblauen Fluten hinter frischen Waldwiesen dunkel und massig der hohe Kiefernwald die Uferhöhen ansteigt. Der Kruttiner Fluß ist für die Flößerei von Bedeutung, weil er den Holztransport zum Beldahnsee ermöglicht; da sein Flußbett in dem Wiesengebiet leicht verunkrautet, muß es laufend entkrautet werden.

Der Wiesenkalk, der die schöne Färbung des Bodens im oberen Abschnitt des Kruttinner Flusses hervorbringt, läßt sich auf dem ganzen Flußlauf verfolgen. In vorzüglicher Beschaffenheit ist er besonders bei Neubrück anzutreffen."

KLIMA

Von allen deutschen Landen hat Ostpreußen das wirtschaftlich ungünstigste Klima. Es hat den längsten Winter, die größten Temperaturgegensätze und eine höchst ungünstige Verteilung der jährlichen und monatlichen Niederschlagsmengen.

Das Jahr hat im Durchschnitt:

in Ostpreußen	50,7 Eis-	und	128,6 Frosttage
		und	185,7 frostfreie Tage,
in Mitteldeutschland	24,6 Eis-	und	89,1 Frosttage
		und	251,3 frostfreie Tage,
in Nordwestdeutschland	13,4 Eis-	und	74,3 Frosttage
		und	277,3 frostfreie Tage.

Innerhalb der Provinz Ostpreußen treten deutlich, je nach der Höhenlage verschiedene Klimazonen hervor. Im allgemeinen steigert sich die Ungunst der klimatischen Verhältnisse, je mehr man sich von den Niederungen des Küstenstriches, von Königsberg, wo klimatische Gegensätze von der Ostsee gemildert werden, der masurischen Höhenlandschaft nähert, die ein völlig kontinentales Klima mit scharfen Gegensätzen zwischen Sommer und Winter aufweist. Sie erreicht ihren Höhepunkt in Ostmasuren, hier in der Gegend von Treuburg, das die niedrigste durchschnittliche Jahrestemperatur aller auf ähnlicher Höhe gelegenen Ortschaften Deutschlands hat.

So hat Treuburg 56,9 Eistage, d. h. Tage, an denen die Temperaturen ständig unter dem Gefrierpunkt blieben (gemessen über einen Zeitraum von 20 Jahren), Klaussen, Kr. Lyck, 54,7 und Königsberg nur 43,5 Tage, das ist ein Unterschied von 13,4 bzw. 11,2 Tagen. Bei Frosttagen, d. h. Tagen, an denen die Temperatur nur teilweise unter dem Nullpunkt steht, zeigt Treuburg 144,8 Tage, Klaussen 131,2 Tage, Königsberg aber nur 111,1 Tage, also 33,7 bzw. 20,1 Tage weniger.

Einem Jahresmittel von 5,7° für den Kreis Treuburg steht ein solcher von 6,1° für den Kreis Lyck — das gleiche Mittel hat Neidenburg — gegenüber. Königsberg hatte 6,7°, Berlin 9° und München 7,4° als Jahresmitteltemperatur.

Die kälteste Gegend mit den niedrigsten Jahresdurchschnittstemperaturen zeigte der Seesker Höhenzug im Norden des Kreises Treuburg. Über das Jahr bezogen kann man feststellen, daß strenge Winter heißen Sommern gegenüberstanden, es herrschte im allgemeinen nur ein kurzer Frühlingsübergang, während lange, schöne Herbstwochen vieles wieder gut machten. Lange, harte und meist schneereiche Winter wirkten sich nicht nur auf Wirtschaft und Verkehr nachteilig aus, sondern hatten auch bei der Landwirtschaft zusätzliche Schäden durch Auswinterung von

Getreideanbauflächen und Ertragseinbußen auf noch nicht umgebrochenen Feldern zur Folge. Hinzu kam eine finanzielle Mehrbelastung des landwirtschaftlichen Betriebes durch die Notwendigkeit, massivere und umfangreichere Gebäude hinzustellen, bei denen höhere Kosten für deren Instandhaltung anfielen.

Die an sich sehr kurze Zeit für die Frühjahrsbestellung zeigte innerhalb Masurens noch erhebliche Unterschiede. So schmolz z. B. der Schnee im Treuburger Kreisgebiet später als im Kreise Lyck; diese Verzögerung betrug allein zwischen diesen beiden Kreisen 8—10 Tage. In den Sandergebieten zwischen Johannisburg, Ortelsburg und Neidenburg erwärmte sich der Boden früher als in den höher gelegenen Gebieten Masurens. Der Seenreichtum brachte eine weitere Verzögerung der Ackerbestellung, weil das Eis auf den Seen länger liegen blieb als auf dem Land, so daß sich der Eintritt des Frühlings verzögerte. Das Eis blieb in der Regel bis Mitte April auf den Seen, durch seine Verdunstungskälte werden die Temperaturen gesenkt. Hinzu kommt, daß in den Bergen die Schneeschmelze nicht gleichmäßig einsetzt; an den nördlichen Hängen liegt der Schnee oft bis Anfang Mai, so daß demzufolge die Ackerbestellung sich bis Anfang Mai hinzieht, während sie in flachen Gebieten, so in den Sanderflächen, um diese Zeit längt beendet ist.

Leider treten häufig Spätfröste vor allem um die Tage der Eisheiligen (11.—14.5.), die letzten manchmal erst Anfang Juni auf, was für die Vegetation und vor allem für die Baumblüte sehr schädlich ist. Während in Königsberg Ende April der letzte Frosttag auftritt, wurden in den Kreisen Lyck und Treuburg Fröste noch Mitte Mai beobachtet. Die Ursache für das Aufkommen dieser späten Frosttage ist wahrscheinlich darin zu sehen, daß im nördlichen Teil der Ostsee das Eis erst recht spät schmilzt und von dort kalte Luftströmungen nach Süden und Südwesten ziehen. Stellt sich endlich warme Witterung ein, dann entwickelt sich die Vegetation in fieberhafter Schnelligkeit.

Der Sommer holt bei uns in Masuren durch größere Wärme ein, was er an Länge verliert. Das beweisen folgende Angaben:

Es haben im Mittel in Kiel 23, Königsberg 31 und Klaussen 39 Sommertage über 18° Wärme. Die größte Hitze bringen Juli und August. Leider stellen sich manchmal nach sehr warmen Tagen kühle Abende ein, meist nach Gewittern.

Besonders beständig ist in der Regel der Herbst. Er beginnt meist mit mehreren schönen Wochen von Anfang September bis Mitte Oktober. Er zeigt sich freundlicher als in anderen Teilen Deutschlands. Ab Mitte Oktober aber verschlechtert sich die Witterung zusehends. Es tritt oft feuchtkaltes nebliges Wetter auf, nicht selten mit Sturm und Regen. Ab Mitte November herrscht Frost.

Die Winter sind in Masuren meist streng und schneereich. Januar und Februar sind die kältesten Monate. Im Südosten Masurens liegt die Schneedecke über 100 Tage, während Westdeutschland nur etwa 20 Tage aufweisen kann und an der Oder über 50 Tage gezählt wurden! Die Vegetationsperiode ist sehr kurz. Die Landwirtschaftskammer für die Provinz Ostpreußen berechnete im Jahre 1925 die Zahl der für Feldbearbeitung zur Verfügung stehenden Arbeitstage in Ostpreußen auf 153, in Masuren auf 141, in Mittel- und Westdeutschland aber mit 178—210 Tage!

Wie sehr sich die landwirtschaftlichen Arbeiten in der kurzen Vegetationsperiode häufen, ergibt sich aus einem Überblick während der ganzen Vegetationsperiode, wie ihn Dr. Meyhöfer (Kreisbuch Neidenburg S. 29) aufzeigt. Auf die Frühjahrsbestellung, die meist erst Mitte bis Ende April vorgenommen werden kann, folgt das Setzen der Kartoffeln und anschließend das der Rüben. Die Arbeit zieht sich oft bis

Anfang Juni hin. Mitte Juni setzt die Heuernte ein, die bis Mitte Juli dauert und mit den Pflegearbeiten am Gemüse und an den Kartoffeln zusammenfällt. Die folgende Zeit wird ausgefüllt durch die Zubereitung der Brache für die Winterbestellung. Anfang August beginnt die Roggenernte, mit der oft die Ernte der Gerste zusammenfällt. Nur im günstigsten Fall folgt diese der Roggenernte unmittelbar. In den ersten Septembertagen muß schon wieder mit der Herbstbestellung begonnen werden, damit die Saat gut in den Winter kommt. Anschließend setzt gleich die Kartoffelernte ein, da schon Anfang bis spätestens Mitte Oktober die ersten Fröste auftreten. Nach der Hackfruchternte ist es oft nicht mehr möglich, im Herbst den Boden für die Frühjahrsbestellung vorzubereiten, was an sich sehr erstrebenswert wäre, weil sonst die Bearbeitung des Bodens erst im Frühjahr in Angriff genommen werden kann und dadurch die Einsaat hinausgezögert wird.

Mit alledem hängt es zusammen, daß bei der Feldarbeit rasch gearbeitet werden muß und hohe Spitzenleistungen von der bäuerlichen Wirtschaft gefordert werden. Während das Frühjahr verhältnismäßig regenarm ist, weist der Sommer die größten Regenmengen auf, gegen 50 % der Niederschläge fallen in den Monaten Juni bis August; die regenreichsten Monate sind Juli und November in Masuren.

Wie bereits dargestellt erfolgt die Entwässerung nach Süden zum Narew, Bug und zur Weichsel und nach Norden über Alle, Angerapp und Jarke zum Pregel. Fast alle Seen haben durch kleine oder größere Zu- und Abflüsse miteinander Verbindung, allerdings haben viele Seen nur geringe Höhenunterschiede, so daß ein rascher Abfluß nicht möglich ist. Darauf ist das Entstehen größerer landwirtschaftlich nicht genutzter Uferzonen und Moorgebiete zurückzuführen. Auch die Flußtäler wie Omulef und Lyckfluß sind naß und haben große Flächen an Mooren und sauren Wiesen gebildet. Auch in den abflußlosen Mulden entstanden im Laufe der Zeit vermoorte Wiesen. Erst im 19. Jahrh. und zu Beginn des 20. Jahrh. wurde hier durch planmäßige Meliorationen und durch stärkere Dränung ein Wandel geschaffen.

In manchen Jahren hatten besonders die Sandergebiete der Kreise Johannisburg, Ortelsburg und Neidenburg unter Trockenheit zu leiden. Dagegen ist der Landwirt machtlos.

GESCHICHTE
Die ur- und frühgeschichtliche Besiedlung Masurens

Dickes Nordlandeis, das nach mehrfachem Rückgang — Zwischeneiszeiten — immer wieder vorrückte, bedeckte den Boden West- und Ostpreußens. Zur gleichen Zeit blieb über mehrere Zehntausende von Jahren Mittel- und Südeuropa eisfrei. Hier entwickelte der diluviale Mensch bereits eine hohe Kultur, wie sie sich u. a. in nordspanischen und südfranzösischen Höhlen, z. B. in der Altamira-Höhle bei Santander in Nordspanien, in eindrucksvollen Felszeichnungen noch heute offenbart.

Erst nach dem Abschmelzen des gewaltigen Eisgletschers drangen etwa in der ausgehenden Eiszeit (8000—5000 v. Chr.) die ersten menschlichen Siedler von Südosten und Süden her in Masuren ein, als das Klima noch rauh war und Wälder erst allmählich zu wachsen begannen. Auf den weiten Steppen, die damals das Landschaftsbild unserer Heimat beherrschten, jagten sie Hoch- und Niederwild, vor allem das Rentier. Aus deren Geweihstangen fertigten sie einfache Hacken, wie sie 1927 aus Bodenschichten im Krutinnafluß bei Niedersee gefunden und dem Prussiamuseum Königsberg zur Verfügung gestellt wurden; dieses rechnete die Hacke der Zeit um 4000 v. Chr. zu. Hacken und andere Knochengeräte der sogenannten „Knochenkultur", wurden auch an anderen Stellen Masurens gefunden, so bei Jucha, Neuendorf, beide Kr. Lyck, Lindenwiese (Geweihhacke), Kosuchen (Harpune mit großem knieförmig gebogenen Widerhaken), im Löwentinsee (dreikantiger Fischspeer), Upalten und Staßwinnen (Vogelpfeil mit seitlichen Schneiden), Kruglinnen (Dolch mit Mittelrinnen), in den Rostker Wiesen (Fellöser und ein Fellglätter aus Rengeweih), alle Kr. Lötzen, im ehemaligen Nidaina-See bei Peitschendorf (mehrere Geweihgeräte), Kr. Sensburg, im Flußbett des Omulef-Flusses (Hirschhornaxt, Hirschhornhammer, Knochenmesser, Vogelpfeile u. a.), Neufließ (Baranowen) (Geweihaxt), Kr. Ortelsburg und Kaunen (Kownatken) (mehrere Knochengeräte) Kr. Neidenburg.

In diese Zeit gehört auch Klingenkultur mit Geräten aus Flint (Feuerstein). Hier wurden kleine Werkzeuge aus dem leicht splitternden Feuerstein hergestellt wie Pfeilspitzen, Messerchen, Stielspitzen und Schaber.

An den Fundorten lebten zeitweise die Ureinwohner Masurens, Jäger und Fischer; darauf deuten die Fundstücke hin. Es waren die Werkstätten und zeitweiligen Wohnorte; hier hatten sie sich für längere oder kürzere Zeit niedergelassen, um auf Jagd zu gehen oder den Fischfang zu betreiben. Waren die Jagdgründe erschöpft, lieferte der Fischfang an dem Gewässer nur noch geringe Erträge, zogen sie weiter zu neuen Wohnplätzen mit günstigeren Bedingungen für Jagd und Fischfang. Feuersteinfunde wurden gemacht im Kreis Treuburg u. a. in Bolken (Czychen), Erlental (Olschöwen) und Kelchdorf (Promianen, im Kreis Lyck in Jucha, bei Milucken,

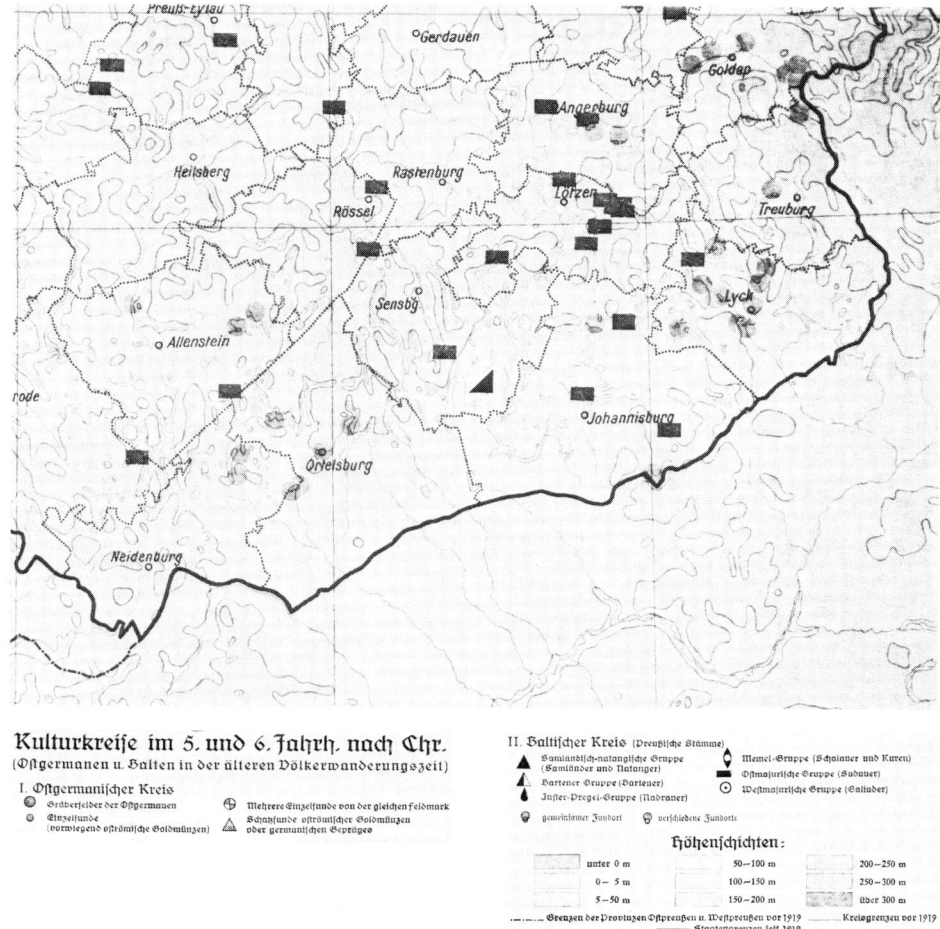

Klaussen, Nußberg, am Neumalkrer See und am Gr. Margen-See bei Grabnick, auf dem Rennplatz bei Lyck und bei Keipern (Barannen), im Kreis Ortelsburg, im Paterschobensee, Alt-Keykuth, in Waplitz und Ortelsburg, im Kreis Lötzen bei Seefeld, in den Staßwinner Wiesen bei Marxhof und im Süden des Löwentinsees, im Kreis Neidenburg u. a. bei Burdungen und Gedwangen.

In diese Zeit fällt auch der Anfang der Fertigung von Gefäßen aus Ton. Waren zunächst die Tongefäße nur einfache, glatte, handgefertigte Gefäße, die für den täglichen Gebrauch vorgesehen waren, wurden später auf den Tongefäßen schräg verlaufende Kamm- und Tiefstichverzierungen in den weichen Ton geritzt. Diese „Kammkeramik" genannte Kultur ist neolithisch (3000—1800 v. Chr.) und umfaßte den größten Teil West- und Ostpreußens. Der Historiker Schumacher deutet sie auf die Anwesenheit einer Jäger- und Fischerbevölkerung mit noch recht primitiven Wohnstätten und bezeichnet sie als eine vorindogermanische, finno-ugrische Kultur mittelsteinzeitlichen Charakters, die bereits Einflüsse einer aus Westen

Flintgeräte als Zeugen steinzeitlicher Besiedlung und Kultur in Ostpreußen

Von W. La Baume

"Steinzeit" hat man die Zeit vor Beginn der Metallzeit nicht deswegen genannt, weil der Mensch jenes Zeitabschnittes etwa nur den Stein als Werkstoff gekannt hätte. Vielmehr fertigte er sich Werkzeuge und Geräte auch aus Holz, Knochen und Geweih und verwendete außerdem manches andere von organischer Herkunft, wie Felle, Leder, pflanzliche Stoffe usw. Weil aber von all dem sehr wenig übriggeblieben ist, während Geräte und Waffen aus Stein in großer Zahl die Jahrtausende überdauerten, ist die Bezeichnung Steinzeit für die älteste menschliche Geschichte immerhin treffend gewählt, insbesondere auch deswegen, weil dem Menschen der Steinzeit keinerlei Metall bekannt war.

Steinbeile und Steinhämmer kennt heute jeder. Wer aber kennt und beachtet die Geräte aus Flint (Feuerstein), die für den Menschen mindestens ebenso wichtig waren wie Beil, Hammer und Streitaxt? Und doch sind sie so bedeutsam in vielerlei Hinsicht. Wie Werkzeug und Gerät in einer Zeit ausgesehen hat, in der man keinerlei Metall kannte, ist doch an sich schon eine Frage, die allgemeine Aufmerksamkeit verdient. Wie wurde denn ein Hammerstiel hergerichtet, wie wurde ein Stammabschnitt zu einem Becher ausgehöhlt? Wie überhaupt Holz bearbeitet? Was nahm man zum Glätten von Hirschgeweih, zum Bohren von Löchern, zum Zerschneiden der Felle und des Leders? Und das alles ohne Eisen, ohne sonstiges Metall? Dazu kommt weiter, daß Flintgerät oft das einzige ist, was uns die Stellen verrät, wo einst steinzeitliche Siedlungen gelegen haben. Ist es nicht von Wert, die Lage dieser Wohnstätten zu kennen, und ebenso die Wohn- und Lebensbedingungen des steinzeitlichen Menschen? Viele Fragen solcher Art drängen sich auf und wollen beantwortet sein.

Feuerstein wurde vor allem deswegen gern benutzt, weil er sehr hart ist und gut spaltet. Das bei uns in der Natur vorkommende Material an Feuerstein sind unregelmäßige Knollen, die aus der Kreideformation des Untergrundes stammen; von ihnen kann man durch geschickte Schläge Späne abschlagen, die man auch Absplisse oder Lamellen nennt. Der abgeschlagene Span, der an der oberen Kante (Schlagkante) meist eine Verdickung (Schlagkegel, Schlagzwiebel, Bulbus) zeigt, hat scharfe Kanten und kann daher zum Schneiden, also als Messer benutzt werden; hat er eine Spitze, so kann er auch als Pfeilspitze oder zum Bohren gebraucht werden. Aber der Steinzeitmensch hat sich mit solchen einfachen Abschlägen nicht begnügt. Er lernte es, Klingen abzuschlagen, die lang und schmal sind und gleichlaufende Längsränder haben (prismatische Messerklingen), und außerdem verstand er, die Abschläge (Späne) geschickt weiter zu bearbeiten. Dies geschah durch Abdrücken kleinster Splitter von den Kanten her (Dengelung, Kanten-Retusche) oder auch auf der Fläche (Flächen-Retusche). Von diesem Arbeitsverfahren soll hier nicht die Rede sein; wir wollen nur das Ergebnis betrachten, und zwar an Hand einiger Beispiele.

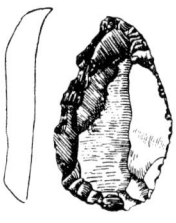

Abb. 3

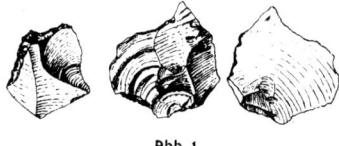

Abb. 1

Abb. 1: Zwei Flintspäne, stellenweise durch Kanten-Retusche bearbeitet:
a) an der oberen und linken Kante;
b) an der oberen und unteren Kante.
a) aus Lyck — b) aus Kutten, Kreis Angerburg.
1:1. Nach Prussia 30, 1933.

Abb. 3: Klingenkratzer (Klingenschaber). Aus einem ziemlich dicken Flintabschlag hat man durch Kanten-Retusche ein Schabgerät gemacht, das oben und an der rechten Seite eine Schabekante, unten eine zum Kratzen dienende kräftige Spitze besitzt. Lyck. 1:1. Nach Prussia 30, 1933.

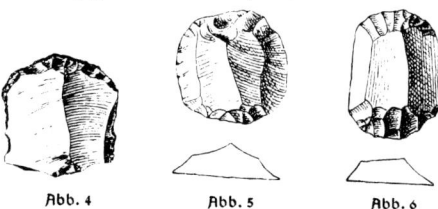

Abb. 4   Abb. 5   Abb. 6

Bei den Schabern (Kratzern) ist also durchweg die Absicht erkennbar, eine oder mehrere kräftige, abgestumpfte Kanten zu schaffen, um damit Felle auszukratzen, Holz zu bearbeiten usw. Ein anderes viel gebrauchtes Gerät ist der Stichel, der eine meißelartige Schneide besitzt; an dem spitz zulaufenden Ende der Klinge stoßen zwei schmale Flächen scharf aneinander und bilden so die Stichelkante, wie besonders gut zu sehen ist an

Abb. 7: Stichel aus Lyck. Die Stichelkante ist mittelständig („Mittelstichel"). 1:1. Nach Prussia 30, 1933.

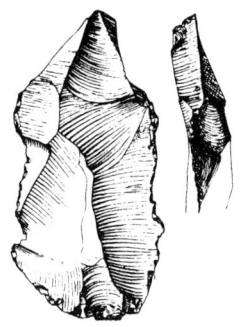

Abb. 7

Abb. 8: Stichel aus Wyludden, Kr. Lyck. Die Stichelkante befindet sich an der linken Ecke („Eckstichel"). 1:1. Nach Prussia 30, 1933.

An manchen Flintgeräten sind durch Kanten-Retusche Ausbuchtungen (Kerben) angebracht:

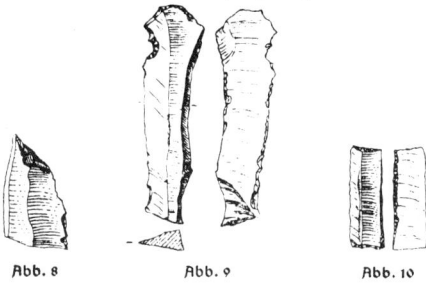

Abb. 8   Abb. 9   Abb. 10

Abb. 10: Messer „mit abgedrehtem Rücken". Die Querkanten sind ebenfalls durch Dengelung bearbeitet. Wyludden, Kr. Lyck. 1:1. Nach Prussia 30, 1933.

In der Mittelsteinzeit sind messerartige Klingen oft als Einsätze in Rillen gebraucht worden, die seitlich an Knochenspitzen angebracht wurden (wahrscheinlich als Fischstecher verwendet).

Flache Flintspitzen sind gewiß vorwiegend als Pfeilspitzen gebraucht worden; sie wurden in Schäfte aus Rohr oder Holz eingeklemmt und mit Pech (Harz) befestigt. Um sie besser am Schaftende des Pfeiles befestigen zu können, hat man sie in der Alt- und Mittelsteinzeit zuweilen mit einer Schaftzunge (Stiel) versehen, die durch ein- oder zweiseitiges Abkerben hergestellt wurde:

Abb. 11: Pfeilspitze („Stielspitze") aus Lyck. Am unteren Ende ist die Klinge durch Abkerben beider Seitenkanten zugespitzt (Schaftzunge).

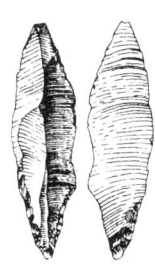

Abb. 11

Abb. 13: Pfeilspitze („Stielspitze"), sehr sorgfältig bearbeitet, aus Prostken, Kr. Lyck. Alle drei Spitzen 1:1 nach Prussia 30, 1933.

Auf solche „Stielspitzen" sollte um so mehr geachtet werden, als sie kennzeichnend für die ältesten Spuren menschlicher Ansiedlungen in Ostpreußen sind (sie gehören der ausgehenden Altsteinzeit an).

Für die Mittelsteinzeit sind besonders die sog. geometrischen Flintgeräte bezeichnend; unter ihnen mögen in diesem Zusammenhange als Beispiele genannt werden:

Abb. 14: Längsschneidige Pfeilspitze aus Wyludden, Kr. Lyck. Der Rücken ist durch feinste Abkerbungen verstärkt. 1:1. Nach Prussia 30, 1933.

Abb. 15: Querschneidige Pfeilspitze aus Burdungen, Kr. Neidenburg. Trapezform, aus einer länglichen messerartigen Klinge hergestellt; die Bruchränder rechts und links mit feiner Retusche. Solche Pfeilspitzen (hauptsächlich wohl zur Vogeljagd benutzt) wurden in der Stellung, welche die Zeichnung zeigt, auf den Pfeilschaft aufgesetzt.

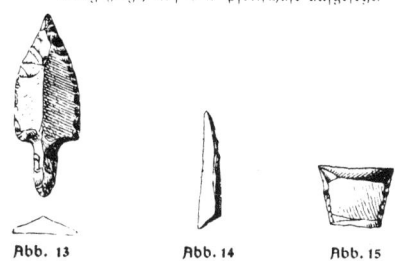

Abb. 13   Abb. 14   Abb. 15

In der Jungsteinzeit erreicht die Technik der Herstellung von Flintpfeilspitzen ihren Höhepunkt: dreieckige Pfeilspitzen mit nach innen eingebuchteter Basis („herzförmig"), auch mit nach unten ausgezogenen Spitzen, die als Widerhaken dienen, sind oft sehr sorgfältig durch Absplittern vom Rande her und auf der Fläche bearbeitet („gemuschelt").

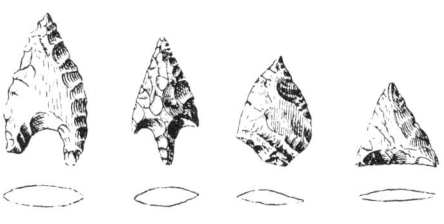

Abb. 16

Abb. 16: Jungsteinzeitliche Pfeilspitzen....

Als besonders auffällige Stücke seien schließlich noch die Kernsteine erwähnt. So nennt man die Reststücke, die übrig bleiben, wenn von einer Feuersteinknolle mehrere Späne abgeschlagen werden. Jeder Abschlag hinterläßt eine Fläche, so daß also sich am Kernstein (Nucleus) zahlreiche Flächen aneinanderreihen:

kommenden höher stehenden Kultur altnordischen Gepräges verrät (Schumacher S. 2f a.a.O.). Scherbenreste dieser „Kammkeramik"-Kultur wurden an einigen Stellen in fast allen masurischen Kreisen aufgefunden.

Auf der Abbildung Seite 23 ist unter Ziffer 5 eine Scherbe eines „Kammkeramik"-Tongefäßes, gefunden in den Staßwinner Wiesen, Kr. Lötzen, dargestellt.

Welcher Rasse diese Menschen der „Mittleren Steinzeit" angehört haben, ist nicht festzustellen; dazu sind die Funde, das Ergebnis der Wissenschaft des Spatens zu gering; es fehlen vor allem Skelettfunde.

In der „Jüngeren Steinzeit" (etwa 2500—1500 v. Chr.) vollzieht sich in der Kultur von West- und Ostpreußen ein entscheidender Wandel. Es strömen zwei kraftvolle Einwanderungswellen aus dem Westen ins Land. Man sieht in diesen Völkerschaften jene Urindogermanen, die die altansässigen Jäger- und Fischervölker überzogen und zu Ackerbau und Viehzucht übergingen. Das verbesserte Klima auch in Masuren, trug wesentlich zu dieser Entwicklung, dem Übergang vom Jägernomadentum zu Ackerbau und Viehzucht bei. Die Menschen lernten die Bearbeitung von Steinen, die jetzt nicht mehr roh zugehauen, sondern sorgfältig geschliffen und poliert wurden. In allen masurischen Kreisen wurden solche Streitäxte, meist mit Schaftloch sauber geschliffen und poliert gefunden.

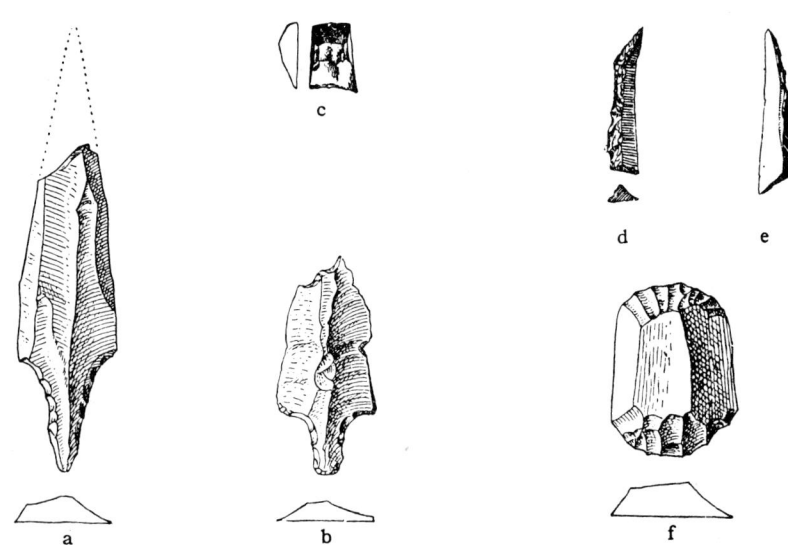

Abb. 3. Mittelsteinzeitliche Feuersteinkleingeräte von den Flintplätzen der masurischen Binnendünen. a, b = Stielspitzen; c = querschneidige Pfeilspitze; d, e = Messerchen mit abgedrücktem Rücken; f = biskuitförm. Schaber. — a, b, d, f Lyck; c Kurische Nehrung; e Mylucken, Kr. Lyck. c = 1/2, alles übrige 1/1 nat. Größe. — Nach Gaerte aus Reallexikon und Prussia-Band 30.

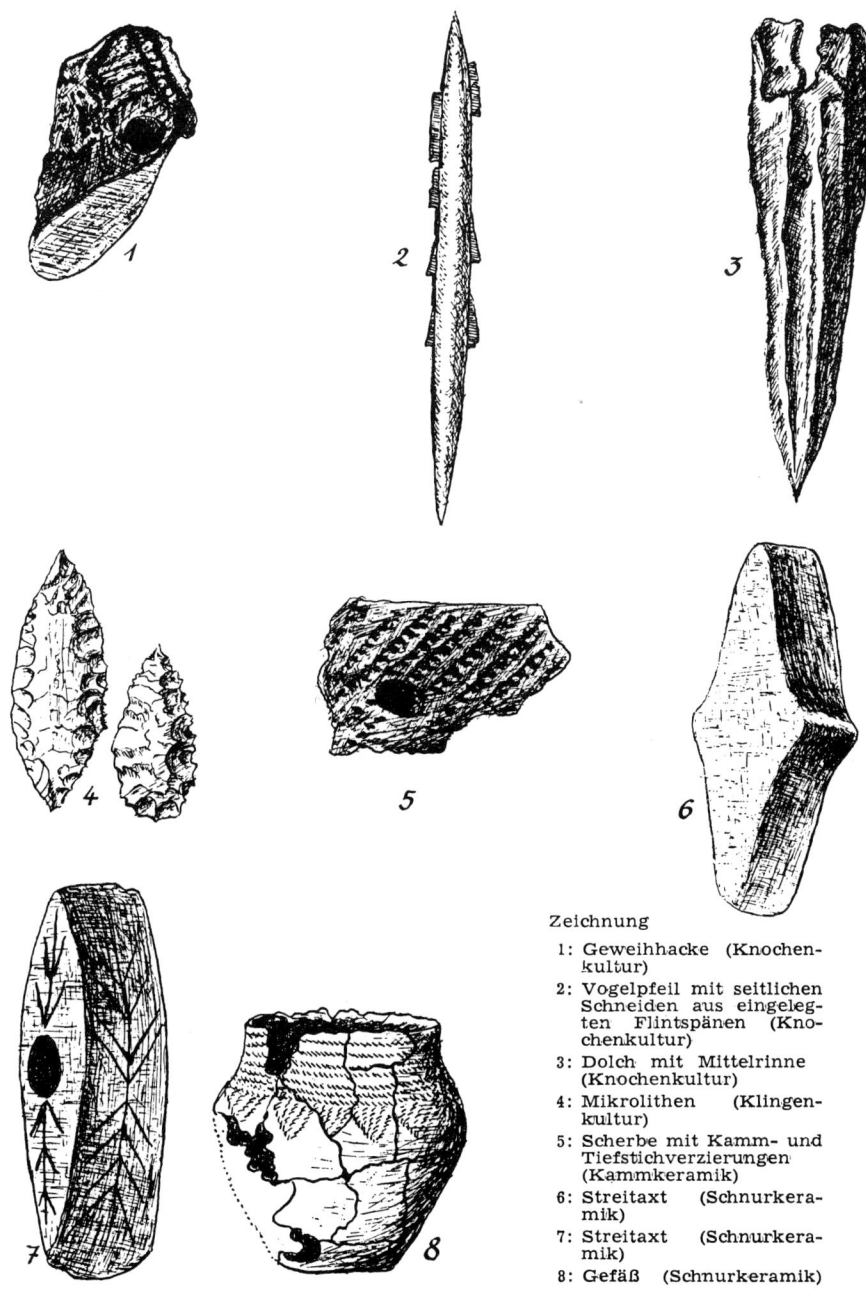

Zeichnung
1: Geweihhacke (Knochenkultur)
2: Vogelpfeil mit seitlichen Schneiden aus eingelegten Flintspänen (Knochenkultur)
3: Dolch mit Mittelrinne (Knochenkultur)
4: Mikrolithen (Klingenkultur)
5: Scherbe mit Kamm- und Tiefstichverzierungen (Kammkeramik)
6: Streitaxt (Schnurkeramik)
7: Streitaxt (Schnurkeramik)
8: Gefäß (Schnurkeramik)

In die gleiche Zeit fällt die verbesserte Fertigung von Tongefäßen, zurückzuführen auf den Einfluß der Einwanderer aus dem Westen (siehe Darstellung oben unter Ziff. 8, S. 23). Solche Tongefäße hatten eine Schnurverzierung, doppelt umlaufend; andere Gefäße oder Scherben hatten senkrecht verlaufende Schnüre, als Fransen herabhängend oder andere Varianten mit der Grundform von Schnüren. Alle Muster waren offensichtlich in den weichen Ton eingeritzt und dann erst gebrannt. Im Kreis Lötzen sind besonders viele noch unversehrte Tongefäße und Scherben bei Widminnen gefunden worden, Hier konnte man die Verschiedenartigkeit der Schnurverzierungen bewundern.

Diese Einwanderer rechnet man zwar zu den Urindogermanen, man kann sie aber noch immer nicht einer bestimmten Rasse zurechnen. Sie sind die ersten Bauern Masurens gewesen: Ackerbauer und Schweinezüchter. Sie haben weitreichende Handelsbeziehungen nach Norden wie nach Süden; aus dem Samland beziehen sie Bernsteinschmuck, aus dem Süden kommt der Rohstoff für ihre elegant geschliffenen gebänderten Feuersteinbeile.

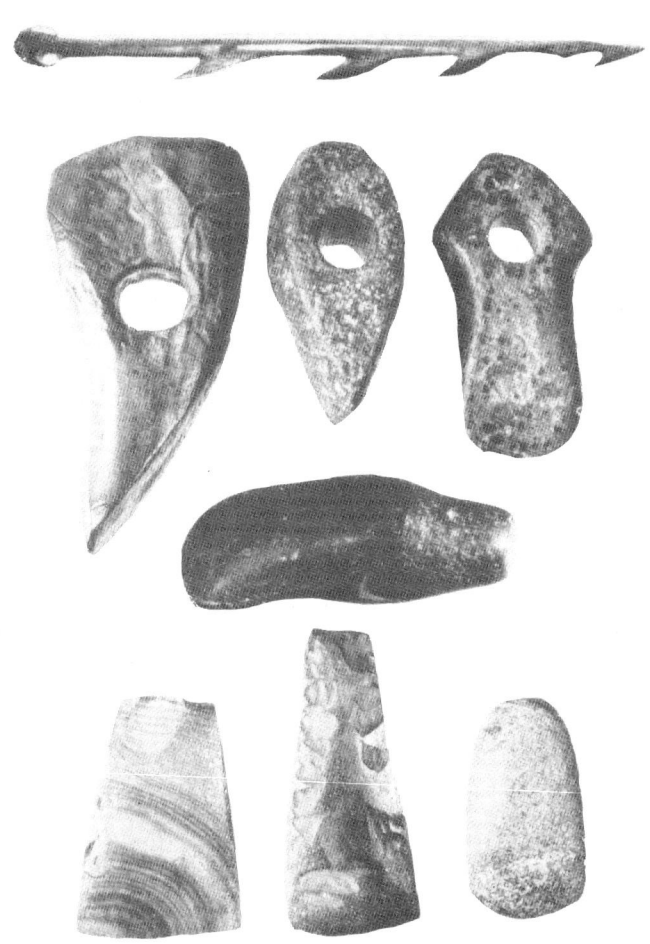

a
b *c* *d*
      e
f *g* *h*

Steinzeitliche Horn- und Steingeräte. a) Knochenharpune; Neu-Jucha, Kr. Lyck; b) Hornhacke; Jucha, Kr. Lyck; c) Schaftlochaxt aus Felsgestein; Milken, Kr. Lötzen; d) ostbaltische Erdhacke mit Schlangenkopf; Arys, Kr. Johannisburg; e) Bootaxt; Stradaunen, Kr. Lyck; f) gebändertes Feuersteinbeil; Gr. Gardienen, Kr. Neidenburg; g) Feuersteinflachbeil; Upalten, Kr. Lötzen; h) Felsgesteinbeil; Zondern, Kr. Lötzen.

Aus dieser Zeit stammen einzelne Funde in gewaltigen Steinkistengräbern wie sie bei Wiesenfeld, Kr. Neidenburg auf einem Hügel im Skottautal gefunden wurden. Dicht unter der Erdoberfläche fand sich eine rechteckige Steinsetzung von 1,8 m Länge, in der drei menschliche Skelette in Hockstellung mit angezogenen Beinen lagen. Als Beigaben wurden fünf Gefäße in Kugelform — Kugelamphoren — zahlreiche röhrenförmige Bernsteinperlen, auch scheibenförmige Bernsteinperlen, einen Knochenpfriem und ein Steinbeil gefunden. Die ganze Anlage wurde im Neidenburger Grenzlandmuseum in wiederhergestellter Form ausgestellt. Diese Kultur wurde „Kugelflaschengruppe" genannt.

Eine zweite, noch gewaltigere Welle von Einwanderern mitteldeutscher Herkunft waren offenbar nahe Verwandte der „Kugelflaschenleute", die sich über ganz Masuren ausbreiteten. Ihr wesentliches Kennzeichen ist die elegant geschliffene, bootförmige Streitaxt, die sie ihren Toten zusammen mit schnur- und wulstverzierten Bechergefäßen ins Grab legten, und die den kriegerischen Herrencharakter dieser Kultur besonders betont. Ein besonders gut erhaltenes Grab dieser über Nord-, Mittel- und Osteuropa verbreiteten „Streitaxtkultur" ist bei Waldersee (Kotziek, Kr. Johannisburg) geborgen worden. Auch war der Tote in Hockstellung (vermutlich gefesselt) mit angezogenen Knien beigesetzt worden.

Viele der in Masuren so weit verbreiteten Steinbeile und der Schaftlochäxte dürfte dem Ende der jüngeren Steinzeit (—1500) und der Bronzezeit (1500—600) zuzurechnen sein. Die virtuose Beherrschung der Steintechnik, die die Herstellung so elegant gearbeiteter, sauber geschliffener Steingeräte erfordert, ist vor allem den Trägern der „Kugelflaschenkultur" eigen.

Schon in der „jüngeren Steinzeit" erscheinen Steinhacken (S. 24, Abb. 4 d), die auf lebhafte Ausübung des Ackerbaus hindeuten. Von der Bronzezeit (ab 1500 v. Chr.) ab dürfte in ganz Masuren eine mit Ackerbau und Viehzucht vertraute Bevölkerung anzunehmen sein, in deren Lebenshaushalt allerdings Jagd und vor allem Fischerei noch eine erhebliche Rolle gespielt haben, insbesondere in dem abgelegenen Ostteil Masurens.

Aus der älteren Bronzezeit Masurens (etwa 1500—1000 v. Chr.) sind nur recht spärliche Denkmäler bekannt. Die Bronze gelangte wahrscheinlich nur als seltenes Einfuhrgut ins Land (Bronze = Legierung von 90 % Kupfer und 10 % Zinn). Doch zeigen die wenigen Bronzestücke Masurens, daß es hier ein selbständiges Handwerk gab.

Hier zeichnet sich erstmalig ein die Länder Ostpreußen, Litauen und Südlettland umfassendes altbaltisches Kulturzentrum ab. Hierzu rechnet auch Masuren, das ebenfalls die alle diese Länder kennzeichnende Erdhacke herstellte und verwandte. In Westmasuren und im Oberland wurde sogar eine lokale Abart des altbaltischen Bronzerandbeiles ausgebildet, die vor allem in Steinkistengräbern gefunden wurde.

Wie in der „jüngeren Steinzeit" so werden auch in der „älteren Bronzezeit" die Toten anfangs in Flachgräbern beigesetzt. Später geht man dazu über, den Leichnam auf der Erdoberfläche aufzubahren und einen Steinhügel über diesem aufzuschütten, wie er noch in jüngster Zeit in Reuschendorf, Kr. Lyck, zu sehen war. In der „jüngeren Bronzezeit" (etwa ab 1000 v. Chr.), wurden die Toten nicht mehr in Hockstellung begraben, sondern man begann sie auf einem Scheiterhaufen zu verbrennen, die Asche wurde gewöhnlich in Urnen gefüllt und diese unter starkem Steinschutz in einem Erdhügel beigesetzt. Zahlreiche „Hügelgräber" in allen Masurischen Kreisen sind Zeugen dieser Epoche. Die Gefäße für die Asche der verbrann-

Altsudauisches Steinhügelgrab, vermutlich aus der Zeit kurz nach Christi Geburt, bei Reuschendorf, Kreis Lyck.

ten Toten weisen in Struktur des Tones und der Gestalt eine gewisse Verwandtschaft mit den „Buckelurnen" auf. Diese gehören der sogenannten „Lausitzer Kultur" an, deren Träger in Süddeutschland, der Lausitz, in Mähren und in Polen wohnten und die Prof. Kossinna und andere deutsche und europäische Gelehrte den „Nordillyriern" einer Volksgruppe von „indogermanischen Blutes" zuschreiben, während polnische Gelehrte diese Kultur für eine frühslawische Kultur halten. Die „Illyrier" wurden etwa um 700 von ostgermanischen Stämmen, den „Bastarnen" und „Skiren" nach Südosten abgedrängt. Ihre Kultur konnte aus Bodenfunden später südlich des Kaukasus erwiesen werden. Polnische Völker gab es in diesem Raum zu dieser Zeit noch nicht!

Diese Art der Totenbestattung in „Hügelgräbern" deutet auf eine neue Bevölkerungs- und Kulturgruppe hin. Aus der Vermischung der aus dem Westen eingewanderten Völker mit der eingesessenen Bevölkerung ist die „Baltische Völkergruppe" hervorgegangen. Die „Urbalten" hatten sich als eigner Volksstamm ab etwa 1800 v. Chr. zwischen Ostpommern und der Düna gebildet. Diese spalteten sich ab etwa 1000 v. Chr. in „Westbalten" (Prußen) und in „Ostbalten" (Litauer und Letten) auf. Jedenfalls siedelten in Ostpreußen und in Masuren keine „Polen" oder andere slawische Völker, sondern die „westbaltische Gruppe", die „Prußen".

Westlich und südwestlich von den Prußen lebten zu dieser Zeit und in dem folgenden Jahrtausend germanische Stämme. Dieses germanische Westgebiet ist den Kulturen der östlichen Nachbarn weit voraus; es beschränkte sich anfangs auf das rechte Weichselufer, bald dehnt es sich über die Weichsel auch nach Osten aus, wie es die abgebildete Karte veranschaulicht. Hier erscheinen gegen 1000 v. Chr. zum ersten Mal im Regierungsbezirk Marienwerder germanische Einwanderer, wie es Urnengräber ausweisen. Hier erblüht in der ersten „Eisenzeit" (etwa 750—300 v. Chr.) jene frühgermanische „Gesichtsurnenkultur", die sich allmählich in gewaltigen Wellen unaufhaltsam nach Süden und Osten hin ausbreitet und zwischen 500 und 300 v. Chr. auch den Westrand des Oberlandes und den Kreis Neidenburg in Besitz nimmt. Die frühgermanische Kultur wird durch die ihr eigentümlichen, in größeren oder kleineren Steinplattenkisten im Boden beigesetzten „Gesichtsurnen" ebenso klar gekennzeichnet wie durch mannigfaltige Totenbeigaben in Bronze und Eisen, das jetzt zum ersten Mal als neues Metall neben der Bronze erscheint (z. B. das Riesengrab (Doppelgrab) bei Rohmanen, Kr. Ortelsburg. Diese Germanen werden in der Antike „Bastarnen" genannt! Auch „Skiren" gehörten dazu. Beide Völker sind etwa um 300 v. Chr. nach Süden abgewandert. Ihnen folgten zwei kraftvolle germanische Völker, die „Vandalen" und „Burgunder" an der unteren Weichsel. Diese dringen auch weiter nach Ostpreußen vor und besetzen auch im Kreise Neidenburg das Soldauer Gebiet, wie es die Karte nachweist. Hier wurden eine Reihe von Gräbern mit Urnen und zahlreichen Beigaben wie Eisenwaffen, vor allem Schwerter, Lanzenspitzen und Schildbuckel und bei Frauen aus Eisen gefertigter Schmuck gefunden.

Doch schon im 2. Jahrh. v. Chr. verschwindet diese vandalische Kultur aus dem Soldau-Neidenburger Gebiet oder wird von der neu auftauchenden gotischen Kultur allmählich aufgesogen, während sich an dem Oberlauf der Oder und an der mittleren Weichsel zeitweise die „Burgunder" niederließen. Die „Goten" breiteten sich rasch nach Süden und Südosten an der Weichsel aus, aber auch nach Osten, die bisherige Ostgrenze überschreitend. Sie drängten die Prußen zurück, besetzten zeitweise auch das Samland, setzten sich im Oberland und im westlichen Masuren bis zur Linie Braunsberg—Ortelsburg, hier bis zur Passenheimer Seenkette fest. Den Bernsteinhandel haben sie sehr gepflegt und zwischen den Prußen und dem Römerreich den Handel betrieben. Diese germanische Gruppe ist gekennzeichnet durch Skelett- oder Urnengräber ohne jeden Steinschutz; den Toten gaben sie keine Waffen mit, sondern nur wenige, aber erlesene und kostbare Schmuckstücke.

Gesamtverbreitung der Germanen im 4. und 3. Jahrhundert vor der Zeitrechnung.

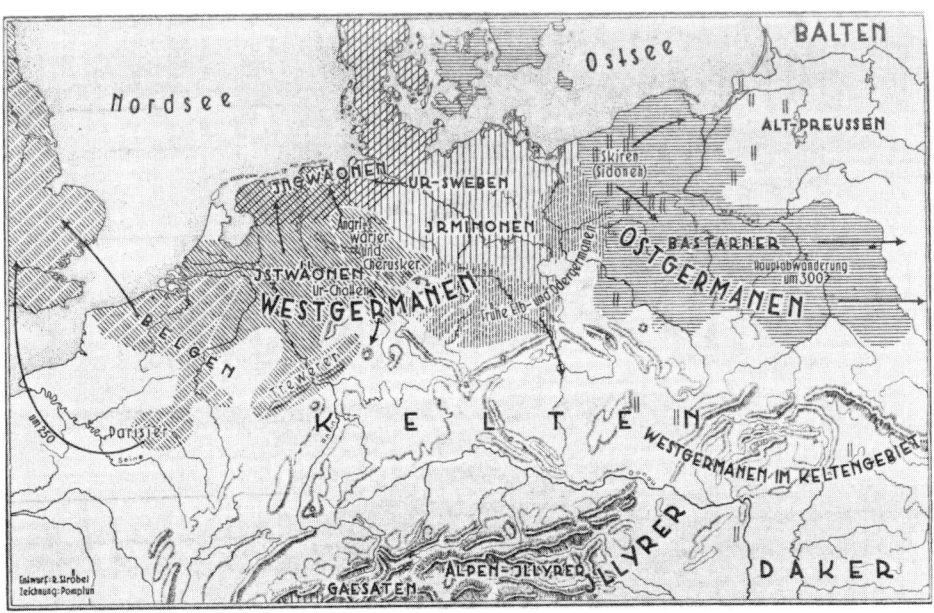

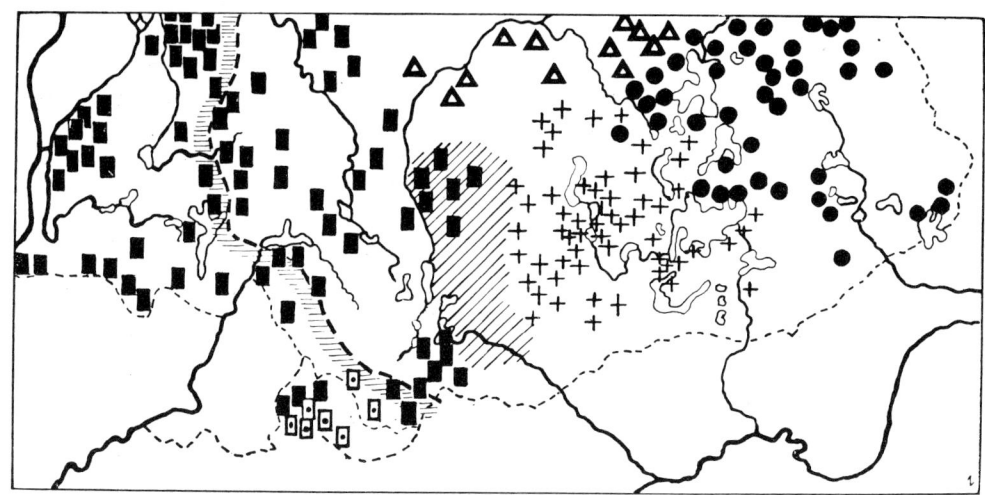

Abb. 2. Karte der vorgeschichtlichen Kultur= und Bevölkerungsgruppen Masurens in der Zeit vom 1.—4. Jahrhundert nach Christus.
■ Gotische Gräberfelder und Siedlungen   + Galindische Gräberfelder
▣ Vandalische Gräberfelder   ● Sudauische Bestattungsplätze
△ Gräberfelder von samländisch=natangischem Charakter
▨ Gebiet der masurgermanischen Rückwanderer=Kultur im 7. u. 8. Jahrhundert nach Christus
≡ Ostgrenze der frühgermanischen Kultur um 500 vor Christus.

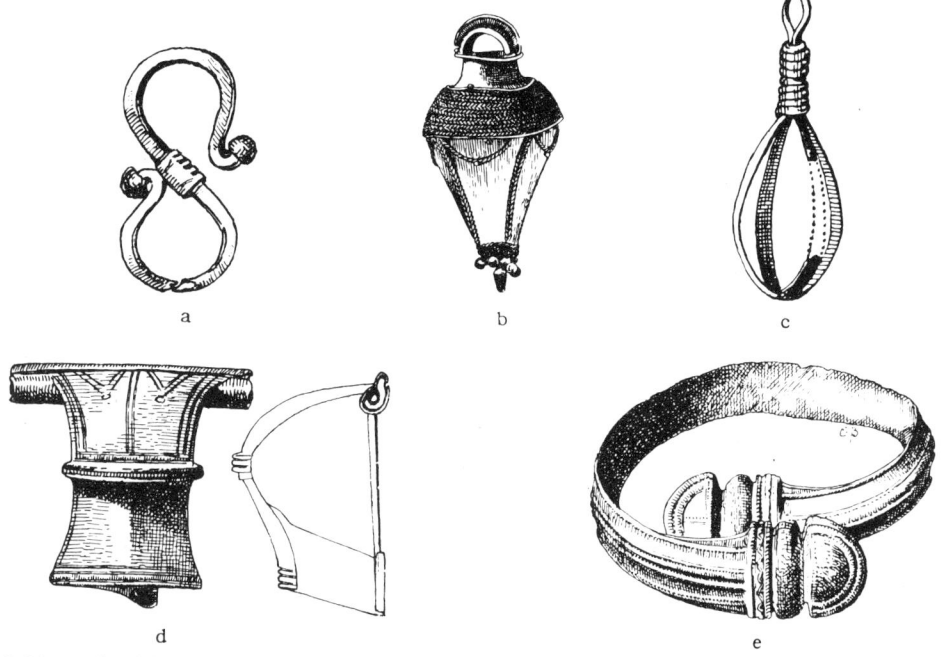

Abb. 7. Gotischer Schmuck aus der Römischen Kaiserzeit (1.—4. Jahrhundert nach Christus). a = silberner Schließhaken; b = Goldberloque aus Littfinken, Kr. Neidenburg; c = Bernsteinanhänger in Bronzefassung; d = Bronzefibel mit hohem Nadelhalter; e = bronzenes Schlangenkopfarmband aus Thierberg, Kr. Osterode. a, c = $1/1$, b = $1/2$, d, e = $2/3$ nat. Gr. a, b aus Gaerte, Urgeschichte Ostpreußens (Abb. 141); c—e aus Prussia, Band 22.

28

Diese reiche und überaus schöpferische, dem Gotenvolk zuzuschreibende Kultur vermittelte auch den baltischen Stämmen, ihren östlichen Nachbarn, ihren Formenschatz; es erscheinen zahlreiche kostbare Einfuhrwaren aus Italien und aus anderen römischen Provinzen bei den Westbalten in Masuren und im übrigen Ostpreußen. Die Goten führten auch mehrere Streifzüge weit nach Osten ins Land der Balten; so deuten Hügelgräber bei der Kula-Brücke, Kr. Lötzen, und bei der Wolfsschlucht bei Grabnick, Kr. Lyck, mit gotischen Beigaben auf eine vorübergehende Anwesenheit gotischer Streifen.

Gegen Ende des 2. Jahrh. wanderten große Teile der Goten nach Südrußland ab; der Handel mit den „Prußen" riß aber noch nicht ab, gotische Erzeugnisse sind

Verbreitung der Ostgermanen, Balten und Finno-Ugrier zwischen Weichsel und Finnischem Meerbusen zur älteren Römischen Kaiserzeit (1. u. 2. Jh. n. Chr.).

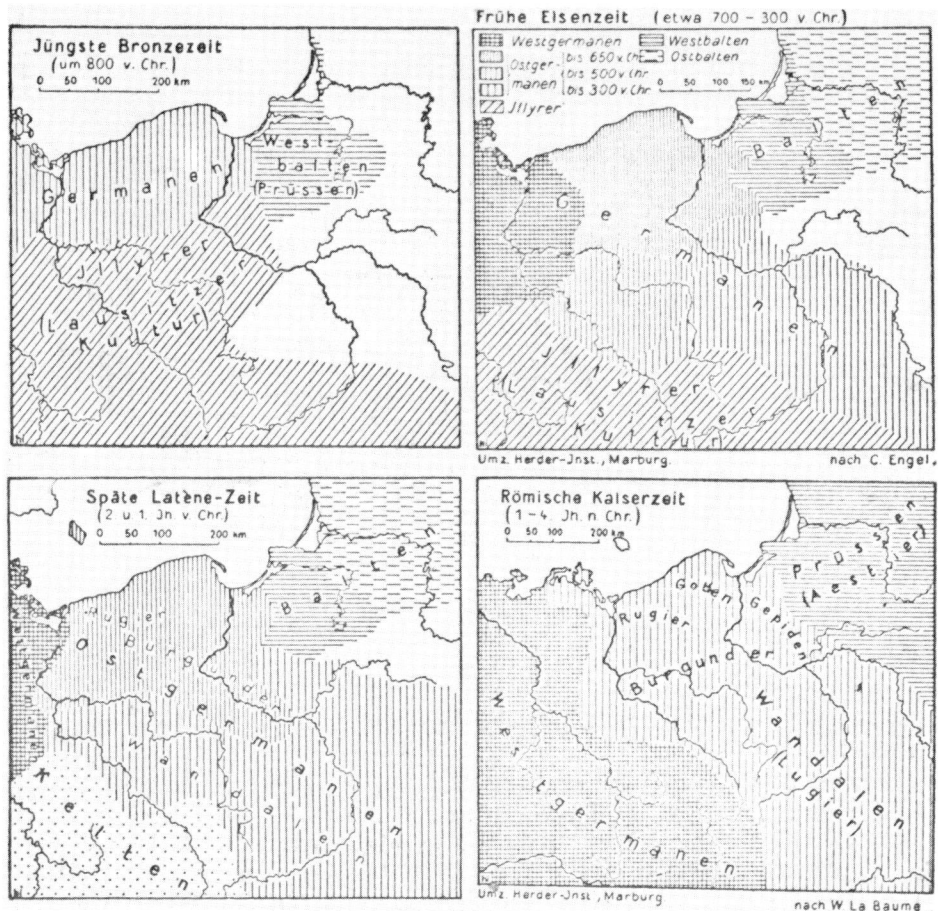

Vordringen der Germanen in der Zeit zwischen 800 v. Chr. und 400 n. Chr.

noch immer im Prußenland eingetroffen. So wurde auch weiterhin die altpreußische Kultur von der gotischen Kultur befruchtet und entscheidend beeinflußt.

Der gotische Teilstamm, die „Gepiden" verweilte noch längere Zeit an der unteren Weichsel und im Westteil Ostpreußens. Von deren Anwesenheit zeugen große und reiche Gräberfelder z. B. im Kreise Mohrungen. Vereinzelte Funde wie z. B. aus Klein-Koslau, Kr. Neidenburg, künden davon, daß hie und da einzelne Siedler gotischen Stammes zurückgeblieben sind. Im Verlauf des 5. Jahrh. zogen auch die „Gepiden" nach Südosten ab.

In den nahezu menschenleeren Raum stießen allmählich und zögernd prußische Stämme nach Westen und Südwesten, vorzugsweise Kolonisatoren samländisch-natangischer Herkunft bis an die Weichsel, stellenweise auch über diesen Strom vor. Sie besetzten mit schwachen Kräften Pogesanien, Pomesanien, Sassen, Löbau und das Kulmerland.

Doch nun zu den damaligen Bewohnern Masurens, den „Westbalten". Um 1000 v. Chr. zeichnete sich neben der oben erwähnten „Samländisch-Natangischen Grup-

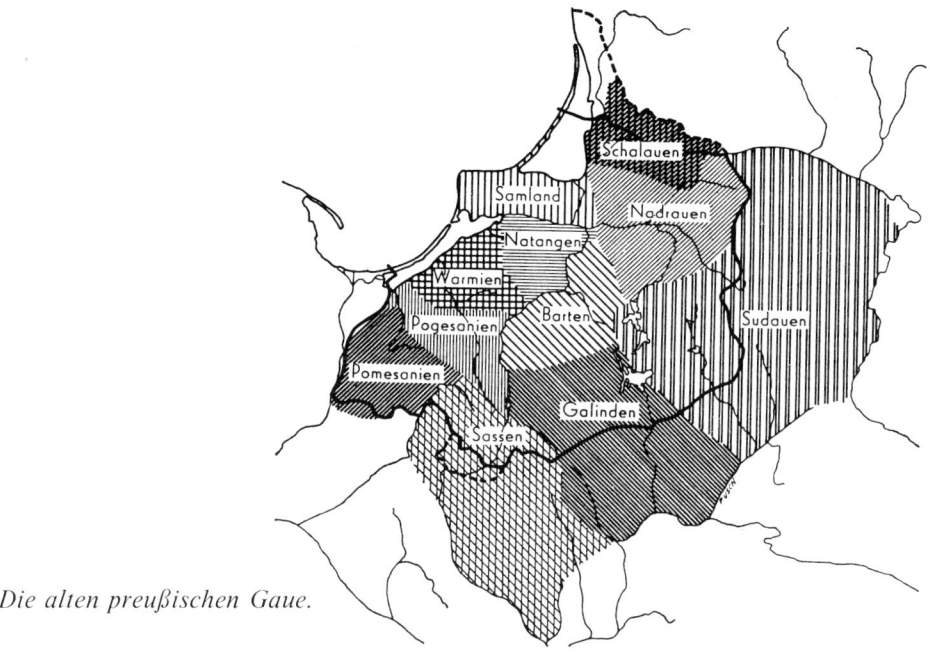
Die alten preußischen Gaue.

pe" die „Memel-Gruppe", im Norden Ostpreußens und in Masuren die „Westmasurische Gruppe" und die „Ostmasurische Gruppe" ab.

Im Gebiet Masurens lebten etwa um 1000 v. Chr. die „Galinder", d. h. die „Westmasurische Gruppe", deren landschaftliche und kulturelle Grenze nach Westen zu fließend ist, während sie im Osten durch die „Masurische Senke", also die lange Kette von Mauer-, Löwentin- und Spirdingsee gebildet wird, und an diese im Osten anschließend die „Sudauer", mithin die „Ostmasurische Gruppe". Der Westteil des Kreises Neidenburg gehörte zur Landschaft „Sassen", während der Ostteil dieses Kreises von Galindern bewohnt war.

Die Karte der alten „Prußischen Gaue" zeigt, daß sowohl die Landschaft „Sassen" wie auch die Gebiete der prußischen Völkerschaften Masurens, die „Galinder" und die „Sudauer" sich weit über die spätere ostpreußische Süd- und Ostgrenze nach Polen und Litauen hinein und zwar im Süden bis an den Narew und östlich bis an den Bobr und die obere Memel und bei den Sudauern im Norden bis an die untere Memel erstreckt hat.

Aufgrund der Bodenfunde und der geschichtlichen Zeugnisse kann somit kein Zweifel darüber bestehen, daß das Galindervolk den Raum zwischen Narew, Bobr, dem „Masurischen Tal", dem Pissek und der oberen Alle von deren Quelle an seit etwa 1000 v. Chr. bis zum Erscheinen des Deutschen Ordens im 13. Jahrh. n. Chr. bewohnt hat und dann in den deutschen Ansiedlern aufgegangen ist, die der Orden ins Land rief.

Durch ihre Randlage im Südwesten des baltischen Siedlungsraumes empfingen die Galinder mancherlei kulturelle Anregungen von den Nachbarvölkern. Zunächst war es die „Lausitzer Kultur" von den „Illyriern" übernommen (1000—750 v. Chr.). Das zeigen z. B. die Urnenflachgräber von Schützendorf, Kr. Ortelsburg, und Pustnick, Kr. Sensburg. Dann folgen germanische Einflüsse, das zeigen deutlich die großen Hügelgräber mit langen Steinplattenkisten mit Tonvasen, die zu der frühostgermanischen „Gesichtsurnen-Kultur" im benachbarten Weichselland gehören.

Gaben die germanischen Vandalen etwa ab 100 v. Chr. erste Anregungen zur Verarbeitung von Eisen, wirkte sich erst der Einfluß der neuen westlichen Nachbarn, der „Goten", auf die Galinder besonders stark aus. Kurz nach der Zeitenwende müssen bei den Galindern die ersten Eisenhämmer entstanden sein. Der Eisenreichtum in Form von Raseneisenerz brachte die Galinder dazu, dieses zu verhütten.

Im 3. und 4. Jahrh., der jüngeren römischen Kaiserzeit waren die Verbindungen zwischen Goten und Galindern besonders lebhaft. Diese wurden auch dann noch fortgesetzt, als die Goten schon nach Südrußland abgewandert waren. Dank der gotischen Kultureinflüsse sind das 4. bis 6. Jahrh. die Blüte- und Glanzzeiten Galindens geworden. Die Fernhandelsbeziehungen mit den Goten brachten prachtvolle, fremdartige Schmuckstücke ins Land, so z. B. südrussische Emailarbeiten, die sonst nirgends im Prußenland auftauchen.

In den für Galinden so kennzeichnenden großen flaschenförmigen Urnen finden sich auf oder zwischen den Brandknochen zahlreiche kostbare Bronze- und Eisenbeigaben; die Männergräber sind reich mit Waffen und Reitzeug, die Frauengräber mit erlesenem Schmuck ausgestattet. Fast alle Beigaben sind zwar im Lande Galinden gefertigt, gehen aber in ihrem Kunststil auf gotische Grundformen zurück.

Mit der Abwanderung der Goten aus Südrußland nach Westen, nach Italien und Spanien erstarrt die galindische Kultur, weil die Fernhandelsbeziehungen erloschen. Nach dieser Periode der Dekadenz begann etwa um 600 ein neuer Kulturaufschwung bei den Galindern; in einer Reihe von neuen Gräberfeldern tauchen erlesene germanische Schmuckstücke als Beigaben auf und zwar gold- und silberplattierte, zuweilen auch massiv silberne, goldgewaffelte Kopfplatten- und Greifenfibeln von teils donauländischem, teils südrussischem Stil, Riemenzungen und besondere Eigenformen von Schnallen.

Der Ordenschronist Peter von Dusburg weiß in seiner 1324 verfaßten Ordensgeschichte zu berichten, daß die Galinder keine Burgen errichtet und besessen haben; sie haben ihr Land durch seine unwegsamen Wald-, Sumpf- und Seengürtel sowie durch natürliche Verhaue erfolgreich abgeschirmt. Nur im Osten ihres Siedlungsraumes wurden einige wenige Burgwälle auf Höhen ausgemacht, die sicherlich die Sudauerburgen und Wälle zum Vorbild hatten. Waren die Galinder in früheren Zeiten so auch in den ersten Jahrh. n. Chr. ein mächtiger und volkreicher Stamm, änderte sich das in den folgenden Jahrh. Carl Engel und andere Historiker vermuten, daß Teile der Galinder mit den nach Südrußland abgewanderten Goten mit- und nachgezogen sind. Dafür spricht die Tatsache, daß der Name „Galinder" oder „das Galindische" wiederholt bei den abgewanderten Goten erscheint; so trägt ein Westgote in Spanien den Beinamen „Galindo", und es führt ein Soldatenführer im römischen Heere den Beinamen „Galindikos".

Die schweren Abwehrkämpfe gegen slawische Völker, die seit etwa 600 n. Chr. in die von Goten und Gepiden geräumten Gebiete allmählich vordrangen, haben die Galinder so dezimiert, daß dieses Gebiet, wie der erste Geschichtsschreiber des Ordens von Dusburg berichtet, verlassen und menschenarm dagelegen habe. Insoweit ist die Behauptung polnischer Gelehrter falsch, die Ordensritter hätten die früheren Bewohner vertrieben oder gar getötet.

An dieser Stelle sei vermerkt, daß in ganz Masuren kein slawischer Fund bekannt geworden ist.

Während der römische Schriftsteller Plinius d. Ältere († 79 n. Chr.) die Reise eines römischen Ritters z. Z. des römischen Kaisers Nero (54—68 n. Chr.) ins Samland und seine Rückkehr mit sehr viel Bernstein beladen ohne nähere Angaben über die dort lebenden Völker beschreibt, führt der römische Historiker Tacitus (98 n. Chr.) in seinem Buch „Germania" nicht nur die Wohnsitze der Goten im unteren Weichselgebiet richtig an, sondern spricht erstmalig die „Ästier" als östliche nichtgermanische Nachbarn mit deren Bernsteinreichtum an.

Nach diesen ersten schriftlichen Bekundungen über die „Ästier" führt der griechische Geograph Ptolemäus aus Alexandria (etwa um 180 n. Chr.) erstmalig die prußischen Stammesbezeichnungen „Kalinder" und „Sudauer" Γαλινδαι und Σουδινοι an. Es ist also festzuhalten, daß in den letzten Jahrhunderten v. Chr. und zur römischen Kaiserzeit in den ersten Jahrhunderten n. Chr. in den Gebieten um Oder und im gesamten Weichselgebiet bis zu den Karpathen, Germanen gewohnt haben. In Ostpreußen und insbesondere in Masuren östlich der Linie Braunsberg-Allenstein — Allequelle/Neidenburg soll seit etwa 1800 v. Chr. ununterbrochen der baltische Stamm der Prußen und in Masuren Galinder und Sudauer gelebt haben.

Während noch der Gote Jordanes in seiner Gotengeschichte um 550 n. Chr. die „Ästiorum gentes" als Bewohner der „germanischen Meere hinter der Weichselmündung" und die „Vidarier" als westliche Nachbarn — das waren keine Slawen, sondern Reste der germanischen Völker Goten und Gepiden — nennt, führt erst Einhard in seiner „Vita Caroli Magni" (Anfang des 9. Jahrh.) neben den „Ästii" die „Sclavi" als Anwohner der Ostsee auf.

Der angelsächsische oder wikingische Seefahrer Wulfstan, der etwa um 890 von Schleswig (Heithabu) aus nach Truso bei Elbing gefahren war, bezeichnet das Land rechts der Weichsel als „Eastenland", während er das Gebiet westlich der Weichsel als „Wendenland" anführt.

Um 965, also 75 nach Wulfstan besuchte der spanische Jude Ibrâhim ign Ja'qûb von Magdeburg aus, im Auftrage Kaiser Otto des Großen, die östlichen Länder des Deutschen Reiches, darunter die östlichen Nachbarn der Slawen, das Volk der „Brôs". Hier taucht zum ersten Mal der Name des Prußenlandes auf. In seinem Bericht heißt es u. a.: „Es grenzen an Meschege (= Polnischer König Mietzko I., 960—992), im Osten die Rus und im Norden die Brûs." Die Wohnsitze der „Brûs" sind am „Weltmeer". Sie haben eine Sprache für sich. Die Sprachen der Nachbarn verstehen sie nicht.

Der gleiche polnische König Mietzko I. nennt in seiner Schenkungsurkunde an Papst Johann XV. (985—996) seine nördlichen Nachbarn „Pruzze". Hinfort waren Namen „Prusi, Pruzzi, Pruci, Pruteni, Prutones" und ähnliche Bezeichnungen für die Bewohner des Gebietes östlich der unteren Weichsel üblich geworden.

Seit etwa 600 n. Chr. drangen in die von Ostgermanen (Goten und Gepiden) zuletzt verlassenen Gebiete Ostdeutschlands um die untere und mittlere Weichsel bis an die Elbe-Saale-Linie und an die Ostsee westlich der unteren Weichsel nach und nach meist kampflos westslawische Völker vor. Sie kamen aus der Urheimat der Slawen, dem Gebiet zwischen Karpathen, dem mittleren Dnjepr und den Pripjet-Sümpfen. Westslawen drangen bis Holstein, zur Elbe/Saale, nach Sachsen und Thüringen, in die Lausitz, nach Pommern und Schlesien vor; Pomoranen besiedel-

33

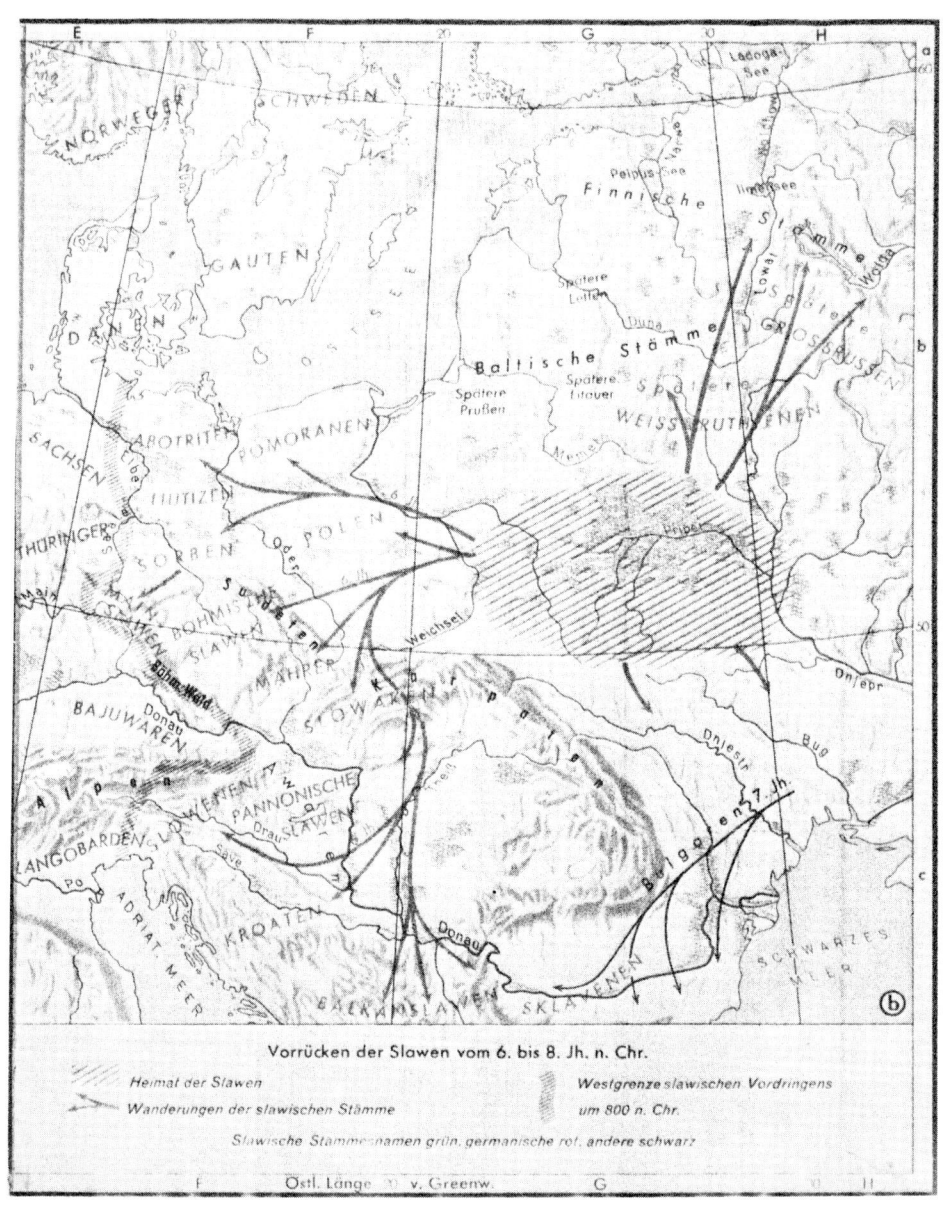

Vorrücken der Slawen nach Mittel- und Ostmitteleuropa

Frühes Mittelalter (7.-9. Jh. n. Chr.)

Herder-Institut, Marburg.

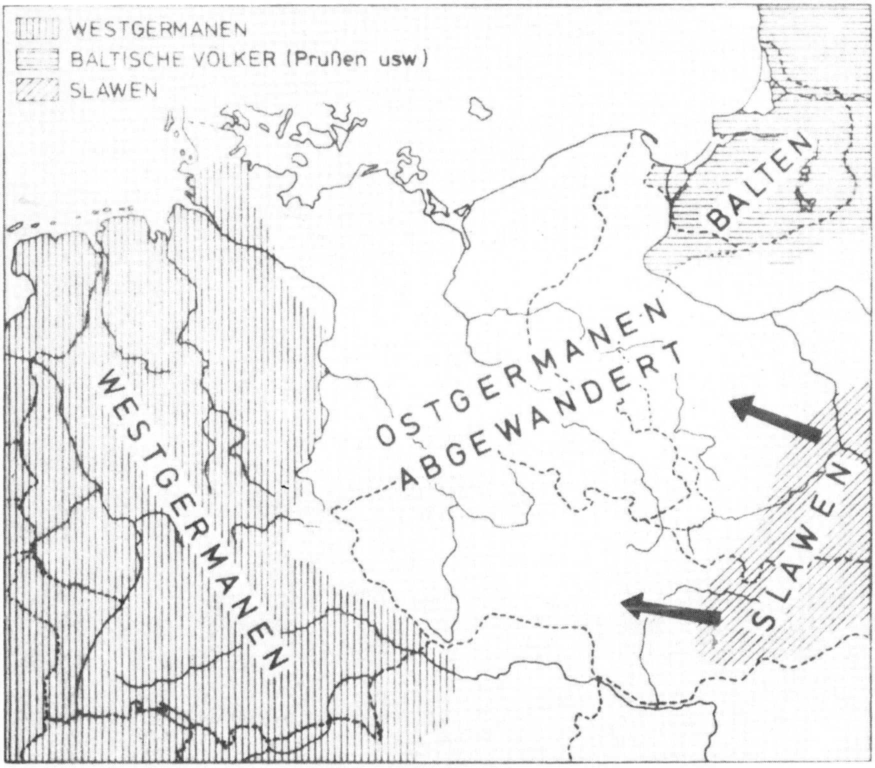

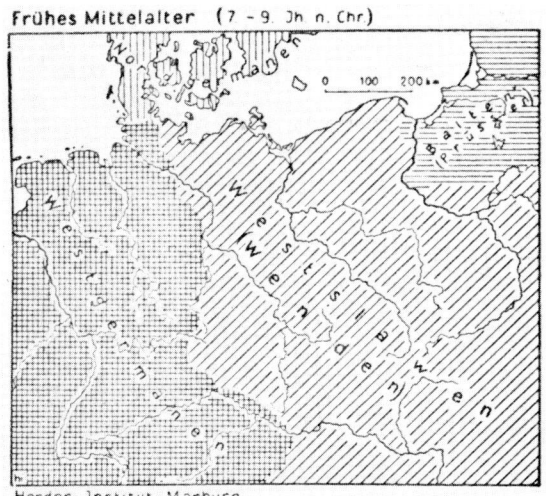

Oben: Einwanderung von Slawen in den Raum zwischen Elbe und Weichsel nach Abzug der ostgermanischen Stämme (6. Jh. n. Chr.).

Unten: Verbreitung der Slawen im 7. bis 9. Jh. n. Chr.

ten Pommern, Dedosizen, Solenzizen und Opolinen besetzten Schlesien, während Polanen um die Warthe, Kujawier südlich und südwestlich Thorn und Masowier um Plock und Warschau das Land in Besitz nahmen. Tschechen übernahmen Böhmen und Mähren, die „Rus" saßen östlich der slawischen Völkerschaften.

Hier ist festzustellen, daß nicht polnische Völker nach Pommern, Schlesien und über die Oder vorstießen, sondern westslawische Völkerschaften!

Auch in dieser Zeit der großen Völkerverschiebung blieben die baltischen Völker, die Prußen, Litauer, Letten und Kuren in ihren seit über einem Jahrtausend besiedelten Gebiet östlich der Weichsel in Masuren, Ostpreußen und in den baltischen Gebieten.

Doch mußten sich besonders die Prußenstämme, die Galinder und Sudauer, auch Jatwinger genannt, der ständigen Angriffe der Masowier, Polen und Russen erwehren. Beiden Völkern der Prußen gelang es. Jedoch wurden die Galinder so dezimiert, daß beim Vorstoß des Deutschen Ordens das Galinderland nahezu menschenleer war.

Anders war es bei dem östlichen Nachbarn, den Sudauern. Ihr Siedlungsraum war im Norden und Osten begrenzt durch die Memel, im Süden durch die Flüsse Bobr und Narew, von dem aus östlich der Galinde (Pissek) zum Roschsee, weiter nach Norden zum Spirding-, Löwentin- und Mauersees, von dort in nordöstlicher Richtung zur unteren Memel. Das sudauische Siedlungsgebiet reichte wie das der Galinder weit über die Grenzen der Provinz Ostpreußen hinaus nach Süden und Osten.

Eine im ganzen zwar der „westmasurischen" verwandte, im einzelnen jedoch höchst selbständige und eigenwillige Entwicklung ist die „ostmasurische Kultur", also die der Sudauer. Nach den Bodenfunden und auf Grund neuer Kulturgruppenforschungen ist sicher, daß sich die hier in der Ordenszeit und bereits durch Ptolemäus um 15o n. Chr. bezeugte sudauische Kultur schon während der jüngeren Bronzezeit, d. h. seit etwa 1000 v. Chr. herauszubilden begonnen hat. Während dieses langen Zeitraumes von über 2000 Jahren bewahrt sich die „ostmasurische Kultur" einen herben, höchst konservativen und altertümlichen Charakter, der vortrefflich zum Bilde jener eigenwilligen, unbeugsamen, von unbezähmbarem Freiheitsdrange erfüllten Sudauer paßt, wie sie uns Peter von Dusburg in seiner Ordensgeschichte gezeichnet hat.

Die Sudauische Kultur nimmt gegenüber allen Nachbarkulturen einen höchst selbständigen Charakter ein; sie ist nur schwer fremden Einflüssen zugänglich; zäh bewahren Kinder und Enkelkinder Bräuche der Väter und Urväter. Nähere Beziehungen bestehen zum Samland, mit dem ein reger Handel betrieben wird; zeitweilig pflegen die Sudauer auch Handel mit den westlichen Nachbarn, den Galindern, die in den ersten Jahrhunderten n. Chr. der damals aufblühenden sudauischen Kultur mancherlei Anregungen zu verdanken haben. In einigen Zügen spürt man, vor allem während der römischen Kaiserzeit (1. bis 4. Jahrh. n. Chr.) und noch stärker im jüngsten heidnischen Zeitalter (9.—12. Jahrh.), die Nähe des ostbaltischen (Litauisch-Lettischen) Gebietes, mit dem manche Verwandtschaft besteht, die jedoch den rein prußischen Charakter der altsudauischen Kultur nicht zu trüben vermag. Einzelne Funde zeigen, daß die sudauische Kultur sich in vorgeschichtlicher Zeit noch weit in die späteren polnischen Gebiete (z. B. Suwalki und Augustowo) ausgedehnt hat.

Überaus konservativ bewahren die Sudauer ihre Bestattungsbräuche. Schon in der älteren Bronzezeit beginnt in Ostmasuren der Brauch, über dem Toten einen Steinhügel als Grabmal aufzuschütten.

Diese Grundform hält sich während der ganzen vorrömischen Metallzeit, auch als man dazu überging, die Toten auf Scheiterhaufen zu verbrennen und ihre Asche als Schicht auf dem Boden auszubreiten oder in kleinen Tongefäßen beizusetzen. Dies wird auch noch in der römischen Kaiserzeit ab 1. Jahrh. n. Chr. fortgesetzt; allerdings werden später mehrere Tote in sogenannten „Familiengräbern" ab etwa 700 n. Chr. beigesetzt, in denen die Asche mehrerer Toter unter Steinen der „Hügelgräber" in großen Urnen aufbewahrt wurde. Besonders erwähnt sei hier das Gräberfeld von Sypittken, Kr. Lyck, zu dem Gollub folgendes ausführt: (S. 91 a.a.O.)

„Das von Christi Geburt bis in die späte Völkerwanderungszeit (8. Jahrh. n. Chr.) vielleicht sogar bis ins jüngste heidnische Zeitalter hinein (also bis ins 13. Jahrh.) ununterbrochen mit Bestattungen belegte Gräberfeld von Sypittken, Kr. Lyck, hat ein eindrucksvolles Beispiel für die anhaltende Siedlungsstetigkeit des Sudauer-Stammes geliefert."

Von den zahlreichen Bronzebeigaben konnten leider nur Reste gefunden werden; die Bronzebeigaben sind im Feuer der Brandbestattung, oft bis zur Unkenntlichkeit geschmolzen. Ähnliche umfangreiche Grabanlagen wurden nicht nur im Kreis Lyck so u. a. in Borschimmen, am Nordrand des Hänselsees bei Jucha, bei Skomatzko, sondern auch im Kreise Treuburg, hier u. a. bei Merunen, Suleiken, Bolken, Teichwalde, Haschnen (hier allein über 70 Gräber), bei Statzen und Podersbach entdeckt. Im Kreise Lötzen sind Gräberfelder bei Gutten, Kl. Skomatzko, und Bartlickshof zu nennen; im Kreis Johannisburg, der eine Nahtstelle zwischen den Galindern und Sudauern war, sind sudauische Siedlungen nur im Nordosten des Kreises östlich der Galinde (Pissek) aufgefunden worden, vor allem am Ostufer des Spirdingsees, um den Aryssee und um Gehlenburg anzutreffen gewesen.

Aus Lage und Umfang der Friedhöfe kann auf den Umfang der Besiedlung dieses „ostmasurischen" Gebietes geschlossen werden. Die geringe Größe mancher der ostmasurischen Friedhöfe spricht für zahlreiche weit zwischen den Waldgebieten verstreute kleinere Siedlungen, wie sie uns als charakteristisch für das Sudauerland auch in den Ordenschroniken genannt werden. Doch gab es auch verhältnismäßig stark besiedelte Gebiete. So muß das Mauerseegebiet, nach den Bodenfunden zu urteilen, ungewöhnlich dicht besiedelt gewesen sein. Dazu gehören auch die sogenannten „Auen", wie nördlich des Aryssees, um Lyck und Treuburg, bei Jucha, Grabnick, Prostken, bei Gehlenburg, Kr. Johannisburg, östlich des Löwentinsees, bei Widminnen und Milken, Kr. Lötzen. Ja auch heutige Waldgebiete wie die Rothebuder Forst und die Rominter Heide waren zur Sudauerzeit reich mit offenem Siedlungsland durchsetzt, wie es Gräberfunde bezeugen.

Die Bronze scheint bei den Sudauern im Gegensatz zu den Galindern, in Westmasuren nur in sehr beschränktem Umfange verwendet worden zu sein, wie es auch aus den Pfahlbauten ersichtlich wurde. Die Pfahlbauten scheinen für Ostmasuren typisch zu sein. Zahlreiche Pfahlbauten wurden zum Teil im See, zum Teil am Seeufer ausgemacht. Nach Engel sprechen neuere Untersuchungen dafür, daß die Pfahlbauten nicht, wie man es sich ursprünglich vorgestellt hatte, auf Pfahlrosten im See stehende Dörfer gewesen sind, sondern Ufer- oder Inselsiedlungen, die während der klimatischen Trockenperiode der „jüngeren Stein- und Bronzezeit" dicht an die immer weiter zurücktretenden Ufer der allmählich austrocknenden Seen vorgeschoben waren, bis sie bei dem plötzlich einsetzenden Klimasturz der frühen Eisenzeit" (zwischen 1200 und 500 v. Chr.) und dem damit verbundenen Steigen des Wasserspiegels überflutet wurden. Man versuchte zunächst mit zusätzlichen Packwerkbauten die Bodenfläche zu erhöhen, um die Überflutung zu bannen. Doch dann mußte man dem ständig steigenden Wasser weichen und die Pfahlbauten im See verlassen. Unter der konservierenden Wirkung des Wassers haben sie uns ein getreues Spiegelbild der schlichten, aber zweckdienlichen, aus Horn, Knochen und Stein gefertigten Werkzeuge und mannigfaches Gebrauchsgeschirr jener Zeit aufbewahrt und einen Einblick in Wirtschaft und Haushalt des damaligen Alltags vermittelt, der die Gräberfunde ergänzt. In den seenreichen Kreisen Lötzen, Treuburg und Lyck hat man zahlreiche Pfahlbauten ausgemacht und bei einigen wertvolles Fundmaterial sichergestellt.

Hier soll der aufschlußreiche Bericht des Lycker Heimatforschers Pogoda stellvertretend für alle andern Funde bei Pfahlbauten angeführt werden:

"Der Bronzezeit (1500—500 v. Chr.) zuzurechnen ist der "Pfahlbau" am Südufer des Neumalker Sees (Kr. Lyck). Er vermittelt uns ein Bild jener eigenartigen Kultur, da die bronzezeitlichen Bauern ihre Hütten auf Pfählen in einer Seebucht errichteten und durch einen Steg mit dem Ufer verbanden. Auf einer größeren Fläche ragen senkrecht gestellt Eichen- und Kiefernpfähle, die einst den Wohnbau getragen haben, aus dem schlammigen Seegrund hervor. Eine dreifache Pfahlreihe, der Unterbau eines Laufsteges, führt zum nahen Ufer. Der Grund ist mit größeren Steinplatten bedeckt, die wahrscheinlich den Bodenbelag der Hütte, vor allem unter der Herdplatte, gebildet haben. Unter der Menge von Tierknochen finden sich viele angekohlte und aufgeschlagene Röhrenknochen, denen das leckere Mark entnommen wurde. Mehr nach der Tiefe zu liegen Scherben von handgeformten Gefäßen, darunter Randscherben mit den für die Pfahlbaukultur charakteristischen Randlöchern. An Geräten und Werkzeugen wurden bei einer Untersuchung im Jahre 1927 geborgen: 2 Steinäxte, 1 Steinhacke, 1 Mahlstein mit Reiber, 1 Hammer und 3 Äxte aus Hirschgeweihen sowie einen in einen Vogelknochen geschnittenen Stempel zum Verzieren der Tongefäße. Die Holz- und Rindenstücke, die im Bodenschlamm lagerten, waren alle angekohlt; das deutet darauf hin, daß der aus dem Wasser ragende Bau durch Feuer vernichtet wurde."

Im Sonntagsee, Kr. Lyck, wurden bei Pfahlbauten neben Tongefäßen auch Angelgerät und Haken gefunden. In den Staßwinner Wiesen (dem "Himmelreich") wurde in einem "Packwerkbau" u. a. ein Einbaum ausgegraben. Auch bei Borschimmen, Kr. Lyck, fand man beim Torfstechen mehrere Einbäume. Alle Pfahlbauten, so auch im Kreise Treuburg (Bärengrund, Garbassen, Guhsen und Schlepien) wurden in oder an Seen oder in verlandeten Brüchen und Wiesen entdeckt.

Seit etwa 600 n Ch. waren slawische Völker in die von Germanen verlassenen Gebiete an der unteren und mittleren Weichsel allmählich nachgerückt. Es war nur eine Frage der Zeit, bis die Slawen gegen ihre nördlichen Nachbarn, die baltischen Völker, die Prußen, Litauer, Letten und Kuren vorstießen. So hatten auch die Sudauer, deren Herrschaftsbereich im Süden weit über die spätere ostpreußische Grenze bis zum Bobr reichte, ab 700 und ganz besonders zwischen 900 und 1200 n. Chr. ständig heftige Angriffe slawischer Stämme abzuwehren. Masowier, Polen und Russen versuchten immer wieder ins Land der prußischen Stämme, Galinder und Sudauer einzudringen. Das jüngste heidnische Zeitalter Masurens (9. bis 12.

Jahrh.) ist erfüllt von einer ununterbrochenen Folge blutiger und erbitterter Kämpfe, in denen die altpreußischen Bewohner Masurens mit unbeugsamer Zähigkeit ihre Heimat gegen die von Süden eindringenden Slawen bis zum äußersten verteidigt haben. Die bis zur Selbstentäußerung geführte heldenmütige Verteidigung war ein voller Erfolg und zwar derart, daß aus ganz Masuren nicht ein slawischer Grab- oder Siedlungsfund bekannt geworden ist! Der einzige Fund slawischer Herkunft, der Silberschatz von Skurpien, Kr. Neidenburg, ist ein Schatzfund, der als Beutestück oder über den Handel ins Land gekommen ist.

Zeugen dieser schweren Abwehrkämpfe der Sudauer sind noch heute zahlreiche Burgwälle, auch „Schloßberge" oder „Schwedenschanzen" genannt. Hier waren Verteidigungsanlagen oft mit einem Wall und einem Palisadenzaun aus Holz errichtet worden. Diese Burgen waren auf Hügeln mit recht steil abfallenden Hängen angelegt worden; einige sind am Seeufer auf Hängen errichtet. Innerhalb des Walles wurden oft Vertiefungen zum Auffangen von Regenwasser entdeckt; bei anderen sind noch in jüngster Zeit Feuerstellen innerhalb des Walles festgestellt worden. In allen Kreisen, in denen sudauische Bevölkerung gelebt hat, wurden zahlreiche Burgwälle oder Wehranlagen entdeckt. Der bekannteste sudauische Burgwall dürfte wohl die Skomand-Burg am Südrand des Skomantsees, Kr. Lyck, sein. Dieser sudauische Fürst spielte in den Abwehrkämpfen gegen den Deutschen Orden eine große Rolle um 1280.

Die Prußen, Galinder ebenso wie die Sudauer waren Heiden. Sie haben ursprünglich wohl einen reinen Naturdienstglauben mit Anbetung von Sonne, Mond und Sternen, aber auch von Donner und einigen Tieren, wie Schlangen und Kröten ge-

Eine Rundburg der Altprußen. Nach einem Originalbild des Prussiamuseums.

habt. Später bildete sich eine personifizierte Götterwelt heraus. Die Götternamen „Perkunos" (Gott des Gewitters und der Natur), „Potrimpos" (Gott des Lebens) und „Patollu" (Gott des Todes) erscheinen in Überlieferungen. Sie glauben an die Unsterblichkeit und an ein Fortleben nach dem Tode, wie es zahlreiche Grabfunde beweisen. Der bereits erwähnte Seefahrer Wulfstan berichtet auch über die ausgedehnten Leichenfeiern der Prußen, die mit Trinkgelagen und Wettspielen verbunden waren. Sie verehrten ihre Götter in heiligen Hainen oder an geweihten Gewässern. Ein solches sudauisches Heiligtum war der „Opferstein", ein großer eratischer Block aus der Eiszeit, etwa 900 m östlich der Kirche zu Jucha, Kr. Lyck. Ein weiteres sudauisches Heiligtum war „Romowe" bei Heldenfelde, Kr. Lyck; hier waren drei sehr alte Wacholder (Kaddig)-Bäume typisch.

Wenn auch die bei Christburg gefundene rotgraue aus Granit gemeißelte Statue „Potrimpos" genannt wurde, und die Entstehungszeit das 7. oder 8. Jahrh. n. Chr. angesetzt wurde, so ist doch nicht eindeutig geklärt, welchem Zweck derartige Steinbilder zur Prußenzeit gedient haben. Weitere Steinbilder wurden u. a. in Gelitten, Kr. Treuburg, im Jahre 1840 unter einer alten Weide beim Bau eines Kartoffelkellers gefunden; im Kreise Lyck standen Steinbilder in Blumental und auf dem alten Friedhof in Dreimühlen. Waren es Grabsteine oder Götterbilder? Haben solche Steine asiatische Völker bei ihren Kriegszügen mitgebracht?

Die Wikinger unternahmen im 9. Jahrh. von Skandinavien aus Vorstöße nach Süden und Südosten; es waren Raub- und Handelszüge, sie schufen eine Reihe von Handelsplätzen als Stützpunkte von der Ostküste Schleswigs (Haithabu) bis zum Ladogasee. So gründeten schwedische und gotländische Wikinger auch in Truso bei Elbing, Wiskiauten bei Cranz und Linkuhnen in der Memelniederung Stützpunkte und trieben von dort aus Handel mit den Prußen, das beweisen zahlreiche Funde; so sind auch im Kreis Lyck Wikingerfunde ausgemacht worden; u. a. 1 Bartaxt bei Lyck und 1 Lumula-Anhänger bei Buhnhausen.

Besonders wichtig wurde der Einfluß der Wikinger auf die Edelmetallverarbeitung bei den Sudauern, Russische Chronisten, so die Hypatius-Chronik, auch Peter von Dusburg berichtet (in seiner Ordensgeschichte) von der Silber und Edelmetallverarbeitung bei den Sudauern.

Einige Funde sind bemerkenswert: so die Silberschatzfunde in der Gemarkung Olschöwen (Erlental), Kr. Treuburg; der erste Fund wurde schon im Jahre 1860 geborgen mit 3 größeren Silberbändern, die C. Engel als Diademe anspricht, vier Silberringe und zwölf mit Kerben versehene Silberbarren. Der zweite Silberfund kam am 19. März 1878 zum Vorschein und enthielt 5 Silberbarren mit einem Gewicht von 582 g.

Bei Giersfelde, Kr. Lyck, wurde im Jahre 1935 ein aus reinem Silber wunderschön gearbeitetes doppelspiraliges Armband gefunden, das an einem Ende einen plattgehaltenen Schlangenkopf darstellt.

Besonders bedeutsam ist schließlich der „Silberfund von Skomanten", der wertvollste, größte und prächtigste aller Silberfunde aus dem Sudauerland! Im Jahre 1929 stieß Bauer Jezierski beim Ausheben von Rübenmieten unweit seines Anwesens auf ein Metallgefäß, auf dem ein schwerer Deckstein ruhte. Neben Resten eines Leichenbrandes kamen gleißende Schmuckstücke aus weißem Silber, so weiß und leuchtend, als wären sie erst kürzlich dem Boden anvertraut, zum Vorschein. Die Fundumstände lassen darauf schließen, daß es sich hier um ein Grab einer sudaui-

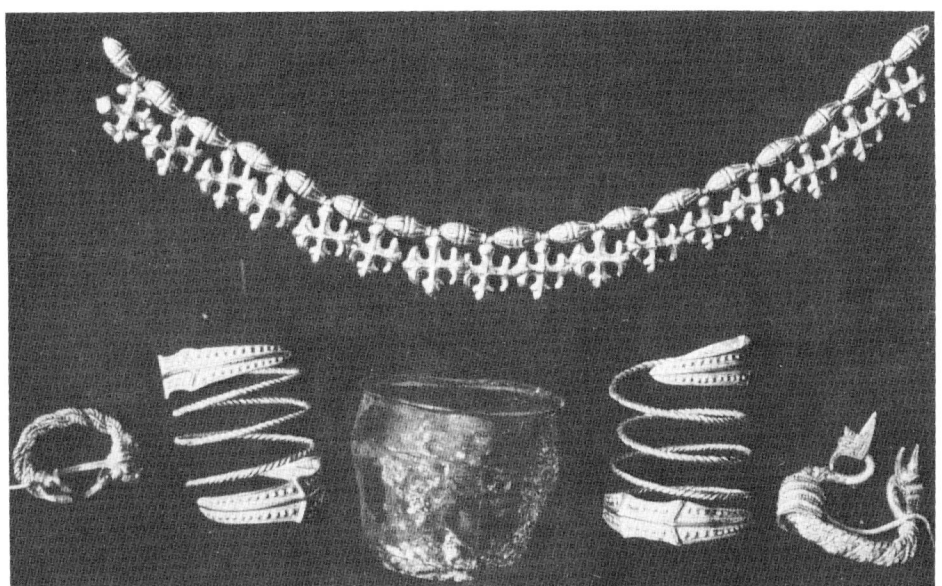

Altsudauischer Silberschatz aus der spätheidnischen Zeit, gefunden bei Skomentnen am Skomentner See (Kreis Lyck). In dem Kupferkessel (Bildmitte) lagen 2 Armspiralen (innen), 2 Hufeisenfibeln mit Drachenkopfenden (außen) und eine Halskette, in der Hohleicheln mit kreuzförmigen Anhängern abwechseln (oben).

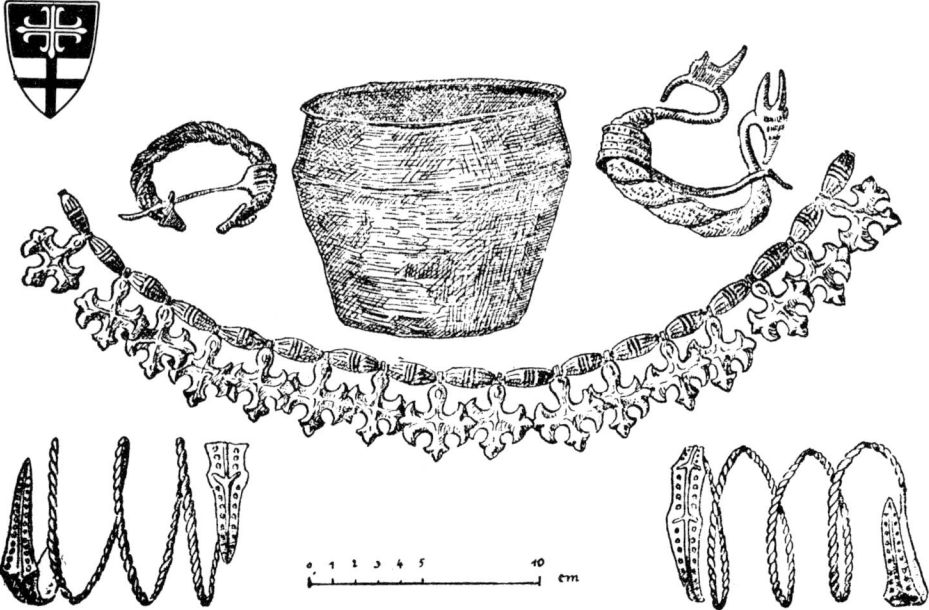

Der Silberschmuck von Skomanten. Nach einer Zeichnung von Walter Gronau. Das Original befand sich im Prussia-Museum zu Königsberg, eine Nachbildung im Lycker Heimatmuseum.

schen Fürstin handelt. Die Burg des sudauischen Fürstengeschlechts Skomand lag in der Nähe. Sämtliche Fundstücke sind aus gediegenem Silber gearbeitet mit einem Gesamtgewicht von 674,8 g.

„Der Halsschmuck besteht aus 17 Längs- und quergerieften Hohlperlen von Doppeleichelform und 17 Anhängern von der Form eines gleicharmigen Kreuzes, die miteinander abwechselten.

Die Armspiralen, deren aus drei Drähten geflochtenen vier Windungen am oberen und unteren Ende in je eine plattgehämmerte Silberblechzunge auslaufen, die mit Punktreihen, Hohlbuckeln und Hohlgrübchen verziert ist, sind einander völlig gleich.

Dagegen sind die Hufeisenfibeln von verschiedener Größe, eine besitzt 7,9 Zentimeter, die kleinere 6,9 Zentimeter Außendurchmesser. Ihre Bügel sind aus vier 0,3 Zentimeter starken, aus Silberdraht gedrehten Schnüren geflochten, die wiederum von ganz dünnen Silberschnüren durchzogen sind. Die Bügelenden laufen in stark stilisierte Drachenköpfe aus, die mit Punktreihenornamenten verziert sind."

Wenn auch diese Schmuckformen auf Einfluß und Vorbilder der Wikinger zurückgehen, so sind es doch letzten Endes bodenständige, sudauische Kunstgewerbeerzeugnisse etwa das 12. Jahrh. n. Chr.

Die letzten Überreste der verstorbenen Sudauerfürstin wurden nicht einer irdenen Urne anvertraut, die Tote aus dem Herrschergeschlecht sollte besonders geehrt werden, deshalb wurde ein Gefäß aus Kupferstreifen gefertigt, das auch den einer Fürstin würdigen Schmuck aufnahm.

In dem Lycker Kreiswappen sind zwei Kreuze übereinander zu sehen: ein gleicharmiges weißes Kreuz im schwarzen Feld ist dem Fürstenschmuck von Skomanten entlehnt. Es ist bezeichnend für die über 2000jährige ununterbrochene Siedlungsperiode der Sudauer im Kreise Lyck und in Ostmasuren. Das schwarze Kreuz auf weißem Grund darunter weist auf den Deutschen Ritterorden hin.

Das Lycker Kreiswappen. Es sind zwei Kreuze zu sehen. Das gleicharmige weiße im schwarzen Feld ist dem Fürstenschmuck von Skomanten entlehnt und daher charakteristisch für die Siedlungsperiode der Sudauer im Kreis Lyck. Das schwarze Kreuz auf weißem Grund darunter weist auf den Deutschen Ritterorden hin.

Im Jahre 966 trat der polnische König Mietzko I. wohl aus politischen Gründen zum Christentum über, nachdem er Lehnsvasall des deutschen Kaisers geworden war. Die kirchliche Betreuung seines Landes übernahm das 968 gegründete Erzbistum Magdeburg. Doch bereits im Jahre 1000 errichtete der deutsche Kaiser Otto III. seinem polnischen Vasallen in Gnesen ein eignes Erzbistum.

Die baltischen Völker Prußen, Litauer und Letten blieben Heiden. Es mangelte nicht an Versuchen, diese zu christianisieren. So entschloß sich Adalbert von Prag, ein Sproß eines tschechischen Fürstenhauses, die Prußen für das Christentum zu gewinnen. Über Danzig gelangte er im Frühjahr 997 an das Frische Haff ins Prußenland. Bereits am 3. April 997 erlitt er wahrscheinlich bei Fischhausen im Samland den Märtyrertod.

Wenige Jahre später versuchte der deutsche Graf Bruno von Querfurt vom Südosten kommend, die Sudauer zu bekehren. Nach anfänglichen Erfolgen erlitt er mit 18 Gefährten am 9. März 1009 im Ostteil des Kreises Lyck den Märtyrertod. Das Bruno-Kreuz auf dem Tafelberg am Löwentinsee bei Lötzen erinnert an diesen Märtyrer und sein Wirken bei den Sudauern. Dann unterblieben Christianisierungsversuche bei den Prußen. Erst 1206 nahmen deutsche Zisterzienser von Polen aus die Mission im Prußenland wieder auf, und zwar mit ausdrücklicher Genehmigung und Unterstützung Roms. Im Jahre 1215 wurde der Zisterzienser Christian von Oliva erster Preußenbischof.

Dieser Eingriff und vor allem die ab 1000 sich verstärkenden Versuche der Nachbarn, der Polen, Pommoranen, Masowier und bei den Sudauern besonders der Russen, diese unter warägischer Führung, machten aus dem prußischen Bauernvolk kämpferische Stämme, wie es die Grabbeigaben der letzten heidnischen Zeit und bei den Sudauern die Anlage von zahlreichen Burgen verdeutlichen. Burgen und feste Häuser waren unter höchst geschickter Ausnützung des Geländes an Steilufern von Gewässern, an isthmusartigen Verengungen, in Brüchen u. a. angelegt und boten der außerhalb des Walles wohnenden Bevölkerung bei feindlichen Angriffen die Möglichkeit, sich hinter diesen zurückzuziehen. Doch zunehmend gingen die Prußen in diesen Grenzkriegen mit Masowien/Polen von der Verteidigung zum Angriff über.

Beteiligten sich die Galinder an den Vorstößen über ihre Grenzen hinaus nicht mehr, weil sie von den schweren Abwehrkämpfen gegen slawische Völker zu sehr geschwächt waren, aber ihr Gebiet frei von Inbesitznahme durch Polen u. a. halten konnten, so waren die Sudauer oder, wie russische Historiker sie auch nannten, die Jatwinger, mit anderen starken prußischen Stämmen, besonders ab 1218, zu Gegenangriffen mit Einfällen in die Länder ihrer slawischen Gegner übergegangen. So vertrieben sie die ins Kulmerland eingedrungenen Polen und Masowier und griffen das angrenzende Herzogtum Masowien und dessen Hauptstadt Plock an der Weichsel an, so daß der Bestand dieses Herzogtums ernstlich gefährdet war.

Auch das Eingreifen des Papstes Honorius III., der den Mönch Christian aus dem polnischen, mit deutschen Mönchen besetzten Kloster Leknow im Jahre 1215 zum Missionsbischof ernannte, und zu Kreuzzügen aufrief, hatten letzten Endes keinen Erfolg. Den Widerstand der Prußen, darunter auch der Sudauer, konnte weder Bischof Christian noch sein Landesherr, der Herzog von Masowien, Konrad, der in Plock residierte, überwinden. Im Gegenteil aus dem Kulmerland fielen die Prußen in Masowien und Polen ein und plünderten diese Länder. Die vom Papst angeregten Kreuzzüge fanden wenig Wiederhall; die polnischen Fürsten von Masowien, Kujawien und Polen waren uneinig; so konnten die Prußen, die immer wieder einfielen, große Erfolge erzielen.

Besonders schwer hatte das zu Galindern und Sudauern benachbarte Herzogtum Masowien unter den prußischen Einfällen zu leiden. Da die eigenen Kräfte nicht ausreichten, die übrigen polnischen Fürsten versagten, ersuchte Herzog Konrad von Masowien auf Anraten Herzog Heinrich I. von Schlesien im Jahre 1226 den Deutschen Orden um Hilfe gegen die Prußen.

Der Hochmeister des Deutschen Ordens Hermann von Salza, einer der bedeutendsten Staatsmänner des 13. Jahrh. stürzte sich nicht sofort in das „Prußische Abenteuer", gewitzt durch schlechte Erfahrungen in Siebenbürgen vor 10 Jahren, als dort der Ungarkönig dem Orden das von diesem eroberte Land abgenommen hatte. Der Hochmeister wollte das Prußenland für den Orden erwerben, gleichzeitg die Prußen christianisieren. Dazu brauchte er den Auftrag und Schutz der obersten Autoritäten der Christenheit, von Kaiser und Papst. Der Hohenstauferkaiser Friedrich II. übertrug in der berühmten „Goldenen Bulle" zu Rimini im März 1226 dem Deutschen Orden das vom masowischen Herzog Konrad geschenkte Kulmerland und alle weiteren Erwerbungen im Prußenland im voraus und nahm diesen Ordensbesitz in kaiserlichen Schutz. In dieser Urkunde gab der Kaiser seine Zustimmung zur Eroberung des Prußenlandes kraft kaiserlichen Anrechts auf „herrenloses Land" und zur Schenkung des Kulmerlandes. Alles eroberte Land sollte der Orden in voller Freiheit und Immunität besitzen; der Kaiser hatte den Orden mit Regalien versehen, den Hochmeister den Reichsfürsten gleichgestellt und damit ein Grundgesetz für den Ordensstaat geschaffen. Dieses gab dem Orden der Kirche gegenüber eine sehr viel selbständigere Stellung, als sie die andern Orden, wie die Johanniter- und Templerorden je innegehabt haben und schützte vor allen den Orden gegen „oberherrliche Ansprüche" von polnischer Seite.

Zum Eingreifen des Ordens kam es jedoch noch nicht. Denn Herzog Conrad von Masowien und Bischof Christian hatten Bedenken bekommen, dem Deutschen Orden Zugeständnisse zu machen. Sie gründeten einen eignen kleinen Ritterorden, die Brüder vom „Ritterdienst Christi von Preußen", deren Mitglieder fast ausschließlich Mecklenburgische Ritter waren; diese trugen auf weißem Mantel ein rotes Schwert und einen roten Stern; ihre Aufgabe war der Schutz Masowiens vor den Prußen.

Da überfielen die Prußen im Jahre 1228 erneut das Gebiet südlich des Kulmerlandes. Nunmehr sah sich der hart bedrängte Herzog Conrad von Masowien gezwungen, erneut Verhandlungen mit dem Deutschen Orden aufzunehmen. Diese führten im Jahre ;1230 zum Vertrag von Kruschwitz. In diesem Vertrag übertrug Herzog Conrad von Masowien dem „Deutschen Hause" (= Deutscher Orden) das Kulmerland mit allen Nutzungen, Rechten und Freiheiten und die Burgen Nessau und Vogelsang auf dem linken Weichselufer. Er bestätigte auch die Eroberungen im Prußenland als selbständigen Staat des Deutschen Ordens. Ein zweiter Vertrag aus dem gleichen Jahre mit Bischof Christian, der auf seine Ansprüche auf das Kulmerland verzichtet, regelte auch dieses Verhältnis zu Gunsten des Ordens.

Waren in diesen Verträgen die Grenzen im Westen und Süden des Kulmerlandes genau festgelegt, fehlten naturgemäß Grenzangaben nach Osten und Norden ins Prußenland. Denn über dieses Gebiet der heidnischen Prußen konnte Herzog Conrad nicht verfügen, da es ihm nicht gehörte. Dieses Land war herrenlos, über dieses heidnische Gebiet konnten nur Kaiser und Papst nach damaliger Rechtsauffassung Bestimmungen treffen.

Hier sei noch erwähnt, daß König Kasimir von Polen im Friedensvertrag zu Kalisch vom 8. Juni 1343 mit dem Hochmeister des Deutschen Ordens Ludolfkönig „für alle Zeiten auf Ansprüche auf Pommerellen, das Kulmerland und die Michelau verzichtet" hat.

Im Jahre 1230 bestätigte der Papst zunächst mündlich dem Deutschen Orden die Übertragung des Kulmerlandes und des zu erobernden Preußenlandes mit allen

Rechten zu „ewigem Besitz"; in der „päpstlichen Bulle zu Rieti" vom 3. August 1234 bestätigte Papst Gregor IX. die mündliche Zusage vom Jahre 1230:

„Papst Gregor IX. nimmt das dem Deutschen Orden geschenkte Land Kulm und was den Prußen weiter abgerungen werden wird, als Eigentum des hl. Petrus in den Schutz des apostolischen Stuhles, verleiht dem Orden den Besitz, behält sich die Errichtung und Dotierung von Bistümern vor und bedingt für die Römische Kirche einen jährlichen Zins zur Anerkennung des päpstlichen Lehens."
(Preußisches Urkundenbuch I, 1. S. 83—84, Nr. 108).

Der Orden „Brüder vom Ritterdienste Christi in Preußen", ging im Deutschen Orden 1235 auf. Bischof Christian von Lekno starb um 1245, ohne seine Ansprüche gegen den Deutschen Orden beim Papst durchsetzen zu können. Der umsichtige und politisch sehr erfahrene Hochmeister Hermann von Salza hatte mit beiden universalen Gewalten, dem Kaiser und Papst den Orden gegen alle Ansprüche lokaler, politischer und kirchlicher Gewalten gesichert. Das war die sicherste Garantie der „Autonomie" des Ordensstaates auf allen Gebieten.

Erschließung Masurens durch den Deutschen Orden.

Nachdem der Hochmeister Hermann von Salza die Rechtsgrundlagen für sein Vorhaben geschaffen hatte, begann 1231 die Eroberung des Prußenlandes mit einem kleinen Aufgebot von Ordensrittern und Kreuzfahrern unter Führung seines Landmeisters Hermann Balk. Von Vogelsang aus überschritt Hermann Balk die Weichsel und begann das Siedlungswerk des Deutschen Ordens planmäßig mit der Gründung von Burgen zugleich zur Sicherung des Landes. Thorn war die erste Ordensburg auf dem rechten Weichselufer. Dieser folgten 1232 Kulm, dessen Rechtssatzung die „Kulmer Handfeste" von 1233, schon die Grundzüge des kommenden Landesausbaues niederlegte, 1233 Marienwerder, und 1237 erreichte der Orden in dem gemeinsam mit Lübecker Kaufleuten begründeten Elbing das Frische Haff und die Seeverbindung nach dem Westen; gleichzeitig entstand an der Weichselmündung auf dem Gebiet der Herzöge von Pommerellen die Stadt Danzig. Von Marienwerder aus eroberten Deutsche Ordensritter und Kreuzfahrer, die Herzöge Swantopolt und Sambor von Pommerellen, die polnischen Fürsten von Masowien, Kujavien und Großpolen und Herzog Heinrich I. von Breslau mit ihren Mannen gemeinsam den preußischen Gau Pomesanien. Die Prußen wurden an der Sirgune (Sorge), dem südlichen Zufluß des Drausen-Sees geschlagen, hier wurde die Burg Rheden zur Sicherung des Kulmerlandes 1234 errichtet. Hier bereits zeigt sich, daß der Kampf des Deutschen Ordens gegen die heidnischen Prußen kein Ausfluß deutscher Eroberungslust, sondern der Beweis für die deutsch-slawische Gemeinschaft in diesem Raum war.

Nach Elbing gründeten die Ordensritter entlang dem Frischen Haff; 1239 Balga und 1241 Braunsberg. Der Wasserweg war die sicherste Nachschubstraße.

Um die Burgen Thorn, Kulm und Marienwerder entstanden bald städtische Siedlungen. Um die Burg Elbing siedelten sich Kolonisten aus Lübeck und Meißen an. Solange die Kämpfe des Ordens mit den Prußen andauerten, konnte an eine bäuerliche Siedlung noch nicht gedacht werden. Die Burgenkette von Thorn über Elbing bis Braunsberg bildete die Basis für die Unterwerfung der prußischen Landschaften Pogesanien, Natangen, Warmien und Barten.

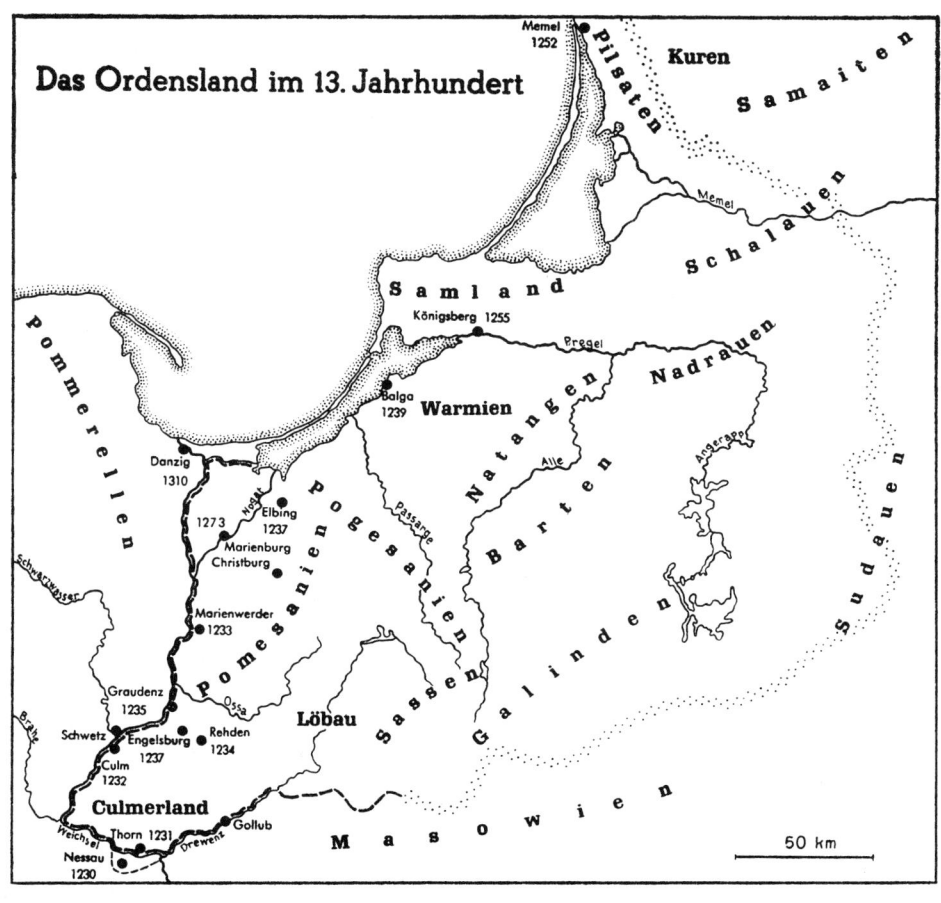

Der Orden hatte hier ohne schwere Verluste den unorganisierten Widerstand der Prußen rasch gebrochen und das Gebiet bis 1241 unterworfen. Das Land wurde durch die Anlage weiterer Burgen und Städte gesichert.

Aus Schlesien kamen die ersten Siedler ins Kulmerland. Bezeichnend für die enge Verbindung des Ordens zu den benachbarten polnischen Fürsten sind die damals abgeschlossenen Handelsverträge, so der Vertrag mit Wladislaw Odonitz, Herzog von Großpolen, zu Kalisch vom 15. Februar 1238, der den ins Kulmerland und nach Preußen ziehenden Kreuzfahrern Zollfreiheit und den zuziehenden Siedlern Zollermäßigung an den Zollstätten in Posen und Gnesen gewährte.

Im Jahre 1242 erhoben sich die Prußen nach einer Niederlage des Ordens am Peipus-See in Livland. Erst nach mehrjährigen Kämpfen, in denen auch polnische Fürsten von Masowien, Kujavien und Polen auf seiten des Ordens kämpften, gelang es, den Aufstand niederzuschlagen. Im Friedensvertrag zu Christburg vom 7. Februar 1249 regelte der Orden die Verhältnisse zu den Prußen von Pomesanien, Pogesanien, Warmien und Natangen und bestimmte u. a.

„Die Prußen hatten sich zum Christentum zu bekehren und den Orden anzuerkennen; mit der Annahme des Christentums wurde den Prußen volle persönliche Freiheit, volles Besitzrecht auch an Land und soziale Gleichstellung mit den Deutschen zugesichert."

Damit wurden entsprechend der päpstlichen Missionstheorie die bekehrten Prußen als gleichberechtigte Partner anerkannt.

Hier ist festzuhalten, daß der Deutsche Orden sich mithin nicht gegen den Willen der Polen, sondern mit ihrer tatkräftigen Unterstützung im Prußenland festgesetzt hat; die Unterwerfung der Prußen war nicht eine Tat eroberungslustiger und ländergieriger deutscher Ordensritter, sondern ein gemeinsames abendländisches Unternehmen zu Ehren Gottes und der christlichen Kirche, wobei die Deutschen die Führung hatten und die meisten Opfer brachten.

Im Jahre 1251 regelte Papst Innozenz IV. die kirchlichen Verhältnisse im Ordensstaat; er machte Albert Suerbeer zum Erzbischof für Preußen, Livland und Estland mit Sitz in Riga. Preußen wurde also nicht dem polnischen Episkopat in Gnesen unterstellt. Preußen gehörte danach zu den Ostseeländern und nicht zum binnenländischen Polen!

Nachdem der Westen und Nordwesten des Preußenlandes unterworfen war, konnte der Orden ins Innere vorstoßen. Sassen und Galinden wurden ohne große Mühe besetzt. Beide Länder waren fast menschenleer als Folge der jahrhundertlangen schweren Kämpfe mit slawischen Völkern. Hier war eine „Wildnis" bedeckt mit endlosen Wäldern und zahlreichen Seen, durchzogen von kleinen Flüssen in breiten, versumpften Niederungen. Nur Jäger durchstreiften die „Wildnis"; vielleicht gab es in ihr auch einige halbfeste Siedlungen, Sommerdörfer von Fischern und Beutnern, die in der guten Jahreszeit dem Fischfang und der Waldbienenzucht oblagen. Der Orden hat also nicht etwa ein blühendes Land einem Vorbesitzer mit Gewalt abgenommen, sondern er erst hat später das Land zur Blüte gebracht, er hat es besiedelt.

Während Galinden ohne große Mühe infolge der geringen Bevölkerung besetzt wurde, erforderte die Bezwingung des Samlandes harte Kämpfe. Mit Hilfe eines großen Kreuzheeres unter König Ottokar II. von Böhmen und mit Unterstützung der Hansestadt Lübeck gelang dieses Vorhaben. 1255 wurde Königsberg — zu Ehren des Böhmenkönigs so genannt — an der Pregelmündung gegründet.

Im Jahre 1260 war die Unterwerfung des inneren Prußenlandes abgeschlossen. Nur die Randgebiete, die Prußengaue Schalauen, Nadrauen und Sudauen waren noch frei, deren Einwohner noch nicht zum Christentum bekehrt. Da erhoben sich die Litauer und mit ihnen Teile der Prußen unter Führung des in Magdeburg erzogenen Prußenfürsten Heinrich Monte. Der Orden geriet in äußerste Bedrängnis, zumal die Sudauer die Aufständischen unterstützten und tief ins Ordensland einfielen. Erst nach jahrelangen Kämpfen gelang es, den Aufstand niederzuschlagen und das besetzte Prußenland zu befrieden.

1273 waren nur noch drei prußische Gaue frei. Im gleichen Jahre konnte die Besetzung der Gebiete der Schalauer und Nadrauer rasch vollzogen werden. Dagegen erforderte die Unterwerfung des volkreichen und räumlich weit über die spätere ostpreußische Grenze hinausgehenden Gebietes der Sudauer ein hartes zehnjähriges Ringen.

Die Seenenge von Lötzen bildete das Einfallstor für die Ordensritterheere. Der Kampf mit den Sudauern begann nach gründlicher Vorbereitung und Erkundung

1277. Kymenow bzw. Potime südlich des Löwentinsees und Meruniske (Merunen, Kr. Treuburg) waren die zuerst umkämpften Gebiete des Ordensheeres unter Landmeister Konrad von Thierberg im Sudauerland. Zu gleicher Zeit unternahmen einige Sudauerhäuptlinge zunächst erfolgreiche Raubzüge tief ins Ordensland hinein. Hier konnten sich nur einige feste Plätze z. B. Tapiau halten.

Nach der Vernichtung des vorgepreschten Sudauerheeres setzte der Orden 1281 mit seiner ganzen Macht die Eroberung des Sudauerlandes fort. Der Hauptstoß richtete sich gegen den Sudauerfürsten Skomand, der dem Orden bisher schwer zugesetzt hatte. Sein Land wurde schließlich erobert, seine im Kreise Lyck am Skomentnersee gelegene Burg zerstört. Skomand hatte den Ordensritter Ludwig von Liebenzell gefangengenommen, diesen aber nach kurzer Zeit wieder freigelassen. Skomand hatte erkannt, daß sich die Sudauer im angestammten Land nicht mehr halten konnten; deshalb zog er mit seiner Sippe „ad terram Russiam", d. h. nach Weißrußland ab. Wenig später versuchte er erneut sein Glück mit den Waffen gegen den Orden. Schließlich entschloß er sich von der Erfolglosigkeit seiner Unternehmungen überzeugt, vielleicht auch von seinem Gefangenen, dem Ordensritter von Liebenzell beeinflußt, sich dem Orden zu unterwerfen und den christlichen Glauben anzunehmen. 1285 erhielt er mit seinen 3 Söhnen das Dorf Steynio im späteren Pr. Eylau; sie gehörten damit zum hohen preußischen Adel. Die Nachkommen des Sudauerfürsten Skomand erhielten später größeren Landbesitz bei Gerdauen.

Bei einer weiteren großangelegten Unternehmung des Ordens gegen das südlichste sudauische Gebiet „Silia", östlich und südöstlich des Spirdingsees, wurde der sudauische Häuptling Wadole getötet; der Ordensritter von Liebenzell geriet erneut in sudauische Gefangenschaft. Es gelang ihm jedoch, seinen Wächter, den Edlen Cantegerde zum Christentum zu bekehren; dieser zog mit seinem Gefolge mit etwa 1600 Sudauern freiwillig in das Ordensland, wo sie im Samland im später sogenannten „sudauischen Winkel" angesiedelt wurden. 1285 erhielt auch Cantegerde in der Komturei zu Christburg, im späteren Pr. Holland, Besitzungen übertragen.

Weitere sudauische Häuptlinge leisteten noch einige Zeit Widerstand, gaben aber dann auf und zogen mit ihrem Gefolge wie z. B. Scurdo nach Litauen in die Nähe von Grodno, weil sie ihrem heidnischen Glauben treu bleiben wollten.

Die Ansicht einiger polnischer Historiker, daß die Sudauer von den „Kreuzrittern" „mit Stumpf und Stiel ausgerottet" worden seien, ist abwegig. H. und G. Mortensen haben hierzu eine aufschlußreiche Gegendarstellung gegeben. Nach deren Ansicht ist von einer „Entsiedlung" des sudauischen Landes als Folge der Kampfhandlungen auszugehen.

Prof. Reinhard Wenskus schreibt hierzu u. a.:

> „Bereits angesichts der Tatsache, daß schon zwei Generationen nach der Beendigung der Eroberung Preußens, Prußen einen starken Anteil an der Erschließung und Aufsiedlung der Wildnis haben, könnte man die Auffassung vom Völkermord des Ordens als widerlegt ansehen" ... „Trotz der Grausamkeit, mit der der Kampf auf beiden Seiten geführt wurde, war das Ziel des Ordens keineswegs auf Ausrottung des Gegners oder nur seine Entrechtung gerichtet" ... „Selbst der heldenhafte Sudauerfürst Skomand, der bis zuletzt Widerstand geleistet hatte und dann nach Litauen ausgewichen war, kam nach Preußen zurück und erhielt in Natangen ein größeres Gut zum Unterhalt, wie überhaupt die Aufständischenführer und Hauptleute mit Familien von den zuletzt unterworfenen

Stämmen in sicheren, kontrollierten Gebieten wie die Gegend zwischen Christburg und Elbing und im Samland (Sudauerwinkel!) angesiedelt wurden"...
„Viele nach Litauen Geflüchtete kehrten in das vom Orden beherrschte Gebiet zurück."

1283 war der Kampf, der 1231 bei Thorn an der Weichsel begonnen hatte, abgeschlossen; auch der letzte prußische Stamm der Sudauer war besiegt. Allerdings war das Gebiet der Galinder schon vor der Besetzung durch den Deutschen Orden fast menschenleer. Das Land der Sudauer zeigte am Ende der Kämpfe eine gewisse Menschenleere, die nicht nur auf Vernichtung in den Kämpfen, sondern teils auf Umsiedlung, teils auf Abwanderung zu den östlichen Nachbarn zurückzuführen ist. Da die Wildniskolonisation nicht gleich der Eroberung folgte, breitete sich dichter Wald aus. Die Annahme, daß die „Wildnis" im Süden und Osten des Ordenslandes einen natürlichen Schutz gegen die räuberischen Litauer, die noch bis ins letzte Drittel des 14. Jahrh. immer wieder ins Ordensland einfielen, ist irrig. Eher diente der dichte Wald den Feinden zum Schutz als den schwer gepanzerten Ordensrittern, die sich bei den Kriegszügen gegen die leicht gewappneten Litauerhorden im Walde schwer taten. Wenn die Wildniskolonisation nicht gleich der Eroberung folgte, so war der Hauptgrund der Mangel an Menschen. Der Strom deutscher Kolonisten aus deutschen Landen wurde im 13. Jahrh. fast völlig von den westlichen, meist schon mehr kultivierten Gebieten des Ordenslandes aufgesogen; das fast durchweg waldige und in weiten Teilen sandige Gebiet, das außerdem nahezu wegelos und wegen der ständigen Einfälle räuberischer Litauerhorden auch unsicher war, erschien Neusiedlern wenig verlockend. Hinzu kam für den Orden die Sicherung seines Territoriums, vor allem die Verbindung zum Deutschen Reich in Betracht. Erst als dieses Ziel mit dem Erwerb von Pommerellen 1309 die Verbindung zum Deutschen Reich erreicht war, hielt die Ordensführung — der Hochmeister war von Venedig im Jahre 1309 in das Komtureischloß Marienburg verlegt worden — die Zeit für gekommen, auch das Grenzgebiet, die „Große Wildnis" zu besiedeln.

Ehe die Besiedlung begann, wurden die Grenzen festgelegt, so jedenfalls für den Westteil Masurens. So wurde die Westgrenze des Kreises Neidenburg im Jahre 1303 vertraglich mit dem Bischof von Kulm festgelegt; diese Westgrenze hatte bis 1919 als Verwaltungsgrenze zwischen Ostpreußen und Westpreußen Geltung.

Das Fürstentum Masowien hatte sich inzwischen weiter nach Norden ausgedehnt. Der Narew bildete längst nicht mehr die Grenze. 1343 wurde zwischen dem Herzog von Masowien und dem Orden die Südgrenze der Kreise Neidenburg, Ortelsburg und Johannisburg festgelegt wie sie im Gebiet von Soldau bis 1919 im übrigen bis 1945 bestanden hat.

Die Grenze im Südosten und Osten, also zwischen dem Sudauerland und Litauen/Polen/Masowien wurde endgültig erst im Friedensvertrag vom Melnosee im Jahre 1422 entschieden und zwar zwischen dem Hochmeister Paul von Rußdorf für den Deutschen Orden einerseits und dem König Wladislaw, Polen, dem Herzog von Litauen Witowd, den Herzögen Jan und Ziemowit von Masowien. Während in diesem Vertrag die bisherige Grenze zwischen dem Ordensland und Masowien dem früheren Vertrag von 1343 entsprach, wurde die Grenze zwischen dem Großherzogtum Litauen und dem Ordensland neu festgelegt; sie beginnt bei der Furt Camyonbrod im Lyckfluß (bei Prostken), wo die Länder Masowien, Litauen und das Ordensland zusammenstoßen, von hier zum Raygrodsee, der in der Mitte geteilt wird nach Osten und dann nach Nordosten und Norden östlich Prawdzisken, Kr. Lyck und Mierunsken, Kr. Treuburg, durch die Wildnis zum Wystitter-See nordöstlich Goldap und endlich nach Norden zur unteren Memel. Die danach noch über 100 Jahre währenden kleinen Grenzstreitigkeiten beendeten Herzog Albrecht von Preußen und König Sigismund von Polen im Jahre 1545. Zum Gedenken wurde bei Prostken das auch heute noch stehende Denkmal mit einer Metalltafel rasch erbaut, die folgenden Wortlaut (lateinisch, ins Deutsche übersetzt) hat:

„Einst, als Sigismund August in dem väterlichen Grenzlande und Markgraf Albrecht I. die Rechte ausübten und jener die alten Städte des Jagiello, dieser die Macht der Preußen in Frieden regierte, da ward diese Säule errichtet, welche die Grenzen genau bezeichnet und den Länderbesitz der beiden Herzöge trennt." August 1545.

Die Grenze zwischen Ostpreußen und den angrenzenden Ländern im Süden und Osten gilt als die älteste Grenze Deutschlands bis zur Besetzung Ostpreußens durch die Russen im Jahre 1945.

Bei der „Wildnis"-Kolonisation befolgte der Deutsche Orden ein auf bisherigen Erfahrungen beruhendes System. Es kam ihm darauf an, vor allem die Sicherheit der Siedler und des Siedlungsgebietes zu erreichen. Deshalb baute er zunächst „Häuser" bzw. Burgen, diesen folgten Gründungen von Siedlungen. Die „Wildnis"-Kolonisation nahm ihren Anfang im Westen im alten Prußengau Sassen, den späteren Kreisen Osterode und Neidenburg. So entstanden hier 1314 das „Haus" Gilgenburg, um 1323 die Burg Osterode, 1344 die Burg Soldau, 1350 die Burgen Hohenstein und Neidenburg.

Nachdem in den 20er Jahren mit der Anlegung einer Burgenkette im Alle-Gebiet in Gerdauen, Bartenstein, Rastenburg (1329) und Leunenburg ein Schutzwall gegen die Litauer geschaffen worden war, wurden 10 Jahre später als zweite Burgenkette weiter östlich Insterburg (1336), Angerburg (1335) und Lötzen (1337) errichtet. 1350 wurde in Ortelsburg ein „festes Haus", d. h. ein befestigtes Holzgebäude mit einem Palisadenzaun erbaut, das im Jahre 1360 zur Burg in Stein umgestaltet wurde.

Hatte die Siedlung Mitte des 14. Jahrh. beiderseits der Grenze, wie sie 1343 zwischen dem Orden und Polen/Masowien galt, Schritt gehalten, lenkte seit 1386 die polnisch/litauische Union die masowischen Siedler in die bis dahin menschenleeren Grenzgebiete des ehemaligen Sudauerlandes südlich und östlich der späteren Kreisgrenzen von Johannisburg und Lyck! Polnische Bauern und Kleinadlige, sogenannte „Schlachta" besiedelten dieses Grenzgebiet. Die masowischen Kolonisten hatten sich seit etwa 1400 an die spätere endgültige preußisch-litauisch-polnische Grenze herangeschoben.

Dem mußte der Orden entgegenwirken. Zur Grenzsicherung hatte er bereits 1345 das „feste Haus" „Johannispurgk" am Pissek zur Sicherung des Flußübergangs und als Riegel am südlichen Einfallstor zur Seenkette des „Masurischen Tales" gegründet.

1360 baute er das „Feste Haus" Eckersberg an der Seenenge zwischen Spirding-See und Tirklo-See.

1377 wurde zur weiteren Absicherung dieses Raumes die Burg „zum Ryn" (Rhein) errichtet.

Grenzsäule von Prosken 1545.

Die Metalltafel stammt vom ersten Rektor der Universität Königsberg, Georg Sabinus. Im unteren Bild ist sie nochmal vergrößert zu sehen.

Es war nur folgerichtig, daß der Orden schließlich im Vorfeld östlich der Masurischen Seenkette das „Haus Lyck", eine Befestigung auf der Insel im Lyck-See im Jahre 1398 anlegte, zunächst provisorisch als Holzbau und dann 1408 in ihrer endgültigen Gestalt als Steinbau.

Dazu baute er noch als vorgeschobene Posten befestigte Wachtürme im Vorfeld, sogenannte „Waiten" oder „Baiten"; so in Gortzitzen und in Baitkowen, beide Kr. Lyck.

Die „Häuser" und Burgen gaben Sicherheit; um diese entstanden die ersten Siedlungen. Mit der zunehmenden Befriedung des Ordenslandes auch der „Wildnis" folgte die systematische Kolonisation. Um den Kolonisten anzulocken, wurde ein äußerst günstiges Besitz- und Vererbungsrecht, das „kulmische" Recht in der ersten Zeit der Kolonisation gewährt. Dadurch war der Besitzer befähigt, seinen Landbesitz nicht allein seiner Familie, sondern seinem gesamten Geschlecht zu erhalten, er konnte es selbst nach fast unbeschränktem Belieben veräußern. Dafür hatte er dem Orden gegenüber aber gewisse Pflichten zu erfüllen. Adlige und Bauern waren die eigentlichen Pioniere der Wildniskolonisation. Das Bürgertum und die Städte blieben rar und haben nur eine unbedeutende Rolle gespielt. Das Verfahren, das der Orden bei der Wildniskolonisation befolgte, hatte sich in nahezu 100 Jahren bewährt und eingespielt. Das „Haus" oder die Burg diente einem Ritter mit Gefolge, dem Komtur oder Pfleger oder Vogt als Wohn- und Amtssitz. Hier fanden die Untertanen in Notzeiten auch sichere Unterkünfte. Umliegende Ansiedlungen hatten Dienste für das „Haus" zu leisten, um die dort wohnenden Ordensleute zu versorgen. Ordensverwaltung und Ansiedler standen in wechselseitiger Abhängigkeit. Im Sichtbereich der „Häuser" oder Burgen entstanden alsbald Siedlungen von Dienstleuten, die den Burgbewohnern zum Wirtschaftsbetrieb unentbehrlich wurden. Hier konnte sich leicht bald eine Siedlung, ja eine Stadt entwickeln, in der der Krug, das Warenhaus jener Zeit, unentbehrlich wurde. Aus solchen Burgsiedlungen sind einige masurische Städte entstanden: Soldau, erstmalig als Stadt erwähnt 1344, doch endgültig am 26. Februar 1349, Neidenburg erhielt das Stadtrecht am 7. Dezember 1381. Der Hochmeister Winrich von Kniprode gab dem ersten Schultheiß, dem Hammermeister und Besitzer des Eisenwerkes Commusin Hans Grans den zehnten Teil des gesamten Stadtgebietes mit 10 Hufen. Von den Funktionen des Schulzen erwähnt die Handfeste u. a. die Einziehung des Zinses und die „niedere Gerichtsbarkeit", „die da blut und blo" genannt wird. Die Rechtsprechung über alle schweren Verbrechen, die „Gerichte an halß und haut", die Straßengerichtsbarkeit, ebenso die Rechtsprechung über alle Preußen — von Polen ist nicht die Rede — behielt sich der Orden vor. Für die Stadtbürger galt „Kulmisches Recht". Das Privileg, Handel und Gewerbe zu treiben, wird in der Handfeste nicht ausdrücklich erwähnt; es galt als selbstverständlich mit der Verleihung des Stadtrechts. Die Stadt erhielt für 12 Jahre Steuerfreiheit, dies wahrscheinlich deshalb, weil mit dem Stadtprivileg ein Mauerbau notwendig war, der hohe Kosten verursachte. Diese Mauer wurde rasch gebaut im unteren Teil aus lagerechten Feldsteinen, darüber aus Backsteinen. Zwei Tore, im Norden das deutsche, im Süden das polnische Tor vermittelten den Verkehr zwischen Stadt und Land. Im Jahre 1404 wurde der Sitz eines Ordens-Pflegers eingerichtet. Hohenstein hatte bereits 1359 Stadtrechte erhalten.

Zur besseren Durchführung der Landbesiedlung und der Kultivierung hatte der Orden im Jahre 1326 das Wildnisgebiet auf die Komtureien Elbing, Balga, Brandenburg und Königsberg aufgeteilt und zwar so, daß die Gebiete der Kreise Osterode, Neidenburg und Ortelsburg mit dem größten Teil zur Komturei Elbing,

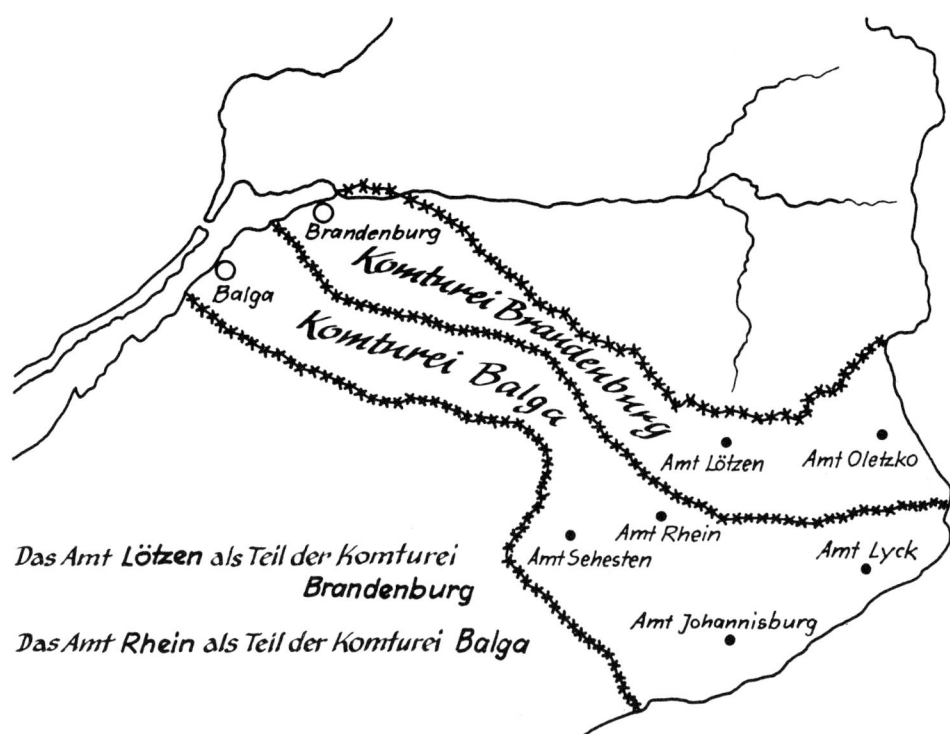

Das Amt **Lötzen** als Teil der Komturei **Brandenburg**

Das Amt **Rhein** als Teil der Komturei **Balga**

die Kreise Sensburg, Johannisburg und der größere, der südliche Teil des Kreises Lyck zur Komturei Balga und die späteren Kreise Lötzen und Treuburg sowie der nördliche Teil des Kreises Lyck zur Komturei Brandenburg geschlagen wurden. So wurden verhältnismäßig dicht besiedelte Gebiete im Nordwesten des Ordenslandes mit fast menschenleeren „Wildnis"-Gebieten zu einer Verwaltungseinheit zusammengeschlossen.

Zwar hatte der Orden systematisch Burgenketten in die „Wildnis" hineingeschoben. Doch hätten diese Ordensburgen bzw. „Häuser" mit ihrer geringen Besatzung für sich allein zur Verteidigung des Landes nicht genügt; dazu gehörte auch eine geeignete Mannschaft. Diese fand der Orden vor allem in den adligen Kolonisten, die ausschließlich mit Gütern beliehen wurden. Diese hatten von ihren Gütern aus dem „Ordenshaus" Militärdienste zu leisten. Sie hatten ihrem Ordenshaus schwer- oder leichtbewaffnete Reiter zu stellen und zwar auf 80 Hufen (1 Hufe = 30 kulmische Morgen = 60 magdeburgische (preußische) Morgen = 16,8 ha) einen schwergepanzerten „Roßdienst", auf 40 Hufen einen leichteren „Plattendienst" (Reiter mit Roß). Die noch kleineren Güter, meist 15 ha, hatten 1 „Reiterdienst" zu stellen, bei $7\frac{1}{2}$ Hufen war $\frac{1}{2}$ Reiterdienst ständig bereitzuhalten. Die Dörfer stellten in der Regel nur den Troß. Ursprünglich errichteten die großen Gutsbesitzer noch eigne Wehrbauten auf ihrem Grund und Boden, so z. B. der Wildenauer den mächtigen „Bergfried" in Mensguth, Kr. Ortelsburg. Später wurde das vom Orden nicht mehr geduldet.

War bei der Landessicherung der Adel der Hauptträger, blieb bei der Landeskultivierung der Bauer das wichtigste Element. Hier hatte der Orden in fast 100 Jahren

eine große Erfahrung und allmählich ein bestimmtes Schema entwickelt. Dies spielte sich in der Regel folgendermaßen ab: Der Orden, manchmal auch der Gutsherr beauftragten einen geeigneten, zuverlässigen und manchmal auch kapitalkräftigen Mann, den sogenannten „Lokator", mit der Gründung des Dorfes. In einer Urkunde, der „Handfeste", wurden Lage und Größe, sowie alle Pflichten und Rechte der künftigen Dorfbewohner festgelegt. Es war nun Aufgabe des „Lokators", der meist auch der erste Schulze des Dorfes wurde, die vorgesehene Zahl von Bauern heranzuholen. Durchschnittlich kamen auf 1 Bauern 2, mindestens $1\frac{1}{2}$ Hufen. Der Schulze erhielt meist 4—6 Hufen oder den zehnten Teil des Bodens; war in diesem Ort auch eine Kirche vorgesehen, wurden in der Regel 4 Hufen gesondert ausgewiesen. War das Dorf zu „köllmischem" Recht ausgetan, so bestand die Hauptleistung der Bauern in der Entrichtung von „Zins", durchschnittlich $\frac{1}{2}$ preußische Mark, von 2 Hühnern und $\frac{1}{2}$ Scheffel Getreide. Bei den zu „magdeburgischem" Recht beliehenen Bauern trat die anfangs mäßige, später aber ständig wachsende „Scharwerkspflicht", die in einigen Gegenden auch auf Köllmer, ja selbst auf „Freie" Bauern ausgedehnt wurde, neben einer geringen „Zins"-Zahlung. In der Nähe von Seen und Flüssen erhielten die Dorfangehörigen das Recht auf „freien Fischfang zu der eignen Nothdurft", dabei war das Fanggerät genau vorgeschrieben, und nicht zum „Verkaufen". Zunächst erhielt jede Siedlung, Stadt, Gut oder Gemeinde eine Reihe von „Freijahren", bis eine normale Wirtschaftsführung gesichert war, in vielen Handfesten ist auf das Roden von Wald hingewiesen als Grund für die „Freijahre". Für die „Wildnis" charakteristisch sind die „Beutner"-Dörfer, die vorwiegend Waldbienenzucht betrieben und ihren „Zins" vor allem in Honig und Wachs zu entrichten hatten.

Die Rechte der Ordensuntertanen bestanden u. a. in den mehr oder minder beschränktem Erbrecht, je nachdem, ob es als „köllmisches" oder als „magdeburgisches" Recht verliehen war. War beim „köllmischen" Recht der Besitzer frei und konnten hier Kinder beiderlei Geschlechts erben, beschränkte das „magdeburgische" Recht den Besitzer auf die Vererbung nur auf die Söhne, später allerdings auch auf die Töchter, diese nur zusammen („zu beiden kunnen"), sonst fiel der Hof an die Landesherrschaft, den Orden. Weitere Rechte sind: die Wahrung der persönlichen Freiheit, eine gewisse Selbstverwaltung und oft eine abgestufte Gerichtsbarkeit („die kleinen Gerichte" oder „die kleinen Gerichten und $1/3$ der großen Gerichte" hieß es in der Handfeste dann). Die Ordensuntertanen durften auch in den Wäldern Holz schlagen zum Bau und als Brennholz. Das Band, das die Untertanen mit der Landesherrschaft verknüpfte, war der Treueid, der dem Ordenshochmeister oder seinem Stellvertreter geleistet wurde.

Im Vergleich mit den meisten übrigen Staaten der damaligen Zeit, in denen das Volk mehr und mehr unter die wachsende Macht des Adels wie in Polen geriet, mußte der Ordensstaat besonders dem gemeinen Mann als äußerst human und friedfertig erscheinen. Der Orden hätte sich sicherlich um deutsche Kolonisten nicht sonderlich zu bemühen brauchen, wenn sein Land nicht so sehr entlegen gewesen und die allgemeine politische Lage nicht so ungünstig geworden wäre. Die schweren Kämpfe mit Polen, die vernichtende Niederlage des Ordensheeres gegen das vereinigte polnisch-litauische Heer im Jahre 1410, vor allem der 13jährige Krieg mit den eignen Ständen und mit Polen (1454—1466) haben den Orden gezwungen, fremdstämmige Kolonisten in immer größerer Zahl aufzunehmen, aber auch auf die Vollendung des großen Siedlungswerkes zu verzichten. Erst die nachfolgenden Landesregierungen konnten es zum glücklichen Abschluß bringen.

Was die Frage der Herkunft und der Volkszugehörigkeit der Wildniskolonisten betrifft, so ist es schwer, direkte Angaben zu machen. Bei den Adligen gibt der Familienname meistens den Herkunftsort an, bei den übrigen Siedlern aber sind wir in der Regel nur auf Rückschlüsse aus den bloßen Vor- oder Rufnamen angewiesen. In vielen Handfesten, den Gründungsurkunden der Orte, wird fast immer nur der Empfänger der Urkunde genannt; über die Masse der Bauern bleiben in der Regel jede Herkunftsnachrichten aus. Manchmal kann man aus dem neuen Ortsnamen Rückschlüsse auf das Herkunftsland ziehen. Doch können derartige Rückschlüsse auch irrig sein. Besonders schwierig ist die Bestimmung der Volkszugehörigkeit lediglich aus den Namen. Jedes Volk besaß zwar besondere eigene Namen, aber im großen ganzen herrschten damals, jedenfalls bei Christen, biblische Vornamen, und diese nur erscheinen in den Handfesten, vor.

An der Wildniskolonisation sind von Anfang an nebeneinander Deutsche, Preußen, Masowier, Litauer und vereinzelt auch Russen, d. h. Ruthenen beteiligt gewesen. Wo die „Wildnis" an bereits besiedeltes Gebiet grenzte, hatte der Orden systematisch schon vor der Wildniskolonisation zahlreiche Preußen angesiedelt. Wahrscheinlich hatte sie der Orden als Vorposten gegen die räuberischen Litauer an die Wildnisgrenze aus dem westlichen Landesteil verpflanzt. Durch Wachtdienst und Streifzüge hatten sie an den Wildnisgrenzen gute Kenntnis des Waldgebietes erlangt und seinen Wild-, Fisch- und Bienenreichtum wohl zu nützen gelernt. Gern beließ der Orden sie mit kleinen Gütern, die ihnen den „leichten" Reiterdienst ermöglichten. Einheimische Preußen blieben aber auch in Bauerndörfern, vor allem nach 1410, der Niederlage bei Tannenberg; Preußen setzte der Orden in seine Landespla-

55

nung ein. Von einer Ausrottung der „Prußen", wie sie vor allem polnische Historiker behaupten, durch den Orden kann keine Rede sein; im Gegenteil, sie hatten um 1410 in einzelnen Landesteilen sogar die Mehrheit, im Samland nördlich Königsbergs gab es fast ausschließlich Prußen.

Unter den Deutschen, die die „Wildnis" besiedelten, waren zweifellos am stärksten die Schlesier vertreten. Unverkennbar ist der schlesische Einschlag bei den Bewohnern Masurens; auch deuten darauf einige Ortsnamen hin wie Hirschberg, Rübezahl, Jauer, Stradaunen u. a. Häufig begegnen wir unter dem deutschen Adel in Masuren schlesische Familien. Diese sind jedoch selten direkt aus Schlesien dorthin gelangt, meist sind sie Nachkommen von Schlesiern, die bisher im Kulmerland ansässig waren. Weitere deutsche Kolonisten kamen wohl durchweg aus den nächstgelegenen, westlichen Ordensgebieten. Allgemein ist festzustellen, daß die Deutschen besonders zahlreich im westlichen Masuren siedelten, nach Osten zu aber immer stärker zurücktraten.

Die Städte waren im ganzen Lande fast rein deutsch. Der Zuzug von Masowiern, in geringerem Umfang von Litauern, Ruthenen und Kuren setzte erst nach der Festlegung der Süd- und Ostgrenze im Frieden von 1422 am Melnosee ein, weil der Orden sich nunmehr der Aufgabe gegenüber sah, die ihm verbliebenen Wildnisgebiete durch Besiedlung endgültig zu sichern. Er mußte Fremde annehmen, da es keine deutschen Siedler mehr gab. Der Zuzug von Masowiern war nach dem Westen der Wildnis zunächst geringer als nach dem Mittel- und Ostteil Masurens. Der große Sturm der Einwanderung setzte allerdings erst nach dem 13jährigen Krieg (1454—66) und nach dem 2. Thorner Frieden 1466 ein. So erklärt sich auch, daß das Polnische hier allmählich die allgemeine Umgangssprache wurde. Lediglich in den Städten und Verwaltungszentren der „Wildnis" konnte sich das Deutsche behaupten. Die Amtssprache war ausschließlich deutsch. Es kamen Masowier aus dem damals weitgehend selbständigen polnischen Herzogtum Masowien — in einigen Handfesten hieß es „aus der Masau" —, zum Teil Angehörige des dort zahlreich vertretenen Kleinadels („kleine Schlachta"), praktisch vollfreie Bauern, die von der sonst in polnischen Gebieten allmählich einsetzenden Verschlechterung der bäuerlichen Rechtslage nicht betroffen waren und sich ihre Freizügigkeit und Kolonisationskraft bewahrt hatten. Sie hatten seit dem 14. Jahrh. weite Waldgebiete im nordöstlichen Polen erschlossen und kamen nun über die Grenze mit der Bitte, auf preußischem Boden Land zugewiesen zu erhalten. Seit 1428 wurden sie planmäßig angesetzt, zunächst an der Grenze der Kreise Johannisburg und Lyck. Später, vor allem nach dem 2. Thorner Frieden 1466, rückten sie weiter ins Ordensland vor und gewannen um 1475 die räumliche Verbindung mit dem altbesiedelten Kerngebiet Preußens. Die Siedlungsformen der Masowier wurden vom Orden durchaus nach dem überlieferten deutschen Muster geregelt, sie saßen zu „Kulmischem" oder „Magdeburgischem Recht" in Schulzendörfern als Bauern oder auf kleinen Dienstgütern als Freie mit der Verpflichtung zu Reiterdiensten. Die Höfe wuchsen sich durch Realteilung sehr schnell zu kleinen Weilern aus.

Verfolgen wir doch nunmehr im einzelnen, wie die Kolonisation von Masuren vor sich ging.

Die „Wildnis"-Kolonisation nahm ihren Anfang im alten Prußengau Sassen, den späteren Kreisen Osterode und Neidenburg. Der erste Ordensritter, der hier Siedlungspolitik planmäßig betrieb war der Komtur von Christburg, der spätere Hochmeister Luther von Braunschweig. Er gab Waldflächen in der „Wildnis" an unternehmungslustige deutsche und alteingesessene preußische Adlige aus dem Kulmerland und Pomesanien aus. Nach der Gründung des „Hauses" Gilgenburg 1315 erhielt ein Preuße Wald, der Gut und Dorf Elgenau gründete. Daran schloß sich die größte Landverleihung der Wildniskolonisation mit der Vergabe von 1440 Hufen südlich Gilgenburgs 1321 an mehrere ritterbürtige Siedler aus dem Kulmerland und der Löbau an. Auf diesem Gebiet sind nach und nach insgesamt 29 Orte entstanden. Unter Luther und seinen Nachfolgern, seit 1340 den Komturen zu Osterode entstanden zahlreiche Güter und Dörfer, so Przelenk 1325, Koslau, Skottau, Gr. Schäfken 1328, Grodtken 1330, Gr. u. Kl. Lensk 1334 u. a. sowie Kyschienen als erstes „Zinsdorf". Der Hochmeister Winrich von Kniprode stellte im Herbst 1359 innerhalb weniger Tage in Neidenburg Handfesten für 8 Güter zu „prußischen Diensten", also vermutlich an Prußen aus. Höhepunkt der Siedlungstätigkeit in diesem Raum war die Amtszeit des Osteroder Komturs Günther von Hohenstein (1349—1370). Er gründete die Stadt Soldau und gab ihr sein Familienwappen in das Stadtwappen. Seine Familie besaß im Harz Güter. Er gründete eine Reihe von Gütern im Amt Soldau, darunter Niederhof, das Ordensvorwerk der Burg Soldau. Die letzte Siedlungslücke zwischen der Neide und der masowischen Grenze wurde 1370 geschlossen mit wenigen, aber großen Gütern der mächtigen Familie Wildenau, die auch in den Ämtern Neidenburg und Ortelsburg Güter besaßen. Die Besiedlung der Ämter Soldau und Neidenburg war im großen ganzen 1370 abgeschlossen. Bemerkenswert ist in diesem Gebiet die hohe Zahl von Gütern mit etwa $2/3$ der Gründungen. Ihrem Volkstum nach waren hier Deutsche und Prußen angesiedelt, nur wenige Polen hatten Land zu „Kulmischem Recht" erhalten, waren also gleichberechtigt mit Deutschen und Prußen.

Die Masse der Siedler waren Bauern, die Besitzer der Güter Pfarrer, Krüger und Müller bildeten eine Oberschicht. Im Amte Neidenburg deuten fünf Orte, deren Namen auf „Ofen" enden (Baldenofen, Malgaofen, Omulefofen, Schuttschenofen und Schwarzenofen) darauf hin, daß hier in Öfen Kalk gebrannt wurde. Außerdem gab es zur Ordenszeit bereits 3 Eisenwerke, in denen Raseneisenerz mittels Holzkohle geschmolzen wurde.

Der östliche Teil des Amtes Neidenburg wurde nicht oder kaum besiedelt, es war das unfruchtbare „Sander"-Gebiet.

Das „Haus" Willenberg, das nicht zum Pflegeamt Ortelsburg, sondern zum Amt Neidenburg bis 1818 gehörte, wurde um 1360 gegründet. Auch hier kam es zur Ordenszeit wegen des schlechten Bodens, des „Sander"-Gebietes, kaum zu Ortsgründungen. Zu erwähnen ist lediglich die Gründung des Eisenhammers Kottenberg (= Kutzberg).

Das „Haus" Ortelsburg („Ortulfsburg") wurde 1350 gegründet und im Jahre 1360 zur Burg aus Stein umgebaut. Das Pflegamt Ortelsburg umfaßte zur Ordenszeit nur einen Teil des späteren Kreisgebietes, nämlich das nördliche Hügelland. Fast der ganze Süden, das Kammeramt Willenberg gehörte zum Amt Neidenburg; nur ein schmaler Streifen, das spätere Kirchspiel Friedrichshof, bildete die Grenze zum masowischen Land. Im Jahre 1360 entstand bei der Burg eine Siedlung von masowischen Bienenbauern, das „Beutnerdorf". Die häufigen Einfälle räuberischer Litauer, die 1370 u. a. die Ortelsburger Siedlung verbrannten, verhinderten zunächst die Fortsetzung der Kolonisation durch den Orden. Die Verleihung von 250 Hufen an den Ritter Menzel von Wildenau im Jahre 1374 leitete die Ära der planmäßigen Besiedlung im Ortelsburger Pflegeamt ein. Dazu kamen noch weitere 350 Hufen an seinen Sohn Philipp, so daß der ganze Nordzipfel des späteren Kreises Ortelsburg mit hineinragendem Besitz in den Kreis Sensburg einer Familie gehörte. 1383 erhielt Ekhart von Soldau das Gebiet zwischen Babanter- und Rheinsweiner-See, die sogenannten Rheinsweiner Güter mit 130 h; 1386 wurden die Brüder Hans und Niclaus Witkop (oder Wiskop) mit dem Gut Rogenwalde (später Theerwisch genannt) beliehen. Bis 1410 während der Hauptkolonisationszeit wurden ca. 1500 Hufen der Kultur erschlossen. Bis dahin entstanden im Amte Ortelsburg insgesamt 45 Güter und Dörfer sowie die Stadt Passenheim, die nicht wie die meisten masurischen Städte aus einer Burgansiedlung heraus entstanden ist, sondern durch Umwandlung des wahrscheinlich von Ermländern gegründeten Kirchdorfes Heinrichswalde eine Stadtgemeinde wurde (1386).

Soweit sich die Herkunft der Kolonisten im Pflegeamt Ortelsburg feststellen läßt, kamen diese sowohl aus dem Elbinger Gebiet, dem das Pflegeamt verwaltungsmäßig angehörte, als auch aus der benachbarten westlichen Osteroder Komturei. Das beweisen zahlreich Ortsnamen. Die meisten prußischen Siedler kamen aber aus dem benachbarten Ermland. Daraus erklärt sich deren große Zahl im Ortelsburger Pflegeamt. Verhältnismäßig gering war dagegen die Zuwanderung von Masowien auch in der Hauptkolonisationszeit des Pflegeamtes; auch nach dem 2. Thorner Frieden war deren Zuwanderung in dieses Amt nicht so stark wie im übrigen Masuren. Die Güter von einigen Ausnahmen abgesehen waren im Besitz von Deutschen wie Küchmeister, von Sternberg, Wildenhain, Salzen, Roch u. a. Im östlichen Amtsbezirk, vor allem bei den Beutnern, herrschte das masowische Element vor. Noch bis ins 16. Jahrh. hinein unterschied man zwischen einem „preußischen Kammeramt" und einem „polnischen Amt". Ersteres umfaßte die Umgebung von Passenheim bis zum Schobensee und Schobenfluß, das „Polnische", das Gebiet zwischen Schobensee und der östlichen Amtsgrenze. Der Nachbarkreis Sensburg besteht aus fast dem ganzen ordenszeitlichen Amt Seehesten und einem großen Teil des einstigen Amtes Rhein. Beide Ämter gehören zur Komturei Balga. Das etwa um 1348 zunächst in Holz errichtete „Haus" Seehesten fiel einem Litauereinfall wie Ortelsburg zum Opfer und wurde 1367 nunmehr in Stein aufgebaut. Es wurde Sitz eines Pflegers. 1367 wurde Rudwangen als erste Siedlung mit 11 Hufen und weitere Freigüter von Hochmeister Winrich von Kniprode mit der Pflicht zu je einem „Plattendienst" (Heeresdienst mit leichter Bewaffnung) gegründet. In den folgenden Jahren folgten weitere Gründungen von Gütern und Freidörfern mit der Pflicht des leichten Reiterdienstes. 1370 erhielten weitere Deutsche nunmehr größere Freigüter; das erste war Bussen, so benannt nach der Heimat eines der deutschen Siedler (= Schloß Bussen an der Donau bei Riedlingen). 1373 erhielt eine prußische Familie insgesamt 120 Hufen zu Wersteinen mit der Auflage von 4 „Diensten"; daraus sind später 4 Freidörfer entstanden, darunter Warpuhnen als größtes Dorf. Den bedeutendsten Besitz im Sensburger Kreis erhielten mit 300 Hufen vier Brüder des Geschlechts von Olsen, darunter das bekannteste Gut des Kreises Sensburg Sorquitten. Die Wildenau'schen Güter, zu denen neben ausgedehnten Ländereien im Amt Ortelsburg auch fast das ganze Kirchspiel Ribben gehörte, war 1388 Philipp Wildenau verliehen worden. Um 1400 war die ordenszeitliche Besiedlung des Amtes Seehesten mit rund 40 Gütern und Dörfern im großen und ganzen abgeschlossen. Sie hatte die Nordhälfte erfaßt, während der südliche Wildnisanteil eigentlich siedlungslos blieb. Das genaue Gründungsjahr der Stadt Sensburg, die nicht bei einer Burg lag, ist nicht bekannt, wahrscheinlich vor 1400. Sie wurde mit 160 Hufen ausgestattet, von denen 80 freie städtische Hufen waren und die anderen 80 zur Anlage eines „Zinsdorfes" dienen sollten.

Im Amte Rhein, das zeitweilig (1393—1397, 1418—1422, 1477—1524) zu einer Komturei erhoben wurde, begann die Kolonisation erst, als das Amt Seehesten seine Besiedlung nahezu abgeschlossen hatte. Erst 1377 wurde das „Haus" „zum Ryn" errichtet. Nur 2 Siedlungen stammen aus dem 14. Jahrh., nämlich Salpkeim (1391) und Eichmedien (wohl um 1395 gegründet). Große Güter sind in diesem Amt nicht gegründet worden. Eine Stadt ist in der Ordenszeit in diesem Amt nicht entstanden.

Von den Gutsbesitzern der Ämter Seehesten und Rhein kamen viele wie die Olsen aus dem Ermland; andere kamen wie die Wildenaus aus dem Amte Soldau, einige aus dem Amte Ortelsburg. Doch hat das Gebiet um Balga eine ganze Anzahl von Kolonisten gestellt; der Abstammung nach waren anfangs die Prußen am stärksten vertreten, während sich Deutsche und Masowier zunächst die Waage hielten. Erst nach dem 2. Thorner Frieden (1466) erfolgte eine starke masowische Einwanderungswelle.

1337 ist Lötzen als „Wildhaus" angelegt; 1348 ist das Vorhandensein des „Hauses Leczen" zum erstenmal erwähnt und besteht seitdem als Pflegeamt zur Komturei Brandenburg gehörend. Die Kolonisation begann erheblich später. Die erste Siedlung war hier im Westen Gut und Dorf Gr. Stürlack 1387, Mertenheim entstand um 1392 und Kl. Stürlack mit 74 Hufen 1407. Bis zum 13jährigen Krieg (1454—66) sind nur noch wenige Gründungen — im ganzen ca. 25 — dazugekommen; erst nach 1470 nahm die Besiedlung dieses Amtsbezirks größeren Umfang an. Beachtlich: größere Güter gibt es auch in diesem Amt nicht. Über die Herkunft der ersten Siedler fehlen ausreichende Unterlagen; sicherlich werden diese aus dem Westen der Komturei Brandenburg gekommen sein. Das deutsche Element ist anscheinend von Anfang an wenig vertreten gewesen. Auf schlesische Kolonisten scheinen die Ortsnamen wie z. B. Rübezahl (1435) und Gr. und Kl. Jauer (um 1435) hinzuweisen. Nach 1470 sind deutsche Siedler nur hin und wieder angesetzt worden. Von Anfang an ist die starke Beteiligung von Masowiern, die nach 1470 noch erheblich wächst, festzustellen. Hierbei ist beachtenswert, daß sie zum großen Teil schon nicht mehr geradewegs aus Masowien kommen, sondern aus den bereits vorher von ihnen besiedelten Gebieten des Ordenslandes. Hier haben wir es also mit den Anfängen der masowischen Innenkolonisation zu tun, die später in der herzoglichen Zeit die fast allein übliche wird.

Da wurde das großartige Kolonisationswerk des Deutschen Ordens jäh unterbrochen. Die entscheidende Machtverschiebung trat 1386 durch die polnisch-litauische Union und durch die Christianisierung der Litauer ein, die dem Orden die Kreuzzugshilfe des Westens entzog. Der Krieg mit Polen-Litauen fügte der Wirtschaft des Ordensgebietes schweren Schaden zu. In der Schlacht bei Tannenberg 1410 unterlag der Orden dem Angriff der vereinigten Polen und Litauer, denen sich auch Adlige und einige Städte des Ordenslandes angeschlossen hatten. Die Stoßkraft des Ordens wurde mit dieser Niederlage für immer gebrochen. Der größte Grundherr Masurens im Amte Ortelsburg, Philipp von Wildenau, zählte zu den ersten Ordensuntertanen, die dem Feinde im Kriege gegen Polen-Litauen ihre Unterwerfung und Hilfe meldeten. Er hatte sich bereits in letzter Zeit davor in seiner durch einen Bergfried gut gesicherten Residenz Swersutten als unbeschränkter Herrscher gefühlt, der die Weisungen seines Landesherrn nicht nur nicht beachtete, sondern gelegentlich seine Ziele mit Waffengewalt durchzusetzen versuchte. Der Orden hat rasch mit dem Verräter abgerechnet. Seine Güter wurden eingezogen und an 2 andere, Nicolaus Witkop von Theergwisch und dessen Landsmann Hans Kletze von Pfeilsdorf, abgegeben. Nunmehr begann die planmäßige Beseitigung des Großgrundbesitzes aufgrund schlechter Erfahrungen.

Gerade in den westlichen Ämtern Neidenburg und Soldau entstanden durch den Krieg mit Polen-Litauen schwere Schäden. Nach dem „Zinsregister" von 1414 gab es im Amt Soldau 12 Zinsdörfer, 29 kulmische und 12 preußische Dienstgüter, im Amt Neidenburg 10 Zinsdörfer, 16 kulmische und 34 preußische Dienstgüter, aber ein großer Teil von ihnen war „wüst", also unbewohnt und unbebaut, da die Besitzer im Kriege umgekommen oder geflohen waren. Von 500 Zinshufen des Amtes Neidenburg waren 415 wüst, von 700 des Amtes Soldau 329 Zinshufen „wüst".

1422 im Frieden am Melnosee mußte der Orden das Bindeglied zwischen Ostpreußen und Kurland, das nur wenige Jahre behauptete Samaiten, abtreten und in die Teilung der prußischen (galindischen und sudauischen) Grenzwildnis einwilligen.

Nunmehr festigten sich wieder die Verhältnisse im Ordensland. 1424 besichtigte eine Ordenskommission u. a. das Gebiet südlich und östlich von Johannisburg. In dem „Visitationsberich" heißt es u. a., daß neben einer kleinen Zahl von alteingesessenen Prußen in diesem Gebiet masowische Bauern und Kleinadlige, sogenannte „Schlachta", angetroffen wurden. Die besetzten Weiler erstreckten sich von der Grenze südlich Johannisburgs bis Drygallen südwestlich Lycks.

1428 setzte in den westlichen Ämtern die Wiederbesetzung „wüster" Höfe ein, während in den Ämtern Johannisburg und Lyck die planmäßige Erschließung des Wildnisgebietes durch Anlage „konzessionierter" Siedlungen begonnen hat. Beide Ämter gehörten zur Komturei Balga, während die Ämter Lötzen und Stradaunen mit dem nördlichen Teil des Kreises Lyck und dem späteren Kreis Treuburg zur Komturei Brandenburg geschlagen worden waren. Während im Amt Johannisburg bis 1454 insgesamt 22 Dienstgüter und 6 Zinsdörfer ausgegeben wurden, entstanden im Amt Lyck nur sechs Siedlungen außer dem Zinsdorf Lyck selbst, das 1425 gegründet wurde. Bereits 1435 wurde die Umwandlung von Lyck in eine Stadt beschlossen. Doch diese Stadtgründung wurde ebenso wie die der Johannisburger Stadturkunde von 1451 durch die unsicheren politischen Verhältnisse verhindert.

Der dreizehnjährige Krieg (1454—1466) zwischen dem Orden einerseits und den preußischen Ständen, dem Adel und einigen größeren Städten wie Danzig, Thorn und Elbing sowie Polen-Litauen andererseits traf das Ordensland verheerend. Alle Orte und Burgen wurden von Polen und Litauern, gegen Ende des Krieges aber auch von Söldnern des Ordens besetzt und ausgeplündert. Der 2. Thorner Frieden vom 19. Oktober 1466 beendete den unseligen Krieg endgültig. Danach wurden Pommerellen, das Kulmerland, Marienburg, Danzig, Elbing und das Ermland an Polen abgetreten, der Rest des Ordenslandes wurde ein polnischer Lehnstaat, d. h. der Hochmeister des Deutschen Ordens mußte bei seinem Dienstantritt dem polnischen König den Lehnseid leisten.

Der Restordensstaat wurde aus dem Verband des Deutschen (Römischen) Reiches gelöst, der Hochmeister unterstand nicht mehr dem Deutschen Kaiser, sondern geriet in Abhängigkeit des polnischen Königs; dieser wurde neben dem Papst alleiniges Oberhaupt des Hochmeisters. Der Hochmeister mußte nach seiner Neuwahl einen persönlichen Eid auf Einhaltung des Friedensvertrages und als Reichsrat des polnischen Königs schwören. Ein Lehensverhältnis, wie es von manchen Historikern behauptet wird, bestand nicht, davon ist jedenfalls in dem Friedensvertrag von 1466 keine Rede. Doch war der Hochmeister zur Kriegshilfe dem polnischen König verpflichtet. So mußte Hochmeister Hans von Tiefen mit seinen Hilfstruppen dem Polenkönig gegen die Türken zur Hilfe eilen; auf diesem Zuge ist der Hochmeister 1497 in Lemberg gestorben, ohne an den Feind gekommen zu sein.

Durch die Wahl eines Reichsfürsten, des Herzogs Friedrich von Sachsen/Meißen erhoffte sich der Orden eine verstärkte Unterstützung des Reiches in dem Bemühen, das Abhängigkeitsverhältnis zu Polen zu lösen. Dieser Hochmeister verweigerte dem Polenkönig den „persönlichen Eid". Unter ihm begann die Umwandlung des Ordensstaates in ein Territorialfürstentum. Ihm folgte 1510 Markgraf Albrecht von Brandenburg-Ansbach, ein jüngerer Sproß aus dem fränkischen Hohenzollernhause und mütterlicherseits ein Neffe des polnischen Königs Sigismund. Dieser setzte die Politik seines Vorgängers insoweit fort, als er auf friedlichem Wege versuchte, dem Orden die Unabhängigkeit wiederzugewinnen. Als das nicht gelang, begann er den sogenannten „Reiterkrieg" gegen Polen 1520, der nach anfänglichen Erfolgen unglücklich verlief und bereits im Jahre 1521 mit einem vierjährigen Waffenstillstand unter Vermittlung des Kaisers, schließlich mit einem Friedensvertrag (Krakau am 8. April 1525) endete. Damit endete auch der Ordensstaat. Mit diesem Friedensvertrag zwischen Albrecht und dem polnischem König Sigismund wurde der Ordensstaat in ein weltliches Herzogtum umgewandelt, das auch weiterhin dem polnischem König lehnsabhängig blieb.

Nach Beendigung des 13jährigen Krieges und nach dem 2. Thorner Frieden 1466 nahm der Orden sofort die Kolonisation der „Wildnis" wieder auf.

Für die durch den 13jährigen Krieg verursachten Menschenverluste war ein Ersatz weder aus den einheimischen deutschen Menschen aus dem Westgebiet des Ordensstaates noch aus dem Altreich, mit dem durch den 2. Thorner Frieden die Verbindung abgerissen war, zu erwarten. Prußen spielten eine gewisse Rolle; das zeigt Ortelsburg; hier entstand damals ein „prußisches Kammeramt" mit Milucken, Michesldorf, Scheufelsdorf und Leleskien und ein „Kammeramt für die Masowier" mit Hasenberg, Parlösen, Dimmern, Geislingen, Szepanken, Rutkowen, Alt Keykuth u. a. Auch im Amt Seehesten war das prußische Element noch stark verbreitet, während sie weiter östlich meist als Gesinde tätig waren. Doch haben sich die Prußen im Laufe der Zeit mit der stärksten Bevölkerungsgruppe, den Masowiern verschmolzen. Dies geschah in erster Linie aus dem Gefühl der Zusammengehörigkeit.

Das stärkste Element in Masuren bildeten die Masowier. Die Bewohner des Herzogtum Masowien, dessen Gebiet auf dem rechten Weichselufer südlich der preußischen Grenze bis über Warschau hinaus mit der Hauptstadt Plock lag, waren zwar mit den Polen (Poljanen), deren Gebiet nach 600 n. Ch. zwischen Warthe und Netze sich ausdehnte, durch Herkunft, Sprache und Sitte verwandt und wurden deshalb in Berichten und Urkunden aus der Ordenszeit meist als Polen bezeichnet, sind aber nicht Polen im eigentlichen Sinne, sondern ein selbständiger slawischer Volksstamm.

Das Lehnsverhältnis zur polnischen Krone blieb lange Zeit höchst locker. Im dreizehnjährigen Krieg (1454—1466) focht mancher masowischer Ritter auf Seiten des Ordens. Dafür erhielten viele masowischen Adlige in der „Wildnis" des Ordenslandes Freigüter zugeteilt. Masowien hatte sich bis 1526 eine staatliche Selbständigkeit, wenn auch unter der Oberhoheit Polens, bewahrt. Daher muß festgehalten werden, daß die Besiedlung des Ordenslandes, der „Wildnis" nicht durch Polen, sondern durch Masowier erfolgt ist.

Masowier sind erstmalig in geringer Zahl in ein eng umschriebenes Grenzgebiet um Soldau und Neidenburg seit 1325, stärker seit 1343 zu beiden Seiten der Neide eingewandert. Nach 1410 kamen sie auch in das Johannisburger Gebiet und setzten sich östlich der Pissek in dort kleinen waldlosen Gebieten fest, wie es die Ordenskommission im Jahre 1424 feststellen konnte. Bei Ortelsburg waren Masowier als Beutner (Bienenhalter) in Beutnerdörfern tätig. Erst 1428 setzte die regelrechte Einwanderung aus Masowien ein. Sie erstreckte sich zunächst auf das Gebiet des Amtes Johannisburg östlich des Pissek und auf Teile des Amtes Rhein. Mit Ausbruch des dreizehnjährigen Krieges (1454—1466) stockte die Einwanderung, setzte aber verstärkt ab 1466 ein.

1450 huldigten, wie W. Kuhn berichtet (S. 12) dem neuen Hochmeister, Ludwig von Erlichshausen im Gebiet Johannisburg die polnischen Freien, in den Ämtern Seehesten und Ortelsburg neben den deutschen Schulzen die prußischen und polnischen Freien, in der Wildnis des Neidenburger Gebietes die polnischen und prußischen, endlich im westlichen Kammeramt Neidenburg die prußischen und deutschen Freien. Diese Angaben stimmen laut Kuhn mit den Verhältnissen vollkommen überein, wie sie im 14. und im 15. Jahrhundert u. a. durch Einwanderungen entstanden sind.

Im stark besiedelten Gebiet des westlichen Masurens waren bereits seit 1410, aber noch mehr durch den dreizehnjährigen Krieg umfangreiche „wüste" Lücken im alten Dorfbestand entstanden. Menschenleere und ein Abstürzen der Bodenpreise mußten ohne staatliches Zutun die Zuwanderung aus dem intakt gebliebenen Masowien anlocken. Ein Teil der alten Ordensdörfer fiel in die Hände neuer Adelsgeschlechter von jenseits der Grenze. So kaufte Jakob Golynski, Bannerführer aus Ciechanow allein sieben Dörfer nordwestlich Neidenburg und leitete damit eine nicht mehr abreißende Bewegung von Einwanderern aus Masowien ein. Die Ämter Soldau, Neidenburg, Hohenstein und Gilgenburg wurden überschwemmt. Da die Höfe meist „wüst" lagen, haben die masowischen Adligen Bauern als Hilfskräfte nachgezogen. Sie kamen aus der Masau oder aus dem „Dobriner Land". Dem Orden kam es auf den Erfolg an, „wüste" d. h. verlassene Höfe oder aufgegebenes Land durch die Kriegswirren verursacht, wieder zu besetzen.

Auch im Kreise Ortelsburg wurden nach 1466 keine neuen Dörfer vom Orden gegründet; der Orden sah seine Aufgabe wie nach 1410 darin, die „wüst" gewordenen Gebiete wieder zu besetzen oder weiter auszubauen. Deutsche Siedler standen leider nicht mehr zur Verfügung; doch konnten Prußen angesiedelt werden, darauf deutet die Bezeichnung „prußisches Kammeramt" hin neben dem „masowischen Kammeramt". Doch kamen mehr und mehr Masowier ins Land und wurden angesetzt.

Auffallend sind hier die umfangreichen Landverleihungen an sogenannte Kriegsgläubiger. Der Orden hatte den 13jährigen Krieg mit einer Söldnertruppe durchkämpfen müssen, da ihm andere Kräfte nicht zur Verfügung standen. Am Ende dieses unglücklichen Krieges sah sich der Orden gezwungen, die ungewöhnlich hohen Lohnforderungen seiner Söldnerführer, die größtenteils deutscher Herkunft waren, zu begleichen. Infolge Geldmangels löste er diese Aufgabe durch Vergabe von größeren Gütern. Damit leistete er allerdings der Bildung eines mächtigen Adelsstandes Vorschub. So kamen 1468 die 8000 Morgen großen Rheinsweinschen Güter an die Küchmeister von Sternberg; 124 Hufen erhielt Ritter Kaspar von Wildenhain. „Wegen treuer Kriegsdienste" wurde dem Prußen Brosian Gilgenau und

Rauschken mit je 60 Hufen verschrieben (1472). Gleichfalls Ordensgläubiger Hans Adeler und Heinrich von Salzen erhielten je 12 Hufen in Lehlesken. In Jablonken entstanden 2 neue Güter mit 7½ Hufen und 12 Hufen an Caspar Streckfuß und Nickel Roch. Auch in anderen Kreisen so z. B. in Lyck und Lötzen erhielten verdiente Söldnerführer als Abfindung Güter, die allerdings nicht die Größe der Landzuteilungen von Ortelsburg hatten.

Auch im Amt Seehesten waren zahlreiche „wüste" Siedlungen zu besetzen. Auch hier kamen Masowier in der Hauptsache auf die „wüsten" Höfe. Neugründungen von Dörfern oder Gütern erfolgten in der restlichen Ordenszeit nicht mehr.

Im südöstlichen Masuren hatte die Ansiedlung von Masowiern nach der Ortsbesichtigung durch eine Ordenskommission im Jahre 1428 in den Ämtern Johannisburg, Lyck und Rhein begonnen. Für die masowische Einwanderung brachte der dreizehnjährige Krieg nur eine kurze Unterbrechung. Der Verlust der Westgebiete bedeutete dem Orden die „Wildnis" nunmehr sehr viel. Hier setzte er seine Kolonisation besonders stark an. In den ersten Jahren nach dem Kriege nahm der Pfleger von Johannisburg, der zeitweise auch Pfleger von Lyck war, Ulrich von Ottenberg die Kolonisation wieder auf und stellte bereits im Jahre 1465 Handfesten für 4 Dienstgüter auf. Allein im Jahre 1471 wurden 21 Handfesten, allerdings vom Komtur von Balga ausgegeben. Alle „Dienstgüter" meist mit 10 Hufen hatten „einen Dienst mit Pferd und Harnisch" zu leisten, bei höherer Hufenzahl waren entsprechend mehr „Dienste" zu stellen. Alle Dienstgüter wurden ebenso wie die danach erteilten Handfesten zu „magdeburgischem Recht" von dem Komturen zu Balga verliehen. Bis zur Auflösung der Komturei Balga im Jahre 1499 kamen ab 1472 noch 25 Dienstgüter unterschiedlicher Größe hinzu. Ab 1501 gründeten die Pfleger von Johannisburg, auf die Lehns- und Gerichtsbarkeit nach Auflösung der Komturei von Balga übergegangen war, bis 1522 weitere 14 Dienstgüter bzw. Freigüter. Im Gebiet des Kammeramtes Johannisburg wurden die Siedlungen des Ordens von 1428—1438 zu „kölmischem Recht", von 1445—1452 zu „magdeburgischem Recht" verliehen, ab 1465 wieder zu „kölmischem Recht" und von 1471 gab es nur noch „magdeburgisches Recht". Dieses schrieb eine wesentlich strengere Erbfolge vor, und zwar nur an die Söhne, wenn auch später diese auf „zu beiden kunnen" auch auf die Töchter ausgedehnt wurde. Die Folge davon war ein mehrfaches Zurückfallen des Hofes an den Orden bzw. an den Landesherrn. Für den Orden war dies bei der schlechten Vermögenslage im 15. Jahrhundert eine willkommene Einnahme bei der Neuvergebung.

1451 hatte der Orden auch eine Handfeste für eine Stadt Johannisburg ausgestellt vom Hochmeister Ludwig von Erlichhausen, zumal zu diesem Zeitpunkt in diesem Gebiet bereits 6 „Zinsdörfer" und 20 Freigüter neben einer Beutnersiedlung vor dem Hause Johannisburg entstanden waren. Doch dieses Projekt scheiterte an den Kriegswirren und auch an dem Mangel an Menschen; es fanden sich vor allem nicht genügend Handwerker, die in der „Wildnis" bleiben wollten.

Alle bis 1525 gegründeten „Zinsdörfer" sind „aus wilder Wurzel" entstanden, berichtet Dr. Koch im „Der Kreis Johannisburg". Der „Lokator" und spätere Schulze hatte mit dem Orden einen Vertrag geschlossen, in dem er sich verpflichtete, eine bestimmte Zahl von Hufen 40, 50 oder mehr mit freien Bauern zu besetzen; diese erhielten das Land meist 2 Hufen (= ca. 120 Morgen) nach „kölmischem Recht", also zu freiem Eigentum. Auf jeder Hufe lastete der „Zins" der an das Pflegeamt zu „Martini" abzuführen war. Ferner lag auf jeder Hufe die Pflicht zu bestimmten Abgaben und „Hand- und Spanndienste auf unser Haus Johannisburg". Diese Dörfer waren echte deutschrechtliche Gemeinden denen Schulze und Schöffen vorstanden, von Masowiern besiedelt. Der Schulze der meist auch der „Lokator" und Vertragspartner des Ordens war, blieb Freigutsbesitzer ohne „Scharwerk" und ohne Belastung mit Zinsen. Dafür hatte er „mith hengst und harnisch" am „reisigen" Kriegsdienst teilzunehmen.

Die Dienstgüter oder Freigüter waren nur selten Neugründungen des Ordens; vielmehr handelte es sich bei der „Verleihung" um die Fixierung bereits bestehender Besitzverhältnisse. War die Gemarkung der Zinsdörfer klar abgegrenzt, galt gleiches nicht für die Güter. Hier waren meist umfangreiche Rodungen notwendig, die Grenzen waren nur in groben Umrissen festgelegt. Jeder Hof stand unmittelbar unter der Landesherrschaft. die auf den Dienstgütern angesetzten Freien hatten die Pflicht zur „Reise", dem auswärtigen Kriegsdienst; auf je 10 Hufen waren hier im Amte Johannisburg zu jeder Zeit Mann, Pferd mit Harnisch zu stellen. Die Anreihung der meisten Güter in unmittelbarer Nähe der Landesgrenze besonders der größeren Besitzungen mit mehreren Diensten hatte durch die damit an der Grenze konzentrierten Wehrkraft einen gewissen LIMES-Charakter erhalten. Die „Schlachzitzen", der masowische Bauernadel, fanden in diesem Raum meist mit der ganzen Sippe Niederlassung und Bleibe und dienten treu dem neuen Landesherrn, dem Orden.

Der Johannisburger „Sander" blieb auch in dieser Siedlungsperiode ein menschenleeres Waldgebiet.

Ab 1466 setzte auch im Kreis Lyck eine starke Siedlungstätigkeit ein. Verwaltungsmäßig gehörte das Amt Lyck mit etwa $2/3$ des späteren Kreisgebietes zur Komturei Balga, während der nördliche Teil des Kreises mit den späteren Kirchspielen Jucha, Stradaunen und Kallinowen wie auch der spätere Kreis Treuburg (Oletzko) zur Komturei Brandenburg geschlagen war. Jedenfalls erhielten im Kreis Lyck bis 1485 insgesamt 87 Siedlungen ihre Handfesten oder sind in den Ordensbüchern erwähnt. Es ist allerdings zu vermuten, daß eine Reihe von Siedlungen bereits bestanden, der Orden die Besitzverhältnisse nachträglich nur bestätigt hat.

Im gesamten Gebiet waren vor 1466 nur einige wenige Siedlungen entstanden und zwar in den sogenannten „Damerauen", das sind Gebiete mit Freiflächen oder mit lichten Eichen- und Tannenwaldbeständen. Das „Zinsdorf" Lyck wurde 1425 gegründet. Der Hochmeister Paul von Rußdorf verschrieb dem „Lokator" Bartusch (= Bartholomeus) Bratomil 48 Hufen, davon 4 Hufen neben einer Wiese am Ausfluß des Lyckflusses aus dem Lycksee, weitere 4 Hufen für den Pfarrer und 40 Hufen „zu besetzen". Ein weiteres „Zinsdorf" entstand 1439 mit Neuendorf. Beide Zinsdörfer hatten für die Versorgung auch mit Dienstleistungen für das Haus Lyck herzuhalten. Außerdem entstanden 1431 2 Freigüter in Chelchen, 1438 1 Freigut in Plotzitznen, 1 Freigut in Krzywen (Rundfließ) und 1 Freidorf in Gollubien. Schließlich ist wahrscheinlich Alt-Jucha vor 1466 entstanden, wenn dieses Dorf auch die „erneuerte Handfeste" erst 1471 erhalten hat.

Im Bereich des Pflegeamtes Lyck setzte die Privilegienverteilung langsam ein; 1468, 1469, 1471 und 1472 je 1 Siedlung; doch 1473 wurden bereits 6 Orte verschrieben; die Masse der Ordensgründungen erfolgte im Verlaufe von nur 4 Jahren 1482—1485. Dies mag auf die allmähliche Zunahme des Siedlerstromes aus Masowien nach dem Friedensschluß 1466 zurückzuführen sein. Die Handfesten fertigte der Pfleger zu Lyck und ab 1482 der Komtur zu Rhein aus.

Im Klaussener Bereich, das zu Rhein gehörte, wurde nur 1 Dorf Rostken 1483 als „Freidorf" gegründet. Grund hierfür dürfte der sandige, schlechte Boden sein.

Im Stradaunischen Bezirk, d. h. in den späteren Kirchspielen Juchas, Stradaunen und Kallinowen stellte der Komtur zu Brandenburg die Handfesten aus. Die meisten Handfesten wurden in 5 Jahren (1471—1476) ausgegeben; in den Jahren 1480—1485 erhielten nur noch 5 Siedlungen ihre Privilegien. Als „Deutsche" Bauerndörfer waren Piasken (Kl. Rauschen), Zeysen 1474 und Stradaunen 1475 mit jeweils 10 „Freijahren" angelegt worden, es waren „Zinsdörfer" zur Versorgung des späteren Amtes Stradaunen.

In der Ordenszeit waren insgesamt 1 Dutzend „Zinsdörfer" begründet worden. Nach 1466 wurden Zinsdörfer dort angelegt, wo die Gründung von Kirchen vorgesehen war, so Lyssewen, Jucha, Grabnick, Kallinowen und Pissanitzen, in der Herzogszeit kamen noch Ostrokollen (1538) und Klaussen (1551) hinzu.

Eine Besonderheit stellen die „Pflügerdörfer", auch „Oratzen" (polnisch = Oratz = Pflüger) genannt dar. Diese eigentümliche Dorfart gab es nur im Kreise Lyck. Die „Pflügerdörfer" erhielten jeweils 15 Hufen, einige Dörfer aber nur $7\frac{1}{2}$ Hufen mit einem „Dienst" bzw. $\frac{1}{2}$ „Dienst" = Pflügerdienst. Sie waren verpflichtet, die Äcker der staatlichen Vorwerke zu pflügen, zum Heuschlag und zum Einbringen des Heu für das Vorwerk sich bereit zu stellen und bei allen Bauten oder beim Abbruch im Vorwerk zu helfen. Die „Oratzer" hatten auch Naturalabgaben zu leisten, die Anfang des 17. Jahrhunderts durch Zinszahlungen abgelöst wurden. Schließlich waren sie verpflichtet, Holz anzufahren. Im Amtsbereich Lyck gab es bei der Bestandsaufnahme 1539 insgesamt 44 „Oratzendörfer", im Amtsbezirk Stradaunen und im Klaussener Bereich gab es nur je 1 Oratzendorf mit Oratzen bzw. Reuschendorf.

Die „adligen" Güter haben im Kreise Lyck in dieser Besiedlungsperiode nur eine geringe Rolle gespielt. Die Inhaber solcher vom Orden verliehenen Güter werden als „ehrbare" Männer bezeichnet und haben in der Regel „die großen und kleinen Gerichte" über ihre Leute erhalten. Die größten Güter waren Baitkowen, Borken beide mit 40 Hufen, Kopicken mit 66 Hufen und Gortzitzen mit 20 Hufen. Die Hauptverpflichtung bestand in dem „schweren Reiterdienst", d. h. sie hatten einen Schwerbewaffneten mit 2 berittenen Begleitern zu stellen. Borken erhielt der Pruße Langhemde (oder Langheim?) 1484 verschrieben „frei von Scharwerk" und bäuerlicher Arbeit mit 20 „Freijahren", diese im Hinblick auf das Roden des Waldes; Baitkowen wurde 1493 Paul von Grabowski, einem Masowier, vom Hochmeister Johann von Tiefen gegeben. Beide Beliehene waren verdiente Söldnerführer, die das Land für rückständigen Sold erhielten.

In der Literatur — zuletzt Gebauer (S. 32, 44, 45 u. a.) — ist vielfach angenommen worden, daß auch Litauer im Kreis Lyck zur Ordenszeit angesiedelt wurden. Eine Reihe von Handfesten, so für das Dorf Kolleschnicken sprechen von „Littau", Jan Lithaw, „Gregor Littaw". Sicherlich kamen diese Siedler aus dem benachbarten Großherzogtum Litauen, zumal das Gebiet jenseits der Lycker Kreisgrenze am Raygrodsee und östlich davon zu Litauen, später zur polnischen Wojewodschaft Podlachien gehörte. Auffallend ist, daß keiner dieser „Litauer" einen typisch litauischen Namen trägt, sondern daß diese einen polnisch-masowischen Personennamen oder lediglich einen farblosen christlichen Vornamen aufweisen. Das Gebiet jenseits der Lycker Kreisgrenze im Südosten war ursprünglich sudauisches Gebiet und nach ihrer Niederlage lange Zeit „Wildnis" und menschenleer. Hier schoben sich von Südwesten seit 1400 allmählich Masowier vor und gründeten jenseits des Raygrodsees und weiter östlich eine Reihe von Dörfern; der polnische Historiker Wisniewski nennt hier allein 13 Ortschaften (in „Geschichte und Besiedlung des Kreises Suwalki vom 15. bis Mitte des 17. Jahrhunderts", S. 86). Daß im Verlaufe der Ordenskolonisation Masowier auch auf die preußische Seite übertraten, ist nur natürlich, da hier bereits Siedlungen von Masowiern bestanden.

Den Kreis Treuburg erreichte die Siedlungskolonisation erst nach dem 2. Thorner Frieden 1466 von Süden her. Aus dem Kreise Lyck kamen Masowier und wurden im Amt Stradaunen, zu dem auch der Treuburger Kreis gehörte, angesiedelt. Lediglich in Willkassen wurden Prußen mit Grund und Boden beliehen. Die Handfesten für insgesamt 11, meist kleine „Freidörfer" stellte der auch für dieses Gebiet zuständige Komtur von Brandenburg aus. Bei den über die Ordensgrenze eingewanderten Masowiern handelt es sich überwiegend um Angehörige der sogenannten „Kleinen Schlachta", wie wir sie auch in anderen Ämtern vorgefunden haben. Die Freidörfer meist 15 Hufen hatten einen „redlichen Dienst mit Hengst und Harnisch" zu leisten, „nach dieses Landes Gewohnheit zu allen Geschreien, Heerfahrten, Landwehren und Reisen". Die Besitzer auf diesen Freigütern oder Freidörfern brauchten keinen Zins, Zehnt und kein Scharwerk zu leisten. Doch hatten sie das Pflugkorn, ein „Krampf und Wachs" und einen kölmischen Pfennig (= 5 preußische Pfennige) zu entrichten. Sie hatten auf Seen und Flüssen „freie Fischerei mit kleinem Gezeuge allein zu ihres Tisches Nothdurft und nicht zu verkaufen", ferner freie kleine Jagd und Imkerei, mußten jedoch die Häute, Felle und Honig gegen Bezahlung an das Amt abgeben.

Die Gründung von „Freidörfern" fand 1520 ihren Abschluß; die im Jahre 1527 ausgegebene Handfeste für Dzingellen (Dingeln) ist nur ein Nachzügler. Erst 1547 beginnt eine neue Siedlungsbewegung in diesem Kreise.

Das Kernstück des späteren Kreises Lötzen bildet das ordenszeitliche Pflegeamt Lötzen. Hierzu kamen 1818 Teile des Amtes, der späteren Komturei Rhein und im Osten ein Streifen des Amtes Stradaunen/Oletzko mit den Kirchspielen Widminnen und Orlowen (Adlersdorf). Während das Amt Rhein der Komturei Balga angehörte, unterstand das Pflegeamt Lötzen der Komturei Brandenburg. Waren bis zum dreizehnjährigen Krieg (1454—1466) nur wenige Gründungen im gesamten Kreisgebiet mit insgesamt 25 Orten zu verzeichnen, nahm die Besiedlung nach 1466 größeren Umfang an. Es waren bis 1522 insgesamt 33 Orte, Freidörfer, Zinsdörfer und Freigüter, darunter Widminnen 1474 und Milken 1475. Beachtenswert ist das Fehlen großer Latifundien in diesem Kreis; hier gibt es keine Güter von mehr als 60 Hufen.

Der überwiegende Teil der Ortschaften des Kreises Lötzen ist jedoch erst nach 1525, d. h. nach der Ordenszeit entstanden.

In der Zeit vor dem dreizehnjährigen Krieg 1454—1466 waren Siedler Deutsche, vielfach aus Schlesien stammend, worauf u. a. die Ortsnamen Rübenzahl, Gr. und Kl. Jauer hinweisen, und Prußen; so hatten Prußen kleine Güter erhalten wie Glombowen und Kl. Stürlack. Masowier waren nur in geringer Anzahl als Beutner, Fischer und vereinzelt als Bauern in beiden Ämtern tätig. In den 70er Jahren setzte dann eine lebhafte Siedlungstätigkeit ein mit dem starken Zuzug von Masowiern, zum Teil kamen diese unmittelbar aus Masowien, ein Teil kam aus den bereits besiedelten angrenzenden Ämtern Lyck und Johannisburg. Wir haben es hier also mit den Anfängen der masowischen Innenkolonisation zu tun, die später in herzoglicher Zeit die fast allein übliche wird.

In diesem Gebiet wurde zur Ordenszeit keine Stadt gegründet; Nikolaiken entstand als Fischerdorf 1444, zur Stadt erhoben erst 1726, Rhein entstand 1485 als Beutnerdorf bei dem 1377 errichteten „festen Haus zu dem Ryne" und wurde erst 1723 zur Stadt erhoben. Die Lötzenburg war bereits 1337 erbaut worden; 1485 erhielt das bei dieser Burg gelegene Scharwerksdorf „Neundorff" die Handfeste; bald danach entstand die „neue Siedlung" als Marktflecken. Stadtrecht erhielt Lötzen am 15. Mai 1612.

Auch im Kreise Lötzen wurden „deutsche Dörfer" gegründet, so Gr. Konopken, Milken und Staßwinnen (1471 und 1475). Doch auch in diesen Dörfern sind die meisten Namen slawisch; die Bedeutung dieser Bezeichnung wie die der 3 „deutschen" Dörfer im Amt Stradaunen/Kr. Lyck sind noch nicht völlig geklärt.

Die Gesamtzahl der bis 1525 ins Ordensgebiet eingewanderten Masowier schätzt Gollub auf 20 000—25 000 Siedler bei einer Gesamtbevölkerung von etwa 40 000. Es ist verständlich und bei diesem Zahlenverhältnis deutlich, daß andere an Zahl geringe Volksgruppen wie Prußen, Weißruthenen und Litauer, selbst Deutsche allmählich von der Masse der Masowier aufgesogen wurden.

Überschauen wir die 200jährige Siedlungsarbeit des Deutschen Ordens in der „Wildnis", so müssen wir sie in ihrer Gesamtheit als eine außerordentliche Leistung anerkennen. Von den rund 1 017 000 ha, die das Masuren der Neuzeit aufzuweisen hatte, sind zur Ordenszeit etwa 400 000 ha der Kultur erschlossen in einem Gebiet, dessen Bezeichnung „Wildnis" zurecht gegolten hat. Bis 1525 entstanden auf diesem Gebiet 660 Orte, darunter 7 Städte — der Kreis Osterode eingerechnet, Allenstein und Rössel sind nicht dazu zu zählen —; 1910 gab es insgesamt 1480 Orte mit 17 Städten, 1939 als Folge der Abtretung von Soldau und von Zusammenlegungen von Gemeinden und Gütern rund 1100 Orte und 16 Städte.

Der Deutsche Orden hatte von Anfang an das Ziel, das zu erobernde Land zu kolonisieren und zu christianisieren. Dem Hochmeister Hermann von Salza war die Bindung an Kaiser und Reich sowie an den Papst vor allem wegen der damit verbundenen „Regalien", die den Hochmeister den Reichsfürsten gleichstellten, sehr bedeutungsvoll. Andererseits gab ihm diese von Anfang an eine viel selbständigere Stellung, als sie die andern geistlichen Orden wie Johanniter- und Templerorden je innegehabt haben. Die päpstliche Zustimmung mit der Bulle zu Rieti sicherte den Orden auch gegen alle Ansprüche lokaler, politischer und kirchlicher Gewalten und war die sicherste Garantie der „Autonomie" auf allen Gebieten.

Daraus resultiert auch die kirchliche Institution. Neben den Ordenspriestern standen die „Priesterbrüder", etwas abwertend „Pfaffen" genannt. Mit Priesterbrüdern besetzte der Orden als Inhaber des Patronatsrechtes die Pfarreien seines Landes. Es gelang auch, die Domkapitel, ausgenommen durch ausdrückliche Päpstliche Weisung das Ermland, mit eigenen Ordens-Priestern zu besetzen, aus diesem Kreis kamen meist auch die Bischöfe, die niemals der Ordenspolitik zuwiderhandelten. Der Bischof von Pomesanien mit Sitz in Saalfeld war für alle masurischen Ämter zuständig. Mit Priesterbrüdern konnte der Orden leider nicht alle Stellen besetzen. Er setzte Priester an einigen Kirchen ein, die nur mäßig lesen und schreiben konnten und Mühe hatten, die vorgeschriebenen, katholischen Andachten zu halten. Doch für den laufenden Einzug von Abgaben und Gebühren sorgten sie und waren auch darauf bedacht, ihre Einnahmen durch nebenberufliche Tätigkeiten, so durch Bierbrauen, zu vermehren. Bereits zur Ordenszeit bestanden folgende Kirchen: Im Amt Neidenburg in Neidenburg, Groß Schläfken, Jedwabno, Kandien, Muschaken, Saberau, Skottau, Willenberg. Im Amt Soldau in Soldau, Borchersdorf, Groß-Koschlau, Heinrichsdorf, Hohendorf, Narzym, Scharnau, Skurpien. Im Amt Ortelsburg in Ortelsburg, Passenheim, Mensgut, Schöndamerau, Theerwisch, Rheinswein, Wildenheim. Im Amt Seehesten in Sensburg (1442), Sorquitten (1470), Seehesten (1484), Ribben (vor 1500), Nikolaiken (um 1520). Im Amt Johannisburg in Johannisburg (1449), Drigelsdorf (1438), Gehlenburg (1481), Eckersberg, Arys und Morgen (Kumilsko) alle um 1500. Im Amt (Kreis) Lyck in Lyck (1472), Lyssewen (1481), Jucha (1487), Stradaunen (1487), Kallinowen (1499), Pissanitzen (1504). Im Kreis Lötzen in Lötzen, Rhein, Stürlack, Milken.

Im Kreise Treuburg kam es zur Ordenszeit noch nicht zu Kirchengründungen. Die in dieser Zeit gegründeten Orte waren auf die Kirchen Kallinowen und Lyck angewiesen und haben diesen Kirchen den „Zehnten" zugeführt.

Die Sorge des Ordens auch für die kirchliche Betreuung seiner Siedler ist unverkennbar. Für die Prußen stellte er Dolmetscher, sogenannte „Tolken" in den Kirchengemeinden mit erhöhter prußischer Bevölkerung an. Als gegen Ende der Ordenszeit das Polnische als Verkehrssprache sich allmählich durchsetzte, holte er polnisch-sprechende Priester aus der masowischen Diözese Plock.

Damit trug der Deutsche Orden dem fremden Volkstum seiner Untertanen nach Möglichkeit Rechnung. Es genügte ihm, wenn diese sich ihrem Eid getreu als zuverlässige Untertanen erwiesen. In dieser Hinsicht konnte der Orden auch mit den fremdstämmigen Untertanen zufrieden sein. Oft haben die masowischen Wildniskolonisten gegen ihre Stammesgenossen jenseits der Grenze kämpfen müssen. War doch ihre neue Heimat häufigen und heftigen Angriffen der Nachbarn ausgesetzt und fast immer Schauplatz der wiederholten Kriege zwischen dem Orden und dem Königreich Polen/Litauen.

Noch ein Wort zu den Lebensverhältnissen zur Ordenszeit. Dazu gehört die Darstellung der Mühlen- und Kruggerechtigkeit.

Mit der Verleihung von Mühlengerechtigkeiten ging der Orden recht sparsam um. Bestimmungen über Mühlen hatte er bereits in Art. 13 der „Kulmer Handfeste" von 1233 aufgenommen. Danach galt das Recht, Mühlen anzulegen, als das Vorrecht des Ordens, das ohne dessen ausdrückliche Genehmigung von den Untertanen nicht ausgeübt werden durfte. Es bestand als ein „Mühlenregal" bzw. eine „Mühlengerechtigkeit" zu „kulmischem Recht" verschrieben. So hatte der Orden eine eigne Mühle am Nordufer des Lycksees bei Klein-Mühle in eigner Regie mit Wasser betrieben eingerichtet. In der Handfeste für das „Zinsdorf Lyck" hatte der Orden genau festgelegt, daß die Ausbesserung des Mühlendammes zwischen Sunowosee und Lycksee Sache der Einwohner des Lycker Zimsdorfes sei. Auch bei andern Mühlen in andern Ämtern der „Wildnis" sind gleichartige Regelungen getroffen. Doch hat er in späterer Zeit auch an Private „Mühlengerechtigkeiten" erteilt, so in Jucha. Diese soll hier beispielhaft angeführt werden. Im Jahre 1477 erteilte der Komtur von Brandenburg dem „Getreuen Nicolai Stani" die Mühle am „Hansel-Fließ bei Jucha mit 6 Morgen und einer Hube Acker" zu „Cöllmisch Recht frey von Scharwerk gegen jährlichen Zins zu Martini mit sechs Maaß geringer gewöhnlicher Grütze von der Mühle und einer Maaß derselben Grütze von der Hube Acker". Der Müller erhielt außerdem noch eine Wiese am unteren Hansel-Fließ für sein Vieh. Diese Mühle war auf „1 Gang" beschränkt; der Müller konnte mithin nur grob gemahlene Grütze, wie sie der Orden als „Zins" forderte, mahlen.

Weitere private Mühlengerechtigkeiten gab der Orden gegen Ende des 15. Jahrhunderts auch an andere meist deutsche Müller aus, nachdem er festgestellt hatte, daß die Ordensmühlen den Bedarf der inzwischen gestiegenen Siedlerzahl nicht mehr gerecht werden konnte. Sicherlich war der Orden bestrebt, das einträgliche Geschäft einer Mühle selbst zu machen. Deshalb hat er zahlreiche Amtsmühlen überall in allen Ämtern eingerichtet. Doch da ihm gegen Ende des 15. Jahrhunderts das Personal fehlte, andererseits aber der Mehl- und vor allem der Grützebedarf gedeckt werden mußte, sah er sich gezwungen, wie in Jucha „Privat-Mühlen" zuzulassen. Und damit ist er gut gefahren.

Bei den Bauern setzten sich allmählich Handmühlen durch, sogenannte „Quirle", die noch zu Beginn des 20. Jahrh. in Gebrauch waren.

Das „Mühlenregal" des Ordens wurde erst mit dem „Edickt für Ostpreußen, Litauen, Ermland und den Marienwerderschen landräthlichen Kreis, die Mühlengerechtigkeit betreffend und die durchgängige Aufhebung des Mühlenzwanges betreffen", vom 29. März 1808 aufgehoben. Der Mühlenzwang als obligatorische Einrichtung wurde mit dem 1. Dezember 1808 beseitigt.

Die Versorgung des zahlreichen Personals auf den Ordensburgen und „Häusern" erforderte Vorräte an Lebensmitteln, Kleidung und Schuhwerk.

Mit der Errichtung einer Burg bzw. eines „Hauses" wurde die Versorgung nicht nur durch die Gründung von „Zinsdörfern", deren Einwohner dem Ordenspfleger oder dem Komtur und dessen Gehilfen in der Burg Scharwerk zu leisten und Naturalabgaben zu geben hatten, sondern auch durch entsprechende Bevorratung erst sichergestellt. Lieferten die Dorfbewohner Vieh und Getreide, waren diese auf das „Haus" für die Versorgung mit notwendigen Dingen des täglichen Lebens angewiesen, wie z. B. Tuche, Salz, Mehl, aber auch Bier; denn nur der Orden konnte damals die notwendigen Braugeräte wie Kessel und Pfannen erwerben und halten. Tuche und Salz wurden über die Ordenszentrale angeliefert von Hansischen Kaufleuten aus Lübeck und anderen Hansestädten bezogen; das Bier braute man auf dem „Haus". Mehl lieferten die Ordensmühlen. So zeigt das Amtsbuch des Hauses Seehesten von 1451, welche Waren dort zum Verkauf angeboten wurden: 1 Scheffel Mehl für $\frac{1}{2}$ Vierdung, ein klein grau Gewand für 2 Skot, ein Rantzken Salz für 2 Skot, 1 Rantzken Bier für 1 Skot, 1 Rantzken Meth für 6 Schilling. Die Brauerei bildete eine sehr gute Einnahmequelle für das Ordenshaus.

„Kruggerechtigkeiten" gab der Orden spät und recht spärlich aus. Die Verleihungsurkunde für einen Krug enthielt Angaben über die Person des „Krügers", auch „Krezmer" genannt, über die Zuteilung von Acker und Wiesen und über den „Zins" nebst „Scharwerk" als Pflichten des Krügers. Über den Umfang der „Kruggerechtigkeit" ist in der Verleihungsurkunde meist nichts gesagt. Doch hierfür galten allgemein die Bestimmungen in der Handfeste von Seehesten, die der Komtur und spätere Hochmeister Ulrich von Jungingen bereits im Jahre 1401 gegeben hat. Dort heißt es u. a.:

„Den Besitzern der Krezmer erlauben Wir freien, feilen Kauf binnen ihres Gehäuses zu haben allerlei Trankes und Speisen, Gewand, Eisen oder welcherlei das sei."

Von der Ordensbrauerei bezog der „Krüger" noch lange Zeit das Bier. Eigne Brauereien kamen erst zur Herzogszeit auf.

Der Krug war nicht nur Schenke, sondern auch das Warenhaus jener Zeit. Einige Krüge hatten die Verpflichtung, die Postfuhrleute und deren Pferde zu versorgen und unterzubringen.

Jedenfalls bestanden gegen Ende der Ordensherrschaft in allen Amtsbezirken Krüge, zunächst am Amtssitz, dann vor allem an den Verkehrswegen und in den Kirchdörfern.

Der letzte Krieg des Ordens gegen Polen brachte noch schlimme Verwüstungen. Im Jahre 1520 berichtet der Statthalter zu Rhein, daß die Ämter Lyck, und Stradaunen vom Feinde bedroht würden, kurz danach seien Feinde eingefallen und hätten die Gebiete von Rhein, Lyck, Stradaunen, Lötzen und Seehesten verheert. 1521 sei z. B. Lyck nach einem weiteren Bericht endgültig vom Feinde befreit worden.

Nach vierjähriger Waffenruhe kam es zum Friedensschluß in Krakau am 8. April 1525. In diesem Friedensvertrag blieb der Besitzstand des restlichen Ordensstaates erhalten gegen die Bedingung, daß Albrecht den Lehneid dem polnischen König zugleich für seine Erben leistete.

Zum Ende des Ordensstaates sagt Schumacher (a.a.O.S. 142):

„Nach zwei Jahrhunderten unerhörten Aufstieges und Glanzes hatte der Deutsche Orden, durch eine furchtbare Katastrophe herabgestürzt, noch 100 Jahre um seine staatliche Existenz gerungen. Sein Ende hat nichts von der Furchtbarkeit an sich, die dem Sturze des Templerordens anhaftet.

Letzten Endes starb er doch nur, weil die Zeit eine andere geworden war und die mittelalterlichen Ideen und Gebilde mit dem Anbruch der Reformationszeit und der Entstehung der modernen europäischen Staatengesellschaft ihre Lebenskraft verloren hatten. Aber indem der Rest des einstigen Ordensstaates unter die erbliche Herrschaft eines deutschen Fürsten trat, wurde diesem Lande sein Deutschtum bewahrt, bis es in Verbindung mit dem aufstrebenden märkischen Hohenzollernstaates in die Geschichte Deutschlands eine neue Rolle spielen sollte."

Herzogszeit

Im Jahre 1525 wurde Preußen ein weltliches Herzogtum, der letzte Hochmeister des Deutschen Ordens Albrecht von Brandenburg-Ansbach legte den Mantel des Deutschen Ordens ab. Herzog Albrecht wurde im Vertrag zu Krakau von 1525 unter polnische Lehnshoheit gestellt; das Herzogtum Preußen trat damit in die Reihe der Territorialfürstentümer ein. Mit dem Vertrag von Krakau vom 8. April 1525 wurde das politische Verhältnis zwischen Polen und Preußen für die folgenden 130 Jahre bis 1656 festgelegt.

Doch noch wichtiger für das neue Herzogtum war die Einführung der Reformation im gleichen Jahre 1525. Der in Bad Mergentheim residierende Deutschmeister und einige Komture der Ordensballeien (Ordensprovinzen) in Deutschland protestierten gegen die Einführung des evangelischen Glaubens und die Umwandlung in ein weltliches Herzogtum. Der „Deutschmeister" übernahm die Ordensführung und wurde „Administrator" des Hochmeistertums; später nannte er sich „Hoch- und Deutschmeister". Einige Ordensbrüder in Preußen, die katholisch geblieben waren, wanderten aus, die Mehrzahl der Ordensbrüder in Preußen wurde evangelisch und blieb im Lande Preußen mit Ämtern belehnt. Die Landesverfassung wurde im großen ganzen beibehalten. Die Komtureien und Pflegämter wurden „Hauptämter". Während sich ihre Bereiche mit den bisherigen Amtsbezirken deckten, trat nur im Pflegamt, jetzt „Hauptamt" Lötzen eine Änderung ein; hier wurde Mitte des 16. Jahrh. das Hauptamt Stradaunen ausgegliedert, zu diesem Stradaunen/Oletzko wurden der spätere Kreis Oletzko sowie die Kirchspiele Jucha, Stradaunen und Kallinowen, also der Norden des späteren Kreises Lyck und der Ostteil des späteren Kreises Lötzen mit den Kirchspielen Widminnen und Orlowen geschlagen.

Die Umwandlung des Ordensstaates in ein weltliches, evangelisches Herzogtum im Jahre 1525 wurde für die weitere Entwicklung des Wildnisgebietes von entscheidender Bedeutung. Zwar blieb das neue Herzogtum Preußen noch über 130 Jahre in Lehnsabhängigkeit von Polen, aber die Durchführung des Protestantismus durch Herzog Albrecht schuf doch eine geistige Mauer gegen Polen, die sich allmählich zu einem unüberwindlichen Bollwerk auswuchs. Solange Herzog Albrecht noch hoffte, der Lehre Luthers auch in Polen zum Durchbruch zu verhelfen, blieb sein Land den Nachbarn offen. Hatte er doch aus Krakau Pfarrer und Drucker herangezogen, um in eignen Druckereien die Bibel und Luthers Schriften ins Polnische übersetzt drucken und auch in Masowien und Polen verteilen zu lassen, setzte die nach Einverleibung des Herzogtums Masowien in das polnische Reich im Jahre 1526 einsetzende Gegenreformation allmählich diesem Wirken ein Ende. Unter dem Druck der missionierenden katholischen polnischen Geistlichkeit und später der Jesuiten verließ ein Teil des evangelischen Kleinadels Masowien und ließ sich in Masuren nieder. Doch von einer Masseneinwanderung wie zur Ordenszeit ist keine Rede mehr. In dem Maße, in dem der Protestantismus diesseits und der Katholizismus jenseits der Grenze ausschließlich Geltung gewann, mußte die Entfremdung, ja Abneigung hüben wie drüben wachsen. Folge: die Einwanderung der Masowier hörte allmählich ganz auf, die früher Eingewanderten wurden durch die Gemeinsamkeit des lutherischen Bekenntnisses mit der preußischen Bevölkerung noch inniger verbunden. Diese im Geiste der Reformation wachsende Gemeinschaft war um so fester gefügt, als Wortverkündung und gottesdienstliche Handlungen nicht mehr in lateinischer Sprache erfolgten und die lutherische Kirche durch Übersetzung von Luthers Bibel und seinen Schriften wie dem Katechismus ins Masurische das Volk zum Quellgrund und damit zur christlichen Gemeinschaft hinführte. Die beträchtliche Vermehrung der masurischen Bevölkerung erlaubte es der preußischen Regierung, Ödländereien Ostmasurens mit eigenen Landeskindern zu besiedeln. So gewann das Siedlungswerk der Herzöge in Fortsetzung der Wildnisbesiedlung des Ordens in dieser Zeit durch „Binnenkolonisation" ihren Wesenszug.

Der Schwerpunkt der herzoglichen Kolonisation liegt zunächst in den Teilen der „Wildnis", die bisher verhältnismäßig schwach besiedelt geblieben waren, d. h. vor allem in den Ämtern Seehesten, Rhein, Lötzen und Stradaunen/Oletzko. Letzteres Amt ist eigentlich erst in herzoglicher Zeit eingerichtet und kolonisiert worden. Die herzogliche Verwaltung geht zwar nach dem alten Ordenssystem der Besiedlung vor, setzt aber die Siedler ganz überwiegend in Zinsdörfern mit Scharwerksleistung an. Nur wenige „Freidörfer" entstehen an der Grenze. Hier wurde nach alter Methode vorgegangen, wie sie sonst im 16. Jahrh. kaum noch praktiziert worden ist. Im Auftrage des Herzogs erteilt der Amtshauptmann durch eine „Handfeste" einem „Lokator", also einem Unternehmer, der als „Schulze" in der neuen Siedlung tätig wurde, Land, in der Regel 22, 33, 44, 55, 66, usw. Hufen. Er hatte für Besetzung mit „Zinsbauern" zu sorgen, erhielt für je 10 Hufen 1 Schulzenhufe und bekam den Status eines „Freien" mit der „kleinen Gerichtsbarkeit". Die Bauern hatten „Zins" und den „Zehnten" sowie „Scharwerk" auf der Domäne oder in der Wildnis zu leisten. Die Siedler, ja selbst die Mehrzahl der „Lokatoren" stellte das Hauptamt Lyck; einige kamen aus dem Johannisburger Bezirk. Die Phase der Gründung von „Zinsdörfern" war etwa 1565 abgeschlossen. Eine neue Siedlungsform fand im Norden des Kreises Treuburg bis Goldap in dem noch unbesiedelten Streifen Eingang; hier erhielten der Beamten- und Hofadel umfangreiche Güter, so der Stradauner Amtmann Christoph Glaubitz 1558 ca. 100 Hufen bei Chelchen und Doliwen. Weitere Vergaben von Gütern an Staatsdiener und Adlige folgten. Einige gründeten auf ihrem Landbesitz adlige Dörfer, deren Bauern dem Gutsbesitzer Scharwerk zu leisten und Zins zu zahlen hatten. Die Abgaben dieser Lehnsherren an den Herzog war sehr gering. Doch haben sich die meisten dieser Lehnsbesitzer auf ihren Gütern auf die Dauer nicht halten können. Im Zuge der Stein'schen Reformen entstanden hier Dörfer.

Im Jahre 1560 gründete Herzog Albrecht die Stadt Marggrabowa (Treuburg) als zunächst rein masurische Stadt.

Auch in andern masurischen Hauptämtern erfolgten noch Gründungen von Dörfern, in der Hauptsache waren es „Zinsdörfer" mit Zinszahlung und Scharwerksleistung. So wurden nach 1540 zur Unterbringung des Bevölkerungsüberschusses allein im späteren Kreis Lyck insgesamt 18 Zinsdörfer neben 4 Freidörfern und 5 Freigütern meist auf Unland oder auf Waldgelände gegründet.

Im Johannisburger Amt entstanden insgesamt 35 Neusiedlungen; der Kreis Lötzen war noch zur Herzogszeit aufgeteilt in die Hauptämter Lötzen, Rhein und Stradaunen. Hier entstanden bis 1570 an Zinsdörfern, Freidörfern und kleinen Gütern im Bereich von Lötzen 18, um Rhein 9 und im Westen des Hauptamtes Stradaunen insgesamt 12. Damit war der Höhepunkt der Besiedlung dieses masurischen Bezirks erreicht. Es blieben nur noch Unland und Waldboden unbesiedelt.

Im Kreise Sensburg sind zur Zeit Herzog Albrechts insgesamt 24 neue Ortschaften entstanden; auch hier wurden fast ausschließlich „Zinsdörfer" eingerichtet, deren Schulzen z. T. aus dem Johannisburgischen Bezirk kamen.

Im Hauptamt Ortelsburg kümmerte sich Herzog Albrecht, der sich hierher vor der in Königsberg wütenden Pest zurückgezogen hatte und aus eignem Augenschein die Verhältnisse besonders gut kannte, um einige Zinsdörfer vor allem im westlichen Amtsbezirk und im Nordosten. Die nahezu unfruchtbaren bewaldeten Sanderflächen blieben hier ebenso wie im Johannisburger Amt unbesiedelt.

Im Amte Neidenburg entstanden nur einige wenige Siedlungen im Ostteil um Willenberg und einige Güter im Amte Soldau, die „wüst" waren und neu besetzt wurden. In diesen Bezirken war die Besiedlung schon zur Ordenszeit nahezu abgeschlossen.

Als Höhepunkt der masurischen Ausbreitung in Ostpreußen ist die Zeit des Dreißigjährigen Krieges, also 1618 anzusehen. Die nördliche masurische Sprachengrenze verlief damals nördlich Osterode, dann längs der ermländischen Grenze über Rastenburg nach Nordenburg auf Goldap bis nach Dubeningken. Der südlich dieser Grenze wohnende Adel war überwiegend masurisch; für ihn besonders wurde 1587 in Lyck die Provinzialschule eingerichtet. Abgesehen von diesem Gebiet, in dem sich die masurische Bevölkerung mehr oder weniger geschlossen niedergelassen hatte, erlangte sie weit darüber hinaus als dienende Klasse Verbreitung, so daß

72

in Insterburg, Bartenstein, Zinten, Saalfeld, Pr. Holland und Königsberg in verschiedenen Kirchen, in Königsberg in der Steindamer Kirche, Gottesdienste in masurischer Sprache abgehalten werden mußten.

Nach der ersten Siedlungswelle zur Ordenszeit in der „Wildnis", der zweiten herzoglichen Kolonisation und der nur im Kreise Lyck durchgeführten Gründung von „Oratzen"-Dörfern mit der Verpflichtung der Pflügerdienste auf Domänen folgte die „Schatull-Siedlung" unter dem Großen Kurfürsten. Nach der Umwandlung des Ordensstaates in ein weltliches Herzogtum wurden im Rahmen der Veränderung der Landesverwaltung auch Steuerbewilligungen auf den Landtagen verhandelt. Das Geldbewilligungsrecht des Landtages wurde eine Quelle der ständischen Macht der Städte, hier insbesonders von Königsberg, und des Adels; die Einkünfte der Herzöge aus Domänen, Zöllen und Regalien reichten nicht hin, um die Kosten der Hofhaltung und vor allem der Landesverteidigung zu bestreiten. Mit den Ständen hatte der alternde erste Herzog Albrecht erhebliche Schwierigkeiten. Bereits der tatkräftige Markgraf Georg Friedrich von Brandenburg-Ansbach war als Herzog in Preußen (1577—1603) daran gegangen, sich eigene, der ständischen Kassenverwaltung nicht unterworfene Einnahmen zu verschaffen. Doch weit mehr war der Große Kurfürst, Friedrich Wilhelm (1640—1688) bestrebt, die Einkünfte des Landes der kurfürstlichen Kasse, der „Schatulle" zuzuführen und die Rechte der Stände einzuschränken. Da der Dreißigjährige Krieg (1618—1648) das Herzogtum Preußen unberührt gelassen hatte, bot sich dem Großen Kurfürsten hier die Möglichkeit, Truppen zu werben und vor allem die stark geschwächten Finanzen seines brandenburgischen Staates durch neue Einnahmequellen zu kräftigen. Er befreite sich von dem Einfluß der Stände und schritt zur Vermehrung der Einkünfte seiner Privatkasse, der „Schatulle". Waren bisher schon aus dem landesherrlichen Forstbesitz Holzgelder, Beutnerzins, Abgaben der Teer- und Pottaschebrenner, der Eisenhämmer und die Weidegelder für die Hütung in den kurfürstlichen „Wildnissen" in die „Schatulle" geflossen, wurden die Einnahmen durch Ausgabe von Forstland zur Kultivierung gegen einen jährlichen Grundzins erheblich verbessert. Die sogenannten „Schatull-Siedlungen" spielten gegen Ende der Herzogszeit eine bedeutende Rolle. Das riesige, fast geschlossene Waldgebiet auf den Sanderflächen des südlichen Ostpreußen, das im Bereiche der Seenkette das Nordufer des Spirdingsees erreichte, hatte bis dahin wegen der schlechten Qualität des Bodens den angrenzenden Bauern keinen Anreiz gegeben, waldfreie Stücke urbar zu machen. Nur verstreut waren hier Eisenhämmer, Aschenbrennereien, Teeröfen und Beutnerniederlassungen die einzigen Siedlungen in diesem Teil der „Wildnis" geblieben. Durch ihre Tätigkeit, durch die stellenweise größere Flächen ausgehauenes und ausgebranntes Forstland entstanden war, hatten die Aschbrenner und sonstigen Forstbenutzer erst die siedlungsfähigen Räume geschaffen. Hier entstanden „Schatullgüter" und „Schatulldörfer". Die Ausgabe von Land erfolgte nach Besichtigung der ausgewählten Siedlungsplätze durch den Oberforstmeister an den Höchstbietenden unter den Siedlern. Besonders zahlreiche Schatullsiedlungen entstanden im Kreise Ortelsburg, um Willenberg und recht spät im Amte Johannisburg. Weitere Schatullsiedlungen wurden in der Borker Forst im Amte Lötzen und Oletzko errichtet. Die Siedler erhielten zunächst 4—8 „Freijahre", danach war ein „Hubenzins" zu entrichten sowie der Kirchendezem. Sie waren auch verpflichtet zur Instandhaltung der Wege innerhalb der Feldmark. Einzelne Bauern hatten Dienstleistungen in den Forsten zu verrichten. Das Weiden des Viehs in der Forst war gegen Entrichtung einer Weidegebühr zugelassen. Waren die Schatullsiedlungen

zunächst dem Oberforstmeister zugeteilt, wurden sie von König Friedrich Wilhelm I. im Jahre 1714 der Verwaltung der Ämter unterstellt.
Mit dieser vierten Besiedlungswelle, der „Schatullsiedlung" wurden die letzten für eine Kolonisation noch brauchbaren Flächen der „Wildnis" aufgeschlossen und besiedelt. Das große vom Orden begonnene Kolonisationswerk im Wildnisgebiet war abgeschlossen. Denn das sogenannte „Unland" im alten Siedlungsgebiet z. B. in den Ämtern Lyck, Rhein, Seehesten und Ortelsburg in der Nähe der Siedlungen wurde als „Übermaßland" ebenfalls in Kultur genommen.
Die Zahl der Neugründungen von Siedlungen in der Zeit von 1525—1701, dem Geburtsjahr des Königreiches Preußen, dürfen wir mit über 400 ansetzen. Davon entfallen die meisten auf den Kreis Treuburg mit rund 150, rund 80 auf den Kreis Lötzen, je etwa 60 auf die Kreise Sensburg und Ortelsburg, rund 40 auf den Kreis Lyck und rund 30 auf die Kreise Neidenburg und Johannisburg. Wenn auch die Zahl der Neugründungen hinter dem Ergebnis der Ordenszeit zurückbleibt, so kommt die gewonnene Kulturfläche mit über 300 000 ha an das Ergebnis der Ordenszeit heran. Besonders beachtenswert ist die Vermehrung der Städte in Masuren von sieben auf zwölf. Es waren hinzugekommen: Marggrabowa (Treuburg) 1560, Lötzen 1612, Ortelsburg 1616, Johannisburg 1645 und Lyck 1669.

Der Tatareneinfall 1656

Die Zeit von 1600 bis 1650 darf man wohl als die Zeit der größten Ausdehnung des masurischen Elements in Ostpreußen ansehen. Es ist nicht abzusehen, wie die weitere Zunahme sich ausgewirkt hätte, wenn dieser Entwicklung ein weiterer längerer Zeitraum der Ruhe und des Friedens beschieden gewesen wäre. Hatte der Dreißigjährige Krieg (1618—1648) Ostpreußen nicht berührt, so mußte unser Land im Zuge des schwedischen Angriffs auf Polen Durchzüge von fremden Truppen in den Jahren 1626—1629 erdulden. Das entsetzlichste Unglück aber brachte der zweite schwedisch-polnische Krieg (1656—1660). Der Große Kurfürst Friedrich Wilhelm I. schloß sich im Vertrag von Marienburg (15. 6. 1656) den Schweden an. Das vereinigte Heer der Schweden und Brandenburger schlug in einer dreitägigen Schlacht bei Warschau (28.—30. Juni 1656) das polnische Heer — die erste glänzende Waffentat der jungen Streitmacht des Kurfürsten. Der polnische König Johann Kasimir beschloß, den Abfall des preußischen Lehnsvasallen durch Einfälle in das Preußenland zu rächen. Der litauische Unterfeldherr Gonsiewski erhielt vom polnischen König den Auftrag, einen Raubzug nach Preußen mit Polen, Litauern und einer großen Schar Tataren auszuführen. Den 20 000 Polen und Tataren standen etwa 10 000 schwedische und preußisch/brandenburgische Truppen gegenüber; am 8. Oktober 1656 wurden die Verbündeten am Lyckfluß bei Prostken angegriffen und vernichtend geschlagen; die Verluste an Toten und Gefangenen betrug ca. 7000 Mann. Nun erlebte das unglückliche Land in kurzer Zeit alles, was ihm der Dreißigjährige Krieg nicht beschert hatte. Der rote Schein brennender Dörfer trug die Kunde von der verlorenen Schlacht durch das Land und erfüllte die Bewohner mit Furcht und Entsetzen. Gleich blutdürstenden Raubtieren durchzogen Tataren das arme Masuren. Mord, Brand und Verwüstung bezeichneten ihren Weg. Wer nicht fliehen konnte wurde niedergehauen oder in die Sklaverei verschleppt. In einer Urkunde vom 17. Oktober 1656 heißt es u. a.: „Die Ämter Lyck, Oletzko, Rhein, Lötzen, Angerburg, Seehesten sind von Polen und Tataren totaliter ruiniert."

Töppen beziffert die Verluste in den beiden Jahren 1656 und 1657 durch die Tatareneinfälle und durch die nachfolgende Pest auf „13 Städte, 249 Dörfer, Flecken und Höfe nebst 37 Kirchen eingeäschert, 23 000 Menschen erschlagen, 3400 Einwohner fortgeschleppt, mehr als 80 000 durch Pest und Hunger aufgerieben."

Unter den eingeäscherten Städten sind zu nennen: Lyck und Johannisburg (hier konnten sich die Einwohner in die Burgen retten), Treuburg, Lötzen, Rhein (bis auf das Schloß), Sensburg, Ortelsburg, Willenberg, Passenheim und Soldau. Dieser Tatareneinfall dauerte nur 14 Tage. Am 22. Oktober 1656 wurden Polen und Tataren von einem schwedisch-brandenburgischen Heer bei Philippowo jenseits der Grenze geschlagen. Doch unternahmen die Feinde von Neidenburg aus noch mehrere Einfälle danach, die sie bis Seehesten führten. Die Pest im Jahre 1657 forderte erneut hohe Opfer, allein im Kirchspiel Kallinowen, Kr. Lyck insgesamt 635 Menschen.

Die große Pest (1709—1711)

Kaum hatte sich Masuren von diesem furchbaren Unglück einigermaßen erholt, da traf das Land ein neuer furchtbarer Schlag, der nicht weniger Opfer forderte als der Tatareneinfall, die Pest. Wohl war Preußen schon seit der Ordenszeit häufig von dieser Seuche heimgesucht worden. Aber sie war doch stets bald wieder verschwunden und hatte das Wildnisgebiet verhältnismäßig wenig berührt. In den Jahren 1709—1711 kam es anders; „der schwarze Tod" oder „das große Sterben" genannt, eine furchtbare Seuche jener Zeit wütete in den ehemaligen Gauen Galinden und Sudauen besonders schlimm und machte sie zu einem wüsten, armen Land. Die Hauptämter Lyck und Oletzko waren besonders hart betroffen. Allein im Amt Oletzko kamen 10 700 Menschen um! Pfarrer Chucholowius aus Jucha gibt hierüber einen erschütternden Bericht: „Die Menschen wurden völlig gleichgültig, da man nichts ändern konnte"; sie hatten den Sinn für Arbeit und Schaffen völlig verloren. Wer heute noch gesund erschien, konnte morgen von der Pest ergriffen sein; in seinem Kirchenbezirk starben nach Angaben dieses Pfarrers insgesamt 726 Menschen; er selbst, sein Sohn und Rektor Ditlof waren wie durch ein Wunder am Leben geblieben, berichtet er.

In den Pestjahren kamen etwa $1/3$ der Einwohner der „Wildnis" um; Tatareneinfall und Pest verursachten den Verlust der Hälfte der Bevölkerung. Danach konnte dieses Gebiet keine Menschen mehr abgeben. Im Gegenteil! Hier war ein Neuaufbau erforderlich.

Friedrich Wilhelm I.

Dieses halbe Jahrhundert der Katastrophen war für den Bauernstand auch die Zeit der ärgsten Bedrückung. Es wurden den Bauern neue Lasten aufgebürdet. Das Recht der Selbstbestimmung wurde soweit beschränkt, daß man Bauern wie Vieh vermieten konnte; die Adligen heimsten für ihren Stand und ihre Güter immer mehr Rechte ein; doch auch die Dienststellen des Staates sorgten für weitere Beeinträchtigungen des Bauernstandes und zogen die Bauern im Rahmen der Verpflichtungen zu „Burgendiensten" zu allen möglichen Arbeiten heran. Als die „Kriegsdienste" der Einwohner von „Freidörfern" und „Freigütern" nicht mehr oft gebraucht wurden, war die Landesherrschaft bestrebt, die „Freigüter" und „Freidörfer" in Zinsdörfer mit Scharwerkspflicht umzuwandeln. In dieser Zeit verschwanden die freien Bauern; schließlich gab es gegen Ende des 17. Jahrhunderts nur noch einen einheitlichen unfreien Bauernstand. Die Scharwerkspflicht bei staatlichen und adligen Gütern, also den Domänen und Adelsgütern wurde auf die ganze Familie des Bauern ausgedehnt.

Es ist verständlich, daß unter diesen armseligen und unglücklichen Verhältnissen bedingt auch durch weit überhöhte Steuerbelastung viele Bauern mit ihren Familien ihre Höfe verließen und nach Polen flüchteten. Noch im Jahre 1719 sind aus dem Amt Lyck 36 Bauern mit ihren Familien sowie 3 „Freie" nach Polen geflüchtet.

Hatten äußere Verhältnisse, Tatareneinfall (1656/1657) und Pest (1709—1711) die Vorwärtsentwicklung des masurischen Volkes unterbrochen, begann nach 1711 sich langsam aber stetig eine Zunahme der deutschsprachigen Bevölkerung bemerkbar zu machen. Mit dem Vertrag von Wehlau 1657 und von Oliva 1660 erwarb der Große Kurfürst die volle Souveränität über Preußen; die polnische Lehnshoheit hatte damit ein Ende.

Friedrich Wilhelm I., der 1713 König wurde, hatte sofort erkannt, daß die weitgehenden Verwüstungen und Opfer an Menschenkraft in der litauischen und masurischen Landwirtschaft nur unter planmäßiger Mithilfe des Staates wiedergutgemacht werden konnten. Hier müßte eine durchgreifende Verwaltungsreform zunächst erfolgen. So schuf er bereits einen Monat nach seiner Thronbesteigung das „Generalfinanzdirektorium" in Berlin als Zentralinstanz, in dem vier Landesverwaltungen aufgingen; diesem unterstellte er u. a. die Verwaltung des gesamten staatlichen Grundbesitzes, d. h. Domänen und der Schatallgüter. 1714 teilte er die preußische Kammerverwaltung in die „deutsche Kammer" in Königsberg und die „litauische Kammerverwaltung" in Tilsit für die „litauischen und polnischen Ämter".

Das erste war die Reform der ländlichen Steuer. Die Hufensteuer („Kontribution" = ein Bündel von Steuern und Abgaben) war nicht nach der Güte des Ackers festgesetzt, sondern nur nach der Hufenzahl. Zahlreiche Hufen waren zu Ungunsten der landesherrlichen Kasse verschwiegen oder mit Wissen des ständischen „Landkastens" abgesetzt. Kopfschoß und Viehsteuer belasteten die kleinen Besitzer unverhältnismäßig schwerer als die größeren und drückten den landwirtschaftlichen Betrieb herab, da der Adel, um der Steuer zu entgehen, möglichst wenig Vieh hielt. Die Steuerhinterziehungen des Adels waren nur möglich durch die Besetzung der kontrollierenden Behörden mit Standesgenossen. So traf die Steuerlast hauptsächlich die Kleinen; war das sozialpolitisch eine Ungerechtigkeit, so führte es bevölkerungspolitisch zur Landflucht und finanzpolitisch zu dauernden Ausfällen für die Staatskasse. Karl Heinrich Erbtruchseß und Graf zu Waldburg, der einer der ersten Adelsfamilien des Landes angehörte und große Besitzungen bei Marienwerder und Riesenburg bewirtschaftete, hatte in schonungslosen Anklagen dem König bewiesen, daß nicht allein die Pest den Bevölkerungsmangel und den wirtschaftlichen Notstand in Ostpreußen hervorgerufen hatte, sondern oben geschilderte Zustände. Nach Waldburgs Vorschlägen wurde nun unter Beseitigung aller übrigen Steuern eine einheitliche „Generalhufensteuer", nach der Güte des Bodens abgestuft, ein für allemal festgesetzt. Diese Steuer hatten, nachdem eine Sonderkommission, die „Generalhufenschoßkommission" unter Waldburgs Leitung in der Zeit vom 1. 11.

1715—1719 eine durchgreifende Neueinschätzung des Bodens vorgenommen hatte, adlige Güter, königliche Zins- und Scharwerksdörfer, köllmische Freigüter und Dörfer zu entrichten. Diese Steuer sollte nur in den Wintermonaten erhoben werden, wenn der Bauer Geld hatte. Damit einher gingen noch weitere Maßnahmen: so die Reform des Justizwesens, die Hebung der Städte und ihres Handels, die Befreiung der königlichen Bauern und Köllmer von der Einquartierung der Kavallerie und die Verkleinerung des Beamtenapparates. Die bisherigen „Stände" wurden beseitigt, die Ausgaben verbilligt.

Ostpreußen war die erste Provinz im Staat Preußen, die den Vorteil einer relativ einfachen und gerechten Grundsteuer erlangte. Hinzu kam die politische Bedeutung, daß der „Generalhufenschoß" die priviligierte Klasse hinsichtlich ihrer Pflicht der Steuerzahlung ohne Ausnahme in den allgemeinen Untertanenverband einfügte und sie dadurch zu staatsbürgerlicher Gesinnung erzog. Nach Abschluß der „Landaufnahme" 1720 enthielt das „Kataster" in Ostpreußen 48 009 adlige Hufen, 22 765 köllmische und 24 490 bäuerliche Domänenhufen; von den „verschwiegenen" Hufen, die sich in der Hauptsache beim Adel befanden von denen bisher keine Steuern abgeführt wurden, konnten im ersten Jahr 34 681 Taler zusätzlicher „Hufenschoß" erzielt werden! Hatten Grundeigentümer, Adlige und Bauern den „Generalhufenschoß" von ihrem Grundeigentum abzuführen, hatten Handwerker, Gärtner, Instleute, Schäfer, Hirten und lediges Gesinde, ebenso „Eigenkätner", die nur wenige Morgen Land besaßen, und „Kossäten", die kleinsten Landbesitzer auf „wüsten" Hufen angesetzt, ein „Kopf-, Horn- und Klauenschoß" an die „Kontributionskasse" beim Amt zu zahlen; der „Kopfschoß" betrug 35 Gr. je Person zwischen 12 und 60 Jahren, für 1 Kuh 24 Gr., Pferd oder Ochse 15 Gr., Schaf, Ziege und Schwein 3 Gr., Mastschwein 6 Gr. je Stück. Handwerker hatten außerdem das „Nahrungsgeld", Müller und Krüger eine besondere Gewerbeabgabe zu entrichten. So sollten alle, die bei der Entrichtung des „Generalhufenschoßes" übergangen waren, die sich von ihrer Hände Arbeit oder von ländlichen Hilfs- und Nebenerwerbsarbeiten nährten, nach Verhältnis zu den allgemeinen Staatslasten herangezogen werden. Als Friedrich Wilhelm I., der Soldatenkönig, die Regierung 1713 antrat, hatte die ostpreußische Landwirtschaft ihren Tiefstand erreicht; das Betriebssystem war die vom Mittelalter überkommene „Dreifelderwirtschaft" einfachster Art mit Wintersaat, Sommersaat und Brache, mit Getreidearten Roggen, Hafer, Gerste, auf besseren Böden auch Weizen, sowie Erbsen. Blatt und Wurzelgewächse und die in Mitteldeutschland z. B. um Magdeburg schon angewandte grüne Brache waren unbekannt. Der Anbau von Kartoffeln kam erst gegen Ende des 18. Jahrhunderts auf. Die Agrikultur war infolge jahrelanger schlechter Wirtschaft in Verfall geraten. Skalweit meint, Ostpreußen und insbesondere der Süden wäre allmählich ein ödes und unkultiviertes Land geworden, wenn König Friedrich Wilhelm I. nicht energisch eingegriffen hätte. Die Äcker waren schlecht bestellt, in Masuren zum großen Teil „wüst" und lodderich gepflügt, die Entwässerung der Felder war vernachlässigt, Gräben und Dränagen waren verstopft und zugefallen, das Getreide war von schlechter Qualität, das Stroh minderwertig und gering im Wuchs. Das Erntequantum war im Bezirk Litauen und den „polnischen Ämtern" 1723 z. B. bei Roggen 2½ Korn, bei Gerste 3⅓ Korn und bei Hafer 2⅛ Korn gegenüber 8—10 Korn Ende des 18. Jahrhunderts. Der ostpreußische Bauer hatte verlernt, die dem Acker entzogenen Stoffe durch Dünger zu ersetzen. Das konnte die „Brache" nicht wieder gutmachen. In den Ställen wurde schlecht gestreut und der Mist blieb zu lange liegen, bis man ihn auf die Felder brachte. Woher sollte bei den

Bauern auch der Stalldünger herkommen? Die armen Freien und Bauern in Masuren hielten meist auf ihrem kleinen Besitz nur eine Kuh, die zugleich mit Pferd oder Ochse, soweit diese vorhanden waren, zusammen angespannt wurde. In den Wäldern wurde das Vieh gegen ein geringes Entgelt auf Waldweide gehütet; die Brache bot nur für wenige Wochen Futter, der Heugewinn war gering. Im Winter wurde das Stroh verfüttert; das Vieh wurde „durchgehungert". So waren die Erträge auch an Dung vom Vieh sehr gering. Allerdings ist die geringe Viehhaltung in Masuren, also in den Grenzkreisen auch darauf zurückzuführen, daß immer wieder Viehseuchen über die nahe Grenze eingeschleppt wurden. Deshalb verbot der König die Einfuhr polnischen Viehs. Andererseits bemühte er sich um die Verbesserung der Viehrasse und ordnete den Bau von Dorfbrunnen an. Gleichzeitig sorgte er für besseren Absatz von Vieh und gemästeten Ochsen.

Friedrich Wilhelm I. ordnete bald nach Regierungsantritt die Haltung von „Misthaufen" auf den Vorwerken der Domänen und bei den Bauern an und verbot den Verkauf von Heu und Stroh auf den Domänen, wenn nicht Überfluß vorhanden war. Die Domänenpächter mußten über die Ackerdüngung Buch führen. Wurde bei „Visitationen" überjähriger Mist angetroffen, mußte der Betroffene für jedes Fuder Mist 1 Taler Strafe zahlen.

Die Landpferdezucht stellt er unter staatliche Aufsicht. 1732 legte er in der Pferdezucht mit der Gründung des Hauptgestüts Trakehnen den Grundstock für den späteren Erfolg des ostpreußischen Pferdes.

Auch für die Schaf-Zucht verwandte der König seine besondere Aufmerksamkeit. Da von der Wollqualität das Gedeihen der Tuchmanufaktur abhing, führte der König Böcke aus Kottbus ein; damit wurde die preußische Zucht veredelt. Danach bildeten sich größere „Schäfereien" mit großen Schafherden auch in den masurischen Landstrichen. Leider hatten auch die Schafe unter Viehseuchen zu leiden, so 1786, damals war vor allem in Masuren ein allgemeines Schafsterben, das aber mit staatlicher Hilfe überwunden wurde.

Auch die Ackerbestellung wollte der König verbessern. Bei den Bauern war die „Zoche" als Pflug weit verbreitet. Diese konnte der Bauer selbst aus Holz herstellen, das schmale Eisen erhielt er vom Schmied.

Mit diesem Pflug konnte der Boden nur flach gepflügt werden. Der König befahl die Abschaffung der Zoche und die Einführung des im übrigen preußisch-brandenburgischen Staatsgebietes üblichen Eisenpfluges. Die Domänen ließ er mit über 1000 Eisenpflügen beliefern. Doch blieben die Bauern in Masuren bei ihrer „Zoche"; diese hatte sich in dem Endmoränengebiet mit den von zahlreichen Steinen durchsetzten Boden als praktisch erwiesen, da diese leichter über die zahlreichen Steine hinwegglitt. Selbst deutsche Einwanderer bedienten sich der „Zoche" und benutzten Teile des Eisenpfluges zum Verbessern der Pflugscharen der „Zoche".

Auch mit der zweiten „Anordnung" im „Haushaltungs-Reglement vor die Ämbter des Königreich Preußens" von 1731 hatte der König keinen Erfolg. Darin wurde das dreimalige Pflügen im Jahr und das „Pflügen in breiten Rücken" befohlen. Hier war Mitteldeutschland für den König Vorbild. Beides ließ sich nicht einführen. Auf den leichten Böden Masurens wäre der Acker bei dreimaligem Pflügen zu sehr gelockert, der Boden wäre vom Wind fortgefegt worden. Auch das Herstellen von „breiten Beeten" anstelle der 4—6 Furchenbeeten erwies sich bei dem Klima Masurens und der kurzen Vegetation als nicht zweckmäßig.

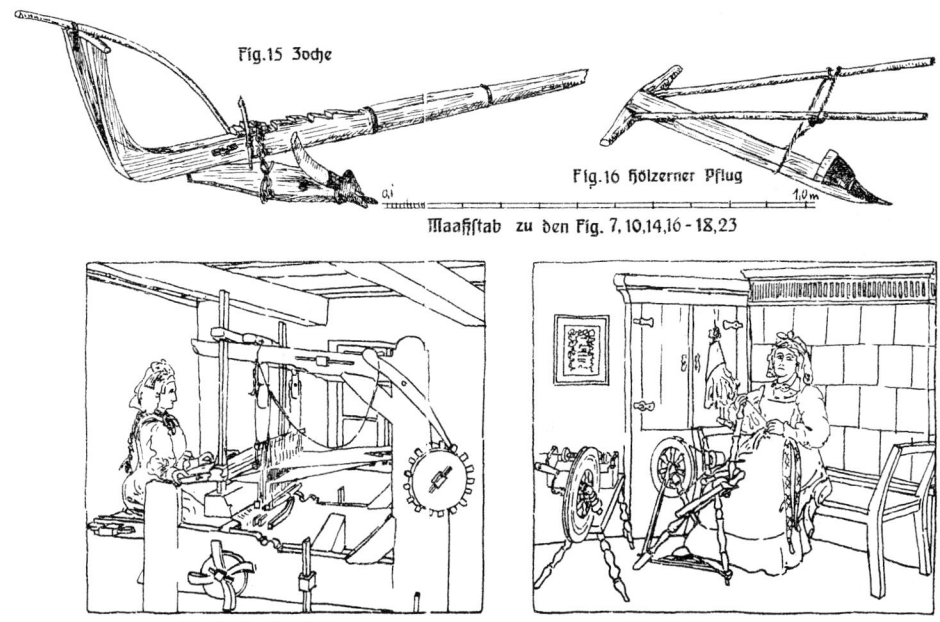

Fig.15 Joche
Fig.16 Hölzerner Pflug
Maaßstab zu den Fig. 7, 10, 14, 16 - 18, 23
Fig.19 Am Webstuhl
Fig.20 Am Spinnrocken

Dagegen erreichte er eine Änderung beim Ernteverfahren; bisher wurde das Getreide in kleinen Bündeln zusammengefaßt; der König befahl, das Getreide mit Bindestroh zu ordentlichen Garben zu binden und in gleich großen „Stiegen" aufzustellen, das auch deshalb, um dem Landwirt einen Überblick über das Geerntete sofort zu verschaffen.

Aber wenn auch Friedrich Wilhelm I. sich manchmal in Kleinigkeiten verlor, so waren das nur Begleiterscheinungen einer ansonsten großzügigen Agrarpolitik. Er wollte das höchste Maß der Rentabilität der Domänen erreichen und ganz allgemein den Wohlstand der Bauern begründen und fördern. Er wollte Ostpreußen in eine blühende Provinz verwandeln und die Landwirtschaft dort auf die gleiche Stufe wie in andern Provinzen bringen. Er erreichte es bald, daß die Qualität des Getreides besser wurde und der Gersten- und Weizenanbau, auf den besseren Böden auch in Masuren, gehoben wurde.

Dadurch, daß der König den Lein- und Flachsanbau auch in den masurischen Kreisen durchsetzte, wurde der Landwirtschaft neben der Getreideerzeugung eine neue Richtung für ihre Betätigung und der Bevölkerung durch Verarbeiten dieser Rohstoffe eine neue Einnahmequelle erschlossen.

Für die Landwirtschaft Ostpreußens war das „Retablissement" das bedeutendste Werk König Friedrich Wilhelm I. „Retablissement" ist ein Sammelbegriff für die Verwaltungsmaßnahmen des preußischen Staates in Ostpreußen seit dem Regierungsantritt Friedrich Wilhelms I. also nach 1713.

Hierher gehört einmal die Reform der Domänenverwaltung. Diese Staatsgüter waren früher, unter besonderer Berücksichtigung des Adels, in kleineren Teilen verpachtet oder aber in „Administration" gegeben worden. Nun mehr wurden nur noch ganze „Kammerämter" an einen Unternehmer verpachtet (Generalpächter), der durch Übertragung obrigkeitlicher Befugnisse gleichzeitig ein Organ der Landesverwaltung wurde und der Domänenkammer im Amtsbezirk unterstand. Die Amtshauptleute schieden seit 1721 aus der Domänenverwaltung ganz aus, eine eigne Kammer im Amt übernahm die Domänenverwaltung.

Wichtig ist die Anordnung des Königs, daß die Domänen nur an bürgerliche, leistungsfähige Landwirte verpachtet wurden. Durch Heranziehung westdeutscher erfahrener Landwirte zur Generalpacht ist damals wertvolles Blut in den Osten gekommen und eine agrarische Führungsschicht geschaffen worden. Lag der Schwerpunkt des „Retablissements" auch zunächst nur auf dem nordöstlichen Teil Ostpreußens, den „litauischen Ämtern", so wirkte sich alles bald auch in ganz Ostpreußen aus.

Der König kümmerte sich nicht nur um die Domänen und die „königlichen Bauern" der Domänen, sondern sah seine große Aufgabe darin, die „wüsten" Hufen durch Hereinnahme von Neusiedlern zu besetzen. Kein Zweig des ostpreußischen „Retablissements" war, wie Schumacher (S. 205) ausführt, so populär und bekannt geworden wie die Kolonisation. Er entsandte Werber für Ostpreußen in die Schweiz und in deutsche Länder wie z. B. in die Pfalz, nach Hessen-Nassau, in die Rheinlande bis Holland, nach Elsaß-Lothringen u. a. nicht ohne Erfolg. Der König ließ auch einige Polen herein; doch sorgte er dafür, daß die Bedingungen für polnische Ansiedler am schlechtesten waren; sie erhielten z. B. nur wenige „Freijahre". Friedrich Wilhelm I. hielt die Polen für schlechte Wirte. So verbot er 1722 den preußischen Grenzbewohnern in den Ämtern Lyck und Johannisburg, polnische Äcker und Wiesen jenseits der Grenze zu bestellen. Er sagte: „Preuß soll allein Preuß sein." Und ein anderes Mal äußerte er sich: „Soll nit sein, dieses macht mein Bauer halb preußisch halb polnische Herzen." Skalweit sagt dazu: „Mögen wirtschaftliche Gründe vorherrschen, doch kann man sich nicht des Gedankens erwehren, daß er sich der Gefahren bewußt war, die seinem Lande ein Hereinfluten polnischer Bevölkerung gebracht hätte."

An der ersten Einwanderung von Nassauern, Pfälzern, Schweizern und vor allem Salzburgern hatte Masuren nur wenig Anteil gehabt; diese Kolonisten strömten in der Masse in die „litauischen" Ämter wie Insterburg, Gumbinnen und Goldap. Doch kamen später auch in die masurischen Kreise Salzburger und andere Deutsche Kolonisten; so hat der tüchtige Pfarrer Rostock aus Kallinowen, Kr. Lyck, Salzburger auf sein Gut Trentowsken hereingeholt. 1834 wurden in Ostmasuren 145 und 1843 bereits 381 Salzburger Familien gezählt.

Die Königsberger Kammer schreckte vor der Kolonisation im Süden Ostpreußens zurück, „wo die Wirtschaft durch die verschiedensten Umstände ungünstig beeinfluß wurde", da die „Neubesetzungen sehr kostspielig seien und sich die Zukunft kaum rentieren würden, außerdem die Vermischung der zugewanderten Deutschen mit Polen nicht zweckmäßig wäre". Nach den Vorstellungen der Königsberger „Cammer" sollte so vorgegangen werden wie schon Anfang dieses Jahrhunderts im Amte Stradaunen, wo alle „liederlichen Wirte" (polnische) „ausgemerzt und zu Gärtnern und Instleuten gemacht und ihre Erbe mit guten Wirten besetzt" wurden. So wurden im Amte Lyck z. B. Barannen südlich Lyck ganz geräumt, 7 neue Ansiedler aus Nassauen im Jahre 1720 auf $11\frac{1}{2}$ Hufen mit einem Kostenaufwand von 500 Rtl. $57\frac{1}{2}$ Gr. und im Amte Stradaunen 1740 mit 30 Kolonisten aus Deutschland besetzt. Doch blieben diese Aktionen Einzelfälle; diese Art der Kolonisation wurde auf „höheren Befehl" eingestellt „inmaßen Unseres Willens nicht ist, daß die alten Einwohner aus dem Lande vertrieben werden sollten". Bald danach kamen auch deutsche Siedler laut Weisung der Regierung nach Masuren. Doch wurde das Ziel der Landesherrschaft alle „wüsten" Hufen in Masuren wieder bewirtschaften zu lassen, erst gegen Ende des 18. Jahrhunderts erreicht.

Der König wollte auch das „Scharwerk" beseitigen; doch dies gelang nicht. Allerdings erreichte er eine Verbesserung der Situation durch Vermehrung der Landarbeiterstellen und durch Herabsetzung der Scharwerkspflicht auf 24 Tage im Jahr. Eine „Scharwerksordnung", die zunächst nur für die „polnischen Ämter" Oletzko, Stradaunen und Polommen Ende 1736, im Jahr darauf für alle „polnischen" Ämter galt, ordnete die Übergabe eines Teils des Vorwerksackers an die Pächter zur Bewirtschaftung, die Mithilfe aller Bauern bei der Heuernte und beim Ausfahren von Mist gegen Zahlung von 6 Gr. als Tageslohn und die Ausführung von Getreidefuhren nach Königsberg. Dieses Letztere war im eignen Interesse der Bauern, die ihr Getreide gegen Zahlung losschlagen konnten.

Friedrich setzte diese Politik seines Vaters fort. Noch waren zahlreiche „wüste" Hufen unbesetzt. Hier versuchte er durch energische An- und Umsiedlungen Abhilfe zu schaffen. Er förderte die „Eigenkätner" als kleinste Grundbesitzer und siedelte sie auf dem Dorfanger oder auf „wüsten" Hufen an. So bildeten sie die notwendigen Arbeitskräfte auf den Domänen und größeren Bauernhöfen und erhielten Gartenbesitz.

Friedrich II. verbot am 12. 8. 1749 den Grundherrschaften, die bei ihren Gütern bestehenden Bauern- und Kossätenhöfe eingehen zu lassen und Äcker und Wiesen zum Gutsbesitz zu schlagen oder neue Vorwerke zu errichten. Die Landräte wurden angewiesen, Zuwiderhandlungen zu bestrafen (100 Rtl.). Damit gelang es Friedrich II., einen starken Bauernstand zu erhalten. Doch auch ihm gelang es nicht, das Scharwerk zu beseitigen. Er konnte lediglich eine Einschränkung des scharwerkspflichtigen Personenkreises allein auf den Bauern durchsetzen, während seine Kinder nunmehr scharwerksfrei wurden und frei andere Dienste annehmen konnten.

Im Zuge der Waldburg'schen Reformen war bereits 1721 die Einquartierung der Kavallerie bei den Bauern gegen Zahlung eines geringen „Fourage"-Geldes aufgehoben. König Friedrich Wilhelm I. legte danach Getreidemagazine vor allem zur Versorgung seiner Truppe an. Sein Sohn setzte dies fort auch im Hinblick auf Notzeiten für die ganze Bevölkerung.

Das deutlichste Zeichen von dem Erfolg der Bemühungen des „Soldatenkönigs" Friedrich Wilhelms I. ist die rasch erfolgte Gründung mehrere Städte, so im Jahre 1722 Bialla, Willenberg und Nikolaiken und 1726 Rhein und Arys. Hatte wie bereits dargelegt in seiner Regierungszeit auch das deutsche Element an der Kolonisation in Masuren kräftigen Anteil, wurde in die masurischen Städte der deutsche Bevölkerungsanteil wesentlich verstärkt. So bemerkt die Ortelsburger Chronik ausdrücklich, daß die Stadt in der Zeit nach der Pest mehr deutsche Bewohner gehabt hat als vorher. Die Sterberegister in andern Städten wie z. B. in Lyck und Johannisburg weisen für die Zeit ab 1731 viele deutsche Namen aus, darunter besonders erwähnenswert Deutsche als Handwerker und Kaufleute, die die Werber des Königs in deutschen Ländern angeworben hatten. Hinzu kam, daß in dieser Zeit die meisten Städte Garnisonen erhielten, ein Umstand, der sich ebenfalls günstig auswirken mußte. Waren doch die Soldaten noch nicht in Kasernen untergebracht — dies erfolgte erst gegen Ende des 19. Jahrhunderts — vielmehr waren sie in Bürgerquartieren wie die Husaren in Lyck vor dem Siebenjährigen Krieg also vor 1756. So trugen die Soldaten, wenn auch deren Einquartierung vielfach schwer war, unendlich viel zur Hebung des Wirtschaftslebens der Städte bei.

Zwischen dem Herzogtum Preußen und dem Kurfürstentum Brandenburg bestand bereits seit 1603 eine Personal-Union, doch erst dadurch, daß es dem Großen Kurfürsten gelang, die fast zweihundertjährige Lehnsabhängigkeit Preußens von Polen zu lösen (1657 und 1660), war die Bahn für den künftigen Einheitsstaat frei geworden und zugleich damit die deutsche Zukunft der Herzogtums sichergestellt. An den Kämpfen, die die Erstehung der neuen deutschen Großmacht begleiteten, haben auch die masurischen Wildnisbewohner lebhaften Anteil genommen. Schulter an Schulter mit ihren deutschen Landsleuten stritten sie damals u. a. in Holland gegen Franzosen, in Pommern gegen die Schweden. An der Eroberung von Stettin im Jahre 1677 waren sie in entscheidendem Maße beteiligt. Wie nun einerseits das gemeinsam vergossene Blut, das gemeinsame schwere Schicksal sie zu bewußten, überzeugten Preußen machte, deren Verhältnis zum Landesherrn und Staat durch grenzenlose Verehrung und Treue gekennzeichnet bleibt, so hat andererseits erst die geistig-kulturelle Entwicklung Preußens in der Herzogszeit und danach ihre innere Verschmelzung mit dem Deutschtum ermöglicht.

Wie schon zur Ordenszeit war Trägerin der geistigen Kultur in der Wildnis auch in der Herzogszeit wiederum die Kirche. Doch zeigte sich hier ein entscheidender Unterschied gegenüber der Kirche der Ordenszeit. Herrschte bisher der katholisch-internationale Geist auch im Gottesdienst, in dem die lateinische Sprache vorherrschte, wurde mit der Reformation (1525) auf Weisung Herzog Albrecht's die Gemeinde stark eingeschaltet und mußte aktiv mit Lied und Wort mitwirken. Mit dem Glaubenswechsel des Herzogs 1525 wurde auch die Bevölkerung Masurens protestantisch und empfand sich seit der Reformation durch den tiefen konfessionellen Gegensatz von den „lateinischen", den römisch-katholischen Polen getrennt. Die politische Stabilisierung der preußischen Grenzen zu Polen seit 1660 trug das ihre dazu bei, die Scheidungslinie zu betonen, während die geographische Abgeschlossenheit und Unzugänglichkeit der von zahlreichen Seen übersprenkelten, von Sümpfen und Wäldern durchzogenen Landschaft ihren Bewohnern einen natürlichen Schutz bot, um ihre Eigenarten zu bewahren. Während in den Städten ganz unzweideutig die deutsche Einwohnerschaft überwog, wurde der Charakter des Landes durch die Masuren bestimmt, eine Volksgruppe, die seit dem 15. Jahrhundert aus der Verbindung von Masowiern mit Prußen und Deutschen allmählich entstanden war. Obwohl das masowische Element ethnisch und sprachlich überwog und die Siedler andersartiger Herkunft mühelos absorbierte, führten doch die historischen Bedingungen seit dem 16. Jahrhundert zu einer immer schärfere Konturen annehmenden Abspaltung der Masuren von der politischen und kulturellen Entwicklung der polnischen Adelsnation. Der Kontakt mit der hochpolnischen Schriftsprache ging verloren; es erhielt sich das Masurische, ein polnischer Dialekt mit Einschuß vieler Germanismen, der seine Verwandtschaft mit dem Polnischen nicht verleugnen kann.

Bei der Neuorganisation der kirchlichen Verhältnisse, die die Umwandlung des geistlichen Ordensstaates in ein weltliches Herzogtum folgte, wurde aus dem ganzen Süden ein eigenes evangelisches Bistum Pomesanien mit dem Hauptort Marienwerder geschaffen. Von den hier residierenden Bischöfen hat Bischof Paul Speratus (1530—1551) die größten Verdienste um die Evangelisierung der Wildnis erworben. Die ungeheure Arbeit der ersten Einrichtung der Kirchspiele ist in der Hauptsache von ihm geleistet worden.

Entsprechend der Zunahme der Wildnisbevölkerung wurde die Zahl der Kirchspiele vermehrt. Im Kreise Treuburg stammen aus herzoglicher Zeit die Kirchen in Treuburg (Marggrabowa), Czychen, Mierunsken, Schareyken, Schwentainen und Wielitzken, im Kreise Lyck, Ostrokollen, Grabnick und Klaussen, im Kreise Lötzen die Kirchen in Neuhoff, Rydzewen und Widminnen, später noch Orlowen, im Kreise Johannisburg in Rosinsko, im Kreise Sensburg in Eichmedien und Schimonken, im Kreise Ortelsburg in Kobulten, Flammberg und Friedrichshof und im Kreise Neidenburg in Biallutten, Gr. Gardienen, Januschkau, Gr. Koschlau, Gr. Lensk, Malga, Muschaken, Gr. Przellenk, Sczuplienen und Seeden.

Ein besonders schwieriges Problem war die Besetzung vakanter Pfarrstellen. Herzog Albrecht legte Wert darauf, daß die Verkündigung für die herzoglichen Untertanen „fremder Zunge" in ihrer Muttersprache erfolgte und auch geistliche und katechetische Bücher in Übersetzung vorlagen. Zunächst gewann er aus Polen vor allem aus Krakau Theologen und Wissenschaftler, zumal in Krakau die Universität sich in den dreißiger Jahren offen gegen die Reformation ausgesprochen und alle bisherigen Beziehungen zu den evangelischen Universitäten Wittenberg, Leipzig und Prag abgebrochen hatte. Wurden die aus Polen kommenden Theologen von Bischof Speratus in der Wildnis angesetzt, so suchte Albrecht doch eine Dauerlösung. Vom kirchlichen Anliegen her gründete er 1544 die Universität Königsberg mit Theologie an erster Stelle neben der Ausbildung von Medizinern, Juristen und Lehrern. Er berief mit Vorbehalt nichtdeutsche Theologen an die Universität und ordnete über das „Universitätsalumnat" an, daß unter 24 herzoglichen Stipendien 7, die der polnischen Sprache und 7, die der litauischen oder preußischen Sprache mächtig seien ausgesetzt wurden. Nach der Kirchenordnung von 1568 waren „ohne Unterlaß 24 Knaben von ihrer fürstlichen Durchlaucht Stipendien unterhalten", und zwar untere „denselben allezeit 6 Polen, 6 Litauer und 6 Preußen oder Sudauer". Den Nachwuchs an Studenten erhielt der Herzog durch die Einrichtung von 3 Lateinschulen in Königsberg und durch Verwandlung bereits bestehender Schulen in „Partikular"-Schulen in Saalfeld (für Deutsche), in Tilsit (für litauische Schüler), und in Lyck zur „Unterweisung der Knaben in lateinischer und auch in polnischer Sprache" (1587). Diese „Provinzialschulen" hießen ab 1599 „Fürstenschulen". Die bekanntesten polnischen Geistlichen, die Albrecht gewann, waren Johann Seklutian, der in Königsberg blieb, Vater und Sohn Maletius in Lyck, Andreas Samuel in Gilgenburg, später Passenheim, Martin Glossa in Johannisburg und Georg Helm, fortan nach seinem Wohnort Pissanitzen, Kr. Lyck, Pisanski genannt. Seklutian und beide Maletius haben sich als eifrige Übersetzer evangelischer Lehr- und Erbauungsschriften ins Polnische verdient gemacht. So entstand auf Betreiben des Herzogs eigenes protestantisch-polnisches Schrifttum. Dieses war um so notwendiger, als es noch lange Zeit an Geistlichen für Masuren mangelte. So konnten sich trotz dieser Anstrengungen bei der besonders ausgeprägten Kirchlichkeit der Masuren mit ihrem starken Bedürfnis nach der Verkündung des Wortes Gottes Irrlehren ausbreiten z. B. die der Wiedertäufer mit zum Teil heidnischen Gebräuchen. Es ist bemerkenswert, daß schon damals in dem masurischen Grenzgebieten das Sektenwesen auftrat, das hier eigentlich bis in die neueste Zeit nicht mehr verschwunden ist, zumal immer wieder ein Mangel an Geistlichen, die auch die masurische Sprache beherrschen, aufgetreten ist.

In den Jahren 1544—1700 haben allein aus den 8 Grenzkreisen Masurens fast 1200 Studenten die Albertina in Königsberg besucht, in der Mehrzahl Theologen, die oft zunächst als „Schulmeister", so hießen damals die Lehrer, begannen, um danach eine Pfarrstelle zu übernehmen. Wenn auch die Schulen den Geistlichen unterstellt blieben, so beginnt die geistige Kultur in dieser Epoche des Herzogtums ihren alten ausschließlich kirchlichen Charakter der Ordenszeit zu verlieren und, indem die Schulen in immer steigendem Maße Träger der Aufklärung und Bildung wurden, einen immer stärkeren weltlichen Einschlag zu gewinnen. So sehen wir denn die Söhne Masurens nicht nur als Pfarrer von Königsberg in die Heimat zurückkehren, sondern auch als Verwaltungsbeamte, als Richter und Ärzte. Mit ihrem Wissen brachten diese Kulturträger aber auch deutsches Wesen und Brauchtum, wie sie es in Königsberg erlebt und aufgenommen hatten, zu ihren Landsleuten. Wenn auch die Intelligenzschicht der Grenzbevölkerung zunächst noch recht dünn blieb, war sie doch im Entstehen; dadurch aber, daß sie mit dem rasch zunehmenden deutschstämmigen Element in enger Wechselbeziehung stand, ist ihre Bedeutung für die Verbreitung deutschen Geistes in den „polnischen Ämtern" von Anfang an erheblich gewesen.

Was die Schulen anbetrifft, so gab es sicherlich schon zur Ordenszeit dort, wo Kirchen bestanden, auch Kirch-Schulen; diese hatten allerdings nur kirchliche Zwecke, nämlich Knaben der Gemeinde zum lateinischen Messegesang heranzubilden. Die Schulen waren also an den Kirchorten Gründungen des Ordens und der katholischen Kirche.

Mit der Reformation und der Einführung des evangelischen Glaubens wuchs die Bedeutung der Kirchschulen; die Schularbeit wurde nunmehr über den kirchlichen Zweck hinaus erweitert. Zu den religiösen Lehrstoffen treten profane wie Lesen, Schreiben und Rechnen.

Herzog Albrecht wollte nicht nur für jedes Kirchspiel seine Kirchschule, sondern darüber hinaus sogenannte „Elementarschulen" in allen größeren Orten einrichten; doch dazu fehlten Mittel und Lehrer.

In Treuburg selbst ist die Einrichtung der Schule bereits im Stadt-Privileg von 1560 festgelegt und zwar auf einem Grundstück, das genau um die Hälfte kleiner war als das Pfarrgrundstück.

Herzog Albrecht entsandte, um die Durchsetzung der Reformation in Preußen zu erreichen, bereits in den dreißiger Jahren Erzpriester Meurer von Rastenburg zu Visitationen von Kirchen und Schulen. Besonders rührig waren die Bischöfe für Masuren; so hat Bischof Wigand alle Kirchspiele Masurens besucht, so die des Kreises Lyck 1579 sowie 1581 und hierüber in eingehenden „Visitationsberichten" seinem Herzog berichtet. So heißt es im Visitationsbericht vom November 1579 über die Kirchschule in Lyck u. a.: „Es ist eine ziemlich erbaute Schule, hatte daneben ein Kleingärtlein, soll im Deutschen Wesen erhalten werden."

Als „Inventar" werden aufgeführt: 1 Tisch, 1 Tafel, 1 Spannbett und beim „Cantor" 1 Tisch, 1 Spannbett.

Ostrokollen, Kr. Lyck wurde am 9. November 1779 von Bischof Wigand „visitieret"; der „Schulmeister", heißt es im Visitationsbericht weiter soll bei dieser Kirche ein gelehrter Geselle sein, welcher in Lateinisch, Deutsch und Polnische Sprache die Jugend unterrichten kann". Dem Pfarrer soll er in Kirchensachen gebührend Gehorsam leisten und alles in der Kirchen bei dem Altar und Taufstein desgleichen auch die vornehmsten Bänke (Patron, Kirchenväter u. a.) fein sauber und rein ge-

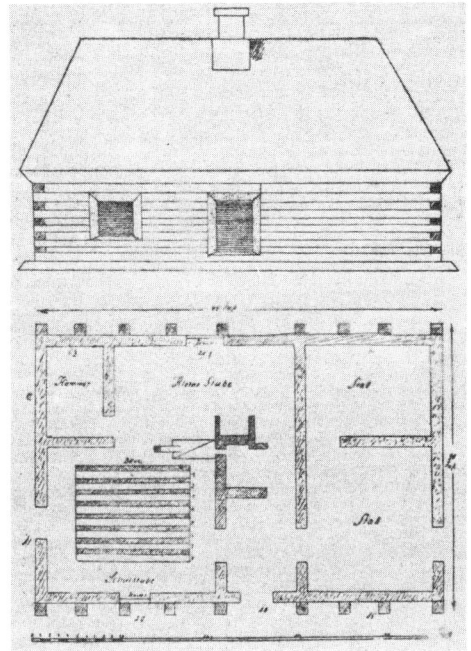

Schulbau im 16. Jahrhundert

halten. In seinem Leben soll er auch sich von unerfreulichem fern halten. Die Besoldung wurde von 20 Mark auf 30 Mark jährlich erhöht. Auch besteht hier bereits eine „Cantor"-Stelle. Vom Schulgebäude heißt es: „Die Schule ist ziemlich erbaut," d. h. sie ist gerade fertiggestellt. „Der Schulmeister soll darauf acht geben, daß die Schule und anderes nicht eigenwillig beschädigt werde."

In den Visitationsberichten Bischof Wigands von 1579 in den Ämtern Ortelsburg, Johannisburg, Lyck und Lötzen und 1581 in den Ämtern Rastenburg, Seehesten, Rhein, Oletzko und Angerburg sind nicht nur Kirchen, Pfarrgebäude und Pfarrer mit ihrer Besoldung und Landbesitz sowie das Inventar in Kirchen und Pfarrhäusern exakt aufgeführt, sondern auch die Schulgebäude, soweit vorhanden, mit Inventar, die „Schulmeister" und Gehilfen mit Besoldung genannt. Dabei hat Bischof Wigand die Besoldung je nach Umfang der Tätigkeit des Stelleninhabers und seiner Fähigkeiten festgesetzt, meist erhöht.

Wigand ordnete auch ihre „fleißige Inspektion" durch die Geistlichen an, wo Schulen waren. In Lyck, wo zweimal jährlich ein Examen in Gegenwart „vornehmer Leute" angeordnet wurde, sollte die Schule jährlich zweimal „inspiziert" werden. In Bialla und Neidenburg jede Woche, damit „die Knaben" — nur diese, nicht Mädchen besuchten die Schule in jener Zeit — „im Katechismus und in der Grammatik unterrichtet" würden.

Die „Schulmeister" an den Kirchschulen müssen in der Ordenszeit und auch in der Herzogszeit theologisch ausgebildet gewesen sein. Das zeigt z. B. der Schriftwechsel zwischen dem „Schulmeister" Johann Nicicovius, Neu-Jucha, Kr. Lyck aus dem Jahre 1560 mit dem Herzog, hier war die Bittschrift lateinisch abgefaßt; die Rückantwort war in der Amtssprache deutsch; 1568 hat der „Schulmeister" Samuel Nicicovius, Neu-Jucha sein Bittegesuch in deutsch in schöner Schrift und in gewandter Formulierung an den Herzog gerichtet!

Die „Schulmeister" an den Kirchschulen waren mithin Gehilfen der Kirche und des Pfarrers; neben dem Unterricht an seiner Schule hatte der Schulmeister Organisten- und Küsterdienste zu erfüllen; der meist theologisch ausgebildete Schulmeister wurde nach dieser ersten Tätigkeit Diakon — solche Stellen ließ Herzog Albrecht bei den größeren Kirchspielen errichten — und schließlich Pfarrer.

Die weit entlegenen Kirchschulen waren die einzigen Zentren und Vermittler geistiger Entwicklung im 16. Jahrhundert. Der Schulbesuch beschränkte sich nur auf die Knaben und war freiwillig. Zwar hatte der Große Kurfürst in einer Verordnung im Jahre 1662 bestimmt, daß „in allen Städten, Flecken und Dörfern wohlbestellte Schulen eingerichtet" werden sollten. Der Erfolg blieb aber aus.

Schlimme Zeiten wie der Tatareneinfall 1656/1657 und die Pest 1709/1711 verhinderten den weiteren Ausbau des Volksschulwesens. Allerdings hatte der Große Kurfürst die gewaltigen Schäden an Kirchen und Schulen umgehend beseitigen lassen.

König Friedrich I. hatte dann wiederum Schritte zur Förderung des Schulwesens in dem von Krieg und Pest heimgesuchten masurischen Grenzland unternommen; doch kann man als einzigen Erfolg lediglich die Gründung von 3 Schulen im Kreis Osterode verzeichnen und zwar im Jahre 1705. Ein grundsätzlicher Wandel im Volksschulwesen trat erst unter dem „Soldatenkönig" Friedrich Wilhelm I. ein; hier liegt die bedeutendste Kulturleistung dieser Epoche. Die Schule wird nunmehr an Stelle der Kirche zur eigentlichen Trägerin der geistigen Entwicklung mit der Einführung der „Volksschule" und der allgemeinen Schulpflicht. Denn dieser König legte 1717 und 1734 mit der Verordnung über „das Kirchen-und Schulwesen in der Provinz Preußen" die allgemeine Schulpflicht fest. Natürlich fiel der Bevölkerung die Erfüllung dieser Pflicht sehr schwer, so lange es nur die oft weit entfernt liegenden Kirchschulen gab. Die Vermehrung um weitere 14 Kirchschulen in Preußen zu Beginn seiner Regierungszeit bedeutete nicht viel. Um aber eine genügende Zahl von Landschulen einrichten und unterhalten zu können, bedurfte es vor allem der Bereitstellung der notwendigen Geldmittel, sowie der festen Dotierung der Lehrstellen. Die „PRINZIPIA REGULATIVA" vom Jahre 1736 regelte das äußere Schulwesen, besonders die Lehrerbesoldung, die mit der Gründung des „MONS'PIETATIS'FONDS" laut Stiftungsurkunde vom 21. Februar 1737 mit 50 000 Talern sichergestellt wurde. Zum Bau von Schulen mit Wohnung für Lehrer bewilligte der König Holz aus den Königlichen Staatsforsten; Türen, Fenster und Öfen waren aus Kollektengeldern der Kirche zu bezahlen, „Brennholz für Schule und Lehrer" lieferte die Staatsforst; das Holz war bis in jüngste Zeit von den „gespannhaltenden" Bauern anzufahren.

Das Schulhaus, so die „PRINZIPIA REGULATIVA", enthielt eine „geraume Stube zur Information (= das Klassenzimmer) und eine kleine Nebenstube, so beide ein Ofen heizt", dazu ein „Kämmerchen" und einem durch eine Brandmauer abgetrennten Stall, der hölzerne Schornstein war „überm Dach aus Mauersteinen errichtet". Zum Unterhalt des Lehrers waren für das erste Kind 15 Groschen, für zwei und mehr Kinder 30 Groschen jährlich zu entrichten. Als „Deputat" erhielt der Lehrer $\frac{1}{2}$ Scheffel Roggen und 2 „Matz" Gerste je Hufe, ferner 2 vierspännige Fuder Heu und Stroh; ein Morgen Land, der „Kulmische Morgen", war von der Gemeinde für den Lehrer „frei zu bestellen". Auch ein „Küchengarten" stand ihm zu. Von den "wüsten", d. h. nicht bestellten und bewirtschafteten "Huben" erhielt der Lehrer Land zur eignen Bearbeitung; es waren in der Regel 8—20 Morgen, bei wenig fruchtbarem Boden mehr Morgen als Lehrerland ausgewiesen.

Im Benehmen mit den Ortspfarrern wurden laut "RESCRIPT" des Königs vom 25. Dezember 1726 entsprechende Orte für die Einrichtung neuer Landschulen ausgesucht. Kein Kind sollte einen längeren Schulweg als $\frac{1}{2}$ Meile (= 3,75 km) haben; nahe beieinander liegende Dörfer sollten zu Gesamtschulverbänden vereinigt werden, abgelegene Orte wurden Eigenschulverbände.

Das Ergebnis der Maßnahmen Friedrich Wilhelms I. war überwältigend. In der Zeit dieses großartigen Förderers der Provinz Preußen wurden gegründet: in Neidenburg 26, Soldau 11, Hohenstein 8, Ortelsburg 43, Seehesten/Sensburg 29, Johannisburg 24, Lötzen 18, Lyck 41, Oletzko 46, Rhein 34 Schulen; das sind zusammen 280 Volksschulen.

Trotz aller Erfolge während der Regierungszeit des Soldatenkönigs stand das Schulwesen in Masuren, diesem armen Grenzgebiet, hinter dem anderer Teile der Provinz Ostpreußen zurück. Es ist nur der Tatkraft Friedrich des Großen zu verdanken, wenn das große Werk seines Vaters nicht stecken blieb. Besondere Bedeutung haben sein "Schulreglement" von 1743 und vor allem das "General-Landschulreglement" von 1763 für die Weiterentwicklung und Hebung des Schulwesens in Masuren gehabt. Während seiner Regierungszeit sind in Masuren weitere 139 Volksschulen eingerichtet worden.

Was diese Volksschulen auf dem Lande boten, beschränkte sich auf das Notwendigste: Lesen, Schreiben, Rechnen und Singen. Und das Notwendige mag auch noch häufig genug recht unvollkommen gewesen sein, fehlte es doch völlig an vorgebildeten Lehrern. Meist wurden geschickte Handwerker, Bauernsöhne und seit Friedrich dem Großen auch Kriegsinvaliden, von Geistlichen notdürftig vorbereitet, als Schulmeister angestellt. Hierfür waren Pfarrer und Patron zuständig. Die Geistlichen hatten für Weiterbildung der Lehrer und für eine ordentliche Amtsführung durch strenge, laufende Aufsicht zu sorgen. Es wurden zwar 1728 und 1797 zwei Seminare für polnischsprachige Schulkandidaten an der Königsberger Universität begründet, doch handelte es sich hierbei ausschließlich um Kandidaten für die Kirch- und Stadtschulen.

Der siebenjährige Krieg (1756—1763)

In dem siebenjährigen Krieg hatte Masuren wiederum Notzeiten durchzustehen. Feldmarschall Lehwaldt, dem König Friedrich II. die Verteidigung der Provinz Ostpreußen übertragen hatte, wollte im Hinblick auf die geringe Truppenstärke eine Landmiliz aus dem Landvolk zur Verstärkung regulärer Truppen bilden. Die Grenzämter Lyck, Oletzko und Johannisburg sollten 1—3, zusammen 6 Kompanien, überwiegend aus Reitern aufstellen. Den Oberbefehl erhielt Rittergutsbesitzer und pensionierter Rittmeister von Katarzynsky, Gutten, Kr. Oletzko. Doch hatte diese Maßnahme nur einen sehr geringen Erfolg.

Außerdem war bei der bedrohlichen Lage der Provinz durch den Kriegseintritt der Russen gegen die preußische Monarchie geplant, die Bevölkerung bis zu 50 km von der Grenze zu evakuieren, um die Menschen vor ähnlichen Erlebnissen wie vor 100 Jahren beim Einfall von Polen und Tataren zu schützen. Schließlich war vorgesehen, von dem beweglichen Eigentum soviel wie möglich zu retten, Pferde, Vieh und Getreide mitzunehmen und an die Magazine in Königsberg, Wehlau, Ragnit und Tilsit abzuliefern. Diese Maßnahmen wurden nicht durchgeführt.

Während das Hauptheer der Russen unter Feldmarschall Apraxin von Kowno über Stallupönen auf Gumbinnen heranzog, brachen in der Nacht zum 2. August 1756 leichte Truppen unter den Heerführern Sibilski und Liewen von Grodno aus zwischen Lyck und Marggrabowa das Land ein und erreichten bereits am gleichen Tag Marggrabowa. Die Stadt erklärte ihre Unterwerfung und litt unter der russischen Besetzung weniger als die weitere Umgebung der Stadt, wo Plünderer mit den Russen mitgekommen waren. Polnische Banden versetzten weite Teile beider Kreise durch Raub, Mord und Brand in Schrecken. Selbst in dem festen Schloß auf der Insel Lyck fühlte man sich nicht sicher. Ein großer Teil der Landbevölkerung flüchtete in die Wälder oder nach Westen in noch unbesetzte Teile der Provinz. Als die unglücklichen Bewohner russische Offiziere um ein Eingreifen gegen die räuberischen Banden baten, erklärten diese offen ihre Unfähigkeit zu helfen. Es wurde ihnen der Rat erteilt, zur Selbsthilfe zu greifen. Bereits wenige Tage nach dem Einmarsch der Russen rotteten sich hie und da die Bauern benachbarter Dörfer zusammen, um nach dem Vorbild der geplanten Landwehr beritten mit Forken und Sensen die Plünderer zu vertreiben und ihnen das geraubte Vieh zu entreißen. Bekannt wurde, daß Pfarrer Drigalski aus Stradaunen polnische Plünderer mit seinen Bauern vertrieben hat. In Jucha gründete Gutsbesitzer Pelkowski, wie die Kirchenchronik berichtet, eine Bauernwehr. In der Nacht zum 5. August zogen die russischen Truppen von Marggrabowa nach Goldap. Dabei vernichteten Kosaken die Dörfer Monethen und Gartenberg und plünderten das Dorf Gollubien und die Mühle Seedranken gänzlich aus. Am 30. August 1756 wurde die preußische Armee unter Feldmarschall Lehwaldt von der weit überlegenen Armee unter Feldmarschall Apraxin bei Gr. Jägerndorf in der Nähe von Insterburg geschlagen. Die Russen zogen sich überraschenderweise zurück und kamen erst im folgenden Jahr unter Feldmarschall Fermor wieder.

Während nur die beiden Kreise Lyck und Oletzko unter dem ersten Einfall der Russen im Jahre 1757 zu leiden hatten, besetzten die Russen bei ihrem zweiten Einmarsch zu Beginn des Jahres 1758 ganz Ostpreußen. Preußen blieb bis zum Jahre 1762 in russischer Hand mit Königsberg als russischer Provinzhauptstadt. Kaiserin Elisabeth erklärte Preußen mit „Patent" von 31. Dezember 1757 zum russischen Eigentum. Königsberg kapitulierte am 21. Januar 1758; es war das erste Mal, daß die Stadt einen Eroberer in ihren Mauern sah. Die Stände, die Ämter und zahlreiche Städte wie Königsberg und in Masuren Lötzen und Maggrabowa wurden gezwungen, der russischen Zarin Elisabeth, einer harten Gegnerin König Friedrich II., zu huldigen. Lyck und andere masurische Städte gehörten nicht zu diesem Kreis. König Friedrich II. hat es Ostpreußen noch einige Zeit nach dem siebenjährigen Krieg verübelt, daß die Provinz so rasch russisch geworden war. Dem ostpreußischen Adel warf er vor: „Die Herren haben sich im Siebenjährigen nicht so aufgeführt, das an Sie denken Sol. Sie seint auf dem Landt Schlechte Wirte und Windbeutels und durch der Armee fallen Sie durch wie ein Sip."

Im Allgemeinen genoß Ostpreußen unter der russischen Oberhoheit eine gewisse Selbständigkeit; die Landesgesetze galten bis auf Ausnahmen bedingt durch das Kriegsrecht weiter; die Verwaltungs- und Justizkollegen blieben mit ihren Beamten besetzt, allerdings erhielten sie Aufsichtsorgane mit russischen Offizieren. Der Gouverneur wohnte im Königsberger Schloß; in allen Ämtern residierten russische Offiziere. Die russische Fremdherrschaft machte sich in dem allgemeinen Gebot der Ablieferung aller Waffen, der Überwachung der Post, der scharfen Zensur der Presse und der umfangreichen Forderungen nach Naturallieferungen wie Getreide, Mehl, Heu, Stroh und Schlachtvieh für die Besatzungsarmee drückend bemerkbar. Eine besonders drückende Last bildeten die zahlreichen Zwangsfuhren zur Fortschaffung des Proviantes für die russischen Truppen z. T. nach weit entfernteren Gegenden. Die hohe Kriegskontribution von je 1 Million Taler für 1758 und 1759, die die Städte aufbringen sollten, wurde vom russischen Gouveneur von Korff, wie sein Vorgänger Fermor deutscher Abstammung, zu einem Teil, die dem platten Land auferlegte Kriegskontribution in gleicher Höhe, wurde auf Fürsprache preußischer Behörden zum größten Teil erlassen. Hieran hatte maßgebenden Anteil der Kammerdirektor von Gumbinnen Domhard, dem auch alle Ämter Masurens unterstanden. Dieser war unter den Russen auf seinem Posten geblieben. Freilich mußte auch er wie viele andere Beamte der Zarin den Treueid schwören, aber durch sein kluges Auftreten und seine Umsicht bewahrte er Ostpreußen vor allzu schweren Lasten, so daß er dieses Land nach 4 Jahren russischer Besetzung als besterhaltene aller Provinzen dem König 1762 wieder zurückgeben konnte.

Allerdings erlitt das Wirtschaftsleben Preußens während der Russenzeit schweren Schaden durch große Waldverwüstungen, sei es durch systematische Abholzung für Zwecke des russischen Flottenbaus, sei es durch massenweise Anlagen von Teerschwelereien. Die Waldgebiete um Königsberg, Memel, auf der Kurischen Nehrung und zwischen Gilgenburg und Neidenburg hatten ganz besonders unter Abholzen zu leiden; in der Johannisburger Heide, Grondowker Forst und in den Borker Forsten wurden zu den wenigen schon bestehenden zahlreiche neue Teerschwelereien angelegt und viel Wald vernichtet. Damit ging Hand in Hand eine Vernichtung bestimmter Wildarten wie Elch und Biber einher.

Am 5. Januar 1762 starb Zarin Elisabeth; ihr Nachfolger Zar Peter III., ein glühender Verehrer Friedrich des Großen, schloß sofort Frieden mit Preußen. Zwar trat ein kurzfristiger Aufschub durch den Sturz und die Ermordung dieses Zaren Peter im Juli 1762 ein; die Gattin und Nachfolgerin Katharina II. aber hielt an dem einmal geschlossenen Frieden mit Preußen fest. Schon am 6. August 1762 kam Ostpreußen wieder unter die Herrschaft Friedrich des Großen. Der für die ganze Provinz nunmehr verantwortliche Domhardt entwickelte eine fieberhafte Tätigkeit, um die Forderungen seines Königs nach Lieferung von Lebensmitteln und Fourage für die Armeepferde, nach Aushebung von Rekruten, nach käuflichem Erwerb von russischen Magazinen u. a. zu befriedigen. Er bemühte sich auch darum, die Schäden, die die Provinz in der russischen Besatzungszeit erlitten hatte, zu heilen, Maßnahmen, deren Kosten ganz aus den eigenen Einkünften der Provinz bestritten werden mußten; auch das meisterte Domhardt, ein dem König stets treu und ergebener Beamter. Hier ist noch zu vermerken, daß die Planung eines Verbindungskanals zwischen den masurischen Seen und dem Pregel anlief. Die erstmalige Anlage des „Masurischen Kanals" erfolgte in den Jahren 1764—1776. Der großen Kosten wegen wurde dieser Plan nicht völlig ausgeführt; doch ist eine wichtige Verbindung zwischen dem Spirdingsee und dem Mauersee über Nikolaiken 1764/1765 zustande gekommen. In den Jahren 1798—1801 ist der Johannisburger Pissekfluß schiffbar gemacht worden, so daß es möglich wurde, das Wildnisholz der Johannisburger

Heide bis nach Danzig zu verflößen. In diese Zeit fallen auch industrielle Gründungen wie eine Glashütte 1781 in Adamsverdruß, Kr. Ortelsburg, eine neue Eisenhütte in Wondollek, Kr. Johannisburg 1776—1778 u. a.

Dem Soldatenkönig Friedrich Wilhelm I. war es trotz größter Anstrengungen nicht gelungen, alle „wüsten" Ländereien wieder zu besetzen. Friedrich II. nahm das Wiederaufbauwerk seines Vaters bereits zu Beginn seiner Regierung mit allem Nachdruck auf. Für die Methode der Wiederbesiedlung der „wüsten" Hufen sind folgende Gesichtspunkte charakteristisch: der Staat stellte den Boden kostenlos zur Verfügung; er stattete die Siedler — man nannte sie nach den Assecurationes oder Erbverschreibungen „Assekuranten" — mit großen Privilegien aus, so erhielten sie Land, meist eine Hufe und 15 Morgen (1 Hufe = 17,5 ha) „erb- und eigentümlich, frei von Kontributionen, Vorspann und allem Scharwerk, ordinären Paß- und Marschfuhren (Paßfuhren = Vorspanndienste, die der Bauer reisenden höheren Staatsbeamten und Offizieren leisten mußte), Kopf- und Hornschoß für sich und seine Familie". Für den Bau von Wohn- und Wirtschaftsgebäuden stellte der König das Holz aus den staatlichen Forsten kostenlos zur Verfügung. Er verzichtete für die Zeit des Wiederaufbaus auf Grundzins und alle sonstigen Abgaben. Dafür mußte der Siedler als Gegenleistung die Verpflichtung übernehmen, sich mit allen Kräften für die Kultivierung des Bodens, den Aufbau der Gebäude, Wohnhaus, Stall und Scheune, einzusetzen und nach Ablauf der Freijahre den Erbzins zu zahlen, der in der Regel je nach Bodengüte 8—16 Groschen betrug. Blieb der Kolonist mit der Zahlung des Erbzinses 2 Jahre im Rückstand, konnte er mit Genehmigung des Königs entfernt werden.

Die „Bereisungsprotokolle" und die „Prästationstabellen" zeigen den Erfolg dieser königlichen Maßnahmen, so in den Kreisen Lötzen, Sensburg und Ortelsburg.

Im Kreise Johannisburg kamen bis zum Ende des 18. Jahrhunderts ca. 1000 Familien in 60 Ortschaften zu Grundbesitz; hier wurden Siedler auf Forstland, das während der Russenherrschaft durch Teerschwelereien abgebrannt und öd geworden war, angesetzt. Gleiches geschah auch im Ortelsburger Waldgebiet.

Für die Wiederaufbaupolitik Friedrich des Großen waren nicht allein staatlich-fiskalische Gründe maßgebend; der von den Ideen der Aufklärung und Humanität erfüllte König sah im Staat ein Mittel zur Hebung der Landeswohlfahrt und der Besserung der wirtschaftlichen und sozialen Lage seiner Untertanen. Diese Tendenz läßt sich vor allem an seinen Bemühungen um die Förderung der kleinsten Höfe erkennen. Bei der Ansetzung kleinster Grundbesitzer, der Eigenkätner, zeigt sich zugleich sein Bestreben, die gesamten ländlichen Arbeitsverhältnisse auf eine die persönliche Freiheit des einzelnen verbürgende Grundlage zu stellen. Der König unternahm damit den in dieser Zeit bedeutsamen Versuch, einen mit geringem Ackerland ausgestatteten Landarbeiterstand zu schaffen. Auf Ackerland, auf „wüstem" Boden, auf urbar gemachtem Wald- und Bruchgegenden siedelte er die „Eigenkätner" an. Diese Entwicklung ist in allen masurischen Kreisen zu beobachten.

Friedrich der Große war auch bemüht, die Scharwerkspflicht umzuwandeln. In dieser Richtung lag die Herstellung kleinerer Erbpachtgrundstücke auf landesherrlichem Boden, auf Domänenvorwerken, so kamen Erbpächter auf die Vorwerke Ortelsburg, Mensguth und Willenberg. Dabei wurde der „Zins" erhöht. Diesen „Hochzinsern" stand zwar kein Eigentum, sondern nur ein erbliches Nutzungsrecht zu. Sie waren aber gegenüber den Scharwerksbauern mit ihren unbequemen Hand-

und Spanndiensten besser gestellt. Gegen Ende des 18. Jahrhunderts haben sich nicht nur einzelne Wirte, sondern ganze Ortschaften gegen Bezahlung einer Einkaufssumme oder Erhöhung des Hufenzinses von der Dienstbarkeit losgekauft.

Doch den Adel schonte Friedrich der Große offensichtlich! Hier gab es zwar entsprechende Vorschriften, aber es erfolgte keine Durchsetzung zugunsten der adligen Scharwerksbauern (Vergl. Kabinettsordre vom 28. Sept. 1772 Ostpr. Fol. 14 756).

Die Erschließung der Öd- und Forstländereien im Zeitalter der beiden Könige im 18. Jahrhundert ist fast ausschließlich durch die eigene überschüssige Bevölkerung Ostpreußens erfolgt. Die gewaltige Arbeit in diesem Jahrhundert am gemeinsamen Kulturwerk lieferte einen gewichtigen Beitrag zur weiteren Verschmelzung der verschiedenen Bevölkerungselemente Masurens. So wurden die Masuren durch ihre Beteiligung an der Kolonisation, deren Erfolg im Zeitalter dieser beiden großen Könige ihre Leistung war, zu bewußten, überzeugten Preußen, deren Verhältnis zum Landesherrn und Staat durch eine große Verehrung und Treue gekennzeichnet blieb!

Die Provinz Ostpreußen wurde im Zeitalter Friedrichs des Großen in das ostpreußische und litauische Kammerdepartement unter je einer „Kriegs- und Domänenkammer" in Königsberg und Gumbinnen eingeteilt. Im Jahre 1752 wurde die Verwaltung endgültig neu gegliedert; die Amtshauptmannschaften wurden durch „königliche Landräte" ersetzt, diese rein staatlichen Beamten wurden in Ostpreußen im Gegensatz zu anderen Provinzen ohne Mitwirkung der Stände und der Kreiseingesessenen vom König ernannt; ihnen stand auch die Aufsicht über alle adligen Güter zu. Daneben blieben die „Domänenämter" bestehen. Die beiden „Kammerdepartements" zerfielen in „landräthliche Kreise", diese waren wiederum in „Ämter" unterteilt. Zum Landkreis Neidenburg gehörten die Ämter Ortelsburg, Willenberg, Mensguth, Friedrichsfelde, Soldau und Neidenburg. Dieser Landkreis unterstand der „ostpreußischen Kammer" in Königsberg. Der „Kreis Seehesten" umfaßte die Ämter Angerburg, Lötzen, Seehesten, Rhein und das Erbamt Neuhof. Der „Landrat" hatte seinen Dienstsitz in Rhein. Die Hauptämter Lyck, Johannisburg und Oletzko gehörten zum; landräthlichen Kreis „Oletzko". Beide Landkreise unterstanden der Gumbinner Verwaltung, der dortigen „Kriegs- und Domänenkammer".

Die Städte wurden in „Städtekreise" eingeteilt; so gehörten die Städte Ortelsburg, Passenheim, Willenberg, Hohenstein, Gilgenburg, Soldau zu *Neidenburg,* alle anderen Städte Masurens unterstanden dem „Steuerkreis *Angerburg".* Die Hauptsteuereinnahme der „landräthlichen Kreise" war die „Kontribution" aus dem „Generalhufenschoß"; der „Steuerrath" zog die Akzise von den Städten ein; der „Domänenverwaltung" standen die Pachteinnahmen aus den zum Amt gehörenden Pachtgütern zu. Landräte wurden übrigens in der Regel aus dem Adel — doch nicht ausschließlich dem einheimischen Adel — ernannt.

Erst die große Verwaltungsreform im Jahre 1818 brachte eine neue Kreiseinteilung. Aus den beiden „Kriegs- und Domänenkammern" wurde je eine „Regierung" in Königsberg und Gumbinnen gebildet. Die Kreise Neidenburg und Ortelsburg, der das Amt Willenberg vom Nachbarkreis Neidenburg mit umfaßte, wurden der Regierung in Königsberg unterstellt. An Stelle des bisherigen Amtes Seehesten wurde Sensburg neue Kreisstadt. Zum Kreis Johannisburg kamen aus dem Amt Rhein die Kirchspiele Arys und Eckersberg und im Westen Dorf und Gemarkung Waldersee

(Koczeck), beides bisher zum Amt Seehesten gehörend. Das Kirchspiel Widminnen kam nunmehr zum Kreis Lötzen. Lyck erhielt eine neue Kreiseinteilung: zu den bisherigen 5 Kirchspielen wurden vom Amt Rhein das Kirchspiel Klaussen und vom Amt Oletzko die Kirchspiele Jucha, Stradaunen und Kallinowen geschlagen.
Alle diese Kreise wurden der Regierung Gumbinnen unterstellt.

Noch ein Blick auf Justiz und Gerichtswesen. Das oberste Gericht wurde vom Großen Kurfürsten im Jahre 1657 als „Tribunal" in Königsberg für das Herzogtum Preußen errichtet. Im Jahre 1723 übernahm das „Burggericht" zu Insterburg diese Funktion für den östlichen Teil Preußens. Darunter fungierten die Amtshauptleute; der Adel hatte seine eigene Gerichtsbarkeit. Doch wurde ihm diese Funktion 1781 entzogen, dafür wurde das „Kreispatrimonalgericht" eingerichtet. In den Städten bestanden „Stadtgerichte", meist besetzt mit 1 Richter und 5 „Schöppen". Im Jahre 1817 entstand das „Land- und Stadtgericht" als einzige unterste Gerichtsinstanz.

Die 1. Teilung Polens 1772 brachte die Verbindung zwischen Preußen und Pommern/Brandenburg; Westpreußen ohne Danzig und Thorn kamen zu Preußen. Seitdem wurde der Name Ostpreußen neben Westpreußen für das neuerworbene Gebiet und den Bezirk Marienwerder eingeführt. Bei der 2. Teilung Polens im Jahre 1793 erhielt Preußen neben den Städten Danzig und Thorn das gesamte Flußgebiet der Warthe und Netze und Westmasowien mit Plock. In der 3. Teilung Polens fiel im Jahre 1795 auch Warschau mit einem breiten Streifen zwischen Weichsel, Bug und Memel (Njemen) an Preußen. In Plock und Bialystok wurden oberste Provinzialbehörden errichtet.

In der Zeit von 1793—1795 herrschte in Masuren große Unruhe; die schwache polnische Regierung wurde bekämpft, unter den polnischen Parteien herrschten Zwietracht und Kampf, der Zerfall des polnischen Staates war offensichtlich. Er war nicht mehr lebensfähig, weil das Volk und der dieses Volk repräsentierende Adel keine staatsbildende Kraft mehr besaßen und uneinig waren. In dieser unruhigen Zeit kamen polnische Insurgenten über die Grenze. Es gelang ihnen zwar, an grenznahe Orte wie Prostken, Ostrokollen u. a. im Kreise Lyck, sogar bis vor die Tore der Stadt Johannisburg vorzudringen. Sie wurden aber von dem hervorragend führenden General Günther und seinen Reitern, den Bosniaken, zurückgeschlagen. Mit der Einnahme von Warschau durch russische Truppen und dem verstärkten Einsatz preußischer Truppen wurde diese Gefahr schließlich im Jahre 1794 gebannt.

Nach 1763 ist eine starke Vermehrung der Bevölkerung in Ostpreußen festzustellen, ab 1770 eine Vermehrung der Instleute als Arbeitskräfte auf Gütern, Domänen und Vorwerken. Dem steht aber ab 1776 eine erhebliche Abwanderung entgegen. Dies ist einmal auf wiederholte „Mißwachsjahre" zurückzuführen; zum andern waren die Beiträge zum „Graudenzer Festungsbau" ab 1776—1781 sehr drückend; neben Leistungen in bar mußten auch Schanzarbeiter von den Kreisen abgestellt werden. Noch belastender wirkten sich schließlich die „Fourageliefrungen" an die Kavallerieregimenter mit Hafer, Heu und Stroh aus, die Friedrich der Große nach dem siebenjährigen Krieg den Bauern auferlegt hatte. In den Sommermonaten hatten die Bauern für $3\frac{1}{2}$ Monate die Kavalleriepferde in „Grasung" zu nehmen. Wo die Garnisonen nicht weit ablagen und wo gute Wiesen vorhanden waren, machten die Bauern bei guten Preisen für ihre Lieferungen noch ein gutes Geschäft; in Masuren aber mit den dürftigen Böden und wenig ertragreichen Wiesen, wo der Bauer unter

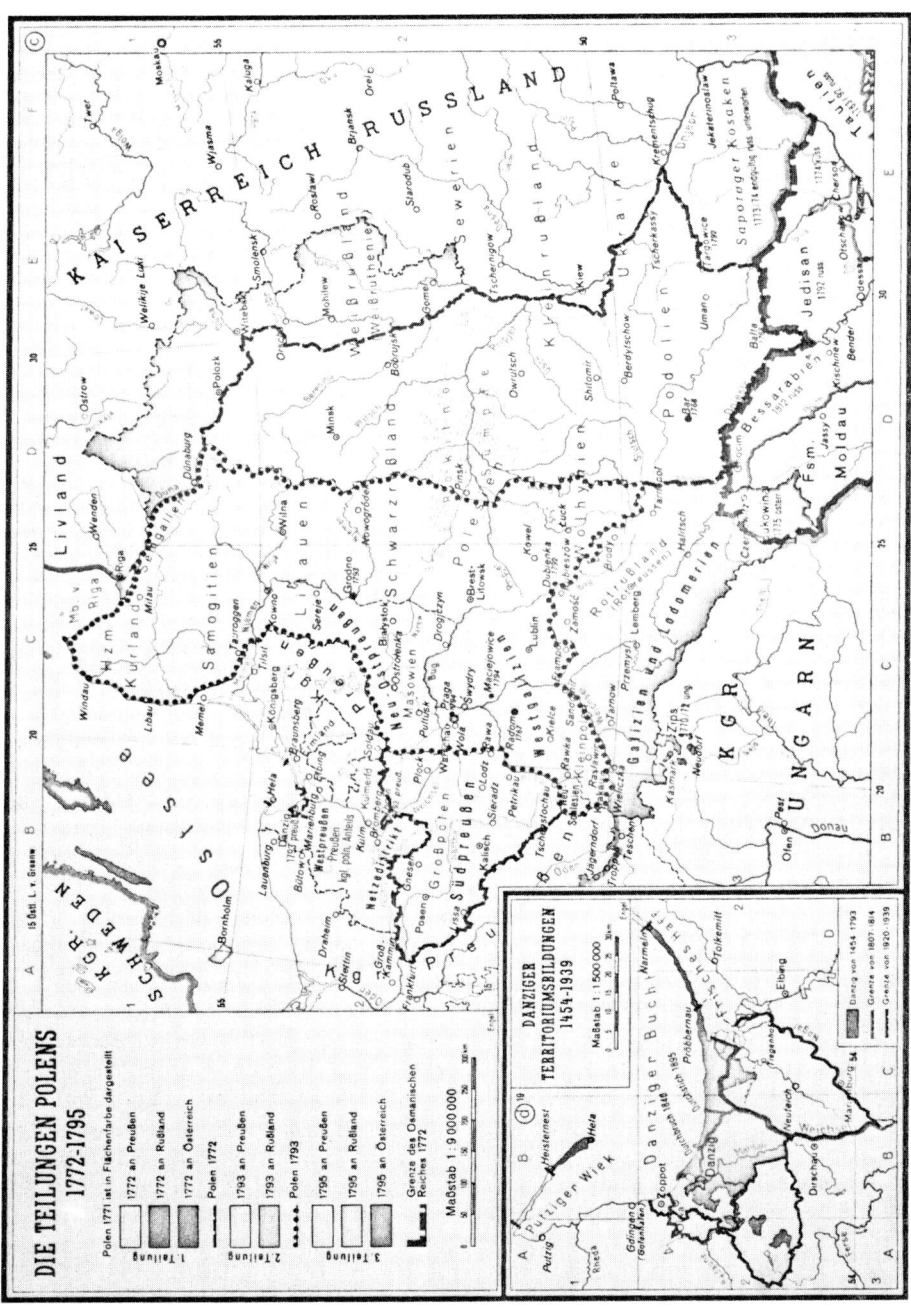

Grasmangel litt, so daß er kaum sein eignes Vieh durchbringen konnte und oft Heu aus Polen gegen teures Geld kaufen mußte, wo die Landleute auf schlechten, grundlosen Wegen die „Fourage"-Lieferung bis zu den Garnisonen heranfahren mußten, wurde die „Fourage"-Lieferung der Ruin des Bauern, wie der Geheime Finanzrat Burghoff 1783 dem Generaldirektorium berichtete. So ist es nicht verwunderlich, daß viele Bauern ihre Höfe verließen und nach Polen flüchteten.

Unter diesen Umständen ist es erstaunlich, daß sich die Bevölkerung in Masuren gegen Ende des 18. Jahrhunderts erheblich vermehrt hatte. Dank der Maßnahmen beider preußischer Könige lagen 1785 keine Hufen mehr „wüst"! (Stein a. a. O. Bd. I., S. 71ff.)

Allerdings hatten beide Könige die „Bauernbefreiung" nicht durchgesetzt. Das sollte im 19. Jahrhundert gelingen!

Die napoleonischen Kriege (1806—1815)

Für Masuren wurde der Erwerb von Land in den drei polnischen Teilungen 1772, 1793 und 1795 von großer Bedeutung. Masuren erhielt ein ausgezeichnetes Absatzgebiet, Handel und Gewerbe nahmen einen großen Aufschwung. Das wirkte in alle Wirtschaftsbereiche! Leider währte diese Blütezeit nur wenige Jahre. Die Niederlage Preußens bei Jena und Auerstädt (14. Oktober 1806) gegen die Franzosen unter Napoleon verschonte auch Masuren nicht von dem Kriegsgeschehen. Einquartierungen und Kriegskontributionen belasteten Städte und Dörfer schwer. Napoleon hatte nach dem Sieg über die Preußische Armee bei Jena und Auerstädt in Eilmärschen die Weichsel erreicht und drängte Russen und Preußen weiter zurück. Nach dem verlustreichen Gefecht bei Soldau am 25. Dezember 1806 zogen sich die Preußen unter General l'Estocq in Richtung Sensburg zurück. Neidenburg geriet am 26. Dezember und Ortelsburg am 31. Dezember 1806 in die Hände der Franzosen. Das französische Heer bezog Winterquartiere und belastete die Bevölkerung mit Einquartierungen, Verpflegungslieferungen und Kontributionen sehr schwer.

Nachdem Napoleon das russische Heer geschlagen hatte, war das Schicksal Preußens besiegelt. Der Frieden zu Tilsit am 9. Juli 1807 vernichtete das Werk Friedrich des Großen; der preußische Staat wurde auf die Hälfte reduziert. Die alte Grenze vor den 3 Teilungen Polens wurde wieder Staatsgrenze zu Polen hin. Neuostpreußen schlug Napoleon zum neugeschaffenen Herzogtum Polen, das in Personalunion mit dem Königreich Sachsen verbunden wurde; Bialystok fiel an Rußland. Danzig wurde „Freistaat" dem Namen nach unter der Schutzherrschaft Preußens und Sachsens, tatsächlich aber als französischer Stützpunkt an der Ostsee. Die räumliche Verbindung Ostpreußens zum übrigen Preußen ließ Napoleon entgegen polnischer Wünsche bestehen. Ganz Ostpreußen wurde von den Franzosen besetzt; sie stellten an die Provinz höchste Ansprüche, nachdem sich vorher schon russische Truppenteile durch Zügellosigkeit ausgezeichnet und an der Bevölkerung schadlos gehalten hatten.

Zu der ungeheuren Not der Bevölkerung brachte eine Epidemie im Jahre 1807 große Verluste an Menschen. Die Getreidepreise stiegen sehr an. Die von Napoleon verhängte „Kontinentalsperre" traf nicht nur die Hauptstadt Königsberg schwer, sondern wirkte sich auf die ganze Provinz aus; die Einfuhren unterblieben, so wurde auch Salz nicht mehr eingeführt.

In diesen Notzeiten wurde die unmittelbare Verbindung mit dem Könighause, besonders zur Königin Luise bedeutsam für die Stärkung der nationalen Gesinnung auch in Masuren; überall, besonders in Königsberg traten patriotische Männer zusammen, um der Not zu begegnen. Die durch den unglücklichen Krieg 1806/1807 bedingten gewaltigen Ausgaben wirkten sich für das Besitztum des Staates noch lange ungünstig aus; der König mußte eine Reihe von Domänen auch in Masuren verkaufen, um Löcher in der Staatskasse zu stopfen. Allmählich wurde es besser. Rußland leistete Schadensersatz für offizielle Lieferungen an die russische Armee, aber auch für verursachte Schäden. Der preußische Staat half ebenfalls in größten Notfällen. König Friedrich Wilhelm III. berief im September 1807 den Freiherrn von Stein an die Spitze der Staatsgeschäfte; dieser sorgte dafür, daß der glimmende Funke des Widerstandes und des Vorwärtsschauens trotz wirtschaftlicher Sorgen nicht mehr zum Erlöschen kam. Doch mußte dieser patriotische Staatsmann auf Drängen Napoleons am 24. November 1808 entlassen werden; ihm folgte 1810 von Hardenberg.

Ab Januar 1808 war Ostpreußen die einzige Provinz, die nicht mehr von Franzosen besetzt war. Bis Ende 1808 hielten die Franzosen das übrige Staatsgebiet besetzt; danach blieben nur die Festungen Stettin, Küstrin und Glogau von französischem Militär besetzt. Die „Kontributionen" mit 140 Millionen Franken belasteten Preußen sehr. Dazu wurde die Provinz Ostpreußen im Jahre 1811 von einer schlimmen Mißernte getroffen. Landwirtschaft und Handel waren nahe dem Ruin.

Doch war die Zeit der Prüfungen noch nicht zu Ende. Im Jahre 1812 führte Napoleon eine große Armee durch Ostpreußen gegen Rußland. Gewaltige Truppenmassen durchzogen unser Grenzland und mußten trotz der Mißernte im Jahr davor verpflegt werden. In allen Kreisen Masurens lagen Franzosen und ihre Hilfstruppen, so bayerische Truppen und drangsalierten Stadt und Land; den Bauern nahmen sie Pferde, Wagen und Vieh ohne Entschädigung fort. In dieser Zeit forderten Franzosen, Bayern und andere Truppenteile das Beste zum Essen, Gesottenes und Gebratenes mußte aufgefahren werden. Das Grobbrot, wie es in Masuren üblich war, behagte den französischen Soldaten nicht; der Chronist vermerkt, daß manche Soldaten nur das Weichbrot herausbrachen und aßen, während sie die verbleibenden Krusten als zusätzliche Fußbekleidung über ihre Stiefel zogen, um diese auf den aufgeweichten Straßen sauber zu halten. Alle Bewohner waren froh, als die Armee nach kurzer Zeit weiter gen Osten zog.

Ende des Jahres 1812 kamen von der großen, stolzen Armee Napoleons nur armselige Reste nach Ostpreußen zurück. Französische Truppen überschritten am 11. Dezember 1812 die Lycker Kreisgrenze, während bayerische Truppen am Tage darauf in Johannisburg ankamen. Verhungerte Soldaten, die über jedes Stück Brot herfielen, das sie auf dem Hinmarsch verschmäht hatten, die Freude empfanden über jede gereichte Kost; Soldaten zerlumpt mit sonderbarsten Bekleidungsstücken, Soldaten mit erfrorenen Gliedmaßen, krank und elend. Trotz des allgemeinen Hasses, den sich die Franzosen durch ihr Benehmen auf dem Zuge nach Rußland zugezogen hatte, wurden nunmehr die Unglücklichen mitleidsvoll empfangen und versorgt, wie Gerß in der Lötzener Chronik berichtet. Zu Recht hat übrigens ein deutscher Dichter gesagt: „Mit Mann und Roß und Wagen, so hat sie Gott geschlagen."

Der Rückzug der französischen Truppen vollzog sich in aller Eile, weil dahinter russische Truppen drängten, überall von der Bevölkerung als Befreier begrüßt. Am 19. Januar 1813 kam der russische Zar Alexander in Lyck begleitet von Stein und Arndt an und übernachtete hier im Lycker Schloß auf der Insel. Nach kurzem Aufenthalt reiste er weiter über Johannisburg und Ortelsburg und verbrachte die nächste Nacht im Pfarrhaus in Willenberg, um dann weiter nach Plock und Kalisch zu reisen. In Kalisch schlossen Preußen und Rußland das Bündnis zur Wiederherstellung des preußischen Staates und zum Kampf gegen Napoleon; den unablässigen Bemühungen von Scharnhorst war es gelungen, den preußischen König von diesem Vertrag zu überzeugen.

Von Lyck aus eilte Stein von Arndt begleitet nach Königsberg, um den Widerstand gegen Napoleon zu organisieren und Hilfsquellen zu erschließen. Die allgemeine Erbitterung über die Franzosen und der Wunsch nach Erhebung gegen Napoleon kam Stein ebenso wie die Tat Yorck von Wartenburgs. Dieser hatte als Befehlshaber des den linken Flügel der Franzosen bildenden und in Kurland operierenden preußischen Korps am 30. Dezember 1812 auf eigene Faust mit dem russischen General Diebitsch die berühmte „Konvention von Tauroggen" abgeschlossen, nach der das preußische Korps den Raum zwischen dem Kurischen Haff, Memel und Tilsit besetzen und nach einer zweiten „Konvention", wenige Tage danach abgeschlossen, in gemeinsamer Aktion mit den Russen Ostpreußen von den Franzosen säubern sollte. Freiherr vom Stein forderte den Zusammentritt der Ständeversammlung.

Auf diesem berühmten Landtag am 5. Februar 1813 hielt Graf York jene denkwürdige Ansprache, in der er unter dem begeisterten Beifall der Anwesenden im Namen des Königs zur Verteidigung des Vaterlandes aufforderte. Die Städteversammlung nahm am 7. Februar die Vorschläge des Grafen Alexander zu Dohna-Schlobitten und des Oberstleutnants Carl von Clausewitz über die Errichtung einer Landwehr, zu der Männer im Alter zwischen 18 und 45 Jahren eingezogen werden sollten, an; es sollten in Ostpreußen 20 000 Mann und 10 000 Mann Reserve aufgestellt werden, die Kosten hatten Gemeinden und Domänen zu tragen. Außerdem war die Bildung eines „Landsturmes" gebildet aus Männern zwischen 18 und 60 Jahren vorgesehen. Schließlich billigte der Landtag York's Vorschlag, durch Anwerbung Freiwilliger ein „Preußisches National-Kavallerie-Regiment" von 1000 Mann aufzustellen. Die Masuren waren die ersten, die diesem Aufruf folgten. Unter den führenden Männern dieser Aufbruchszeit sind zu nennen Landrat von Berg für Neidenburg und Ortelsburg, der „König von Masuren" und der Johannisburger Landrat Heinrichs.

Während das „National-Kavallerie-Regiment" am 3. Mai 1913 zur Blücher-Armee in Schlesien stieß, wurde das Landwehr-Korps mit 20 000 Mann und mit einer Reserve von 13 000 Mann der russischen Armee, die Danzig belagerte, zugeteilt. Die ostpreußischen Linien-Regimenter mit zahlreichen aus Masuren stammenden Soldaten haben an verschiedenen Schlachten 1813—1815 in Deutschland und Frankreich teilgenommen; von den Taten der ostpreußischen Landwehr ist am bekanntesten die Erstürmung des grimmaischen Tores in Leipzig am 19. Oktober 1813 geworden. In den Kirchen der masurischen Städte und Kirchdörfer weisen Tafeln mit Gefallenen der Befreiungskriege auf den Blutzoll, den unser Masuren geleistet hat, hin. Ostpreußen war damit endgültig frei!

Auf dem Wiener Kongreß wurden die Grenzen zwischen Preußen, Österreich und Rußland/Polen neu festgesetzt.

NACH DEM WIENER KONGRESS

Vom Wiener Kongreß bis zum 1. Weltkrieg (1815—1914)

Auf den siegreichen Feldzug der Befreiungskriege folgte für das tieferschöpfte Land eine längere Zeit schwerer wirtschaftlicher Krisen. Gerade Masuren hatte unter Mißwuchs, Teuerung und zeitweise auch unter Hungersnot viel zu leiden. Hier wirkten sich daher auch die Cholera-Epidemien der Jahre 1831, 1837, 1853 und 1867 furchtbarer aus als in anderen Landstrichen. Die schlimmste Zeit waren wohl die Jahre 1820—1850. In einigen Städten wüteten verheerende Feuersbrünste, bei den Bauten aus Holz und in einer Haus an Haus ausgerichteten Bauweise kein Wunder! So herrschten in Lyck in den Jahren 1819, 1820 und 1822 Feuersbrünste, die ganze Stadtteile vernichteten; im Jahr 1822 wurden 47 Wohnhäuser nebst 110 Scheunen, Ställen und Schuppen vernichtet; blieben Rathaus, Kirche und Schule bei beiden früheren Bränden verschont, wurde dieses Mal auch das Rathaus und mit ihm alle Urkunden und Dokumente ein Raub der Flammen. Im gleichen Jahr 1822 im März wurden in Sensburg 44 Wohnhäuser, 27 Stallungen, 3 Speicher, 4 Schuppen und 68 Scheunen eingeäschert. Beide Städte erstanden dank der Tatkraft von Behörden und Bewohnern neu aus Schutt und Asche!

Die Notzeiten in Masuren waren zurückzuführen auf den Verfall der Getreidepreise nach 1818 und auf die von Rußland verhängte Grenzsperre verursacht durch einen umfassenden Zolltarif für das Königreich Polen, der Einfuhr und Ausfuhr fast zum Erliegen brachte. Dafür blühte ab 1823 der Schmuggelhandel um so mehr; alltäglich wurden die masurischen Grenzdörfer nach Sonnenuntergang von Scharen von Schmugglern aufgesucht. Alle masurischen Städte waren abhängig vom Wohl und Wehe der Landwirtschaft.

Die Zwangsversteigerungen von großen und kleinen Höfen nahmen bedenklich zu. Der Staat suchte der schrecklichen Not durch großzügige Arbeitsbeschaffungen zu begegnen. Ausgedehnte Meliorationen, Kanalbauten und vor allem Straßenbauten gewährten den armen und verblendeten Bewohnern wieder Verdienst und Brot. So wurde ab 1845 die besonders stark befahrene Straße zwischen Lyck und Johannisburg mit Steinschlag aufgeschüttet. In der Zeit ab 1830 kam eine langsame Besserung der landwirtschaftlichen Verhältnisse vorwiegend dem Großgrundbesitz zugute. Er machte sich als erster alle Neuerungen der landwirtschaftlichen Technik wie Mehrfelderwirtschaft, Düngeranwendung, Hackfrucht- und Kartoffelanbau zunutze; der Bauer jedoch im Banne der Dreifelderwirtschaft, durch den Flurzwang an die bisherige Wirtschaftsweise gebunden, nahm zögernd und ganz allmählich an dieser modernen Entwicklung Anteil. Im Zuge der Reformgesetzgebung zur Bauernbefreiung haben zunächst die Domänenbauern, nachdem von ihnen durch Geldabgaben die bis dahin noch gebliebenen Dienst und Leistungen abgelöst waren, ihr Anwesen ungeschmälert erhalten können. Ihre Dörfer blieben auf diese Weise bis in jüngste Zeit im wesentlichen unverändert bestehen.

Die volle Auswirkung der wirtschaftlichen Befreiung des bäuerlichen Grundbesitzes wurde erst durch die Separation (Gemeinheitstellung) ausgelöst; durch diese wurden alle bäuerlichen und gutsherrlichen Ackerparzellen, die bisher in der „Gemenge"-Lage gebunden waren, zu wirtschaftlichen Einheiten zusammengelegt. Die Dreifelderwirtschaft hörte allmählich auf, der Anbau von Kartoffeln und Hackfrüchten nahm erheblich zu. Nach 1850 ist ein ständiger Aufstieg der bäuerlichen Wirtschaften unverkennbar. Betrug die Nutzfläche Ostpreußens — Ackerland und

Gartenland — 1815 nur 20,5 %, lauten die Zahlen um 1850 schon 44,3 % und nach 1900 sogar 54,9 %!

Meliorationen und Dränagen trugen erheblich zur Hebung und Vermehrung der Viehzucht bei. Die Einführung einer veredelten Schafzucht und die Bemühungen um die ostpreußische Pferdezucht brachten ab etwa 1840 der Landwirtschaft beachtliche Erfolge.

Entscheidend aber wurden Handel und Wandel durch die Schaffung eines Wege-Straßennetzes, an dem es bisher in Masuren fast ganz gefehlt hat, wieder zu neuer Blüte gebracht. Fast gleichzeitig mit der Fertigstellung der Wasserverbindung zwischen Johannisburg und Angerburg (1845—1856) erhielt Masuren auch einige Chausseen, und damit die Verbindung zur Hauptstadt Königsberg, so 1846—1849 die Verbindung von Bischofsburg nach Ortelsburg, anschließend weiter nach Willenberg und zur polnischen Grenze nach Warschau; eine Zweigchaussee führte von Bartenstein nach Lötzen; die Städte Sensburg und Passenheim erhielten ebenfalls mit Zweigchausseen Anschluß an die Chaussee nach Königsberg. Johannisburg erhielt Anfang der 50er Jahre mit Anschluß über Arys und Rhein die Verbindung zur Provinzhauptstadt. Erst 1856 wurde Lyck mit einer Verbindung zu Königsberg über Treuburg, Goldap, Darkehmen und Insterburg bedacht.

Doch am wirksamsten wurde der wirtschaftliche Aufschwung Masurens durch den Bau von Eisenbahnen gefördert. Am 8. Dezember 1868 erfolgte die Eröffnung der ersten Eisenbahnlinie Masurens von Königsberg nach Lyck, die 1871 bis zum Grenzort Prostken und dann bis Bialystok mit dortigem Anschluß an die Fernverbindung Berlin, Warschau, Moskau weitergeführt wurde. 1877 erhielt Soldau, 1879 Treuberg, 1883 Ortelsburg, 1884 Johannisburg, 1885 Bialla, 1888 Neidenburg, 1898 Sensburg, 1900 Willenberg, 1911 Nikolaiken und Arys Anschluß an die Eisenbahn. Rhein wurde mit einer Kleinbahnverbindung bedacht.

Vor dem 1. Weltkrieg und danach wurden weitere Eisenbahnverbindungen, meist Kleinbahnen als Ergänzung erbaut. Das Straßennetz wurde laufend erweitert. Bis 1939 waren schließlich fast alle Orte durch gute Straßen an das Hauptverkehrsnetz angeschlossen. An die Wildnis erinnerte schließlich nur noch das größte Waldgebiet Preußens, die Johannisburger Heide, die wenig erschlossen blieb.

Masuren beherbergt noch eine bemerkenswerte Glaubensgemeinschaft, die Philipponen, die aus Rußland als Sektierer haben flüchten müssen und in den Jahren 1830—1832 im Kreise Sensburg in der landschaftlich besonders reizvollen Gegend am Kruttinafluß in elf Dörfern ihre neue Heimat fanden. Hauptort ist Eckertsdorf. Unweit davon am Dußsee gründeten sie ein Nonnenkloster.

Im Zuge der großen Reformen, die in Preußen nach dem Zusammenbruch von 1806 erfolgten, u. a. die Städteordnung, die Gewerbefreiheit und die Entlastung des bäuerlichen Besitzes brachten, setzte eine Umgestaltung der Verwaltung ein. Aus den beiden Kriegs- und Domänenkammern zu Königsberg und Gumbinnen wurden „Regierungen" ab 1808 und aus den beiden höchsten Justizbehörden „Landesgerichte". Im Zuge der Neuordnung der Justiz am 21. 1. 1877 wurde oberste Instanz das „Oberlandesgericht" in Königsberg, darunter standen Landgerichte, darunter Amtsgerichte. Neidenburg und Ortelsburg gehörten zum Landgericht in Allenstein. Um den Sitz des Landgerichts für Südostpreußen bewarben sich Lyck und Lötzen. Schließlich erhielt Lyck das Landgericht namentlich deshalb, weil es in seinen Mauern ein angesehenes Gymnasium hatte. Zu diesem Landgericht gehörten die Amtsgerichte in Treuburg, Lyck, Bialla, Arys, Johannisburg, Nikolaiken, Sensburg und Lötzen.

Die letzte Verwaltungsänderung, die Masuren erfuhr, war die Schaffung des 3. ostpreußischen Regierungsbezirks in Allenstein im Jahre 1905. Dieser Bezirk umfaßte alle masurischen Kreise außer Treuburg, das nach wie vor zum Regierungsbezirk Gumbinnen gehörte. Vom Ermland gehören dazu Stadt und Landkreis Allenstein und Rößel. Der Hauptzweck dieser Verwaltungsmaßnahmen war die intensive Förderung der kulturellen Belange dieses Grenzlandes. Die neue Blütezeit durch den Bau von Chausseen und Eisenbahnen verursacht währte ungestört bis zum 1. Weltkrieg an. Gegen Ende des 19. Jahrhunderts und bis 1914 kamen deutsche Siedler ins Land und brachten erhebliches Betriebskapital mit sich. Es handelte sich im wesentlichen um Nachkommen von Salzburgern, Schweizern und Niederdeutschen aus den nördlichen Kreisen Ostpreußens, aber auch um Neusiedler aus Norddeutschland und Sachsen. Als neuer Siedlungstyp tritt nunmehr die Anlage von sogenannten „Etablissements" und Abbauten besonders deutlich hervor.

Dem Gewinn an neuen Siedlern steht ab Mitte des 19. Jahrhunderts allerdings ein erheblicher Abwanderungsverlust gegenüber. Der starke Bevölkerungsüberschuß bedingt durch hohe Geburtsraten konnte in der Heimat nicht untergebracht werden. Im Anschluß an die große Verkehrsentwicklung nahm nun der Überschuß an jungen Menschen den Weg nach dem Westen Deutschlands, wo sich besonders in Berlin und im Ruhrgebiet viele Tausende niederließen. Hier fanden sie durch ihrer Hände Arbeit ein besseres Fortkommen als daheim.

Die masurischen Krieger, die an den Schlachten bei Düppel (1864 gegen Dänemark), bei Königsgrätz (1866 gegen Österreich) und in Frankreich (1870/71) teilgenommen und fern der Heimat viel gesehen und viel Neues kennengelernt hatten, manche neue Erfahrung und manchen Fortschritt nach Hause mitbrachten. Der dann folgende Bau zahlreicher Chausseen und Eisenbahnen steigerte die wirtschaftlichen Entwicklungsmöglichkeiten außerordentlich und brachte langsam Wohlstand in das arme Masurenland! Nunmehr wurde der Absatz der landwirtschaftlichen Produkte auf verbesserten Verkehrswegen ebenso wie eine bessere Verwertung der Bodenschätze des Landes vor allem an Steinen und Holz erreicht. Der durch den Ausbau der Verkehrswege bedingte Aufschwung in Handel und Wandel erleichterte auch das Eindringen deutscher Kultur und deutschen Lebens sehr erheblich und sorgte in Masuren sehr viel schneller und nachhaltiger für die Ausbreitung der deutschen Sprache als das bisher der Sprachunterricht in der Schule vermocht hatte, zumal die Auswanderer aus Berlin und aus dem Ruhrgebiet entsprechende Anregungen den Daheimgebliebenen vermittelten.

Oben war bereits dargelegt, daß die bedeutendste Kulturleistung dieser Epoche auf dem Gebiet des Schulwesens gelegen hat. Der „Soldatenkönig", Friedrich Wilhelm I. und sein Sohn Friedrich der Große hatten mit Einführung der Volksschule und der „allgemeinen Schulpflicht" den Grundstock für den kulturellen Aufschwung Masurens gegeben. Sie hatten zahlreiche neue Volksschulen gegründet. Auch danach bis zum 1. Weltkrieg entstanden zahlreiche ländliche Volksschulen, in größeren Orten wurden die Schulen zu mehrklassigen Volksschulen erweitert. Das von General Günther im Jahre 1800 in Lyck gegründete Lehrerseminar wurde leider bereits 1806 aufgelöst. Doch schon ab 1810 entstanden neue Lehrerseminare, so 1810 in Braunsberg, 1811 in Koralene und Kl. Dexen, das 1834 nach Pr. Eylau verlegt wurde, und am 9. Juni 1829 in Angerburg, das für Masuren besonders bedeutungsvoll wurde. Zu den rund 800 Volksschulen in Masuren kamen nach 1871 in den langen Friedensjahren noch zahlreiche Fortbildungs-, Landwirtschafts-, Haushaltungs-, und sonstige Berufs- und Fachschulen hinzu. Von den 16 masurischen Städten besitzen 9 eine oder mehrere Gymnasien. Das älteste und bedeutendste Gymnasium hatte Lyck; dort war seit 1587 die „Partikular"-Schule, seit 1599 zur „Fürstenschule" erhoben. Diese Anstalt machte Minister Wilhelm von Humboldt am 3. August 1813 zum „Gymnasium". Seit 1909 bestand in Lyck auch ein „Lyzeum". Höhere Lehranstalten bestanden auch in Ortelsburg, Lötzen, Sensburg, Neidenburg, Johannisburg und Treuburg.

Wenn auch in geringerem Maße als das Schulwesen hat das Kirchenwesen in Masuren in dieser Epoche eine beträchtliche Entwicklung erfahren. So erhielten: im Kreise Treuburg je eine Kirche Gonsken, Eichhorn und Reuß, im Kreise Lyck in Reiffenrode, Baitkowen und Wischniewen, während die Kirchen Lyssewen nach Borcymmen und Ostrokollen nach Prostken verlegt wurden, im Kreise Lötzen die Kirchen in Orlowen und Königshöhe, im Kreise Johannisburg in Turoscheln, Adl. Kessel, Skarzinnen, Gehsen, Weissuhnen und Kurwien, im Kreise Sensburg in Barranowen, Alt-Ukta und Warpuhnen, im Kreise Ortelsburg in Wilhelmstal, Lipowitz, Schwentainen, Fürstenwalde, Groß-Schiemanen, Klein-Jerutten und Puppen, während die Wildenheimer Kirche eingegangen war, im Kreise Neidenburg in Neuhof, Puchallowen, dafür sind aber die Kirchen in Januschkau, Seeben und Gr. Przellenk eingegangen und Skottau mit Thalheim, Heinrichsdorf mit Gr. Koschlau, Klein Koslau mit Gr. Schläfken, Usdau mit Sczuplienen zu je einem Kirchspiel vereinigt.

Die neue Blütezeit Masurens währte ungestört bis zum 1. Weltkrieg!

Der 1. Weltkrieg

Die Politik der Alliierten, Franzosen, Engländer und Russen, wirkte sich allmählich auch in Masuren aus. Etwa seit 1908 war eine Veränderung im Verhalten der russischen Offiziere und Beamten, die zahlreich in die Grenzstädte und Marktflecken Masurens zum Einkaufen kamen, deutlich zu spüren. Im Juli 1914 beherrschte die Frage: „Gibt es Krieg oder nicht?" alle Gespräche in den Grenzkreisen. Die Besorgnis der masurischen Bevölkerung wurde durch Nachrichten polnischer Juden, die Märkte in Grenznähe aufsuchten, über Zusammenziehen russischer Truppen in den polnischen Grenzstädten verstärkt. Doch wurden keine übertriebenen Befürchtungen laut, da man allgemein der vom deutschen Kriegsminister im Reichstag abgegebenen Erklärung vertraute, daß auch „nicht die Laus eines Kosaken über die Grenze kommen werde".

Doch in den letzten Julitagen gestaltete sich die Lage immer ernster. Als dann am 27. Juli die österreichische Mobilmachung bekannt wurde, trafen die militärischen Stellen die letzten Vorbereitungen für den Krieg.

Am 1. August verkündete Glockengeläut die Anordnung der Mobilmachung. Der erste Mobilmachungstag war Sonntag, der 2. August 1914! In den folgenden Tagen überschritten kleinere russische Einheiten, meist Kosaken die Grenze. Heu- und Strohschober, aber auch Scheunen und Gehöfte wurden angezündet und verursachten Unruhe unter der Bevölkerung; die ersten Flüchtlinge mit ihren für den 1. Weltkrieg typischen pferdebespannten Planwagen tauchten in den Kreisstädten auf. Doch konnten die schwachen deutschen Abwehrkräfte geschickt operierend zunächst den Feind aufhalten.

Von der Gesamtlage ist für Mitte August folgendes zu berichten: gegen schwache deutsche Abwehrkräfte rollte von Osten her die 1. russische Njemen-Armee unter General Rennenkampf heran und erreichte bald die Linie Alle und Deime; General Samsonow drang mit der Narew-Armee in Masuren ein und bewegte sich von Süden gegen die Masurische Seenkette und in Richtung Allenstein. Für die Verteidigung Ostpreußens standen nur die drei östlichen Armeekorps, das I., XVII., XX., ferner das I. Reservekorps, zur Verfügung, die unter Genraloberst von Prittwitz und Gaffron die 8. Armee bildeten. Der Rückhalt dieser Armee war das Weichseltal mit den starken Festungen Thorn, Kulm und Graudenz, während Ostpreußen nahezu ungeschützt war; mit einer Überflutung durch die Russen war mithin zu rechnen. Obwohl das I. Korps am 17. August bei Stallupönen siegreich war und zusammen mit dem XVII. Korps und dem I. Reservekorps am 19. und 20. August erfolgreich kämpfte, brach das deutsche Oberkommando den Kampf am Abend des 20. August ab, weil eine Umklammerung durch die Narewarmee befürchtet wurde und ließ Teile der Truppen in Richtung Weichsel abtransportieren. In die freiwerdenden Räume ergossen sich die Russen mit allen Schrecken einer erbarmungslosen Kriegführung.

Da wurde an Stelle von Prittwitz General von Hindenburg gesetzt und ihm als Generalstabchef Ludendorff beigegeben. Der kühne Entschluß, die Narewarmee zu vernichten, bevor die langsam auf Königsberg vorrückende Armee Rennenkampf ihr zur Hilfe eilen konnte, wird sofort in die Tat umgesetzt. Das ist in der Schlacht von Tannenberg am 26.—30. August gelungen. Seit dem Rückzug von Gumbinnen hatte sich die 8. Armee in eine Westgruppe (I. und XX. Korps und 3. Reservedivision) auf der Linie Marienburg-Neidenburg und eine Ostgruppe (XVII. Korps und I. Reservekorps) zwischen Insterburg und Gerdauen getrennt.

Die russische Narewarmee mit fünf Korps und vier Kavalleriedivisionen hatte am 20. August Masurens Grenze auf breiter Front überschritten. Am 23. August kam es zu den ersten größeren Kampfhandlungen im Raum Orlau-Lahna-Frankenau zwischen dem XI. russischen Korps und der 37. Inf.-Div. und der 70. Landwehrbrigade. Am 25. August stand die Westgruppe im Raume Osterode-Gilgenburg-Lautenburg mit nach Osten gerichteter Front zum Angriff bereit, während die Ostgruppe den Vormarsch nach Süden über Bartenstein-Bischofstein-Seeburg antrat, immer gewärtig, unter Umständen gegen die nachdrängende Njemen-Armee Rennenkampfs eingesetzt zu werden. Dort an der unteren Alle bildeten nur noch die 1. Kavalleriedivision, weiter nördlich die 9. Landwehrbrigade, die Hauptreserve Königsberg, einen schwachen Flankenschutz. Aber Rennenkampf griff nicht ein!

Am 26. August griff das I. Korps, aus Gumbinnen per Eisenbahn herangeschafft, das I. russische Korps in der Stellung westlich Soldau zwischen Heinrichsdorf-Grallau, Gr. Koschlau-Seeben mit Erfolg an. Doch das hochgelegene Kirchdorf Usdau, der Schlüsselpunkt der russischen Stellungen, fiel noch nicht. Am 27. August stürmten Regimenter der 1. ostpreußischen Division Usdau und die nahegelegenen Höhen. Am 28. August konnte Soldau eingenommen werden. Das XX. Korps griff nördlich des I. Korps am 26. August in südöstlicher Richtung vorstoßend die Höhen beiderseits Groß Gardienen an, Oschekau und Skotau wurden genommen; weiter nördlich konnten Einheiten der 37. Inf.-Div. bis Thurau und Turowken vorstoßen. Um den bei Mühlen stehenden Feind zu erschüttern, war am 28. August die 41. Inf.-Div. um das Südende des Mühlensees herumgezogen, um den Russen in den Rücken zu fallen. Doch hier bei Waplitz kam es zu schweren Kämpfen, bis sich die Deutschen aus der drohenden Umklammerung durch Rückzug entziehen konnten.

Am Abend des 28. August erreichte die Kavallerie von Süden her Neidenburg, weiter stößt das I. Korps nach Osten bis Willenberg vor und wendet sich dann nach Norden. Das XX. Korps hielt die Linie Allenstein-Neidenburg und bewegte sich ab 28. August nach Osten.

Von Nordosten her bewegte sich das XVII. Korps in Richtung Ortelsburg; Teile dieses Verbandes mit der 35. Inf.-Div. erreichten Ortelsburg bereits am Morgen des 29. August und gelangten am Abend mit Spitzen Malga, Malgaofen und Kannwiesen. Damit war der Ring um die Narewarmee geschlossen. Ausbruchversuche starker russischer Verbände vor allem bei Malga, Muschaken, Puchallowen u. a. Orten konnten zurückgeschlagen werden. Während dieser Abwehrkämpfe rückten am 30. August starke russische Kräfte zum Einsatz der eingeschlossenen Armee von Süden her auf Neidenburg. Zwar konnten die Russen in Neidenburg am Abend eindringen, wurden aber am folgenden Tage zurückgeschlagen und zogen sich über die Grenze zurück.

Damit hatten ca. 150 000 deutsche, meist ost- und westpreußische Soldaten, gegen 190 000 Russen den größten Sieg des 1. Weltkrieges erfochten, während beide Flanken von starken russischen Kräften bedroht waren (Schumacher a. a. O. S. 290). Über 90 000 Russen streckten die Waffen, der Oberbefehlshaber Samsonow konnte zwar mit seinem Stabe westlich Willenberg durch die deutschen Postierungen kommen, gab sich aber selbst den Tod unweit der Försterei Karolinenhof, wo ein Gedenkstein an der alten Grabstätte daran erinnert, daß der russische General hier zunächst begraben wurde. Die Leiche wurde aber 1915 auf Betreiben seiner Frau nach Rußland überführt. Der Rest der Narewarmee zog sich nach Süden in Rich-

Hindenburg und sein Stab während der Schlacht bei Tannenberg 1914.

tung auf Nowogeorgiewsk zurück. Die östlichen Kreise Johannisburg, Lyck und Treuburg und vom Kreis Lötzen der östliche Teil waren ab 19. August von Russen besetzt. Hier standen vornehmlich Truppen der Njemenarmee Rennenkampfs.

Hindenburg gönnte seinen siegreichen Truppen nur wenige Tage Ruhe. Bereits am 6. September wandte er sich mit ganzer Macht gegen die Njemenarmee, die während der Schlacht bei Tannenberg — diesen Namen hatte Ludendorff vorgeschlagen, wenn auch Tannenberg selbst und der Schauplatz der alten Ordensschlacht gegen Polen und Litauer im Jahre 1410 einige Kilometer westlich des ausgedehnten Schlachtfeldes der Augusttage 1914 gelegen ist — langsam in Richtung Königsberg vorgedrungen war. Die Armee Rennenkampfs stand in einer über 120 Kilometer langen südwestlich gerichteten Stellung in der Linie Labiau-Tapiau-Friedland-Gerdauen-Angerburg, östlich Lötzen. Da wegen der riesigen Frontausdehnung eine beiderseitige Umfassung des Feindes nicht möglich war, beschloß das Armeeoberkommando, den linken Flügel der Russen im Gebiet östlich von Lötzen und Angerburg zu umfassen und anzugreifen. So sollte die russische Front von Süden her aufgerollt werden. Verstärkt durch das XI. Korps, das Gardereservekorps und die 8. Kavalleriedivision versuchte die 8. deutsche Armee in der Schlacht an den Masurischen Seen (8.—11. September) diese Aufgabe zu lösen. Von Süden her wurde der linke Flügel der Armee Rennenkampf aufgerollt; dieser Teil der Njemenarmee teilte das Tannenberger Schicksal der Samsonowarmee. Rennenkampf gelang es aber, die Hauptmasse seiner Armee der drohenden Aufrollung durch schleunigen Rückzug hinter den Njemen zu entziehen. Immerhin wurden in dieser Schlacht 30 000 Gefangene gemacht. Ganz Ostpreußen war durch Hindenburg und Ludendorff nach einem unvergleichlich glänzenden Feldzuge von drei Wochen vom Feinde befreit!

Da Hindenburg mit der Hauptmasse seiner 8. Armee zur Entlastung der schwer bedrängten österreichischen Front seinen Oktoberkrieg in Polen führte, blieben zur Grenzsicherung in Ostpreußen nur schwache deutsche Kräfte zurück. So gelang es den Russen, wiederum in Masuren einzudringen und einige Grenzstädte zu besetzen, so Lyck ab 7. Oktober 1914. Zwar werden die Russen ab 17. Oktober vom XXV. Reservekorps angegriffen und aus Lyck am 18. Oktober geworfen.

Aber im November drängte eine gewaltige russische Übermacht unter General Sievers erneut von Osten und Süden gegen Ostpreußen und besetzte die masurischen Grenzkreise bis zu den masurischen Seen und entlang der Inster und Angerapp; hier entwickelte sich vor allem östlich der Feste Boyen bei Lötzen zum ersten Mal im Osten aus dem Bewegungskrieg ein Stellungskrieg.

Da rettete Hindenburg zum zweiten Mal Ostpreußen, indem er im tiefsten Winter zum erneuten Angriff vorging und mit der verstärkten 8. und der neugebildeten 10. Armee (Generaloberst von Eichhorn) in der gewaltigen Masurischen Winterschlacht (7.—21. Februar 1915) von Norden und Süden her umfassend und über Lyck vorstoßend, die russische 10. Armee in den Wäldern von Augustowo einschloß und zur Ergebung zwang. Die erbitterten Kämpfe deutscher Truppen mit dem russischen Gegner an der Seenenge von Woszellen beobachtete Kaiser Wilhelm II. vom Ortsausgang Grabnick, Kr. Lyck aus mit seinem Stabe. Als hier im Verlaufe des 13. Februar der Durchbruch gelang, war die Entscheidung gefallen. Am 14. konnten deutsche Truppen mit Teilen hanseatischer und mecklenburger Landwehr unter General von Falck in Lyck einziehen. Am 16. Februar wurde Kaiser Wilhelm II. von seinen Soldaten und einigen Lycker Bürgern begeistert begrüßt.

Ermordung eines deutschen Oberförsters durch die Russen.

Im zweiten Teil der Beiträge zum Russeneinfall in Ostpreußen ist der Wortlaut eines Erlasses Rennenkampfs wiedergegeben, in welchem den deutschen Förstern strengste Bestrafung (Todesstrafe) angekündigt wird, wenn sie feindliche Handlungen gegen das russische Heer begehen. Nach der barbarischen Kriegsmethode der Russen ist jeder im Forstamte tätige Deutsche von vornherein feindlicher Handlungen verdächtig. Da bedarf es keiner langen Untersuchung mehr. Mit allen forstamtlichen Personen, die in die Hände der Russen fallen, wird daher kurzer Prozeß gemacht: sie werden erschossen.

Den Beweis dafür erbringt in einem markanten Falle die „Ostdeutsche Volkszeitung" in einer in ihrer Nummer 265 vom Freitag, den 11. Dezember 1914, veröffentlichten, auf amtlichem Material beruhenden Mitteilung, die wie folgt lautet:

Aus den Schreckenstagen der russischen Invasion.

In letzter Zeit tauchten Gerüchte auf, nach welchen in der Russenzeit hier Personen von den Russen erschossen sein sollten. U. a. wurde erzählt, daß ein Förster in Uniform sein Leben hatte lassen müssen. Dieses Gerücht kam auch zur Kenntnis der Regierung, welche Ermittelungen anstellen ließ. Es konnte festgestellt werden, daß der Oberförster Richard Graefe aus dem Allensteiner Regierungsbezirk vermißt wurde. Die von der hiesigen Polizeiverwaltung angestellten Ermittelungen gaben einen Anhalt dafür, daß tatsächlich eine Person in Försteruniform von den Russen nach kurzem Verhör im Hotel „Dessauer Hof" fortgeschleppt worden und unweit der Ziegelei Lehmann am Ausgang der Augustastraße erschossen worden ist. Auf Anordnung der Regierung fand gestern unter einer Kommission im Weidegarten unweit der Ziegelei eine Ausgrabung statt, wobei die Leiche des erschossenen Försters zu Tage gefördert wurde. Aus den Kleidungsstücken wurde einwandfrei festgestellt, daß der Tote der Vermißte und von seiner Ehefrau seit einiger Zeit gesuchte Oberförster G. ist. G. hat bisher die Oberförsterei Puppen im Kreise Ortelsburg verwaltet und war nach Insterburg geflüchtet. Die Leiche wurde nach Kreuznach überführt.

Eine Meldung aus der Ostdeutschen Zeitung in Insterburg.

100 000 russische Kriegsgefangene waren das Ergebnis dieser Masurischen Winterschlacht — so von Kaiser Wilhelm II. benannt — und brachten die endgültige Befreiung Masurens und Ostpreußens, das für die folgenden Kriegsjahre keine Besetzung mehr erfuhr.

Schon in den ersten Augusttagen hatte, durch Nachrichten von Ausschreitungen russischer Truppen veranlaßt, die Flucht der Zivilbevölkerung begonnen. Vorkehrungen zu einer Organisation des Abtransportes waren zunächst nicht getroffen; die Verwaltungsbehörden waren vielfach ratlos. Jedenfalls geriet ein großer Teil der masurischen Bevölkerung, zum Teil mit Vieh und Hausrat in die Fluchtbewegung hinein. Die Flüchtlinge fanden im noch nicht besetzten Ostpreußen, aber auch in Westpreußen, Pommern und Brandenburg/Berlin gastliche Aufnahme. Ließ sich die deutsche Bevölkerung von einer Angstpsychose leiten, herrschte auf russischer Seite eine entsprechende Kriegspsychose, wie Schumacher (a. a. O. S. 291f) schreibt. Die Greuelpropaganda der Entente über angebliche Untaten deutscher Soldaten in Belgien, Furcht vor der überlegenen Leistungsfähigkeit der deutschen Truppe, vor allem aber die sehr verschiedene soziale Zusammensetzung des russischen Heeres und seines Offizierkorps haben an vielen Grausamkeiten ihren Anteil gehabt. Gab es russische Truppen mit straffer Manneszucht vor allem in den Städten, wo meist auch noch eine deutsche Verwaltung gegenüberstand, herrschte auf dem Lande vielfach Willkür. So war es kein Wunder, daß unnütze Zerstörungen und furchtbare Grausamkeiten sowie Zügellosigkeit und Roheit häufig vorkamen. Öfters wurden Zivilpersonen wegen angeblicher Spionage ohne Grund erschossen. Dörfer und Gehöfte gingen in Flammen auf. Schlimmer noch als im August 1914 hausten die Russen im September, als sie sich auf dem Rückzug befanden. Wut über die Niederlage und Angst vor den deutschen Verfolgern führten zu schweren Untaten besonders im Kreise Lyck.

Als die russische Dampfwalze im November 1914 zum dritten Mal auf Ostpreußen rückte, waren dieses Mal rechtzeitig alle Vorkehrungen zum ordnungsmäßigen Abtransport und zur Unterbringung von Mensch und Vieh getroffen. Dieses Mal fanden die Russen nur noch wenige Menschen vor. Schumacher nennt 350 000 Flüchtlinge, die Haus und Hof im November verlassen haben! Nunmehr nahmen die Russen eine planmäßige Verwüstung des Landes und Zerstörung von Sachwerten vor, Maschinen wurden meist nach Rußland verbracht. In den masurischen Grenzkreisen beteiligten sich auch Polen an dem Zerstörungswerk und an Plünderungen ausgiebig. Jedenfalls waren in den Grenzgebieten zahlreiche Gehöfte, ja ganze Dörfer zerstört und abgebrannt!

Schon im September 1914 wurde eine Kriegshilfskommission für Ostpreußen gebildet, im Oktober stellte der preußische Staat 400 Millionen Mark zwecks Zahlung von Vorentschädigungen zur Verfügung, die bis Oktober 1916 auf 625 Millionen gestiegen waren. Kaum waren die Russen außer Landes, begann der Wiederaufbau der zerstörten Städte, Dörfer und Einzelgebäude. Anstelle der bisherigen strohgedeckten Häuser wurden feste Häuser mit roten Dachsteinen gebaut. Das veränderte das Bild Masurens vollkommen! Am Ende des Krieges war mehr als die Hälfte des Wiederaufbaus vollendet; bis 1925 zog sich seine restliche Durchführung hin.

Aber nicht nur der Preußische Staat bewährte seinen alten Ruf, Schützer des deutschen Ostens zu sein, im ganzen Reich setzte die großartige Bewegung der „Ostpreußenhilfe" ein. Es wurden „Patenschaften" für Städte und Kreise ja auch für einzelne Orte begründet und Spenden und Zuschüsse unterstützten hervorragend den

Gedenkteller der Stadt Oppeln 1915 für Lyck.

Wiederaufbau bereits während des Krieges. So übernahmen „Patenschaften": der Regierungsbezirk Oppeln für Stadt und Kreis Lyck, Regierungsbezirk und Stadt Köln für Stadt und Kreis Neidenburg, die „Sachsen-Meiningische Ostpreußenhilfe" für den Kreis Neidenburg, der „Kriegshilfsverein Berlin-Lichterfelde" und Charlottenburg für Soldau, Frankfurt/Main für Stadt und Kreis Lötzen, Berlin-Wilmersdorf für Stadt und Kreis Ortelsburg, Wuppertal und das Bergische Land für Stadt und Kreis Treuburg u. a. Überall schlug nach anfänglicher Bestürzung über das Unglück der Flüchtlinge und des leidgeprüften ostdeutschen Landes eine Welle des Mitleids und der Sympathie entgegen, um die größte Not zu lindern.

Während die Ernte im Jahre 1914 hervorragend war, blieben die Ernteerträge in den folgenden Kriegsjahren mittelmäßig bis schlecht. Das war nicht nur auf schlechte Witterungsverhältnisse, sondern auch auf den Mangel an Kunstdünger und an Arbeitskräften zurückzuführen. Damit verschlechterte sich die Ernährungslage besonders in den Großstädten und Ballungsräumen. Die masurische Landbevölkerung hatte es trotz strenger Ablieferungspflicht in dieser Zeit besser, man saß ja an der Quelle! Das Jahr 1916 erbrachte eine besonders schlechte Kartoffelernte, die zur Versorgung bei weitem nicht ausreichte. Der Winter 1916/1917 ist als „Steckrübenwinter" in die Kriegsgeschichte eingegangen; Steck- und Kohlrüben mußten als Ersatz für Kartoffeln herhalten, die Soldaten erhielten Dörrgemüse, „Drahtverhau" genannt.

Um der großstädtischen Jugend in schwieriger Zeit zu helfen, wurden Jungen und Mädchen aus den Großstädten im Sommer aufs Land geschickt; so kamen in den Kreis Lyck weit über 1000 Jugendliche im Jahre 1916 und auch in den folgenden

Jahren aus Berlin. Die masurische Landbevölkerung nahm Jungen und Mädchen gern auf und betreute Berliner Kinder noch in den Nachkriegsjahren bis 1922.

Im Lauf des 1. Weltkrieges wurden immer einschneidendere Maßnahmen im Wirtschaftsleben getroffen: Ausgabe von Kleiderkarten, Abgabe von Bezugsscheinen für Spinnstoffe, Wäsche, Kleidern, Schuhen u. a. aber auch von Brot- und Lebensmittelkarten. Auch für die Landwirtschaft traten Bewirtschaftungsmaßnahmen ein, so Regelung des Anbaus der Felder, Erhebung der Anbauflächen, Ablieferungspflichten der Bauern für Vieh, Geflügel, Eier, Butter. Die Bauern mußten nur bestimmte Getreidesaaten zu Brot und Futter verwenden. Ein Kriegshilfsgesetz regelte den Einsatz von Arbeitskräften.

Petroleum wurde knapp — elektrischen Strom gab es nur in den Städten! Kerzen gab es selten und leider nicht ausreichend; die Spinnstoffe hielten nicht gut, da Wolle und Baumwolle gestreckt werden mußten meist mit Papier und Holzfasern; deshalb sammelte die Schuljugend ab 1917 Laub vor allem von Weiden und Erlen, aber auch Brennessel sowie Altspinnstoffe und Knochen. Auch Schuhwerk wurde knapp, da Häute und Felle rar geworden waren und Einfuhren Deutschland nicht mehr erreichten.

Das Kleingeld aus Kupfer, Nickel und Silber verschwand aus dem Verkehr und wurde durch Eisen und Papier ersetzt; die Städte gaben deshalb zur Behebung des Kleingeldmangels Notgeld, meist in Notgeldgroschen von 5, 10, 25 und 50 Pfennig, einige Städte wie Neidenburg auch Groschen in Eisen, die rasch verrosteten, heraus.

Notgeld

Mit Rußland, das nunmehr bolschewistisch geworden war, wurde am 27. 8. 1918 Frieden geschlossen, damals wurden die baltischen Länder Estland, Lettland und Litauen aus dem russischen Reich herausgelöst und selbständige Staaten.

Kaiser Wilhelm II. dankte am 9. November 1918 ab; am gleichen Tage wurde die Republik ausgerufen. Der Waffenstillstand vom 11. November 1918 im Walde von Compiegne beendete den 1. Weltkrieg. Seine Bedingungen sind bekannt; sie lieferten Deutschland wehrlos der Willkür der Siegermächte aus. Am 28. Juni 1919 wurde nach sehr langen Verhandlungen ohne Beteiligung deutscher Stellen in Versailles der Friedensvertrag, ein Diktat für Deutschland, von Beauftragten der deutschen Regierung unterzeichnet. Auf die Auswirkungen dieses Friedensvertrages auf Masuren wird nachstehend eingegangen.

Während sich der „Regierungswechsel" und die „Revolutionszeit" in den Großstädten und insbesonders in Berlin heftig auswirkten, überstand Masuren die Revolutionstage ohne besonders bemerkenswerte Ereignisse. Zwar wurden auch hier in den meisten Städten sogenannte „Arbeiter- und Soldatenräte" begründet. Doch hatten diese nur kurze Zeit die Herrschaft inne; bald übernahm reguläre Verwaltung wieder die Herrschaft überall. Ostpreußen hatte als einzige Provinz den Feind im Land. Von August 1914 bis Mitte Februar 1915 tobten schwere Kämpfe in unserm Masuren und brachten Deutschen und Russen schwere Verluste wie Max Dehnen (a. a. O.) schreibt. Die Gefallenen waren meist in den Kämpfen an Ort und Stelle eilig bestattet worden. Dabei hatte man die eigenen Soldaten auf die nahe gelegenen Gemeinde- und Gutsfriedhöfe gebettet, aber auch an Straßen- und Feld-

Das Tannenberg-Denkmal.

rändern; Russen kamen in Sammelgräber, zum Teil mitten in den Äckern des Kampffeldes. Später fanden Umbettungen statt und zwar auf Ehrenfriedhöfen. Alle Kosten trug die Militärverwaltung, später der 1918 gegründete „Volksbund Deutscher Kriegsgräberfürsorge". Die bekanntesten Friedhöfe für Deutsche und Russen sind im Kreise Neidenburg die Heldenfriedhöfe der Tannenbergschlacht in Orlau (der größte!), Lahna und Frankenau, im Kreise Lyck krönen Friedhöfe von Talussen, Siegersfelde und Sarken (Bunelka-Höhe) die schönsten der kieferbestandenen Berge in der reizvollen „buckligen Welt". Der „Kaiserstein" bei Grabnick, Kr. Lyck ist historisch besonders zu nennen, hat doch von hier aus Kaiser Wilhelm II. das erbitterte Ringen an der Seenenge bei Woszellen im Februar 1915 beobachtet. Doch das bekannteste Ehrenmal ist das „Tannenbergdenkmal" bei Hohenstein, 1924 wurde mit dem Bau begonnen, eingeweiht wurde es am 18. September 1927. Hier fand auch Generalfeldmarschall von Hindenburg seine letzte Ruhe, bis gegen Ende des 2. Weltkrieges sein Leichnam nach Westdeutschland, Marburg, noch rechtzeitig vor dem russischen Durchbruch über Soldau, Neidenburg auf Elbing überführt und das Ehrenmal von deutschen Truppen gesprengt wurde. Besonders hervorgehoben muß, daß auf den meisten deutschen Ehrenfriedhöfen Deutsche und Russen gemeinsam bestattet wurden!

Die Abstimmung am 11. Juli 1920

Die Folgen des Ausgangs des 1. Weltkrieges haben neben den allgemeinen ungeheuerlichen Belastungen, die das gesamte deutsche Volk zu tragen hatte, Ostpreußen und ganz besonders Masuren schwer getroffen. Im Siegerdiktat von Versailles wurde dem deutschen Volk alles mögliche auferlegt, was Haß und Machtbestrebungen für geraten hielten. So wurden für Ostpreußen fühlbar das Memelgebiet und der Soldauer Zipfel abgetrennt, ohne daß irgendwelche historische Voraussetzungen gegeben waren. Außerdem kam es zur Einrichtung des sogenannten Korridors durch Abtrennung der Provinzen Posen und Westpreußen und durch die Ausrufung des „Freistaates" Danzig. Ostpreußen wurde mithin vom übrigen Deutschen Reich getrennt.
Das ungeheuerlichste geschah mit dem südlichen Teil Ostpreußens. Der berüchtigte Polenführer Korfanti hatte am 25. August 1918 im Deutschen Reichstag bereits Ansprüche auf Ostdeutschland erhoben. Das Maß polnischer Überheblichkeit zeigte sich am 1. November 1918, als der polnische Staat mit der Forderung auftrat, das ostpreußische Masuren und vom Ermland Allenstein und Rössel und „wenn es sein müßte, durch einen Volksentscheid Polen einzuverleiben".
Das Deutsche Volk hat es nicht vorausgesehen noch überhaupt für möglich gehalten, daß die Frage der politischen Zugehörigkeit Masurens jemals umstritten werden könnte. Die Grenze von Masuren mit Polen steht seit dem Frieden am Melno-See vom 27. September 1422 unverändert fest und ist die älteste Grenze Deutschlands. Masuren ist niemals Bestandteil Polens gewesen. Selbst ernsthafte polnische Historiker und Forscher haben diesen klaren Tatbestand stets anerkannt.
Marschall Pilsudski äußerte sich gegenüber Reichsaußenminister Dr. Stresemann am 10. 11. 1927 wie folgt:

„Ostpreußen ist unzweifelhaft deutsches Land, das ist von Kindheit an meine Meinung, die nicht erst der Bestätigung durch eine Volksabstimmung bedurfte".

Doch anders polnische Stellen gegen Ende des 1. Weltkrieges; es wurde immer wieder die „Abtrennung" zumindest die „Volksbefragung" gefordert! Die Ententemächte Frankreich, England und die USA ließen deutsche Sachverständige oder deutsche Vertreter zu den Friedensverhandlungen nicht zu; sie stützten sich einseitig auf polnische Berichterstattung.

Unmittelbar nach dem Waffenstillstand waren der Warschauer Generalsuperintendant Bursche und der Posener Apotheker Lewandowski nach Paris geeilt, um Polens Anspruch auf Masuren zu begründen, sowie etwaige Bedenken gegen die Einbeziehung Masurens in die Neuordnung der Grenzen zu beseitigen. Zum Beweis ihrer Ansprüche wiesen sie u. a. darauf hin, daß 80 % der masurischen Bevölkerung Polen seien: „Es wäre daher", so hieß es in der vom evangelischen Konsistorium in Warschau den Ententemächten überreichten Denkschrift, „eine der menschheitsfördernsten Tatsachen in der weitesten Bedeutung des Wortes, würde man die Masuren aus der schmählichen preußischen Gefangenschaft, in der sie seit langen Jahrhunderten schmachten, befreien und diesen Sproß mit dem polnischen Mutterstamm vereinen".

Selbstverständlich waren diese „Forderungen" seit langer Zeit mit erstaunlicher Zähigkeit in Paris, London und in den USA durch polnische Diplomaten vorbereitet. Da besonders England den überzogenen Forderungen Polens nicht folgen wollte, schufen die Polen Tatsachen. Die preußischen Polen veranstalteten aus eigner Willkür am 3. bis 6. Dezember 1918 in Posen einen allgemeinen Landtag. Am 15. Dezember brach die Warschauer Regierung die diplomatischen Beziehungen zum Deutschen Reiche ab und schrieb Wahlen zur verfassunggebenden Versammlung für alle von Polen beanspruchten Gebiete, auch die Abstimmungsgebiete (!) aus. Am 28. Dezember 1918 folgte der letzte Schlag, der Aufstand in Posen, der fast die ganze Provinz Posen in polnische Hand brachte.

Die deutsche Regierung in Berlin stand dieser reißend vorgetriebenen Entwicklung der Dinge völlig hilflos gegenüber. Deutsche Soldatenräte fuhren nach Posen, um mit den Polen zu verhandeln! Zu gleichem Zweck entsandte die Berliner Regierung einen Mann ihres Vertrauens, den Publizisten H. v. Gerlach. Was hier betrieben wurde, wurde im ganzen deutschen Osten als Verrat aufgefaßt. Ein Grenzschutz wurde organisiert, der ehrwürdige Feldmarschall von Hindenburg übernahm den Oberbefehl und brachte den Vormarsch der Polen zum Stehen. Nunmehr griffen die Ententemächte ein und legten eine „Demarkationslinie" fest. Diese ließ ganz Ost- und Westpreußen, den Netzedistrikt mit Bromberg und die westlichen Grenzkreise der Provinz Posen in deutscher Hand. Gemessen an den Gebietsforderungen der Polen war damit viel behauptet. Ostdeutschland atmete auf, überall regte sich die Hoffnung, daß diese Demarkationslinie zur endgültigen Grenze würde. Um so niederschmetternder war die Enttäuschung, als am 9. Mai 1919 die Friedensbedingungen bekannt wurden die fast ganz Posen und Westpreußen, dazu das Soldauer Land sowie das Memelgebiet losrissen und auch Danzig als „Freie Stadt" errichteten.

Sollten die letzten Blutopfer nutzlos gewesen sein? Auf die wiederholten Entschließungen der neuen Reichsregierung, daß kein Fußbreit ostdeutschen Bodens abgetreten, Ostpreußen niemals vom Mutterland getrennt werden würde, baute man nicht viel. War es doch im März 1919 durch eine großartige Massendemonstration in allen Städten und Dörfern Ostdeutschlands gelungen, eine schwere Gefahr, die Landung der französisch-polnischen Hallerarmee in Danzig abzuwenden. Jetzt klammerte man sich an die letzte Hoffnung, daß keine deutsche Volksvertretung die Friedensbindungen annehmen und keine deutsche Regierung das Gewaltdiktat von Versailles unterschreiben würde. In diesem Falle wollte der deutsche Osten erneut zur Selbsthilfe greifen. Um die schwierige Lage gegenüber den Feindmächten nicht noch mehr zu verschärfen, sollten die fünf Ostprovinzen sich vorübergehend zu einem unabhängigen deutschen Oststaat zusammenschließen und den Kampf mit den Polen aufnehmen. Da fand sich die Nationalversammlung bereit, das Versailler Diktat anzunehmen. Damit zerbrach auch im Osten der einheitliche Wille zum Widerstand; das Schicksal Ostdeutschlands war besiegelt, es wurde in zwei Teile zerrissen, Ostpreußen vom Mutterland getrennt.

Der Versailler Vertrag vom 28. Juni 1919 bestimmte in den Artikeln 94 und 95 die Abstimmungskreise und stellte diese unter interalliierte Kontrolle. Das „Plebiszit war in den Kreisen des Regierungsbezirks Allenstein und zwar in Osterode, Neidenburg, Ortelsburg, Sensburg, Johannisburg, Lötzen, Lyck und dem zum Regierungsbezirk Gumbinnen gehörenden Kreis Treuburg sowie im Ermland in den Kreisen Allenstein Stadt und Land und Rössel durchzuführen. Als Abstimmungstag wurde der 11. Juli 1920 bestimmt. Abstimmungsberechtigt war jeder, der im Abstimmungsgebiet geboren war oder dort seit dem 1. Januar 1914 seinen Wohnsitz und am 20. Januar 1920 das 20. Lebensjahr vollendet hatte. Von besonderer Wichtigkeit war der Artikel 95, der das Stimmrecht auch denen gab, die zwar nicht mehr im Abstimmungsgebiet wohnten, wohl aber dort geboren waren.

Am 12. Februar 1920 übernahm die interalliierte Kommission mit Sitz in Allenstein die Verwaltung des gesamten Abstimmungsbezirks. Diese Kommission stellten England, Frankreich, Italien und Japan. Der Engländer Rennie führte den Vorsitz und war zuständig für die innere Verwaltung die Polizei; der Franzose Couget, der nach drei Monaten durch Chevalat ersetzt wurde, führte die Aufsicht über die Schulabteilung, der Italiener Marchese Fracassi über Post, Telegraph und Eisenbahn und der Japaner Macuneo hatte die Aufgabe, das Abstimmungsreglement auszuarbeiten. Die Reichswehr, der Allensteiner Regierungspräsident v. Oppen, später auch der Allensteiner Oberbürgermeister Zülch und der Kommandeur der Sicherheitspolizei Oldenburg mußten das Abstimmungsgebiet verlassen; die übrigen Beamten verblieben in ihren Ämtern; ihnen wurde auferlegt, „der Kommission volle Loyalität zu erweisen und sich jeden Druckes auf die Bevölkerung zu enthalten". Den Landräten wurden „Kontrolloffiziere" beigeordnet, die Besatzungstruppen Engländer, Franzosen und Italiener, auf die Städte verteilt. Die Interessen des Deutschen Reiches nahm Freiherr von Gayl wahr, der polnische Staat ließ sich durch einen Generalkonsul vertreten, zunächst durch Zenon Lewandowski, später durch den Fürsten Korybut-Woroniecki.

Mit der Übernahme des Abstimmungsbezirks durch die alliierte Kommission wurde ein Paß- und Visumzwang eingeführt, Sonder-Briefmarken herausgegeben, auf denen die polnische Aufschrift der deutschen vorangestellt wurde, das Amtsblatt erschien in polnischer und deutscher Sprache. Am schlimmsten war die Bestimmung, daß die Alliierten die Grenzen des Abstimmungsbezirks zum übrigen Ostpreußen schloß, die Grenze zwischen Polen und dem Abstimmungsgebiet aber öffnete. Damit war den Polen die Tür zu einer großangelegten Propaganda in dem Abstimmungsgebiet geöffnet. Neue polnische Zeitungen wurden gedruckt, ein Heer von polnischen Wanderrednern überschwemmte das Land, schließlich mußte noch der Terror herhalten, ausgeübt durch die polnische Kampftruppe „Bojuwka". Generalsuperintendent Bursche kaufte im April 1919 drei masurische Bauern, brachte diese heimlich über die Grenze — es waren G. Linka und die Brüder J. und R. Zapattka — und entsandte sie unter Führung des Posener Apothekers Lewandowski nach Paris. Lewandowski fühlte sich mit Masuren deshalb so verbunden, weil er sich dreimal als Reichstagsabgeordneter dargeboten, aber schmählich durchgefallen war. Diese „Masurendeputation" bat masurisch sprechend „um die Erlösung ihrer Heimaterde vom deutschen Joch". Nach ihrer Rückkehr wurden diese drei verhaftet, ihnen wurde wegen Landesverrats der Prozeß gemacht. In ihren Taschen fand man bei der Verhaftung einige tausend Zarenrubel. Diese „Patrioten" waren so gerissen, sich kein polnisches Geld geben zu lassen.

Bereits im November 1918 hatte sich in Allenstein ein polnischer Volksrat, „rada ludowa" gebildet. Es wurden „polnische Volksvereine" gegründet und zwar überall da, wo eine polnische Familie oder ein polnischer Pfarrer oder Gutsbesitzer saß und tätig war. Sie setzten viel Geld ein. Landfremde Individuen, die aus Polen und Galizien herbeigeholt wurden, kamen zum Einsatz. In Ortelsburg, wo Kasimir Jaroszyk den „Mazur" herausgab, verteilte er zahlreiche Freiexemplare und sorgte für die Gründung des „Volksrates" dort. Bursche, der aus Warschau nicht nach Masuren gekommen war, verzichtete auf seine Pläne, viele polnisch-evangelische Geistliche nach Masuren zu entsenden und sie dort mit Genehmigung der interalliierten Kommission in Stadt und Dorf predigen zu lassen, ebenso wie auf den Einsatz polnischer Vergnügungsdampfer auf den masurischen Seen und auf die Entsendung polnischer Touristen aus Warschau, Krakau, Lemberg u. a. Orten, auf die Entsendung eines polnischen Wandertheaters und polnischer Volkssänger. Denn seine nach Masuren entsandten Leute hatten ihm berichtet, daß die Masse der Masuren nicht für den Anschluß an Polen seien! Es blieb bei der polnischen Propaganda in Wort und Schrift, manchmal auch in Veranstaltungen. Pfarrer Bruno Rathke berichtet über eine Versammlung des Lycker polnischen „Volksrates" in Prawdzisken im März 1920.

> „Erschienen waren (von dem Volksratsmitglied Hilfsgeistlichen R. Kuratus in Prawdzisken einberufen) 250 Mann. Der Kuratus begrüßte sie in polnischer Sprache, kam aber über die Anrede kaum hinaus, denn schon ertönte der Zuruf: Deutsch sprechen, wir sind keine Polen! Die Versammlung wurde weiter in deutscher Sprache gehalten. Ein Gutsbesitzer hielt Vortrag, schmähte Deutschland und schon war seine Rede zu Ende! Entrüstung brauste auf, ein alter masurischer Bauer riß das Wort an sich und rief: ‚Alles was wir haben, verdanken wir nicht den Polen, sondern dem lieben deutschen Vaterlande. Wir sind deutsch, haben deutsch gelernt, wir beten deutsch und wollen deutsch bleiben!' Deutsche Lieder wurden angestimmt, deutsche Fahnen entfaltet, die Deutschen rückten ab und ließen die 7 Veranstalter und einige fragwürdige Gestalten zurück."

Das korrekte Verhalten der Besatzungstruppen möge folgendes Beispiel veranschaulichen: in Sensburg zeichneten sich Unruhen ab und zwar wollten polnische Gruppen im Mai 1920 u. a. das Wasser-, Gas- und Elektrizitätswerk lahmlegen. Der dort stationierte englische Offizier nahm kurz entschlossen auf einer Pritsche in einem Werk sein Nachtquartier und erklärte: „Wer mich schlägt, schlägt England." Die Werke blieben unbeschädigt! Die Unruhestifter verloren die Gefolgschaft.

Das Allensteiner Abstimmungsgebiet ist niemals Bestandteil des polnischen Staates gewesen. Masuren hat stets seit Anbeginn seiner Geschichte zu Preußen gehört, doch wäre dieses Allensteiner Gebiet den Polen eine sehr willkommene Beute gewesen. Dieser ursprünglich besonders arme Bezirk hat dank der preußischen Fürsorge in den letzten 70 Jahren eine ungeahnte Blüte erreicht. Die Landwirtschaft hat es verstanden, selbst den armseligsten Sandboden in fruchttragende Äcker umzuwandeln. Die Wälder sind überaus wertvoll und gepflegt. Infolgedessen hat sich die Holzindustrie sehr kräftig entwickelt. Masuren ist übersät mit sehr fischreichen Seen. Die Verkehrsverhältnisse sind vorbildlich in den letzten Jahrzehnten ausgebaut worden.

Während die polnische Propaganda Deutschland und das deutsche Volk in unflätigster Weise beschimpften und verächtlich machten, seine unglückliche Lage in den schwärzesten Farben gemalt, jede Aussicht auf eine bessere Zukunft Deutschland abgesprochen wurde, erschien das Bild des neuerstandenen Staates Polen um so strahlender, sein Reichtum an Bodenschätzen, seine politische Großmachtstellung im Reigen der Siegermächte als überragend dargestellt. Jedem einzelnen Stand wurde genau vorgerechnet, welche materiellen Vorteile ihn erwarteten, sobald Masuren mit Polen vereinigt wäre. Dazu wurde immer wieder versichert, daß die Abstimmung ja nur über die staatliche Zugehörigkeit zu entscheiden hätte; Volkstum und religiöses Bekenntnis würden im katholischen Polen, dem freiesten und duldsamsten Staat der Welt, am sichersten geschützt sein. Gegen Ende des Abstimmungskampfes erfolgte dann sogar eine Erklärung der Warschauer Regierung, die dem Abstimmungsgebiet die Autonomie zusicherte. Doch man drohte auch in der polnischen Propaganda; das Abstimmungsergebnis wäre unter der Hand von den Siegermächten dem polnischen Volk bereits zugesichert, gleichgültig, wie die Abstimmung auch ausfallen würde. Dann folgte die ärgste Drohung, man werde einem jeden, der sich im Abstimmungskampf für Deutschland einsetzte, alles vergelten!

Diese Drohungen blieben nicht ohne Wirkung. Was war auf das masurische Volk in den letzten 5 Jahren eingestürmt mit dem Russeneinfall, mit seinen Greuel, Mord, Verschleppung und Brand; viereinhalb Jahre, die über jedes Haus schwere Not, Leid und Trauer gebracht hatten; dann das bittere Ende, das Gewaltdiktat von Versailles, die Zerreißung Ostdeutschlands, die Trennung Ostpreußens vom Reich und nun die Polen, ein neuer Feind! War es da zu verwundern, daß das Volk zermürbt und geneigt war, sich einem anscheinend doch unabwendbaren dunklen Verhängnis widerstandslos zu ergeben? Warum sollten die polnischen Behauptungen nicht wahr sein? Was galt damals Wort und Recht? War nicht Deutschland um die Waffenstillstandsbedingungen und um das feierlich verkündete „Selbstbestimmungsrecht", wie es der amerikanische Präsident Wilson verkündet hatte, betrogen worden? Hier setzte die polnische Propaganda mit immer dreisterer Bestimmtheit ein!

Das wußten auch die Männer, die ab März 1919 die deutsche Abwehr in diesem Abstimmungskampf organisierten.

Dem polnischen masurischen Kommitee unter Leitung des Warschauer Generalsuperintendenten Bursche trat als erster der Johannisburger Superintendent Paul Hensel entgegen. Nach einem Aufruf am 22. März 1919 verbreitet durch Zeitungen und Flugblätter sammelte er in allen Dörfern und Städten Masurens 144 447 Stimmen, die sich für das Verbleiben bei Deutschland aussprachen. Diese Unterschriftensammlung sandte er mit einer Broschüre unter dem Motto: „Masuren ohne Zweifel nicht polnisch" in Deutsch und Englisch nach Paris an die Friedenskonferenz und per Funk an den amerikanischen Senat.

Mit diesem Aufruf war das Volk im Abstimmungsgebiet erstmalig aufgerüttelt und ermutigt worden!

Die Tat dieses mutigen Mannes hatte die Gründung einer deutschen Kampforganisation zur Folge. Auf Anregung des Buchhändlers Karl Danehl und des Fabrikbesitzers Kurt Thiel entstand ein „Arbeitsausschuß gegen die Polengefahr", der bereits im Mai 1919 den mit der Abstimmung unlösbar verknüpften Namen „Ostdeutscher Heimatdienst" annahm. Dieser Name war Verpflichtung und Programm zugleich und war in kürzester Zeit in Masuren und im Ermland bekannt und volkstümlich! In Allenstein wirkte die Hauptstelle, für jeden der 11 Kreise wurde ein Kreisstellenleiter bestimmt, dieser verpflichtete in jedem Dorf seines Kreises mehrere Vertrauensleute. Damit wurde in wenigen Wochen die feste Grundlage geschaffen, von der aus es dem „Heimatdienst" nunmehr möglich war, alle Vorgänge im gesamten Abstimmungsgebiet aufs genaueste zu beobachten, sein Wirken und Wollen in jedes Dorf, ja in das letzte Haus zu leiten. Die Hauptstelle in Allenstein hatte aus dem Kreis der 25 Mitarbeiter einen vierköpfigen Vorstand gewählt:

Fabrikbesitzer Karl Thiel als Vorsitzender und zugleich für die Finanzverwaltung,
Regierungs- und Veterinärrat Dr. Marks für die innere Verwaltung,
Schriftsteller Max Worgitzki für die Propaganda,
Stadtrat Borowski für die Sammlung und Rückführung der Abstimmungsberechtigten aus dem Reich.

Als Kreisstellenleiter wurden tätig:

für den Kreis Osterode Lehrer Schymanski,
für den Kreis Neidenburg Veterinärrat Hesse,
für den Kreis Ortelsburg Studiendirektor Bunnemann,
für den Kreis Sensburg Lehrer Langecker,
für den Kreis Johannisburg Rechtsanwalt v. Lojewski,
für den Kreis Lötzen Amtsgerichtsrat Ehlert und Lehrer Britt
für den Kreis Lyck Pfarrer Rathke,
für den Kreis Oletzko Rendant Buchholz,
für den Kreis Allenstein-Stadt Rektor Funk,
für den Kreis Allenstein-Land Max Worgitzki,
für den Kreis Rößel Lehrerin Maria Lehmann.

Eine Abteilung des „Heimatdienstes", die sich in Carlshof bei Rastenburg niederließ, hatte die Aufgabe, Landsleute, die im Abstimmungsgebiet geboren waren, dort aber nicht mehr wohnten, also stimmberechtigt waren, ausfindig zu machen. Das geschah durch Aufrufe in Zeitungen, durch Nachforschungen bei den Melde- und Standesämtern, durch Vermittlung von Verwandten und landsmannschaftlichen Vereinen. Jedem der Ermittelten mußten besorgt und zugestellt werden: Geburtsurkunde, Heimatschein, Stimmschein, Fahrkarte, Quartierschein und Lebensmittelkarten. Die Arbeit war ungeheuer groß, der Erfolg gewaltig. Denn es kamen 128 000 stimmberechtigte Ostpreußen aus dem übrigen Deutschland!

Das „Heer deutscher Kreuzfahrer", die ihren bedrängten Landsleuten in Masuren zur Hilfe kamen, hatten erhebliche Schwierigkeiten bei der Herfahrt zu überstehen. Hier soll der deutsche Abstimmungskommissar Wilhelm Freiherr von Gayl zu Wort kommen:

„Etwa Hunderttausend Abstimmungsberechtigte kamen 1920 mit der Eisenbahn aus dem Westen des Deutschen Reiches in das ost- und westpreußische Gebiet (am gleichen Tag nämlich mußten auch die Kreise Westpreußens Marienburg, Stuhm, Marienwerder und Rosenberg in gleicher Weise wie im Allensteiner Gebiet abstimmen!); einundneunzigtausend weitere Personen benutzten den Seeweg. Auch Flugzeuge wurden zur Verfügung gestellt. Da aber die Polen die Flugzeuge unterwegs beschossen, mußte der Flugdienst eingestellt werden. Die Polen versuchten auch die mit der Eisenbahn Reisenden unter allen möglichen Vorwänden an der Fahrt durch den Korridor zu hindern. Alliierte Offiziere mußten daher die Züge begleiten, um gröbliche Übergriffe zurückzuweisen. Der Schiffsweg war beschwerlich. Die Reichsregierung konnte nur zwei Torpedoboote für die Beförderung der Abstimmungsberechtigten hergeben, aber die deutschen Reeder setzten jedes nur aufzutreibende Fahrzeug ein. Die alten Dampfer waren überfüllt, mitunter hatten die Passagiere nicht einmal einen Sitzplatz. Viele wurden auf dieser vaterländischen Reise seekrank, was auch den Mitfahrenden bei der qualvoll fürchterlichen Enge keine angenehmen Stunden bereitete. Unglücksfälle und Erkrankungen blieben nicht aus. Sogar Kinder erblickten auf den Schiffsplanken das Licht der Welt. Aber alle Unannehmlichkeiten und Beschwerden überwanden die Abstimmler mit frohem Mut im Bewußtsein, eine heilige Aufgabe zu erfüllen. Sie suchten an Bord das Land der Väter mit der Seele und lebten nur der Hoffnung, ihre Pflicht erfüllen zu können. Der sorgfältig vorbereitete festliche Empfang, den jedes einlaufende Schiff in Pillau fand, entschädigte sie für die Strapazen der Reise."

Die Fahrt durch Ostpreußen war ein Triumphzug. Jeder Transport wurde unterwegs mit Fahnen, Liedern und Musik begrüßt; an den kleinen Bahnhöfen in den Heimatkreisen standen mit Grün und Fähnchen geschmückte Wagenkolonnen der Dörfer, welche ihre Gäste feierlich einholten. Was in der Enge der Dampferfahrt und bei den Schikanen der Polen auf der Eisenbahnfahrt sich an Ärger und Unmut angesammelt hatte, ging unter in der Freude des Wiedersehens mit der Heimat und ihren Menschen. Die Orte prangten im Schmuck der Sommerblumen und grünen Laubgewinde. Über dem ganzen Lande wölbte sich in jenen Tagen ein strahlend blauer Himmel; es lag eine eigenartige Festtagsstimmung überall!

So ganz ohne Widerstand war allerdings der rasche Aufbau des „Heimatdienstes" nicht vor sich gegangen. Im August 1919 erschien in Allenstein ein großes Aufgebot, die Provinzialvorstände sämtlicher ostpreußischer Parteien, und forderte den Umbau des „Heimatdienstes". Alle seine Organe sollten von den Parteien bestellt und nach ihrer zahlenmäßigen Stärke, fein säuberlich genau ausgerechnet, zusammengesetzt werden. Der Heimatdienst aber wies dieses Ansinnen einmütig und energisch ab, daß er fortan unbehelligt blieb und sich ungestört seiner nationalen Aufgabe widmen konnte.

Dem „Heimatdienst" kam es darauf an, eine überwältigende Mehrheit für Deutschland zu erreichen, eine einfache Mehrheit allein im Abstimmungsgebiet reichte nicht aus; die gesamte Bevölkerung auch die Unentschlossenen und die Schwarzseher mußten gewonnen werden. Deshalb richtete sich der erste Angriff des „Heimatdienstes" nicht nur gegen die polnische Propaganda, sondern auch gegen die dunklen Mächte in den eigenen Reihen. Deshalb wurden die Vertrauensleute in besonderen Rednerkursen sowie in zahlreichen Zusammenkünften für ihre Aufgabe geschult. Auch schuf sich der „Heimatdienst" ein eignes Organ, die „Ostdeutschen

Nachrichten", das in einer Auflage von über 200 000 Exemplaren in jedes Dorf geleitet wurde. Volkstümlich geschrieben, führte es den Kampf mit aller Schärfe, doch mit Witz und Humor, so daß es sich rasch allgemeiner Beliebtheit erfreute.

Schließlich entschloß sich der „Heimatdienst" zu dem letzten großen Wurf, um das Erreichte bis zum Äußersten auszubauen und vor jedem Rückschlag zu sichern. Er organisierte die gesamte deutschgesinnte Bevölkerung, wiederum auf ausschließlich nationaler, überparteilicher Grundlage. In jedem Dorf, in jeder Stadt wurde ein „Heimatverein" gegründet. Mitglied konnte ein jeder werden, der sich durch eigenhändige Unterschrift verpflichtete, seine deutsche Gesinnung allezeit offen zu bekennen und zu vertreten. Schon am 14. Juli 1919 wurden alle bis dahin gegründeten „Heimatvereine" kreisweise zusammengefaßt und gegliedert in einem großen Bund, dem „Masuren- und Ermländerbund". Zum Bundesvorsitzenden wurde der Schriftsteller Max Worgitzki, zu Beisitzern des Vorstandes Superintendent Hensel, Johannisburg, Rektor Funk, Allenstein, Lehrer Schymanski, Osterode und Gutsbesitzer Krischik, Alt-Werder, Kreis Ortelsburg gewählt. Am 1. Oktober 1919 zählte der „Masuren-und Ermländerbund" bereits 1046 „Heimatvereine" mit 206 313 Mitgliedern. In den folgenden Monaten wuchs die Zahl ständig an. Als endlich im Februar 1920 die Interalliierte Kommission eintraf, konnte ihr der Bundesvorstand bei dem ersten und einzigen Empfang des Vorstandes erklären, der Bund vertrete 96% der stimmberechtigten Bevölkerung.

Nach dem am 15. April 1920 veröffentlichten Abstimmungsreglement, daß das japanische Kommissionsmitglied ausgearbeitet hatte, wurde jede Gemeinde zum Wahlbezirk bestimmt, in dem Durchführung der Abstimmung durch einen aus zwei Deutschen und zwei Polen zusammengesetzten Abstimmungsausschuß erfolgen sollte. In jeder Kreisstadt wurde als Aufsichtsbehörde ebenfalls eine paritätisch zusammengesetzte Kontrollkommission gebildet. Es ergab sich nun, daß die Polen gar nicht in der Lage waren, die Abstimmungsausschüsse zu besetzen. Nur in den Kreisen Allenstein-Stadt und Land und dem südlichen Teil des Kreises Rössel vermochten sie die Ausschußmitglieder zu stellen, im übrigen masurischen Teil des Abstimmungsbezirkes nur in einigen wenigen Gemeinden.

Diese offenbare Niederlage glaubten die Polen durch einen erneuten Vorstoß gegen die Kommission ausgleichen zu können. Die Kommission ließ sich zunächst nicht beirren und ernannte an Stelle der fehlenden polnischen Ausschußmitglieder deutsche Mitglieder. Sie ließ die vorbereitenden Arbeiten zur Abstimmung fortführen. Da setzte stärkster Druck von Paris her ein, da die Polen einen Abstimmungsstreik erklärt hatten und ihren Entschluß damit begründeten, daß der „deutsche Terror" die Abstimmung unmöglich machte. Nach einigem Hin und Her stellten die Polen einen Forderungskatalog auf, nach dessen Erfüllung sie wieder mitarbeiten würden. Von den zahlreichen Forderungen wurden nur zwei erfüllt, nämlich die „Paritätische Zusammensetzung der Sicherheitswehr" und die „Auflösung der Ortswehren". Die Umwandlung der „Sicherheitswehr" nahm einen merkwürdigen Ausgang; die Polen führten hier 1800 Mann, zumeist Mitglieder der angeblich aufgelösten „Bojuwka" zur Einstellung vor. Davon mußten 1650 sofort zurückgewiesen werden, weil sie eine Bedingung nicht erfüllte, nämlich: nicht vorbestraft zu sein. Von den übrigen wurden nur 37 als diensttauglich befunden und 13 wirklich eingestellt. Den Kontrolloffizieren der Landräte wurden je ein polnischer Berater beigegeben. Mit diesen Maßnahmen erklärten sich die Polen für befriedigt. Als Abstimmungstermin wurde der 11. Juli 1920 festgelegt.

In den letzten Wochen vor dem Abstimmungstage raffte sich die polnische Propaganda noch einmal zu einem Versuch auf, der mit den verzweifelsten Mitteln geführt und von Warschau dadurch unterstützt wurde, daß die polnische Regierung dem Abstimmungsgebiet die „Autonomie" zusicherte, wenn es sich dem polnischen Staat anschlösse.

Als aber trotzdem der Erfolg ausblieb, versuchten die Polen ein letzte Mittel. Am 22. Juni 1920 machten sie den Vorschlag, die Abstimmung sollte unterbleiben und durch eine gütliche Einigung zwischen Deutschland und Polen ersetzt werden. Danach würde Polen sich mit den vier Kreisen Allenstein-Stadt und Land, Osterode und Neidenburg begnügen, die übrigen sieben Kreise sollten bei Ostpreußen/Deutschland verbleiben. Dieser Vorschlag wurde von deutscher Seite rundweg abgelehnt.

In den letzten Monaten hatte der „Masuren- und Ermländerbund" nur ein Ziel, die Abstimmung so rasch wie möglich durchzuführen, keine Verzögerung durfte vorkommen! Denn die Folgen einer Verschiebung des Abstimmungstermins konnte schwerwiegende Folgen haben. Die Bevölkerung war durch die unaufhörlichen und unerhörten Herausforderungen der Polen gereizt und befand sich jetzt schon in steigender Erregung. Es kam immer häufiger zu Zusammenstößen. Trotz des Hinweises des „Heimatbundes" und des „Masuren- und Ermländervereins", polnische Veranstaltungen nicht zu besuchen und auf jeden Fall Disziplin zu wahren, waren Störungen und Zusammenstöße wegen der dreisten Herausforderungen der Polen nicht auszuschließen.

Da deckte der „Masuren- und Ermländerbund" sehr gefährliche Pläne der Polen auf; diese wollten sich des Abstimmungsgebietes gewaltsam bemächtigen. Sie hatten ihre „Bojuwka" im Abstimmungsgebiet militärisch organisiert und gleichzeitig jenseits der Grenze eine illoyale Truppe in Stärke von zwei Divisionen aufgestellt, die sogenannte „Masurenwehr" (Straz mazowiecki). Die „Bojuwka" sollte eines Tages losschlagen, die „Masurenwehr" einrücken und nach oberschlesischem Vorbild so einen Aufstand der Masuren vortäuschen. In diesem Falle war aber die ganze Bevölkerung des Abstimmungsgebietes entschlossen, der Gewalt mit Gewalt

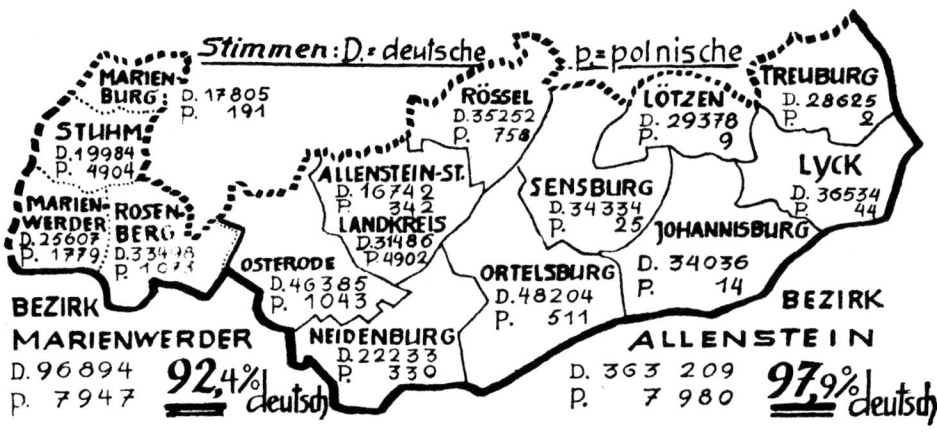

Die in den einzelnen Kreisen für Deutschland abgegebenen Stimmen.

zu begegnen. In dieser schweren Zeit hatte der deutsche Bund seine stärkste Stütze an dem deutschen Reichskommissar von Gayl, der mit außerordentlichem Geschick die Dinge meisterte und alle Ränke und Anschläge der Polen zu umgehen wußte. Hinzu kam ein anderes Ereignis, der polnisch-russische Krieg. Nach den ersten schweren Niederlagen der Polen gegen die Russen wurde die „Masurenwehr" von der Grenze abgezogen.

Der unvergessene 11. Juli 1920 sah von acht Uhr morgens ein reges Treiben in allen Ortschaften. Die Abstimmung vollzog sich überall in Ordnung und Ruhe. Das Ergebnis der Abstimmung war ein eindeutiges Treuebekenntnis für Deutschland, äußerst beschämend für Polen und für alle die, die deren Ansprüche gefördert und unterstützt hatten! Wo waren die „Brüder" und „Schwestern", die zu erlösen gewesen sein sollten. In den zehn Kreisen Masurens und des Ermlandes stimmten 363 209 deutsch und nur 7980 für Polen, also 97,9 % deutsch!

Das Ergebnis in den abstimmungsberechtigten Kreisen lautet:

Kreis	Gemeinden mit Mehrheit für		Zahl der abgegebenen Stimmen für	
Osterode	244	4	46 385	1 043
Neidenburg	142	1	22 233	330
	(1 Gemeinde mit Stimmengleichheit!)			
Ortelsburg	197	—	48 204	511
Sensburg	190	—	34 334	25
Johannisburg	198	—	34 036	14
Lyck	190	—	36 534	44
Lötzen	116	—	29 378	9
Treuburg	121	—	28 625	2
Allenstein-St.	1	—	16 742	342
Allenstein-Ld.	179	3	31 486	4 902
Rössel	117	1	35 252	758
Zusammen	1695	9	363 209	7980

Die Niederlage der Polen war vollständig. Das ganze Abstimmungsgebiet hatte 97,9 % für Ostpreußen/Deutschland und nur 2,1 % für Polen, die masurischen Kreise sogar 99,3 % deutsche Stimmen! Trotzdem konnten die alliierten Mächte es sich nicht versagen, wenigstens drei kleine Ortschaften an der Westgrenze des Kreises Osterode, nämlich Groschken, Kl.-Nappern und Kl.-Lobenstein den Polen zuzusprechen.

Auch im zweiten Abstimmungsgebiet, den 4 westpreußischen Kreisen endete die Abstimmung am 11. Juli 1920 mit einem erdrückenden Sieg der Deutschen. Im Bezirk Marienwerder wurden 92,28 % aller Stimmen (= 96 894) für Ostpreußen und 7,57 % (= 7947) für Polen abgegeben.

Am 16. August erfolgte die Rückgabe des Abstimmungsgebietes an den preußischen Staat.

Der Reichskommissar Freiherr von Gayl charakterisierte an der Stelle, wo später in Allenstein das Abstimmungsdenkmal stand, in einer Dankesfeier den Abstimmungserfolg mit folgenden Worten:

„Das Beste, was uns die Abstimmung gebracht hat, ist, daß wir der Welt gezeigt haben, daß Deutsche, wo es die Not des Vaterlandes gilt, über allen Parteigeist und Konfessionshader hinweg sich in dem einigen Bestreben für das große Ganze zusammenfinden können. — Dieser Gedanke muß dem Deutschen Volke erhalten bleiben für alle Zukunft!"

Die Polen haben das Ergebnis der Abstimmung, obwohl es den Willen der Bevölkerung mit nicht zu überbietender Klarheit zum Ausdruck brachte, nicht anerkannt. Nach ihrer Auffassung hätte nur der „deutsche Terror" die Niederlage der Polen verschuldet. Nach ihren Plänen sollte der Erwerb Masurens und des südlichen Ermlandes nur der erste Schritt auf dem Wege zu einem größeren Ziel, der Besetzung ganz Ostpreußens sein! Da es mit der Abstimmung nicht klappte, traten sie mit der Behauptung auf, die nationale Zugehörigkeit dürfte nicht, wie in der Abstimmung, durch den freien Willen und das Bekenntnis bestimmt werden, sondern allein durch „objektive Merkmale", Abstammung und Sprache. Danach wäre die Bevölkerung Masurens und des südlichen Ermlandes unzweifelhaft polnisch. Die geschichtliche Entwicklung des masurischen Volkes und schließlich die Abstimmung haben erwiesen, daß diese These der Polen unhaltbar ist. Das hinderte die Polen jedoch nicht, neue Vorstöße in das Abstimmungsgebiet zu unternehmen. Bereits im November 1920 wurde der „Polenbund in Ostpreußen" mit Sitz in Allenstein und einer Zweigstelle in Ortelsburg gegründet. Das erfolgte ohne ein bodenständiges Polentum! Tatsächlich ist der Polenbund nur eine Propagandastelle, die von Warschau und Posen aus, den Mittelpunkten der großpolnischen Bestrebungen, unterhalten und geleitet wird. Die „Bank Mazurski" wurde mit polnischen Geldern aufgefüllt, eine neue Zeitung „Mazurski Przyjaciel Ludu" herausgegeben. Weitere Organisationen entstanden: die „Masurische Vereinigung", (Zlednoczenie Mazurskie), die bei Wahlen den alten Namen „Masurische Volkspartei" herholte, die „Masurische Selbsthilfe", der „Bund erwachsener Masuren", dazu mehrere Gesang- und Jugendvereine. Doch glaubten die Polen die wirksamste Propaganda wieder wie früher in der sprachlichen Verwandtschaft mit einem Teil der Masuren finden zu können und das bei der zunehmenden wirtschaftlichen Notlage. Dem trat der „Heimatdienst" energisch und mit Erfolg entgegen. Doch nunmehr stellte der „Heimatdienst" neben seinen bisherigen nationalpolitischen Kampfmethoden eine zweite Aufgabe, die Pflege und Förderung eines regen deutschen Kulturlebens. Natürlich blieb es Aufgabe des Staates, die deutsche Schule mit höchster Leistungsfähigkeit auszustatten, durch Kleinkinderschulen und Jugendpflege zu erweitern und das Büchereiwesen — eine Aufgabe vornehmlich der Gemeinden — mit Standbüchereien, Kreiswanderbüchereien und einer Modellbücherei in Allenstein auszubauen. Der „Heimatdienst" faßte die Jugend in zahlreichen Sportvereinen zusammen (1921); ihre Betreuung übernahm 1924 die staatliche Organisation der Jugendpflege. Dem „Heimatdienst" verblieb noch ein weites Feld kultureller Betätigung; aus den „Heimatvereinen" in Stadt und Land wurden Gesangvereine, Singkreise, Liebhaberbühnen, denen die Volksfeste und Heimatfeste Gelegenheit boten, ihr Können zu zeigen. Wanderkinos und zahlreiche Lichtbildapparate wurden in den Dienst der heimatlichen Arbeit gestellt, eine eigene Zeitschrift, „Unsere Heimat" erschien und ein für Masuren volkstümlicher Kalender, der „Masurische Volkskalender". Die Arbeit des „Heimatdienstes" wurde wirksam unterstützt von der „Vereinigung für Heimatkunde" und dem 1925 gegründeten „Kulturverein Masuren-Ermland", der alle Städte des Grenzgebietes zu gemeinsamer Kulturarbeit zusammenfaßte. So schuf der Kulturverein das „Landestheater Südostpreußen" und organisierte den gemeinsamen Ausbau des Volksbildungswesens durch literarische und wissenschaftliche Vorträge, Dichterstunden und Künstlerkonzerte. Zur Heranbildung einer geschulten Mitarbeiterschaft aus der Jugend heraus gründete er schließlich 1927 das „Masurische Volksschulheim Jablonken".

Der Erfolg blieb nicht aus. Die Zahl der polnischen Stimmen ging bei den Reichstagswahlen zwischen 1924 bis 1932 ständig zurück sowohl in Masuren wie auch im Ermland. 1928 sagten sich die „Masurische Vereinigung" und die „Masurische Bank" von den Polen los. Damit waren die letzten Gründungen aus der Abstimmungszeit aufgelöst.

Zur Abstimmung sei zum Abschluß noch ein Wort von Max Worgitzki angeführt:

> Und was sagte die Kommission dazu? Der Japaner blickte äußerlich unbeweglich drein wie immer. Der Engländer lächelte sein liebenswürdiges Diplomatenlächeln. Der Italiener sann ein wenig nach, als er das Endresultat in Händen hielt, dann sagte er mit einem feinen Lächeln: „Wo waren eigentlich die Sachverständigen von Versailles?"
>
> Die Franzosen aber machten strenge Gesichter und sagten untereinander: „C'est incroyable!"

Zwischen den Weltkriegen

Die Hochstimmung der Abstimmungszeit war rasch verflogen. Bald nach dem Abstimmungstag verließen die internationalen Kontrollmissionen mit den Besatzungstruppen das Land. Ihre Abreise wurde dadurch beschleunigt, daß der inzwischen ausgebrochene Krieg zwischen Polen und Sowjetrußland sich bis in die Nähe der Südgrenze Ost- und Westpreußens gezogen hatte. Am 12. August sprach die Botschaftskonferenz in Paris die beiden Abstimmungsgebiete, den Regierungsbezirk Alleinstein mit dem Kreis Treuburg und den Regierungsbezirk Marienwerder von Westpreußen Deutschland zu, doch nicht ohne empfindliche Grenzberichtigungen: so mußten im Allensteiner Regierungsbezirk die drei Grenzdörfer Groschken, Kl. Nappern und Kl. Lobenstein im Kreis Osterode und von Westpreußen fünf Weichseldörfer, dazu den Hafen von Kurzebrack und der Brückenkopf der Münsterwalder Eisenbahnbrücke an Polen abgetreten werden. Entgegen dem Artikel 28 des Versailler Diktats setzte die Botschafterkonferenz fest, daß die Grenze zwischen Ostpreußen und Polen nicht in der Strommitte der Weichsel, sondern auf dem rechten Ufer ca. 20 m westlich der Deiche verlaufen sollte. Polen erhielt sogar Brückenköpfe zugesprochen, so bei Mewe, Kurzebrack und Klein-Grabau. Damit wurde der Weichseldeich durchschnitten, so daß eine ordnungsgemäße Deichbetreuung nicht mehr möglich war.

Die Zeit nach dem 1. Weltkrieg wurde für Ostpreußen ganz besonders schwer; es hatte die schwerwiegendsten Folgen aus den Veränderungen der Staatsgrenzen zu tragen. Zwischen Ostpreußen und dem „Reich" wurde ein künstliches Gebilde mit dem polnischen Zugang zur Ostsee geschaffen. Bald bürgerte sich für diese polnische Landbrücke die Bezeichnung „der Korridor" ein. Dieser trennte nicht nur Ostpreußen vom Reiche, sondern durchschnitt auch natürliche Wirtschaftsbeziehungen, die sich in Jahrhunderten gebildet hatten. Ostpreußen hatte nämlich mit Westpreußen und Polen z. B. im Jahre 1913 einen Umsatz an landwirtschaftlichen

Produkten von rd. 200 000 Tonnen und von Vieh etwa 215 000 getätigt (Schumacher a. a./S. 308). Hier mußte sich die ostpreußische Landwirtschaft neue Märkte gegen örtliche Konkurrenz und über weite Entfernungen hin erschließen. Die Transportwege stiegen um mehr als das Doppelte, wobei zu berücksichtigen ist, daß die Mehrzahl der Eisenbahnlinien und Straßenverbindungen durch den Korridor gesperrt wurden. Wenn auch der Eisenbahnverkehr durch ein Pariser Abkommen vom 21. April 1921 geregelt wurde, erschwerten schikanöse Maßnahmen Polens den Personen- und Güterverkehr ganz erheblich. Hinzu kam die Unterbietung deutscher Tarife durch Polen. Die wesentlich längeren Transportwege ins Reich verursachten Verzögerungen verschiedener Art, die besonders beim Viehtransport und bei geringwertigen Produkten wie z. B. Kartoffeln den masurischen Bauer ganz besonders trafen. Vieles blieb daher unverwertbar. Infolge dieser ungünstigen Absatzlage Masurens ist die Einführung der Staffeltarifpolitik der Deutschen Reichsbahn im Jahre 1926, die das Ziel verfolgt, mittels sinkender Frachtsätze bei steigenden Entfernungen die Grenzgebiete tariflich dem Inlandsmarkt näher zu bringen, von den masurischen Wirtschaftskreisen als wirksamer Ausweg aus der Absatznot anerkannt worden. Trotzdem haben technische Transporterleichterungen und frachtliche Verbilligungsmaßnahmen seitens der Reichsbahn und des Staates es nicht vermocht, den durch die Schaffung des Korridors bedingten Absatzverlust auf verlorenen Märkten auszugleichen. Es trat ein Mißverhältnis als praktische Folge der ostpreußischen Marktferne zwischen den Verkaufserlösen landwirtschaftlicher Produkte und den Preisen landwirtschaftlicher Bedarfsartikel ein, auf deren Bezug aus dem übrigen Reichsgebiet die Landwirtschaft angewiesen war. War auch der Seeweg billiger, so konnte hier nur ein gewisser Ausgleich erreicht werden!

Der Nachbarwechsel an der Reichsgrenze nach dem 1. Weltkrieg hatte den gewinnbringenden Grenzverkehr nahezu zum Erliegen gebracht. Vor 1914 hatten die russischen Nachbarn alle Qualitätswaren in den masurischen Grenzstädten und Orten eingekauft. Hier wurden nicht nur Textilien, Schuhe, Waffen, Bestecke, feine Stahlwaren, Werkzeuge, Möbel u. a., aber auch Tabakwaren, auf denen in Rußland ein Staatsmonopol lag, erstanden. Hatten die reichen Teppichfabriken von Bialystok früher in Berlin gelebt, ließen sie sich am Ort großartige Häuser von deutschen Firmen und Handwerkern bauen, als in Deutschland Vermögenssteuer erhoben wurde.

Eine andere bedeutende Einnahmequelle war vor dem 1. Weltkrieg vor allem für Lyck und die Grenzstation Prostken aus dem vorübergehenden Aufenthalt polnischer Auswanderer erwachsen. Diese strebten zu Tausenden vor dem Krieg nach Übersee. In ihrer Heimat hatten sie ihre Habe verkauft und blieben meist mehrere Tage in Lyck, bis der Norddeutsche Lloyd ihnen sämtliche Papiere und Ausweise besorgt hatte, und sie nach Hamburg weiterreisen konnten.

Ein Beispiel möge die widrigen Auswirkungen der Beendigung des Grenzverkehrs veranschaulichen: Prostken, Kr. Lyck, Grenzort und Grenzstation. Betrug nach Gollub (a.a.O. S. 56) im Jahre 1913 der Verkehr über die Grenze 545 290 t, so waren es 1930 nur 241 826 t; der Grenzverkehr war also um weit mehr als die Hälfte zurückgegangen. Ein einziger Händler verlud vor dem 1. Weltkrieg über 500 000 Gänse im Jahr; 1934 waren es nur ca. 40 000 Stück.

Der „kleine Grenzverkehr" wurde von Polen im Laufe der Jahre fast ganz unterbunden. Um so mehr blühte der Schmuggel! Pferde, Vieh, Häute, Felle und Geflügel kamen aus Polen, während Zucker, Salz, Textilien, Schuhe und Werkzeuge als

Gegenware über die Grenze gingen. Die Schmuggelprozesse rissen bei den Strafkammern des Landgerichts Lyck und der Außenstelle in Sensburg nicht ab. Den größten Prozeß dieser Art, in dem ein ganzes Grenzdorf des Kreises Treuburg vor Gericht stand, erlebte ich in meiner Ausbildungszeit als Gerichtsreferendar in Lyck im Jahre 1935. Hier ging es um umfangreichen Pferdeschmuggel. In diesem Jahr wies die Jahresstatistik der Justiz des Reiches das Landgericht Lyck mit Abstand als Spitze in Schmuggelprozessen vor dem bis dahin führenden Landgericht Bad Tölz aus.

Neben dem Fortfall des Grenzverkehrs wirkte sich die Verkleinerung und später die Aufhebung der Garnison in einigen masurischen Städten außerordentlich nachteilig auf die Wirtschaftslage aus. Das gilt vor allem für Lyck, wo nach 1919 zunächst nur noch ein kleines Kontingent an Soldaten in der „Reichswehr"-Zeit verblieben ist und 1929/1930 auch diese die Lycker Garnison verließen. Ein unmittelbarer Schaden aus dem Fortfall der großen Garnison erwuchs dem Tabakwarenhandel und dem Gaststättengewerbe; auch bei den Hotelbetrieben war ein starker Rückgang der Zimmerbelegung festzustellen. Indirekt wirkte sich das Fehlen der Soldaten auf Handwerk und auch auf das allgemeine Wirtschaftsleben der Stadt aus.

Derartig lähmende Auswirkungen auf das städtische Wirtschaftsleben hätten allerdings der Fortfall des Grenzverkehrs und der Verlust der Garnison nicht gehabt, wenn nicht noch dazu der Niedergang der Landwirtschaft getreten wäre. Die Inflation brachte der nichtbäuerlichen Bevölkerung vor allem in den Städten ganz besondere Erschwernisse, während sie den Bauern wesentliche Vorteile verschaffte. Die bisherige Verschuldung der Bauern wurde in der Inflation beseitigt, als das Jahr 1924 die Stabilisierung der Währung mit der Rentenmark brachte. Damit war, was vielfach übersehen wird, der Geldmarkt durcheinander geraten. Der Bauer hatte seine Ernte des Jahres 1923 bereits gegen Papiermark verkauft, als die Inflation mit der Einführung der Rentenmark (RM) beendet wurde. Zur Fortführung seines Betriebes, ja selbst zur Beschaffung von Saatgut mußte er Kredit aufnehmen; dieser wurde mangels eines geordneten Kreditmarktes nur kurzfristig und zu überhöhten Zinsen gewährt. Gleichzeitig trat am Weltmarkt ein katastrophaler Preissturz aller agrarischen Produkte ein, der jeden Wirtschaftserfolg ausschloß und alle landwirtschaftlichen Betriebe schwer treffen mußte.

Es ist nicht verwunderlich, daß diese Krise ganz besonders die Kleinbauern Masurens traf, zumal die Neuordnung der Absatzverhältnisse bedingt durch den „Korridor" noch nicht abgeschlossen war. Hier versuchte der ostpreußische Oberpräsident Ernst Siehr, der bis 1933 im Amte war, mit seinem „Ostpreußenprogramm" zu helfen. Neben den Tarifermäßigungen der Reichsbahn und den Gebührensenkungen der Post wurde ab 1926 ein besonderer „Ostfond" begründet, der Hilfsmaßnahmen für die ostpreußische Landwirtschaft vorsah. Hier wurde vor allem eine Verbesserung der landwirtschaftlichen Situation auf dem Wege der Ertragssteigerung mit Saat- und Tierzucht-Verbesserungen, mit Einführung des landwirtschaftlichen Schulwesens und mit Viehseuchenbekämpfung eingeleitet.

Zwar brachten diese Maßnahmen wohl eine Steigerung der Ackererträge und eine Verbesserung der Viehhaltung, sie konnten aber die rapide Verschuldung der Landwirtschaft nicht hemmen. Erst das Eingreifen des Reichspräsidenten von Hindenburg mit seiner „Osterbotschaft" vom 18. März 1930 löste die sogenannte „Osthilfe"-Gesetzgebung aus und brachte tatsächliche Hilfe mit dem „Osthilfegesetz" vom 31. März 1931. Nunmehr setzte eine individuelle Hilfe mit Umschulung der Betriebe ein.

Der Erfolg wurde vor allem dadurch erzielt, daß die Verschuldung der Betriebe und die aufzubringende Zinsbelastung auf eine tragbare Höhe ermäßigt wurden. Entscheidend für den allmählich einsetzenden Erfolg in der Landwirtschaft waren die Steigerung der Erträge des Ackers und der Leistungen der Tierzucht auf eine bisher nicht erreichte Höhe. Auch die masurische Landwirtschaft mit ihren überwiegend kleinbäuerlichen Betrieben hatten mit der Züchtung edler Pferde wie auch leistungsfähiger Rinder vor dem 2. Weltkrieg große Erfolge aufzuweisen. Jedenfalls brachten die dreißiger Jahre eine Konsolidierung der Agrarverhältnisse dank staatlicher Maßnahmen und der aufopfernden Tätigkeit der Bauern. So waren schon vor der Machtübernahme durch Hitler die Weichen für den Aufschwung gestellt. Neben der Schweinehaltung war Mitte der 30er Jahre mit dem Aufbau der Wehrmacht die Remontezucht auch für die bäuerlichen Mittelbetriebe Masurens interessant geworden. Die Einrichtung von Landwirtschaftsschulen in den Kreisstädten und deren Besuch durch die Jungbauern im Winterhalbjahr wirkten sich besonders günstig aus; dort wurden u. a. zeitentsprechende Wirtschaftsmethoden, Viehhaltung, richtiger Umgang mit Kunstdünger u. a. gelehrt.

In allen masurischen Kreisen hat die Zahl der Klein- und Mittelbetriebe in der Landwirtschaft ab 1925 erheblich zugenommen. Durch Aufteilung größerer Höfe wurden bäuerliche Betriebe geschaffen oder Kleinsthöfe vergrößert und damit lebensfähig gemacht. Hierbei hatte der Staat erhebliche Zuschüsse gewährt, um von vorne herein die Lebensfähigkeit zu sichern. Der Wiederaufbau und die Instandsetzung von im Kriege zerstörten privaten Gebäuden hatte dank der „Ostpreußenhilfe" mit erheblichem Geldaufwand seitens des Preußischen Staates bereits im 1. Weltkrieg ab 1916 begonnen. Diese wurde sofort nach dem Krieg verstärkt fortgesetzt. An Behörden waren entstanden: der Reichsminister für Wiederaufbau in Berlin, der „Reichskommissar zur Ausführung von Aufbauarbeiten in den zerstören Gebieten" in Berlin und schließlich die „Preußische Landesauftragsstelle für Ostpreußen"; auch der Oberpräsident zu Königsberg setzte sich sehr für den Wiederaufbau und vor allem für die Geldbewilligung und Unterstützung bei Privatbauten und bei der Beseitigung von Kriegsschäden im privaten Bereich ein. Bei den Landratsämtern wurden im Jahre 1920 „Bauberatungsämter" für den Wiederaufbau eingerichtet. Im großen Ganzen waren die Aufbaumaßnahmen im privaten Bereich bis 1925 abgeschlossen.

Die Wiederherstellung zerstörter oder stark beschädigter öffentlicher Gebäude wurde erst ab 1922 in Angriff genommen. So wurden zerstörte Kirchen wie in Pissanitzen, Kallinowen, in der Stadt Lyck u. a., Kreishäuser so in Lötzen, Rathäuser u. a. öffentliche Gebäude wiederaufgebaut. Ausgebaut oder neu erbaut wurden auch Krankenhäuser, Schulen und Gemeindehäuser. In einigen Städten entstanden Siedlungsbauten, um der Wohnungsnot zu begegnen. Fast alle masurischen Städte gaben viel Geld aus, um die Elektrifizierung, die Kanalisation und die innerstädtischen Straßen zu verbessern. Moderne Schlachthäuser entstanden neben E-Werken und Gasanstalten. Mit diesen Baumaßnahmen versuchten die Städte, der Arbeitslosigkeit zu begegnen und der Bauwirtschaft und dem Handwerk zu helfen. Doch waren Städte und staatliche Verwaltung leider finanziell nicht in der Lage, die Arbeitslosigkeit vor 1933 zu beheben.

Mit der Machtübernahme durch die Nationalsozialisten 1933 setzte bereits im Sommer 1933 der Angriff auf die Arbeitslosigkeit und deren Beseitigung ein.

Staatsmittel wurden großzügig bereitgestellt. Aufforstungen, Grünlandentwässerungen, Ackerdränungen und vor allem Straßenbauten wurden eingeleitet. Dazu wurden auch aus Königsberg Arbeitslose so im Kreis Sensburg, Ortelsburg und Lyck mit jeweils 1000 Mann eingesetzt und an Ort und Stelle in Baracken untergebracht. Lötzen, Lyck, Sensburg und Nikolaiken haben vor dem 2. Weltkrieg die Seeuferpromenaden ausgebaut und so zur Verschönerung für den Fremdenverkehr beigetragen! In den letzten Jahren vor dem 2. Weltkrieg gehörte zu den Förderungsmaßnahmen des Staates die Aufforstung von Flächen, die für landwirtschaftliche Nutzung wenig geeignet waren.

In der „Arbeitsschlacht" zur Beseitigung der Arbeitslosigkeit steht ab 1933 der Ausbau der Straßen ganz oben. Einige seit längerer Zeit ausgebaute Straßen wurden zu „Kunststraßen", d. h. asphaltiert, ausgebaut. Das sind in der Regel Reichsstraßen bzw. Staatsstraßen. Waren schon vor 1933 auf Veranlassung der Landräte in allen Kreisen zahlreiche Kiesstraßen zur Erschließung verkehrsungünstiger Gegenden errichtet worden, wurden viele von diesen in den 30er Jahren auch asphaltiert. Doch war überall das Ziel: jeder Ort sollte eine ordentliche Straße erhalten. Diese Vorhaben wurden begünstigt durch große Vorkommen an Baumaterialien wie Kies, Steine, Sand, die die betroffenen Gemeinden schon im eigenen Interesse kostenlos stellten. Mit der Errichtung der Wehrmacht sorgte diese für die Verbesserung der Straßen in Grenznähe und für den Ausbau und die Verstärkung der Brücken. Im Jahre 1939 führte fast zu jedem Dorf in Masuren eine vernünftige, ausgebaute, feste Straße! Der großartige Ausbau des Straßennetzes brachte nicht nur der Landwirtschaft, sondern auch der gesamten Wirtschaft und dem Fremdenverkehr Erleichterung und große Vorteile! Der Aufschwung ganz allgemein war in den letzten Jahren vor dem 2. Weltkrieg unverkennbar!

Fremdenverkehr ist mehr als nur der Begriff für einen Vorgang, der sich in Statistiken und Umsatzzahlen des einschlägigen Gewerbes widerspiegelt. Fremdenorte sind Plätze der Begegnung eingesessener Menschen mit Gästen aus nah und fern. Der Fremdenverkehr ist für die Entwicklung einer Stadt und einer Landschaft und deren Wirtschaft von größter Bedeutung. Hier war Lötzen schon sehr früh tätig.

Der 16. Mai 1890 war für diese damals 5300 Einwohner zählende kleine masurische Stadt ein ereignisreicher Tag: damals wurde von drei von Heimatliebe beseelten Männern, Bürgermeister Schweichler, Bankvorsteher Rakowski und Postmeister a. D. Lack, das erste Schiffahrtsunternehmen Masurens gegründet, die „Gesellschaft zur Erleichterung des Personenverkehrs auf den Masurischen Seen". Damit wurden noch vor der Jahrhundertwende die Voraussetzungen geschaffen, Masuren, das Land der Seen und dunklen Wälder, in seiner ganzen Schönheit zu erschließen. Lötzen wurde Wegbereiter des Fremdenverkehrs im Süden Ostpreußens, in Masuren.

Mit der bereits 1868 eröffneten „Südbahn", Königsberg-Lyck-Prostken, war die gute Zugverbindung von Berlin über Königsberg geschaffen. Hier konnten die Reisenden auf Schiffen nach Süden über Löwentinsee, Talter Gewässer nach Nikolaiken und weiter nach Rudczanny (Niedersee) die Schönheiten Masurens kennenlernen. Nach Norden ging es auf dem Kanal zum Mauersee und nach Angerburg.

Bereits 1891 hatte die Stadt Lötzen eine Allee zum Stadtwald angelegt. Dort entstand ein Netz schöner Waldwege. In den zwanziger Jahren wurde am Ufer des Löwentinsees das neue Erholungszentrum mit Uferanlage, dem Strandbad und der schönen Jugendherberge, daran anschließend Wassersportanlagen mit Seglerhaus und Jachthafen, Ruderbootshaus und Kanuhalle angelegt. Lötzen war damit Zentrum des Wassersports und zog von Jahr zu Jahr mehr und mehr Gäste an, die von hier aus Wasserwanderungen kreuz und quer durch die großen Seen Masurens unternahmen.

Unter Bürgermeister Dr. Alfred Gille begann eine Zeit des verstärkten Ausbaus der Einrichtungen für den Fremdenverkehr und der Schaffung neuer Anziehungspunkte. Einen Übelstand konnte er nicht beseitigen, die schlechte Uferlage der Stadt, die durch die Bahn vom Ufer ihres Haussees, des Löwentinsees, getrennt wurde. Die Gründung eines Verkehrrsvereins im Jahre 1929 und die Indienststellung moderner Schiffe regten den Fremdenverkehr ungemein an. Neben guten Hotels wurde im Jahre 1926 von Franz Effta das Kurhaus, eine großzügige angelegte Gaststätte mit einem Wintergarten und einer Fontäneanlage erbaut und bildete bald den Mittelpunkt des gesellschaftlichen Lebens mit zahlreichen unterhaltenden Veranstaltungen in Lötzen. Leider brannte dieses schöne Haus im Jahre 1938 ab und wurde vor dem 2. Weltkrieg nicht wiederaufgebaut.

Nach 1933 stiegen die Besucherzahlen enorm an. Die K.d.F.-Organisation führte den gelenkten Fremdenverkehr ein. Im Jahre 1935 erreichten die Besucherzahlen laut Bericht im Kreisbuch Lötzen (a.a.O. S. 331f) ihren Höhepunkt. Den ganzen Sommer über kamen neben einer großen Zahl Einzelreisender die Reisegesellschaften von Reisebüros und Reichsbahn-Sonderzügen aus allen Teilen Deutschlands. Höhepunkt war innerhalb von vier Tagen der Besuch von etwa 15 000 Teilnehmern einer großen Tagung des „Vereins für das Deutschtum im Ausland" in Königsberg. In langen Sonderzügen kamen sie in Lötzen an, verweilten hier, unternahmen Fahrten über die See. Alles war überbelegt, die Schiffe mußten Prahme anhängen, um alle Personen zu befördern.

So strahlten die Aktivitäten Lötzens auf Angerburg und alle andern angrenzenden Orte der Dampferlinien auf den großen masurischen Seen aus. In Angerburg setzte man nach dem 1. Weltkrieg Boote zur Beförderung von Touristen zu den Inseln Upalten und Steinort ein. Es wurde auch der Anschluß an die Schiffahrtsverbindungen der Lötzener Schiffe erreicht. Im Jahre 1927 wurde das Waldhaus Jägerhöhe in prächtiger Lage am Nordufer des Schwenzaitsees erbaut und in den folgenden Jahren wurden Gästeheime und eine Badeanstalt errichtet. Dieses hatte einen großen Zuspruch von Touristen zur Folge, zumal das Pächterehepaar Heinrich eine vorzügliche Verpflegung bot.

In Nikolaiken schuf Bürgermeister Adolf Randzio die schöne Uferpromenade und ließ im Wald ein Kurhaus erbauen. Da die aus Lötzen kommenden Schiffe den Spirdingsee nicht berührten, stellte ein Nikolaiker ein Motorboot, welches Extrafahrten auf dem Spirdingsee unternahm und regen Zuspruch fand.

In Sensburg diente dem Fremdenverkehr das in den 20er Jahren im Stadtwald in herrlicher Lage errichtete Kurhaus. In der Stadt selbst wurden mehrere Hotels und Gaststätten mit Hilfe des Provinzialverbandes für den Fremdenverkehr ausgebaut. Die in den 30er Jahren ansteigenden statistischen Zahlen des Fremdenverkehrs sprechen eine beredte Sprache!

In Sensburg hatte sich ein „Verschönerungs- und Verkehrsverein" gebildet, dessen Vorsitzender von 1924—1937 der spätere Landrat des Kreises Sensburg, Paul Hundrieser, war. Zusammen mit Stadt und Kreis wurde die elf Morgen große Halbinsel im Schloßsee angekauft, aufgeforstet und mit Hecken umgeben. Eine Uferpromenade rund 4 km lang erlaubte ausgedehnte Spaziergänge bis auf die Höhen am Bismarckturm. So kamen die Naturschönheiten zur Geltung. Durch Landankauf und Aufforstung von rund 400 Morgen wurde der Stadtwald bis unmittelbar an den Stadtrand herangeführt. An der Südseite des Schloßsees legte die Stadt eine große, moderne Badeanstalt mit weiten Flächen für Sonnenbäder an.

Außerhalb der Stadt Sensburg rückten Rudczanny/Niedersee und der liebliche Kruttinna-Fluß in das Interesse des Fremdenverkehrs. Wer einmal die schöne Kruttinna mit dem Kahn in dem kristallklaren Wasser unter dem herrlichen Laubdach abgefahren hatte, wurde ein Werber für diese einmalig reizvolle Landschaft! Zum besonderen Anziehungspunkt aller Masurenfahrer wurde das vom Kreis unter Landrat Dr. Stange auf hohem Ufergelände mit Sicht auf die bewaldeten Inseln erbaute Kurhaus Niedersee am südlichen Endpunkt des Masurischen Schiffahrtsweges. Der Zustrom von Gästen war so groß, daß bald ein weiteres Gästehaus gebaut werden mußte. Der Zustrom aus dem Reich war vor dem 2. Weltkrieg sehr groß mit stets zunehmender Tendenz! Hier wirkte sich die Propaganda des Seedienstes Ostpreußen sehr günstig aus. Dank staatlicher Hilfe konnten Gaststätten erweitert oder neu erbaut werden um die Kruttinna und um das Talter Gewässer und den waldreichen Beldahnsee, so in Kruttinnen, Niedersee, Nikolaiken, Ukta, Spirding und Nieden (Johannisburg). Für stilgerechte Gestaltung wurde der Kunstmaler Kunz-Herzogswalde verpflichtet.

Ortelsburg hatte bereits 2 Anziehungspunkte für Besucher bereit, bevor es zusätzliche Maßnahmen zugunsten der Fremdenverkehrswerbung unternahm. Da ist der vom Jägerbataillon Graf Yorck von Wartenburg gegründete und betreute Falkenhof, der größte Deutschlands. Hier erschienen immer wieder Leute vom Fach, nicht nur aus dem militärischen Bereich.

Noch bedeutend war das — man kann zu Recht sagen — weltbekannte Heimatmuseum. Im Herbst 1925 fand die formelle Eröffnung in Räumen der alten Ortelsburg auf einer Fläche von zunächst 200 qm statt. Diese Ausstellungsfläche wurde durch Ausbau des alten Ordensschlosses auf über 500 qm erweitert, wenn auch weitere Ausbauten von Räumen und die Instandsetzung der Burggrabenmauer an der Seeseite und an der Gerichtsseite durch den Ausbruch des 2. Weltkrieges verhindert wurden. Dieses Museum umfaßte zahlreiche Sammlungen aus dem Kreisgebiet aus vorgeschichtlicher und geschichtlicher Zeit und hatte eine ansehnliche volkskundliche Abteilung, mit einer reichhaltigen und schönen Bauernstube, eine kultur- und ortsgeschichtliche Abteilung, eine ansehnliche Sammlung christlicher Kunst und eine gut ausgestellte Münzsammlung. Doch auch geologische und naturkundliche Dinge waren in Schaukästen untergebracht. Eine umfangreiche Vogelsammlung ergänzte das Bild dieses hervorragend eingerichteten Museums. Ein Schautisch mit Bernsteinstücken verschiedener Größe und Farbe erinnerte an die historisch belegte frühere Bernsteingewinnung im Sandergebiet südlich Ortelsburgs. Den Stolz der vorgeschichtlichen Sammlung bildeten die zahlreichen und wissenschaftlich wertvollen Funde aus der jüngeren Steinzeit (4000 -1800 v. Chr.), die Steinkistengräber und ihre in Schaukästen ausgestellten Beigaben an Tongefäßen der Kugelflaschenkultur, dicknabigen Feuersteinbeilen und dem Bernsteinschmuck in Form von symbolhaft verzierten Amuletten, Röhren- und Knopfperlen. Die Steinkistengräber von verschiedenen Fundstellen des Kreises wurden im Burghof aufgestellt.

Bürgermeister Mey tat vieles für die Verschönerung der Stadt. So wurde eine mit Ulmen bepflanzte Uferpromenade geschaffen, die die Schönheiten des Kleinen Haussees erschloß. Das Sumpfgebiet am Südufer des Kleinen Haussees wurde durch Trümmerschutt aufgefüllt und hier ein großer Platz, der Melchiorplatz, geschaffen, auf dem die Vieh- und Pferdemärkte und der bei den Bürgern beliebte Krammarkt stattfanden. Am Großen Haussee richtete der Ruderverein bald nach dem 1. Weltkrieg ein schönes Heim ein. Im Stadtwald baute Bürgermeister Mey 1931 das Schützenhaus, das mit seinen Anlagen nicht nur Einheimische, sondern auch Fremde anlockte. Doch für die Werbung um Touristen tat man lange Zeit nicht sehr viel. Erst 1937 schenkte man dem Fremdenverkehr schon aus der Lage der Stadt an dem Hauptreiseweg zwischen Tannenbergdenkmal und Niedersee heraus mehr Aufmerksamkeit. Erst 1937 wurde ein städtisches Verkehrsamt gegründet, das Werbematerial und Prospekte herausgab und auf die heiter wirkende wiederaufgebaute moderne Stadt Ortelsburg mit ihrer reizvollen Umgebung und ihren Sehenswürdigkeiten wie dem Heimatmuseum hinwies.

Johannisburg war mit der Galinde zum Roschsee und von dort über den Wagenauer Kanal zum Spirdingsee nach Nikolaiken und damit nach Lötzen und Angerburg und nach Niedersee nach Süden angeschlossen. Die Dampferanlegestelle auf der Galinde lag mitten in der Stadt. Der nahe gelegene Forst, der Stadtwald mit schönen Spazierwegen, die Galinde (Pissekfluß) mit mehreren Freibadeanstalten, der Roschsee u. a. gaben nicht nur Einheimischen Abwechslung und Erholung, sondern förderten den Fremdenverkehr ganz erheblich durch Schiffahrt und Wassersport. Eine besondere Werbung für den Fremdenverkehr wurde nicht betrieben.

Neidenburg wurde ab 1921 nach den großen Kriegsschäden modern neu aufgebaut. Der städtische Grundbesitz wurde durch Ländereien des nahe gelegenen Gutes Grünfließ vergrößert und aufgeforstet. Im Stadtwald baute man eine neue Gaststätte mit Saal und legte Spazierwege an. Die Ordensburg wurde instandgesetzt, in historischen Räumen wurden die Stadtbücherei und ein Kino untergebracht. Eine ganz besondere kulturelle Leistung der Stadt ist die Einrichtung des Grenzlandmuseums im Jahre 1942. Dieses Museum bleibt mit der Kristallnacht am 9./10. 11. 1938 eng verbunden; denn durch die Zerstörung der Synagoge war es möglich, den vorgeschichtlichen Sammlungen seitens der Stadt und des Kreises auf der Ruine der Synagoge Museumsräume, die allen Aufforderungen und Wünschen entsprachen, zu schaffen. Übrigens wollte der Kreisleiter aus der durch Unvernunft und Terror niedergebrannten Synagoge eine Schweinemastanstalt errichten. Die Stadt wurde mit der jüdischen Gemeinde rasch handelseinig, als sie für die auf der Synagoge ruhenden Hypothek die Ruine übernahm. Glanzpunkt des Grenzlandmuseums waren das Fürstengrab mit seinen Funden, die Funde von Pilgramsdorf. In der großen Halle im Obergeschoß hatte der Kunstmaler Beuthner aus Breslau in Gemälden die Vorgeschichte des Kreises dargestellt. Dieses Gotengrab eines Fürsten fand mit allen Funden hier eine würdige Unterkunft. Die Beigaben wie ein Goldring, Silberschnallen, eine Glas- und eine Tonschale, ein schön verzierter Holzdeckel, römische Münzen u. a. fanden hier eine würdige Darstellung. Doch auch vorgeschichtliche Funde wie Feuerstein-Kleingeräte, Steinbeile, Vasen mit Schnurkeramik versehen, Bernsteinperlen, alles Funde aus dem Kreisgebiet wurden hier gezeigt. Von den Polen ist nach 1945 alles in das Museum nach Allenstein gebracht worden.

Lyck, die Hauptstadt Masurens, war nach Auffassung vieler Experten die schönste Stadt dieser einzigartigen Landschaft. Lyck blieb leider lange Zeit abseits vom Fremdenverkehr. Die Stadt hatte offensichtlich die Zeichen der Zeit verschlafen. Erst 1926 geschah etwas für den Fremdenverkehr. Kaufmännische Kreise, Handel und Gewerbe, Vereine und die Lycker Zeitung regten die Durchführung eines Verkehrstages in Lyck an. Mit diesem wollte man zeigen, „was die Stadt Lyck an Schönheiten und Vorzügen zu bieten hat, was Handel und Gewerbe in ihr zu leisten vermögen und daß ein öfterer Besuch der Stadt sich reichlich verlohnt", heißt es in der Werbeschrift „Darbietungen zum Verkehrstag in Masurens Hauptstadt Lyck, Sonntag, den 19. September 1926". Zu diesem Verkehrstag soll auch die Landbevölkerung kommen, diese soll „ihre Bedürfnisse nicht in der Großstadt oder von Versandgeschäften, sondern aus ihrer Kreisstadt beziehen ... Der Verkehrstag soll das Band zwischen Land und Stadt noch fester knüpfen ..."

Zahlreiche Sportveranstaltungen zu Wasser und auf dem Land, darunter auch die Flugveranstaltung der Gesellschaft für Deutsches Flugwesen, Berlin, Schaufensterwettbewerb und die Eröffnung des Heimatmuseums im Rathaus umrahmten diesen Verkehrstag, der ein voller Erfolg wurde.

An diesen Tagen entstand das städtische Nachrichten- und Verkehrsamt. Der Städtetag nahm Lycks Einladung an, seine diesjährige Tagung in Lyck abzuhalten und mit dem Johannisabend, am 23. 6. 1927 beginnend, eine geschlossene Reihe von Darbietungen in einer Verkehrswoche zu vereinen. Die Verkehrswoche — es waren 2 Wochen vom 23. Juni bis 5 Juli 1927 — stand unter der Schirmherrschaft des Reichspräsidenten Generalfeldmarschall von Hindenburg. Hier erschienen die Spitzen der Behörden und der Wirtschaft Ostpreußens und des Regierungsbezirks Allenstein. Neben zahlreichen Sportveranstaltungen lief in beiden Wochen eine „Gewerbeschau Lyck 1927" und ein Balkon- und Vorgärtenwettbewerb.

Mit großem Erfolg inszenierte Architekt Lotz ein Wintersportfest erstmalig in Lyck laut „Lycker Zeitung" vom 9. 2. 1929 unter dem Motto „Ski Heil Masuren" am 9./10. 2. 1929.

Von der Gründung eines eigenen Verkehrsverbandes „Masuren" mit Sitz in Lötzen profitierte auch Lyck. Dieser Verband gab auch für Lyck einen Prospekt für Fremdenwerbung heraus mit guten Angaben über Lyck und seine Umgebung, mit Hinweisen auf Rundgänge durch die Stadt und Umgebung, mit Angaben über Hotels, Gaststätten, Cafés, Jugendherberge, Banken u. a. Schon das ausgezeichnete Foto mit See und Stadt warb eindrucksvoll! Dem Nachrichten- und Verkehrsamt gelang es, auch der Reichsbahn das Anlaufen von Lyck durch Sonder- und Urlaubszüge zu erreichen, und hier wurde eine gute Verbindung zu der neuen Organisation K.d.F. (Kraft durch Freude) geschaffen. In den letzten beiden Friedensjahren kamen zahlreiche Bus- und Bahnreisende nach Lyck. Hier hatte sich ein in Zinten wohnender Lycker Lokalpatriot, der bei K.d.F. viel zu sagen hatte, stark für seine Vaterstadt eingesetzt.

Meliorationsarbeiten waren in größerem Umfange bereits gegen Ende des 19. und zu Beginn des 20. Jahrhunderts meist mit Erfolg durchgeführt worden. Hierbei hatte der Preußische Staat erhebliche Mittel eingesetzt. Zwischen den Weltkriegen und ganz besonders ab 1934 entstanden in allen Kreisen Masurens Entwässerungs- bzw. Dränage-Genossenschaften mit staatlicher Unterstützung vor allem für den Einsatz von Arbeitslosen. Damit wurden in erster Linie die Wiesen- und Weideerträge stark verbessert, es wurde aber auch Neuland gewonnen.

Besonders aufschlußreich und eine Besonderheit im Verhältnis zum Nachbarn Polen sind Meliorationen an der deutsch-polnischen Grenze im Kreise Ortelsburg. Hierzu schreibt Landrat Dr. von Poser (Heimatkreisbuch Ortelsburg, S. 171 ff.): „Im Jahre 1924 trat ich, nachdem mir das preußische Landwirtschaftsministerium glücklicherweise freie Hand gelassen hatte, in unmittelbare Verhandlungen mit den beiden polnischen Starosten in Ostrolenka und Praschnitz. Obwohl nach der Abstimmung im Jahre 1920 naturgemäß die Beziehungen äußerst gespannt waren, kam es später zur Regelung des kleinen Grenzverkehrs, zu Verhandlungen an der Grenze und persönlicher Fühlungnahme, in deren Verlauf ich auch einmal nach Ostrolenka eingeladen wurde; auch der Starost von Praschnitz machte mir mit seiner Frau und seinen Kreisdeputierten von Zarowski seinen Besuch. Ich schrieb im Jahre 1925 an die beiden Starosten und bat sie, überall, wo es erforderlich wäre, auf polnischem Gebiet Vorflutgräben bis zu dem 30 Km entfernten Narew auszuheben, um dem Kreise Ortelsburg die so dringend notwendige Vorflut zu verschaffen. Um den Polen von vornherein den Einwand zu nehmen, daß sie hierfür kein Geld hätten, erklärte ich mich bereit, die Kosten aus Kreismitteln bereitzustellen. Als ich im Jahre 1926 in Neidenburg mit dem eben erwähnten polnischen Kreisdeputierten von Zorawski über die Regulierung des Orschützflusses zusammentraf, erinnerte ich ihn an meine Bitte, und tatsächlich fing der Kreis Praschnitz zwischen Flammberg und Fürstenwald mit dem Ausbau der Gräben an, und der Kreis Ostrolenka, dem ich das Vorgehen des Kreises Praschnitz mitgeteilt hatte, folgte dann auch bald seinem Beispiel. Der Ausbau erfolgte dann auf polnische Kosten, womit ich ja auch praktisch gerechnet hatte. So wurden im Jahre 1926 bis zum Jahre 1932 überall die „Schleusen" nach Polen geöffnet, und das Wasser aus dem Kreise Ortelsburg hatte endlich die lang ersehnte Abflußmöglichkeit. Jedes Jahr kamen wir nun mit den Polen zusammen, wobei einmal der Kreis Ortelsburg, das andere Jahr Polen Gastgeber waren; alles spielte sich aber in bescheidenen Grenzen ab."

Doch dieses war und blieb eine Ausnahme. Nach dem deutschen Abstimmungserfolg vom 11. Juli 1920 und dem Verbleib Masurens bei Deutschland war das Verhältnis zwischen Polen und Deutschland ständig gespannt. Zunächst versuchte Polen mit Gründungen von polnischen Zeitungen, polnischen Vereinen in Ortelsburg, Neidenburg, Sensburg und Lyck und dem sogenannten „Polenbund" in Masuren Fuß zu fassen als Ansatzpunkte für eine expansive Politik. Diese Versuche scheiterten und kamen nicht über von Polen subventionierten publizistischen Aktionen hinaus. Die Spannungen jedenfalls blieben. Es wurde immer wieder deutlich, daß die expansiven Kreise Polens keineswegs gewillt waren, die Ergebnisse der unter interalliierter Kontrolle abgehaltenen ost- und westpreußischen Volksabstimmung von 1920 und damit das Selbstbestimmungsrecht wenigstens für diesen Teil des deutschen Ostens anzuerkennen.

Innerhalb des durch Versailles neuentstandenen Polens war die Haltung gegenüber Deutschland sehr unterschiedlich. Wurde einerseits aggressiver Westexpansionismus gefordert, um den alten Machtbereich der Piasten wiederherzustellen, so gab es auch Stimmen des Ausgleichs und der Zusammenarbeit. Die polnische „GAZETA GDANSK" schrieb am 9. 10. 1925:

„Polen muß darauf bestehen, daß es ohne Königsberg, ohne ganz Ostpreußen nicht existieren kann. Wir müssen jetzt in Locarno fordern, daß ganz Ostpreußen liquidiert werde. Es kann eine Automie unter polnischer Oberhoheit erhalten. Dann wird es ja keinen Korridor mehr geben. Sollte dies nicht auf friedlichem Wege geschehen, dann gibt es wieder ein zweites Tannenberg, und alle Länder kehren dann wieder in den Schoß des geliebten Vaterlandes zurück."

Der polnische Generalstabsoffizier H. Baginski schrieb 1927 in einer von der „Polnischen Kommission für internationale intellektuelle Zusammenarbeit" preisgekrönten Arbeit:

„Solange wird nicht Friede in Europa herrschen, bis nicht die polnischen Länder vollkommen an Polen zurückgegeben sein werden, solange nicht der Name Preußens, der ja der Name eines nicht mehr vorhandenen Volkes ist, von der Karte Europas getilgt sein wird und solange nicht die Deutschen ihre Hauptstadt von Berlin weiter nach Westen verlegen, zur ehemaligen Hauptstadt Magdeburg an der Elbe oder Merseburg an der Saale, solange sie nicht aufhören, von der ‚Berichtigung' der Grenzen im Osten zu träumen."

Es gab auch andere Stimmen in Polen. So versuchte der polnische Außenminister Beck immer wieder zum Ausgleich mit Deutschland zu kommen und ein friedliches Nebeneinanderleben beider Völker zu erreichen. Bezeichnend ist auch der Ausspruch des polnischen Staatspräsidenten, Marschall Pilsudski, am 10. 10. 1927 zu Reichsaußenminister Dr. Stresemann:

„Ostpreußen ist unzweifelhaft deutsches Land, das ist von Kindheit an meine Meinung, die nicht erst der Bestätigung durch eine Volksabstimmung bedurfte."

Hier spielte die Furcht vor dem östlichen Nachbarn, der Sowjetunion, eine große Rolle.

Doch diese Richtung konnte sich gegenüber der deutschfeindlichen Gruppe nicht durchsetzen, zumal auch die in Polen stets ganz besonders bedeutungsvolle und einflußreiche katholische Kirche die gleichen Töne wie die Nationaldemokraten anschlug.

In immer wieder durchgeführten, oft provokatorischen Manövern der polnischen Armee in Grenznähe von Masuren und in Westpreußen erhielten die chauvinistischen polnischen Forderungen ihren äußeren Ausdruck. Ziel dieser grenznahen Manöver waren die Besetzung Ostpreußens oder die Einnahme des Freistaates Danzig.

Dieses Thema behandelte ein im Jahre 1928 herausgekommenes Buch von Nitram „Hallo, hier Ostpreußenrundfunk! Überfall auf Ostpreußen!" Dargestellt wird die widerrechtliche Besetzung Ostpreußens und der Widerstand der ostpreußischen Bevölkerung bis zur Vertreibung der Angreifer. Das Buch hat großes Aufsehen erregt und die deutsche Bevölkerung aufgerüttelt. Das Bedürfnis nach Schutzmaßnahmen, die von Bestimmungen des Versailler Vertrages mit den dort enthaltenen Entwaffnungsbestimmungen verboten waren, wuchs und hatte die Aufstellung der sogenannten „Schwarzen Reichswehr" zur Folge. Hier wurde ein Schutzverband entgegen den Entwaffnungsbestimmungen aufgebaut. Das spielte sich folgendermaßen ab: in Städten und größeren Dörfern wurden wehrfähige Männer, die freiwillig kamen, in Gruppen oder in Zugformation jeweils an Wochenenden zusammengezogen und von Unteroffizieren und Offizieren der Reichswehr (in Zivil) am Ort an leichten Waffen — Gewehren und Maschinengewehren — ausgebildet. Ich selbst habe vor meinem Abitur 1928/1929 in meinem Heimatort Jucha, Kr. Lyck stets an solchen Ausbildungstagen teilgenommen. So waren wir ca. 25 Mann auch an einem Sonnabend im Oktober 1929 im Saal eines Gasthauses beisammen, um theoretisch an einem Maschinengewehr Ausbildung zu erhalten. Da stürzte einer unserer Wachen herein und rief, daß die „Kommission" käme. Sofort stürzten die beiden Ausbilder von der Reichswehr aus Lötzen mit der Mehrzahl der Männer aus dem Saal, versteckten das Maschinengewehr in der Scheune im Stroh und verkrümmelten sich in Richtung Fluß, See und Wald. Einige blieben im Saal, ich war auch dabei, wie es vorgeplant war, und erwarteten die Kommission, drei Franzosen in Zivil. Wir spielten Skat. Ein Franzose fragte nach den Waffen und unserer Anwesenheit am Vormittag im Gasthaus. Heraus kam nichts; bald rückten die drei wieder ab. Später erfuhren wir, daß uns ein Mann aus einem Nachbardorf verpfiffen hatte!

Ich habe dann noch Ende des Jahres 1929 vor meinem Abitur einen sechswöchigen Unterführerlehrgang in der Feste Boyen, bei Lötzen, mitgemacht und auch in den folgenden Jahren in Lötzen bei der Infanterie Kurzlehrgänge bis zum Leutnant d. Res. absolviert.

Der am 26. Januar 1934 abgeschlossene deutsch-polnische Nichtangriffspakt schien zwischen beiden Völkern eine neue Epoche einzuleiten. Denn der beiderseitige Verzicht auf Gewaltanwendung könnte den Weg zu verständnisvollen Verhandlungen über die Probleme eröffnen, die als schwere Hypothek des Versailler Vertrages auf dem deutsch-polnischen Verhältnis ruhte. Doch die Bereitschaft zu Kompromissen zeichnete sich auf beiden Seiten leider nicht ab. In Polen meldeten sich bald danach wieder jene Stimmen, die im „Westmarkenverein" oder in den Aufständischenverbänden, aber auch in der katholischen Kirche unentwegt für die Verschärfung von Differenzen arbeiteten. Und in Deutschland wollte der Diktator Hitler keine Verständigung zwischen beiden Völkern! Der Nationalsozialismus war bis 1928 in Ostpreußen fast gar nicht vertreten. In der Führungsschicht der Partei hat es auch später keinen Ostpreußen gegeben. Erich Koch, der im September 1928 nach Ostpreußen kam und zunächst ein wenig beachtetes Dasein führte, stammte aus Elberfeld. Nach der „Machtübernahme zwang er den Oberpräsidenten Wilhelm Kutscher, der erst im Herbst 1932 als Fachbeamter an Stelle des Oberpräsidenten Siehr getreten war, zum Rücktritt. Koch war Gauleiter und wurde nunmehr auch Oberpräsident. Doch er blieb seiner Haltung nach immer nur der großsprecherische Gauleiter.

In der Bevölkerung hatte sich bereits Ende der 20er Jahre das Gefühl verbreitet, daß die Fragen des deutschen Ostens nicht richtig und sachgemäß in Berlin behandelt wurden. Es wuchs das Verlangen nach politischer, wirtschaftlicher und sozialer Sicherheit. Hierfür hatte Hitler seine NSDAP (Nationalsozialistische Deutsche Arbeiterpartei) scheinbar das richtige Rezept anzubieten, zumal sie vorgaben, sich zu preußischen Überlieferungen und zu preußischer Rechtsstaatlichkeit zu bekennen.

Hier soll beispielhaft die Darstellung über die NSDAP in einem Kreis mit dem Bericht von Bürgermeister a. D. Paul Wagner (Heimatkreisbuch Neidenburg, S. 166 f) aufgenommen werden:

„Das, was die Nationalsozialistische Deutsche Arbeiterpartei (der Verfasser schildert das Wirken dieser Partei von 1929 bis 1945) in ihren Versammlungen verbreitete, fiel bei der Bevölkerung des Kreises Neidenburg und in der Kreisstadt sehr bald auf einen fruchtbaren Boden. Daher lassen sich frühzeitig die ersten Mitglieder nachweisen. Waren es die schlechten wirtschaftlichen Verhältnisse, war es die Enttäuschung über die zuerst so viel versprochene Osthilfe des Staates oder war es die Müdigkeit, sich von über dreißig Parteien ständig ein besseres Staatswesen versprechen zu lassen, ohne daß wirklich etwas Durchgreifendes geschah? Die Menschen an der Grenze reagieren anders als die im gesicherten Innern eines Staates, und deshalb fand wohl die Lehre der Nationalsozialistischen Deutschen Arbeiterpartei so schnell Eingang. War die Führung des gebildeten Kreises der NSDAP bis etwa 1931 eine ehrenamtliche Tätigkeit, so erscheint 1932 bereits ein besoldeter Kreisleiter, der aber kurz nach der Machtübernahme im Januar durch einen anderen abgelöst wurde.

Die Zeit des Nationalsozialismus, seine Taten und Untaten zu beschreiben, ist nicht Zweck dieses Berichtes. Hier werden nur Art und Weise seines Vorhandenseins gezeigt. An der Spitze des Kreises stand — nicht juristisch, aber tatsächlich — ein vollbesoldeter Parteigenosse. Es folgten mehrere hintereinander, und mit keinem von ihnen hatte der Kreis Neidenburg besonderes Glück. Gewiß, es gab auch Kreisleiter, denen der Mensch näher stand als die Anordnungen und Doktrinen der Partei, aber sobald das in Königsberg bei der Gauleitung bekannt war, wurden sie aus Neidenburg abberufen oder ihres Amtes enthoben, wie es nach 1939 dem Kreisleiter und Landrat Crewell erging, der zu Beginn seiner Dienstzeit das Amt des Kreisleiters ehrenamtlich versah. Jedenfalls regierten fast alle mit diktatorischer Gewalt und ohne Rücksicht auf die Menschen. Deshalb sank das Vertrauen zur Parteiinstanz sichtlich von Monat zu Monat, von Jahr zu Jahr, und dadurch ist es zu erklären, daß seit 1937 von den Körperschaften der Stadt Neidenburg fast immer Anträge der Partei auf Hergabe von Geldmitteln für Parteizwecke der Ablehnung verfielen und das Verhältnis zwischen Partei und Selbstverwaltung sich ständig verschlechterte.

Neben diesem als ‚Hoheitsträger des Kreises' bezeichneten Kreisleiter standen Ortsgruppenleiter. Sie waren aus alteingesessenen Familien zur ehrenamtlichen Arbeit bestimmt worden und hatten so bessere Verbindungen zu den Bürgern ihres Amtsbereiches. Bei ihnen waren Überheblichkeiten, wie sie manchen Kreisleiter auszeichneten, nicht so an der Tagesordnung; denn sie mußten auch im bürgerlichen Beruf mit den auf ‚Parteiebene' von ihnen betreuten Personen täglich auskommen und ihr Brot verdienen."

Die „Machtübernahme" durch die NSDAP ging auch in Ostpreußen nicht ohne Widerstand vonstatten. Erfolgte die Gegnerschaft gegen den Nationalsozialismus vor 1933 meist ohne nachteilige Folgen für diese Personen, war das nach der „Machtübernahme" anders. Zwei Kreise leisteten energischen Widerstand in Masuren: Parteimitglieder der Sozialdemokraten — Kommunisten spielten in dieser Gegend keine Rolle — und Angehörige der evangelischen Kirche.

Ein Beispiel möge das Schicksal eines führenden Sozialdemokraten in Masuren veranschaulichen, es ist der alte Sozialdemokrat, ein führender, sehr gemäßigter Mann, der Konrektor Gottlieb Ulkan aus Widminnen, Kr. Lötzen:

Er wurde im Frühjahr 1933 von nichtortsansässigen SA-Männern aus einer Lehrerwohnung im Widminner Schulgebäude gezerrt und zunächst in einen Schuppen für mehrere Tage und Nächte eingesperrt; dann brachte man ihn ins Gefängnis nach Lötzen. Im Sommer 1933 wurde er nach Hause entlassen; doch hatte man ihn bereits aus dem Dienst „entfernt", ihm aber einen Teil seines Gehalts belassen. Da für ihn die Verhältnisse in Widminnen allmählich unerträglich waren, zog er nach Königsberg. Dort fand er bei einer Versicherungsgesellschaft eine Anstellung als Versicherungskaufmann. Im Jahre 1934 blieb ihm die Einweisung in ein Konzentrationslager dank der Fürsprache des Gutsbesitzers Ehlers aus Ranten und dank dem Eingreifen des Landrats von Lötzen, von Hermann, erspart. Dieser Landrat wurde kurze Zeit darauf vom Dienst suspendiert durch den Kreisleiter, Bauer Speidel, ersetzt. Diesem folgte für kurze Zeit 1941 Landrat Rachor. Als er zum Heeresdienst eingezogen wurde, vertrat ihn der Kreisdeputierte, Direktor der landwirtschaftlichen Schule, Landschaftsrat Birken.

In Lyck wurde der bewährte Fachmann Landrat Dr. Döbereiner im Jahre 1934 vom Kreisleiter, Mauergeselle Knispel, abgelöst; Dr. Döbereiner wurde als Ministerialrat im Kultusministerium in Berlin danach weiter verwendet.

Auch in Neidenburg kam nach dem Fachmann Dr. von Stein-Kamienski kein Fachbeamter auf den Posten des Landrats; Nachfolger wurden zunächst SA-Brigadeführer, Bauingenieur Fritz Adam, der bald wegen Streitigkeiten mit der Gauführung von Lehrer Axel Crewell abgelöst wurde.

In Ortelsburg hatte Landrat von Poser ein gutes Verhältnis zum Kreisleiter und konnte bis 1945 im Amt bleiben, nachdem er 1937 Parteimitglied bei der NSDAP geworden war.

In Treuburg schied der seit 1921 wirkende Landrat Dr. Bruno Wachsmann am 4. Januar 1934 aus und wurde durch Walter Tubenthal abgelöst.

In den übrigen masurischen Kreisen blieben die Amtsinhaber auch nach der Machtübernahme Landräte.

Wirkungsvolleren Widerstand und weiter verbreiteten Kampf gegen die Partei und ihre kirchlichen Glieder leistete die evangelische Kirche und hier die „Bekennende Kirche". Auch hier soll ein Beispiel für alle sprechen, das aus dem Heimatkreisbuch Treuburg (a.a.O. S. 12 f.) entnommen ist:

„Ihre besondere Bedeutung in der jüngsten Geschichte gewann die Kirchengemeinde Wallenrode (Wielitzken) in der Auseinandersetzung mit dem Nationalsozialismus. Der letzte Pfarrer Werner Marienfeld setzte den Gleichschaltungsbestrebungen der NS-Regierung im Rahmen der Bekennenden Kirche kompromißloser Widerstand entgegen. Der vorletzte Pfarrer von Walldenrode, Paul Gottlieb Kelch, blieb nach seiner Pensionierung im Jahre 1928 mit Frau und Tochter in der Gemeinde und wohnte im Pfarrwitwenhaus. Da nicht gleich ein Nachfolger für die Pfarrstelle gefunden wurde, betreute Pfarrer Kelch als Hilfsprediger noch weiter die Gemeinde. Im Herbst 1934 wurde Hilfsprediger Werner Marienfeld für sein Hilfsdienstjahr nach Wallenrode eingewiesen. Die Weigerung, dem DC- (Deutsche Christen, hitlerhörig) Bischof Kessel in Königsberg unbedingten Gehorsam zu leisten, verhinderte im Oktober 1934 seine Ordinierung. Er konnte also Trauungen und das Abendmahl nicht verrichten, wozu Pfarrer Kelch weiterhin herangezogen wurde. Damit begannen Auseinandersetzungen zwischen DC und der „Bekennenden Kirche", in die sich auch die Kreisleitung der NSDAP sowie die Gestapo-Leitstelle in Tilsit einschaltete. Pfarrer Marienfeld zog eine Gemeinde der Bekennenden Kirche in Wallenrode auf, zu der sich 80 % der Gemeindemitglieder bekannten. Weiterhin spielten in der Bekenntnis-Bewegung des Kreises Treuburg eine Rolle die Orte Barannen, Mierunsken (Merunen, Pfarrer Zürcher) und Herzogskirchen (Gonsken). Am 4. August 1935 fand die Ordination von Pfarrer Marienfeld in Königsberg statt, und zwar durch die Bekenntnissynode (Präses Koch von der Westfälischen Landeskirche). Pfarrer Marienfeld erhielt in diesem Zusammenhang eine Versetzungsverfügung nach Peitschendorf, Kreis Sensburg. Willamowski (Superintendent in Treuburg von der DC) erwartete ihn nach der Rückkehr von Königsberg, um den DC-Prädikanten Friedriszik als seinen Nachfolger vorzustellen. Marienfeld weigerte sich, Wallenrode zu verlassen, zumal Pfarrer Hildebrandt aus Goldap ihm mitteilte, daß der ostpreußische Bruderrat der Bekennenden Kirche beschlossen habe, daß Marienfeld in Wallenrode bleiben solle. Unterstützt wurde die Aktion durch eine Unterschriftensammlung in der Gemeinde, die 90 % der Gemeindemitglieder umfaßte. Der Gemeindebruderrat unter Leitung von Karl Romoth aus Bärengrund (Niedzwetzken) schaltete sich zugunsten Marienfelds ein. Schließlich erschien der Ortsgruppenleiter der NSDAP von Treuburg mit einem Rollkommando, das den Pfarrer überfiel und blutig schlug. Sofort versammelte sich die ganze Gemeinde, und das Rollkommando zog sich in die Gastwirtschaft zurück. Danach erhielt Pfarrer Marienfeld von der Geheimen Staatspolizei einen Ausweisungsbefehl aus dem Regierungsbezirk Gumbinnen. Bischof und Superintendent kümmerten sich um ihren überfallenen Amtsbruder überhaupt nicht. Um 6 Uhr abends des gleichen Tages (des Empfangs der Ausweisung) verließ Pfarrer Marienfeld den Ort, in dem über 1000 Menschen aus allen Dörfern des Kirchspiels am Kirchberg zusammengeströmt waren. Ein gemeinsames Vaterunser und der Segen des Herrn beendeten die ergreifende Abschiedsfeier, zu der niemand geladen hatte.

Der Widerstand der „Bekennenden Kirche" hatte schließlich die Träger des Hitlersystems gezwungen, umzudisponieren. Der Reichsbischof verlor die Macht an den übergeordneten Reichskirchenminister Kerrl. Um sich bei den Gemeinden gut einzuführen, ließ der Minister ab 5. September 1935 eine Untersuchung und Überprüfung sämtlicher verfügter Ausweisungen vornehmen, und so mußte der Landrat des Kreises Treuburg sich eine Überprüfung der Ausweisung von Hilfsprediger Marienfeld gefallen lassen. Am 25. September 1935 konnte Marienfeld nach Wallenrode von Lötzen zurückkehren ...

Am 16. Januar 1936 erhielt Marienfeld vom Konsistorium seine Anstellung. Späterhin gab es noch mehrfach Schwierigkeiten, und im Herbst 1937 wurde Pfarrer Marienfeld mit den Pfarrern Zürcher und Ballandath ins Gefängnis gebracht, erst nach Treuburg und dann nach Lyck, weil sie die Kollekten der Bekennenden Kirche sammelten und damit angeblich gegen das Sammlungsgesetz verstoßen hätten ... Damals saßen an 100 Pfarrer Ostpreußens in den Gefängnissen, das war fast ein Viertel aller Pfarrer Ostpreußens. Aber Pfarrer Marienfeld kam nach 14 Tagen wieder zurück."

In Gefängnis bzw. in Konzentrationslager kamen außer den oben Genannten u. a. Superintendent Stern, Ortelsburg, Pfarrer Hermann Geesk, Ebenfelde, Kr. Lyck, Pfarrer Lic. Rudolf Abramowski, Lyck, Pfarrer Konrad Bojack, Lyck, Pfarrer Karl Heinrich Heldt, Gehlenburg/Bialla, Pfarrer Ernst Burdach, Passenheim, Pfarrer Werner Mingo, Schwentainen, Kr. Ortelsburg, Pfarrer Paul Czekay, Nikolaiken, Pfarrer Lic. Theophil Flügge, Ukta, Kr. Sensburg, und einige andere neben Gemeindemitgliedern. Die Gestapo holte bei der Verhaftung von Pfarrer Geesk auch dessen Ehefrau ab und steckte diese in Lyck ins Gefängnis.

Die berüchtigte Kristallnacht 9./10. November 1938 war in fast allen masurischen Städten meist von auswärtigen SS- und SA-Männern durchgeführt worden mit Prognomen gegen Juden, mit Plünderungen jüdischer Geschäfte und in einigen Städten mit dem Niederbrennen der Synagoge wie in Lyck, Neidenburg und Sensburg. In Lyck haben auswärtige SS- und SA-Männer — das haben Untersuchungen erwiesen — die Synagoge niedergebrannt und jüdische Geschäfte geplündert und Fensterscheiben, Türen und Geschäftseinrichtungen zerstört.

Es ist nicht zu verkennen, daß der zu Beginn der 30er Jahre einsetzende wirtschaftliche Aufschwung sich nach der „Machtübernahme" verstärkt fortsetzte, hierbei hatte der Aufbau einer großen Wehrmacht nach Einführung der Wehrpflicht großen Anteil. Die Arbeitslosigkeit konnte binnen kurzer Zeit abgebaut und schließlich beseitigt werden.

Wie schön wäre es gewesen, wenn auch für die kommenden Jahre der Frieden gehalten hätte! Die Menschen wären glücklich gewesen! Doch es kam anders.

Der 2. Weltkrieg, Flucht und Vertreibung

Nach dem 1. Weltkrieg wurden die Wiederaufbaumaßnahmen energisch in Angriff genommen und waren gegen Ende der zwanziger Jahre dank der Hilfe des Staates und der Patenschaften von Gemeinden und Gemeindeverbänden des „Reiches" behoben. Dann wurde der Ausbau der Straßen in allen Kreisen vorangetrieben, besonders nach 1933, die mit zur Beseitigung der Arbeitslosigkeit beitrugen. Meliorationen und Aufforstungen liefen daneben. Jedenfalls wirkten sich all diese Maßnahmen zugunsten der Landwirtschaft, aber auch der Wirtschaft im allgemeinen günstig aus. Besonders hervorzuheben ist der starke Aufschwung des Fremdenverkehrs, von dem fast alle masurischen Kreise profitierten. Doch soll nicht verkannt werden, daß das Ende des kleinen Grenzverkehrs herbeigeführt durch den polnischen Staat sich lähmend auf die masurischen Grenzkreise auswirkte.

Mit der Einführung der Wehrpflicht 1936 entstanden größere, z. T. neue Garnisonen, die der ortsansässigen Wirtschaft zugute kamen.

Ab Frühjahr 1939 spitzte sich die Lage allen erkennbar mehr und mehr zu. Die Bevölkerung verfolgte besorgt die Entwicklung. Als am 16. August 1939 fast alle Männer unter 45 Jahren Einberufungsbescheide erhielten, aber auch ältere, Kriegsteilnehmer des 1. Weltkrieges eingezogen wurden, wurde allen der Ernst der Lage klar!

Die Massierung von Truppen in allen masurischen Kreisen gegen Ende August 1939 ließ keinen Zweifel, daß Polen überfallen werden sollte.

Von den Landratsämtern war ein Mobilmachungsplan für die Kreise weisungsgemäß aufgestellt worden; dieser wurde im Sommer 1939 noch ergänzt. Es ging hierbei vor allem um U. K. (= Unabkömmlichkeits-Stellung) von leitenden Persönlichkeiten und Fachkräften in Landwirtschaft, Industrie, Handel und Handwerk von der Wehrpflicht im Einvernehmen mit dem Wehrbezirks-Kommando Allenstein. Ab Mitte August 1939 erhielten alle Grenzkreise Einquartierungen. Truppenteile und Versorgungseinrichtungen der Wehrmacht wurden ab 24. 8. 1939 auch außerhalb von Ortschaften in den Wäldern untergebracht.

In allen Kreisen wurden Wirtschafts- und Ernährungsämter eingerichtet; die Bürgermeister erhielten die für jeden Bürger vorgesehenen Personalkarten; Lebensmittelkarten wurden ausgegeben; Textilien, Schuhe und andere Artikel wurden nur noch gegen Bezugscheine des Wirtschaftsamtes abgegeben. Nach dem Reichsleistungsgesetz erfolgten Notdienstverpflichtungen von Hilfskräften für die Verwaltung.

Aus den Grenzkreisen wurden junge Leute der Wehrergänzung, also 18 Jahre und darunter nach Mobilmachung in rückwärtige Kreise zurückgeführt, so aus den Kreisen Lyck, Johannisburg und Treuburg nach Lötzen zur Feste Boyen.

An der Grenze war nur ein dünner Schleier von Landesschützen abgestellt, da ursprünglich die Wehrmachtführung beabsichtigt hatte, die Verteidigungslinie im östlichen Masuren bis zur Seenkette Nikolaiken-Lötzen-Angerburg zurückzunehmen. Diese schwache deutsche Abwehr konnte ein Überschreiten der Grenze durch polnische Truppen nicht überall verhindern. So brachte ein Nachtangriff auf Prostken, Kr. Lyck, Teile des Ortes vorübergehend in polnischen Besitz. Auch die Grenzdörfer Wachteldorf und Borschimmen, Kr. Lyck wurden nachts kurz besetzt, dabei nahmen die Polen zwei alte Männer gefangen und verschleppten sie nach Augustowo. Aus dem dortigen Gefängnis kamen beide nach der Kapitulation wohlbehalten in ihre Heimat zurück. Von einer größeren Aktion der Polen in und um das Dorf Reuß, Kr. Treuburg, berichtet Dr. Grenz (in „Der Kreis Treuburg", S. 419f) aus der Treuburger Zeitung vom 9. Oktober 1939 mit dem Titel: „Der polnische Überfall auf das Grenzdorf Reuß" und den Untertiteln: „Schreckensstunden für die Bevölkerung" und „Nach kurzem Feuergefecht zog sich der Feind zurück".

„Das Dorf Reuß trägt überall noch deutliche Spuren eines feigen nächtlichen Überfalls in der Nacht vom 3. zum 4. September durch eine polnische Abteilung in Stärke von 70 bis 80 Mann. Es ist wohl kein Haus, in welches nicht Eierhandgranaten des polnischen Militärs hineinflogen, in welches nicht die Schüsse durch die nun zertrümmerten Fenster in die Stuben der völlig überraschten Bewohner peitschten. An den Häuserwänden sehen wir schwarze Flecken des Handgranatenfeuers. Überall ist der Boden übersät mit Glasscherben und Holzsplittern. Das Gasthaus Jolonnek ist an Türen und Fenstern mit Brettern verschlagen, ein Zeichen dafür, daß die Polen hier mit besonderer Niederträchtigkeit getobt haben. Im Innern des Gasthauses herrscht durch hereingeworfene Handgranaten ein wüstes Durcheinander. Der Bauer Ludorf erzählt uns, wie er nachts von dem Überfall in seinem Bett schlafend völlig überrascht wurde, als eine Salve von Gewehrschüssen in ein Bild seiner beiden Söhne über seinem Bett hineinprasselte. Mit dem Ruf: „Die Pollacken kommen," brachte die Bäuerin ihre Enkel in der Küche in Sicherheit, wo sie die Nacht auf dem Boden verbringen mußten. Es ist bezeichnend, daß die polnischen Soldaten es nicht wagten, in eines der Häuser im Ort hineinzugehen. Nachdem sie ihr Mütchen gekühlt hatten, verschwanden sie wieder in der Dunkelheit. Der Grenzpolizeibeamte führt uns nun in das deutsche Zollhaus, das ebenfalls von den Polen beschossen und mit Handgranaten beworfen wurde. Wie man deutlich erkennen konnte, war die Wucht des Einschlages derart stark, daß die gesamte Hinterwand des Hauses aus den Fugen sprang. In dem Vorgarten lagen Verschlußstücke der Handgranaten und Glasscherben.

Über die Verhältnisse in Soldau, das im Versailler Vertrag 1919 Polen zugeschlagen wurde, gibt Bürgermeister Karl Börger (in „Der Kreis Neidenburg", S. 392f) einen aufschlußreichen Bericht:

„Als am zweiten September 1939 die deutsche Wehrmacht Soldau besetzte, waren nur noch wenige deutsche Familien in der Stadt. Das, was in Soldau vorgefunden wurde, war erschütternd. Halbverfallene Häuser, schlechte Straßen boten ein trauriges Bild; die gewerblichen und kaufmännischen Betriebe verlassen, die städtischen Einrichtungen, die Stadtwerke, der Schlachthof, vernachlässigt und in dem vorgefundenen Zustand nicht leistungsfähig. Zunächst kam es darauf an, die städtische Verwaltung funktionsfähig zu machen. Die Lösung war schwierig, weil Personal fehlte.

Eine vordringliche Aufgabe war der Wiederaufbau der Wirtschaft, damit die Bevölkerung, deren Zahl durch täglichen Zuzug beträchtlich gestiegen war, mit Lebensmitteln und Wirtschaftsgütern versorgt werden konnte. Besondere Schwierigkeiten machte die Ansiedlung von Kaufleuten und Handwerkern, ferner die Besetzung der leerstehenden Grundstücke, die von der Stadt im Auftrage der Treuhandstelle verwaltet wurden. Das sprunghafte Ansteigen der Einwohnerzahl, die Einrichtungen eines Auffanglagers infolge der Umsiedlung der

Volksdeutschen aus den Randgebieten (Riga, Litauen, Estland, Polen), das ständig mit sechstausend bis achttausend Menschen belegt war, führte zu bedrohlichen Schwierigkeiten in der Versorgung mit Gas, Wasser und elektrischem Strom. 1940 bis 1942 wurde das Gaswerk von der Eiserfelder Firma (Sieg) mit ca. 1 Million Kubikmetern Leistung erbaut. Das Wasserwerk war schadhaft und wurde 1943 von der Firma Bieske, Königsberg mit einem neuen Brunnen und mit einer elektrischen Unterwasserpumpe neu errichtet; es war eine der modernsten Einrichtungen. Wasser- und Gasrohrnetz wurden ebenfalls erneuert. Der elektrische Strom wurde aus dem 25 km entfernten Mlawa bezogen. Da die Leitung schadhaft war, gab es oft unerträgliche Störungen. Schließlich wurde ein Lieferungsvertrag mit dem Ostpreußenwerk/Königsberg abgeschlossen und das Stadtnetz neu ausgebaut. In dem städtischen Schlachthaus, das den Anforderungen nicht mehr genügte, mußten erhebliche Änderungen mit großem Kostenaufwand vorgenommen werden.

In dem städtischen Forst, 100 ha, in dem die Polen Raubbau getrieben hatten, mußten erhebliche Teile neu aufgeforstet werden.

Ferner war die Einrichtung einer Gärtnerei mit 5 ha notwendig, um die Bevölkerung mit Gemüse aller Art zu versorgen.

Das Schulproblem mußte schnell gelöst werden. Das Schulgebäude wurde instandgesetzt und mit Lehr- und Lernmitteln ausgestattet. Die Besetzung erfolgte im Einvernehmen mit dem zuständigen Schulrat.

Das Theaterleben nahm einen erfreulichen Aufschwung, seitdem das Landestheater Allenstein regelmäßig Gastspiele in Soldau veranstaltete. Der Unterhaltung diente ein neuerrichtetes schönes Lichtspielhaus.

Nicht zuletzt wurde der Straßenbau, da sich die Straßen in einem katastrophalen Zustand befanden, in Angriff genommen.

Alle Bemühungen unterstützt von den Ministerien, dem Oberpräsidium, Königsberg und vor allem vom Regierungspräsidenten, Dr. Schmidt, Allenstein hatten Erfolg, das Deutschtum, das Wirtschafts- und kulturelle Leben in Gang zu setzen."

Wenige Tage nach Kriegsbeginn ging das Leben überall in dem vorübergehend gefährdeten Gebiet in seinem normalen Gang weiter. Während in den ersten Septembertagen in dem benachbarten polnischen Gebiet der östlichen masurischen Kreise keine nennenswerten Kampfhandlungen stattfanden, war der erste deutsche Panzerangriff auf die hochgelegenen polnischen Bunkerstellungen bei Mlawa gescheitert; dann wurde der Angriff zwischen Flammberg und Neufließ, Kr. Ortelsburg auf die polnische Stadt Praschnitz ein voller Erfolg. Im weiteren Verlauf des Polenfeldzuges wurde der südliche Teil Ostpreußens nicht mehr berührt.

Ab 1940 wurden Kriegsgefangene und Fremdarbeiter, Franzosen, Polen und auch Italiener, in der Landwirtschaft vorwiegend polnische Landarbeiter, eingesetzt, meist waren sie in besonderen Unterkünften untergebracht, Kriegsgefangenen wurden deutsche Wachmannschaften zugeteilt.

Nach dem Ende der Kampfhandlungen in Polen trat der Kreis Treuburg noch einmal in das Blickfeld der Öffentlichkeit durch die deutsch-russischen Räumungsverhandlungen in Merungen (Mierunsken) als Folge des Vertrages zwischen Rußland und Deutschland vom 28. September 1939. Das Gebiet um Suwalki räumten die

Russen ab 6. Oktober 1939 und deutsche Truppen besetzten dieses polnische Gebiet. Hier wurde der Kreis Suwalki, der nunmehr größte Kreis Ostpreußens gebildet; der Kreis Treuburg verlor den Charakter eines Grenzkreises.

Nach dem Polenfeldzug wurden die älteren, meist Kriegsteilnehmer des 1. Weltkrieges entlassen.

Allerdings änderte sich das bald wieder nach dem Frankreichfeldzug 1940 und später ab 1941 mit dem Rußlandfeldzug. Der Krieg verlangte seinen Preis auf vielen Gebieten. Wie schon dargestellt, gab es Lebensmittel, Textilien u. a. nur auf Karten zu kaufen; die Landwirtschaft stand im Zeichen der „Erzeugungsschlacht"; überall hielt der Reichsluftschutzbund seine Übungen ab; in den Städten wurden Luftschutzgräben (Splittergräben) ausgehoben; an den Schulen fehlte hier und da der Lehrer, es mußten Ersatzkräfte herangezogen werden; schließlich kamen seit 1943 viele Menschen aus den bombengeschädigten Städten Westdeutschlands, vor allem aus Berlin, um in Masuren eine Zuflucht und Ruhe zu finden.

Zu Beginn des Jahres 1941 wurden die östlichen Grenzkreise Ostpreußens, so Treuburg, Lyck und Johannisburg mehr und mehr mit Truppen belegt. In den Wäldern versteckt wurden Munitions-, Geräte- und Verpflegungsläger angelegt; Feldbäckereien nahmen ihre Tätigkeit auf, Pioniere bauten Straßen und Wege weiter aus und verstärkten die Tragfähigkeit der Brücken. In den westlichen Kreisen Masurens wurden ebenfalls Felddepots angelegt und provisorische Flugplätze unter anderem in Groß-Schiemanen, Kr. Ortelsburg eingerichtet. Dann begann am 22. Juni 1941 der unheilvolle Rußlandfeldzug! Die Wehrmacht rückte nach Osten ab. Danach war für längere Zeit vom Kriege kaum etwas zu spüren, außer daß in seinem späteren Verlauf die Verlustlisten immer größer wurden und die Zahl der Todesanzeigen wuchs. Über viele Familien kam unendliches Leid!

Der Polenfeldzug und die Besetzung des westlichen Teils Rußlands hatte eine Neugliederung jenseits der alten deutschen Grenze notwendig gemacht. Umseitige Karte veranschaulicht diese neue Verwaltungsgliederung.

Während der Landrat des Kreises Treuburg den östlich anschließenden Kreis Suwalki übernommen hatte, wurde mit Beginn des Rußlandfeldzuges dem Landrat des Kreises Lyck auch die Verwaltung des Kreises Grodno übertragen.

Bis Sommer 1944 lagen die deutschen Ostprovinzen fernab von allem Kriegsgeschehen; Masuren blieb von schweren Luftangriffen verschont. Allerdings schreckten die beiden verheerenden Luftangriffe auf Königsberg im August 1944 die Bevölkerung auf.

Diese Lage änderte sich grundlegend mit Beginn der russischen Offensive im Mittelabschnitt der Ostfront am 22. Juni 1944. Die zahlenmäßig weit überlegenen sowjetischen Angriffsarmeen durchbrachen den Raum zwischen Dnjepr und mittlerer Weichsel, zerschlugen 30 deutsche Divisionen und gelangten in unmittelbare Nähe Ostpreußens. Am 1. und 2. August 1944 kam eine sowjetische Panzerspitze bis an die alte Reichsgrenze heran; einige Grenzdörfer im Kreise Lyck wurden von russischen Ferngeschützen beschossen; aus der Luft erfolgten in den Kreisen Treuburg und Lyck sowjetische Luftangriffe. In der Folgezeit stabilisierten sich die Fronten etwa 30 km östlich der Lycker Kreisgrenze, weiter nördlich verlief die Front hart an der Reichsgrenze östlich von Schloßberg bis über die Memel, dann weiter nach Litauen hinein. Ostpreußen war nunmehr Hinterland unmittelbar hinter der Front geworden.

Das Attentat auf Hitler am 20. Juli 1944 hatte u. a. zur Folge, daß mit Erlaß vom 25. Juli 1944 Goebbels das „Amt eines Reichsbevollmächtigten für den totalen Kriegseinsatz" übertragen wurde; damit wurde der gesamte Staats- und Wirtschaftsapparat nunmehr endgültig der Kontrolle der Bevollmächtigten der Partei unterstellt. Unter Goebbels erhielten alle Gauleiter, die schon mit Erlaß vom 16. November 1942 zugleich die Stellung von „Reichsverteidigungskommissaren" (RVK) innehatten, Befugnisse auch für Fragen der militärischen Verteidigung. Der RVK, nicht die militärische Führung hatten den Ausbau von Befestigungen in den Ostprovinzen („Der Ostwall") und mit Erlaß Hitlers vom 18. Oktober 1944 die Aufstellung des „Volkssturms" durchzuführen; dem RVK wurde auch die Leitung des „Volkssturms" übertragen. Für den gesamten „Ostwall" von der Memel bis Warschau lag der „Oberbefehl" in den Händen des äußerst ehrgeizigen und brutalen Gauleiters und RVK von Ostpreußen, Erich Koch.

Auf Grund der „Erich-Koch-Aktion" wurde im August 1944 mit dem Ausbau des „Ostwalls" begonnen; in den Kreisen hatten die Kreisbaumeister die Leitung. In guter Zusammenarbeit mit militärischen Stellen, insbesondere mit Pioniereinheiten wurden Verteidigungsgräben, Panzergräben, Ein- und Mehrmannbunker u. a. mit allen Kräften der Bevölkerung auf Anordnung der Kreisleitungen errichtet.

Die vorderste östlichste Stellung des „Ostwalls", auch „Ostpreußenschutz-Stellung" genannt, verlief von Suwalki, westlich des Augustowo-Kanals, am Westufer des Bobr und des Narew auf Modlin an der Weichsel zu. Eine zweite Verteidigungslinie des „Ostwalls", die „Ostpreußische Grenzstellung" wurde von der Kurischen Nehrung am Südufer der Memel auf Jurburg, von hier nach Süden unmittelbar an der ostpreußischen Grenze auf Raygrod und von dort weiter an der ostpreußischen Grenze nach Südwesten südlich Soldau auf Thorn zu. Eine „Zwischenstellung", die „Masurische Seen-Stellung" begann am Selment-See, Kr. Lyck, verlief über den Lycker Exerzierplatz in südwestlicher Richtung auf den Rosch-See, von dort zum Niedersee weiter südlich auf Ortelsburg und Hohenstein auf Graudenz zu.

Eine zweite „Zwischenstellung" entstand vom Roschsee auf den Höhen westlich von Grabnick, Kr. Lyck über den Plowzer Berg auf den Hänselsee zu, westlich von Fließdorf, Kr. Lyck am Sonntagsee entlang, an dessen Westufer zum Haasnersee, Kr. Treuburg.

Zu der Schilderung des ostpreußischen Handwerkskammerpräsidenten Magunia über den Bau und den Verlauf des „Ostwalls" (Bundesarchiv Koblenz, Ost. Dok 8/593) äußert sich General a. D. Grosse wie folgt: „Der Verlauf des ‚Ostwalls' — diese Bezeichnung ist irreführend, er sollte wohl das Gegenstück des ‚Westwalls', erbaut in den Jahren 1936—1939, darstellen — ist richtig dargestellt.

In jedem Fall aber stellen diese weit über tausend km langen Erdarbeiten eine ungeheure Arbeitsleistung der Ostpreußen aller Berufsstände dar. Wenn auch vielleicht oft ein gelinder Zwang ausgeübt wurde, so sind sie doch ein mächtiges Zeichen der Liebe des ostpreußischen Menschen zu seiner Heimat.

Daß dabei ein großer Aufwand nutzlos vertan wurde, konnten die damals zur Arbeit Eingezogenen allerdings nicht ahnen; sie waren in gutem Glauben, ein sinnvolles und hervorragendes Verteidigungswerk geschaffen zu haben.

Leider haben alle diese Anlagen kaum irgendeinen militärischen Wert gehabt. Stellungen, die nicht dauernd besetzt sind oder wenigstens gepflegt werden, verfallen rasch, besonders unter ostpreußischen Witterungsverhältnissen. Wer sollte diese Stellungen besetzen?

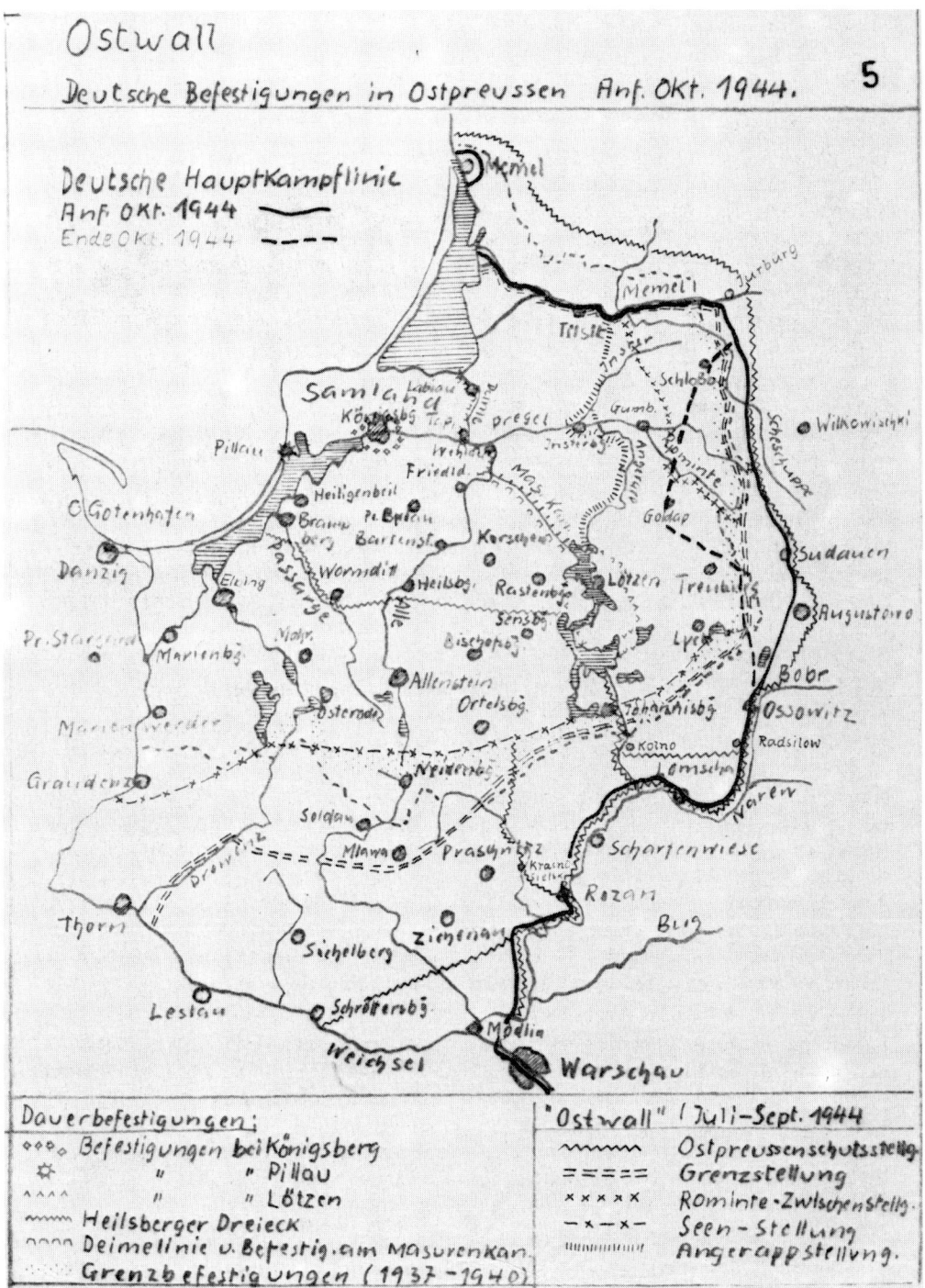

Zivilisten beim Ausheben eines Panzergrabens.

Der ‚Ostwall' wurde ohne Mitwirkung, Rücksprache oder Verbindung mit den Armeeoberkomandos der 3. Pz. Armee, der 2. und 4. Armee gebaut."

Dem Gauleiter und RVK Koch und der Partei standen ausreichend Werkzeuge, Draht, Treibstoff, Fahrzeuge usw. zur Verfügung, die der Truppe fehlten. General Hoßbach, Oberbefehlshaber der 4. Armee, sagte, die 4. Armee hat nur in selbstgebauten Stellungen von Nowgorod-Wizno-Augustowo, Schirwind gelegen. Der Oberbefehlshaber der 2. Armee, General Weiß erklärte, ausgebaute Stellungen des „Ostwalls", die ohne Mitwirkung der Armee gebaut worden waren, haben nichts genützt.

Die „Einmannbunker" nannten die Soldaten „Koch-Töpfe", in diese ging niemand hinein, sie waren eine Mausefalle. Soweit General a. D. Grosse.

Auf Anordnung des RVK Koch liefen Vorbereitungen für die Aufstellung des „Volkssturms" bereits in den ersten Oktobertagen 1944 in allen Kreisen, auch in den masurischen Kreisen an. Der Volkssturm gliederte sich in vier „Aufgebote".

1. Aufgebot: Alle waffen- und volleinsatzfähigen Männer bis zum 55. Lebensjahr zu den „Einsatzbataillonen".

2. Aufgebot: Alle nicht volleinsatzfähigen Männer, die für die Weiterführung der Wirtschaft dringend benötigt wurden, zu den „Standortbataillonen".

3. Aufgebot: Die Jugendlichen vom 16. bis 17. Lebensjahr zu den „Standortbataillonen".

4. Aufgebot: Umfassend ältere Männer bis zum 60. Lebensjahr für Druschkommandos und zur Aufstellung und Auffüllung der „Landwacht".

Gauleiter Erich Koch im August 1944, zur Zeit des Stellungsbaus.

Die Volkssturm-Bataillone wurden von Reserveoffizieren geführt. Sie erhielten Bekleidung, Ausrüstung und Waffen, meist Beutewaffen, doch war die Ausstattung fast aller Volkssturmeinheiten unzulänglich. Zivile Ärzte wurden mit der ärztlichen Betreuung beauftragt. Trotz der kläglichen Ausrüstung haben sich die Volkssturmeinheiten gut gehalten und durchweg ihren Mann gestanden. Der Vorstoß der sowjetischen Armeen auf Ostpreußen veranlaßte die militärische Führung die Räumung des Ostteils der Provinz Ostpreußens durchzuführen, nicht allein, um die Zivilbevölkerung zu schützen, sondern auch um für die Armee Freiraum, insbesondere freie Straßen zu schaffen. RVK Koch reagierte zuerst überhaupt nicht, erst Anfang August erlaubte er die Räumung der Ostteile der Kreise Treuburg, Lyck und Johannisburg.

Im Kreise Treuburg wurden Frauen und Kinder, sowie alte Leute östlich der Linie Reimannswalde—Treuburg—Kiöwen zunächst in den Westteil des Kreises, dann mit der Bahn nach Rößel und nach Thüringen evakuiert. Für den „Ernstfall" wurde der Kreis Sensburg dem Kreise Treuburg als Aufnahmekreis zugewiesen. In den „Räumungsanweisungen" wurden die Gemeindetrecks zusammengestellt, die Treckstrecken festgelegt, die Zielorte im Kreise Sensburg benannt und die Treckleiter bestimmt.

Im Kreise Lyck wurden ab 1. August angesichts der Bedrohung durch den sowjetischen Vormarsch die Bewohner der Gemeinden östlich der Eisenbahnlinie Treuburg—Lyck—Prostken (etwa die Hälfte des Kreises Lyck) zunächst in Ortschaften des westlichen Kreisgebietes evakuiert. Diese 1. Räumung erfolgte kurzfristig,

Möbel und Kleinvieh mußten zurückgelassen werden; Großvieh und Pferde wurden mitgenommen. Als sich die Front nach wenigen Tagen festigte, kehrten arbeitsfähige Personen und später häufig alle Dorfeinwohner wieder in ihre Heimatorte zurück, vor allem zur Fortsetzung der Erntearbeiten. Aus der Stadt Lyck, aus Prostken und anderen größeren Orten des östlichen Kreisgebietes wurden bald nicht in der Landwirtschaft beschäftigte Frauen mit ihren Kindern, aber auch alte und kranke Personen mit der Eisenbahn in die Kreise Mohrungen und Wormditt gebracht; von dort wurde ein großer Teil weiter nach Sachsen evakuiert.

Auch der Südostteil des Kreises Johannisburg wurde ab Anfang Oktober 1944 evakuiert und zwar in die Kreise Rößel und Ortelsburg.

Da begann am 16. Oktober 1944 die Rote Armee auf einer Breite von ca. 140 km eine neue Großoffensive gegen die Ostgrenze Ostpreußens. Am 19. Oktober brachen die Sowjets ins Reich ein und eroberten bis zum 23. Oktober die Kreise Gumbinnen und Goldap. Nördlich des Kreises Lyck durchbrachen sowjetische Angriffstruppen am 19. Oktober 1944 die deutschen Stellungen beiderseits Suwalki und erreichten die alte Reichs- und Kreisgrenze von Treuburg am 21. Oktober bei Merunen. Die Orte Bittken, Garbassen und Merunen waren stark umkämpft, das Hinterland mit Stoßrichtung auf Reimannswalde und Treuburg war stark bedroht. Erst am 26. Oktober konnten hier Angriffe der Sowjets zum Stehen gebracht und diese zurückgedrängt werden. An diesen Kämpfen hatten Einheiten des Treuburger Volkssturm hervorragenden Anteil. Von Ende Oktober 1944 bis zum 20. Januar 1945 verlief die Frontlinie, die sich östlich der Lycker Ostgrenze nicht gerührt hatte, von Hallenfelde, Kr. Goldap über Garbassen auf Filipow, also östlich von Merunen, dann wenige Kilometer östlich der Reichsgrenze, östlich Reuß, Kr. Treuburg von Raczki auf Raygrod zu.

Bei dem Großangriff der Sowjets ab 16. Oktober 1944 stießen die Russen in den Kreisen Gumbinnen und Goldap tief nach Ostpreußen hinein und erreichten nach wenigen Tagen die Angerapp. In diesem Raum vernichteten deutsche Gegenangriffe die sowjetischen Angriffsspitzen im Gumbinner Raum Ende Oktober/Anfang November, drängten die Russen von der Angerapp nach Osten und befreiten am 5. November auch Goldap, ohne verhindern zu können, daß ein Teil der ostpreußischen Kreise Schloßberg, Gumbinnen, Goldap, der gesamte Kreis Ebenrode und das Memelland bis auf die Stadt Memel in sowjetischer Hand blieben.

Wehrmacht und Volkssturmeinheiten fanden nur wenige Überlebende in dem zurückeroberten Gebiet vor.

Hierzu schreibt der Amerikaner Alfred M. de Zayas in „Die Anglo-Amerikaner und die Vertreibung der Deutschen", S. 80ff u. a.

„Besondere Aufmerksamkeit verdienen die Vorgänge im Dorf Nemmersdorf am 20./21. Oktober, weil ‚Nemmersdorf' für die Geschichte der deutschen Fluchtbewegung eine wichtige Rolle spielte und neben Katyn wohl auch eine der besten Beispiele russischer Gewalttaten im Zweiten Weltkrieg ist. Den ostpreußischen Bauern wurde es jedenfalls zum Inbegriff unaussprechlicher Angst. Nemmersdorf war keineswegs der einzige Ort, in dem Angehörige der Roten Armee Gewalttaten begingen, aber was sich dort abspielte, hat die Flucht nicht nur in Ostpreußen, sondern auch der Schlesier und der Pommern beschleunigt."

Der Amerikaner M. de Zayas führt als Beweis für die qualvollen Geschehnisse in Nemmersdorf und anderen Orten, die die Rote Armee nur zwei Tage in ihrem Besitz hatte, u. a. den ehemaligen Stabschef der vierten deutschen Armee, Generalmajor a. D. Erich Dethleffsen an; dieser hat u. a. erklärt:

„Als im Oktober 1944 russische Verbände in der Gegend von Waltersdorf (südlich Gumbinnen) die deutsche Front durchbrachen und vorübergehend bis Nemmersdorf vorstießen, wurde in einer größeren Anzahl von Ortschaften südlich Gumbinnen die Zivilbevölkerung — z. T. unter Martern wie Annageln an Scheunentore, durch russische Soldaten erschossen. Eine große Anzahl von Frauen wurde vorher vergewaltigt. Dabei sind auch etwa 50 französische Kriegsgefangene durch russische Soldaten erschossen worden. Die betreffenden Ortschaften waren 48 Stunden später wieder in deutscher Hand. Die Vernehmungen lebengebliebener Augenzeugen, ärztliche Berichte über die Obduktion der Leichen und Photographien der Leichen haben mir wenige Tage später vorgelegen."

De Zayas führt in seinem oben genannten Buch als weiteren Zeugen für die Untaten der Russen im Raum Gumbinnen Oberleutnant d. Reserve Dr. Heinrich Amberger, einen Kompaniechef einer Panzerkompanie, die die Gegenoffensive der deutschen Armee mitmachte, dessen unter Eid vorgelegte Aussage im Nürnberger Kriegsverbrecherprozeß gegen Göring usw. von der Verteidigung als Beweismaterial vorgelegt wurde, an:

„Am Straßenrand und in den Höfen lagen massenhaft Leichen von Zivilisten, die augenscheinlich nicht im Lauf der Kampfhandlungen durch verirrte Geschosse, sondern planmäßig ermordet waren. Unter anderem sah ich zahlreiche Frauen, die man nach Lage der verschobenen und zerrissenen Kleidungsstücke zu urteilen, vergewaltigt und danach durch Genickschuß getötet hatte, zum Teil lagen daneben auch die ebenfalls getöteten Kinder."

Reporter aus der Schweiz, aus Schweden, Spanien und dem besetzten Frankreich berichteten hierüber ebenso wie die deutsche Presse ausführlich über die sowjetischen Untaten, die damit allgemein bekannt wurden. Der Angriff der Roten Armee mit den Ungeheuerlichkeiten wurde für die ostpreußische Bevölkerung ein Signal; hier wurde der Grundstein für die später einsetzende Massenfluchtbewegung gelegt.

Erschlagene Bauern

Bis zu diesem Geschehen hatte der RVK und Gauleiter Koch stets Räumungsmaßnahmen in Ostpreußen abgelehnt und ständig erklärt, nicht nur die Wehrmacht, sondern vor allem die jetzt von ihm aufgebotenen Männer des „Volkssturms" würden sich im heimatlichen Boden festkrallen; kein Feind würde weiter in die Provinz eindringen können.

Doch nach den kritschen Tagen vom 19.—23. Oktober 1944 zog auch die Gauleitung gewisse Konsequenzen aus den begangenen Fehlern und gab endlich auf Drängen der Wehrmacht und der zivilen Verwaltung etwas nach; ein etwa 30 km breiter Streifen hinter der Front durfte nunmehr geräumt werden. Dieses Evakuierungsgebiet verlief vom Norden etwa längs der Linie Elchwerder/Kurisches Haff-Kreuzingen-Insterburg-AngerburgLyck und weiter zur Grenze nach Südwesten. Es war allerdings viel weniger, als was das Armeeoberkommando gefordert hatte.

Von diesen Evakuierungsmaßnahmen waren die drei östlichen Masurenkreise Treuburg, Lyck und Johannisburg betroffen.

Im Kreise Treuburg war bereits während der Sommeroffensive ab 28. Juli 1944 das östliche Kreisgebiet vorübergehend geräumt worden. Frauen und Kinder sowie kinderreiche Familien östlich der Linie ReimannswaldeTreuburg und dann nach Süden wurden in den Westteil des Kreises verbracht; kinderreiche Familien wurden mit der Eisenbahn nach Rößel, nach Sachsen und Thüringen evakuiert. Mit Einsetzen der Oktober-Offensive der Sowjets am 19. Oktober 1944 räumten die Einwohner vor Eintreffen des „Räumungsbefehls" von Osten nach Westen das gefährdete Gebiet, während der „Räumungsbefehl" des RVK Koch erst am 22. Oktober eintraf. Mit Treck und Eisenbahn wurde das gesamte Kreisgebiet bis zum 26. Oktober 1944 geräumt. Aufnahmekreis war Sensburg. Die Treckstraßen waren ebenso festgelegt wie die Zielorte. Auch die Behörden des Kreises Treuburg siedelten in den Aufnahmekreis Sensburg über; nur die wichtigsten Dienststellen wie Post und Bahn blieben an Ort und Stelle mit einem Notdienst.

So berichtete ein Einwohner der Gemeinde Kalkhof, nördlich Treuburg.

> „Am 24. Oktober treckt die Gemeinde Kalkhof über Halldorf, Widminnen, Lötzen nach Babenten, Kr. Sensburg. Von Babenten werden alle die kein eigenes Fahrzeug haben, umquartiert nach Sachsen. Die Bauern dürfen nicht mit, denn im Frühjahr soll der Treck zurück, um die Landbestellung auszuführen."

Während die volkssturmpflichtigen Männer wenige Tage nach der Evakuierung ins Kreisgebiet zurückkehren, verließen viele Treuburger im Laufe des November 1944 den Aufnahmekreis Sensburg und gelangten nach Sachsen. Nach zuverlässigen Schätzungen blieben auf diese Weise ca. 40% der Treuburger Bevölkerung vom Chaos der Flucht verschont.

Hier war die Evakuierung rechtzeitig, ruhig und sicher vonstatten gegangen, während die Wehrmacht und Volkssturm an der Grenze im nördlichen Kreisgebiet bei Merunen in erbitterten Kämpfen den Feind aufhalten konnten, sonst wäre auch hier schon die Räumung verhängnisvoll „zu spät" erfolgt.

Im Kreise Lyck erfolgte die 1. Räumung des östlichen Kreisgebietes, östlich der Eisenbahnlinie Treuburg-Lyck-Prostken und die Evakuierung in Ortschaften des westlichen Kreisgebietes Anfang Juli 1945. Die Bewohner mußten Möbel und Kleinvieh zurücklassen, während Großvieh und Pferde mitgeführt wurden. Bereits nach wenigen Tagen — nach Festigung der Frontlage — kehrten arbeitsfähige Personen und später häufig alle Einwohner in die Heimatorte zurück zur Fortsetzung der Erntearbeiten. Frauen und Kinder, sowie alte und kranke Personen wurden mit Eisenbahntransporten in den Kreis Mohrungen und nach Wormditt gebracht und von hier aus kam ein Teil nach Sachsen und damit in Sicherheit.

Die Oktober-Offensive brachte auch für den Kreis Lyck die 2. Räumung. Dieses Mal waren etwa zwei Drittel des Kreisgebietes betroffen und zwar alle Gemeinden östlich der Eisenbahnlinie Lötzen-Jucha-Lyck-Prostken. Zwischen dem 22. Oktober und 6. November zogen die Trecks zunächst in die bei der 1. Räumung bereits bezogenen Räume, dann ging es nach wenigen Tagen weiter im Landmarsch auf im voraus bestimmter Strecke über Arys—Nikolaiken—Sensburg—Bischofsburg in den zugeteilten Aufnahmekreis Allenstein. In Sonderzügen wurden Frauen und Kinder, Alte und Kranke teils in den Kreis Allenstein, teils sofort weiter nach Sachsen und Pommern evakuiert. Doch auch aus den westlichen Gemeinden verließen im November und Dezember 1944 viele Bewohner die Heimat und fuhren meist nach Sachsen und Thüringen. Im November erfolgte die Evakuierung der gewerblichen Betriebe in den Aufnahmekreis Allenstein oder in andere „sichere" Gebiete Ostpreußens, über die Provinz hinaus durfte laut Weisung des RVK Koch kein Betrieb verlagert werden! Auch die meisten Behörden siedelten in den Aufnahmekreis, nur ein kleiner Stab blieb in Lyck bis auf Bahn und Post. Nur aus 8 Gemeinden wurde gemeldet, daß hier nur alte Leute im Ort geblieben waren, die nicht flüchten wollten.

Nach Führung der Trecks in den Aufnahmekreis Allenstein kehrten die volkssturmpflichtigen Männer zusammen mit ausländischen Arbeitskräften in den geräumten, östlichen Kreisteil Lyck zurück und übernahmen den Drusch und den Abtransport des Getreides, die Hackfruchternte und das Pflügen der Felder. Vereinzelt fuhren auch Frauen in ihre Dörfer zurück.

Anfang Januar 1945 veranlaßte ein Aufruf des Kreisbauernführers an die Evakuierten im Kreis Allenstein, mit ihren Gespannen in ihre Lycker Heimatorte zurückzukehren, um für Pferde und Vieh Futtervorräte zu holen. Am 10. Januar begaben sich zahlreiche Bauern mit ihren Gespannen auf den Weg in ihren Heimatkreis Lyck. Sie wurden von ihren Familien getrennt und gerieten in den sowjetischen Vormarsch Ende Januar 1945.

Im Kreis Johannisburg führte die Oktober-Offensive der 2. russischen Front an den Narew und damit dicht an die Südgrenze des Kreises zur Gefährdung und hatte eine vorsorgliche Evakuierung besonders aus Städten und größeren Orten zur Folge. Frauen und Kinder unter 14 Jahren wurden per Bahn nach Pommern gebracht. Hierzu berichtet Wolf Rose, Johannisburg (Ost. Dok. 2/19 S. 161):

> „Vom Oktober 1944 ab werden durch die NSV im Einverständnis mit der Gauamtsleitung jene Personen nach Pommern evakuiert, die in der Heimat nicht unbedingt benötigt wurden. Insgesamt werden in dieser Zeit aus dem Kreise 8000—9000 Menschen einschließlich jener, die zu Verwandten nach dem Westen gehen, auf Kosten der NSV umquartiert. Inzwischen erhalten wir „Besuch" vom SD. Die Gauleitung sei empört über unsere Evakuierung. Die Bevölkerung werde angeblich in Angst versetzt. Der Kreisamtsleiter verweigert jede Aufklärung mit der Bemerkung, er unterstehe dienstlich der Gauamtsleitung der NSV und nicht der Gauleitung der Partei. Der SD-Beamte droht mit Verhaftungen! Darauf ruft der Kreisamtsleiter seine vorgesetzte Dienststelle an und bittet um Schutz. Als der Gauleiter (Koch) persönlich Aufklärung verlangt, stellen wir die Umquartierung so dar, als hätten wir nur einige Personen mit den Bombenevakuierten aus dem Westen mitgeschickt."

Die Männer wurden im November 1944 zum Volkssturm einberufen und im Kreise Lyck ausgebildet. Verschiedene Verteidigungsstellungen wurden im November 1944 auch im Kreise Johannisburg ausgebaut vor allem an den Seenengen.

Für die drei östlichen Kreise wurden als Folge der kritischen Tage vom 19. bis 21. Oktober 1944 Räumungs- und Marschpläne für die Räumung aufgestellt. Führer für die einzelnen Trecks wurden für jeden Ort bestimmt; Marschstraßen, die die Wehrmacht nicht tangierten, wurden festgelegt; die allgemeine Richtung nach Westen waren Angerburg, Lötzen-Rastenburg, Arys-Rhein-Nikolaiken-Sensburg und Rastenburg und für Johannisburg in Richtung auf Sensburg-Bischofsburg-Allenstein. Soweit die Bevölkerung nicht mit Trecks mitfuhr, sollte der Abtransport mit der Reichsbahn oder auf Lkw der Wehrmacht erfolgen. Diese vorgeplanten Räumungsmaßnahmen mit Marschzeiten und Zielen hätten nach menschlichem Ermessen die restlose Evakuierung der Zivilbevölkerung und deren Rettung in diesen drei Kreisen ermöglicht. Dazu hätte der RVK Gauleiter Koch dem wiederholten Drängen der militärischen Führung der Wehrmacht und der Verwaltung entsprechen müssen und den Räumungstermin für alle Grenzkreise rechtzeitig und früher durchgeben sollen.

Die militärische Führung und auch RVK Koch hatten angenommen, daß ein sowjetischer Großangriff nur von Osten her erfolgen würde. Doch es kam anders, wie es das Geschehen in der zweiten Januar-Hälfte 1945 zeigte. Nach Abschluß der sowjetischen Sommeroffensive, die bis an die mittlere Weichsel und hart an die ostpreußische Grenze im Osten führte, und nach Beendigung der Kämpfe im östlichen Ostpreußen im Oktober 1944 mit Nemmersdorf und dessen Rückeroberung blieben die Fronten im wesentlichen stabil. Doch mußte jeden Tag mit dem Losbrechen einer neuen Offensive der Roten Armee gerechnet werden.

Trotz dieser kritischen Lage wurden Ende des Jahres 1944 und Anfang Januar 1945 mehrere Divisionen aus Ostpreußen und der Weichselfront herausgelöst und teils nach Ungarn, teils an die Rheinfront für die Ardennenoffensive verlegt. So wurden der 4. Armee, die vom Narew im Süden bis zur Rominter Heide im Norden stand und damit auch Masuren verteidigte, die 5. Panzer-Division und die Panzer-Division „Hermann Göring" entzogen. Nunmehr fehlten hinter der dünnen Frontlinie kampffähige Reserven; der Oberbefehlshaber der 4. Armee, General Hoßbach, hatte außer einigen Sturmgeschützen keine Panzerwaffen mehr!

Anfang Januar 1945 stellte die deutsche Heeresleitung den Aufmarsch von mehr als zehnfach überlegenen sowjetischen Kräften vor allem in den drei Weichselbrückenköpfen, Baranow, Pulawy und Magnuszew sowie im Raum östlich von Gumbinnen fest. Trotz dringender Vorstellungen beim Führerhauptquartier kam keine Verstärkung!

Die Forderung des Chefs des Generalstabes Guderian, Kurland zu räumen und die Kurlandtruppen in Ostpreußen und an der Weichsel einzusetzen, wurden von Hitler ebenso kategorisch abgelehnt wie die Anträge der Armeeführungen der 3. Panzer-Armee und der 4. Armee auf Verkürzung der Fronten.

Danach war zu erwarten, daß die in Kürze zu erwartenden russischen Angriffe eine militärische Katastrophe auslösen und die Zivilbevölkerung in einen Wirbel hineinreißen würden. Deshalb sollte oberstes Gesetz die möglichst vorsorgliche Evakuierung der Zivilbevölkerung sein, nach den Erfahrungen von Nemmersdorf um so mehr!

RVK Gauleiter Koch unterband auch in dieser äußerst kritischen Situation die rechtzeitigen notwendigen Evakuierungen der Zivilbevölkerung!

Vom 12.—15. Januar 1945 erfolgte zeitlich gestaffelt der sowjetische Großangriff an der gesamten Front von Memel bis an die obere Weichsel.

Am 12. Januar 1945 brachen Truppen der 1. Ukrainischen Front (Marschall Konjew) aus dem Baranow-Brückenkopf in Richtung Schlesien vor; am 13. folgte aus den Weichselbrückenköpfen Pulawy und Magnuszew der Angriff der 1. Weißrussischen Front (Marschall Schukow) über Lodz und Kalisch in Richtung mittlere Oder.

Zwei weitere Vorstöße sollten Ostpreußen abschnüren, am 13. Januar von Osten her der Angriff der 3. Weißrussischen Front (General Tschernjakowski) in Richtung Königsberg und 2 Tage später am 15. Januar 1945 aus dem Narew-Brückenkopf Pultusk über Zichenau die 2. Weißrussische Front (Marschall Rokosowski) in Richtung Elbing und Thorn/Graudenz.

Dieser auf dem Narew-Brückenkopf Pultusk vorgetragene sowjetische Angriff erreichte bereits am 18. Januar 1945 den Stadtrand von Soldau und am 19. Januar Neidenburg und die Kreise Ortelsburg und Osterode. Von dort setzten die Sowjets ihren Vormarsch fort über Allenstein auf Elbing. Am 23. 1. 1945 drangen die Sowjets in Elbing ein, konnten aber nach schweren Kämpfen zunächst zurückgeschlagen werden. Jedoch gelangten die Russen bereits am 26. 1. 1945 bei Tolkemit ans

DIE RUSSISCHE OFFENSIVE GEGEN DIE OSTFRONT, JANUAR 1945

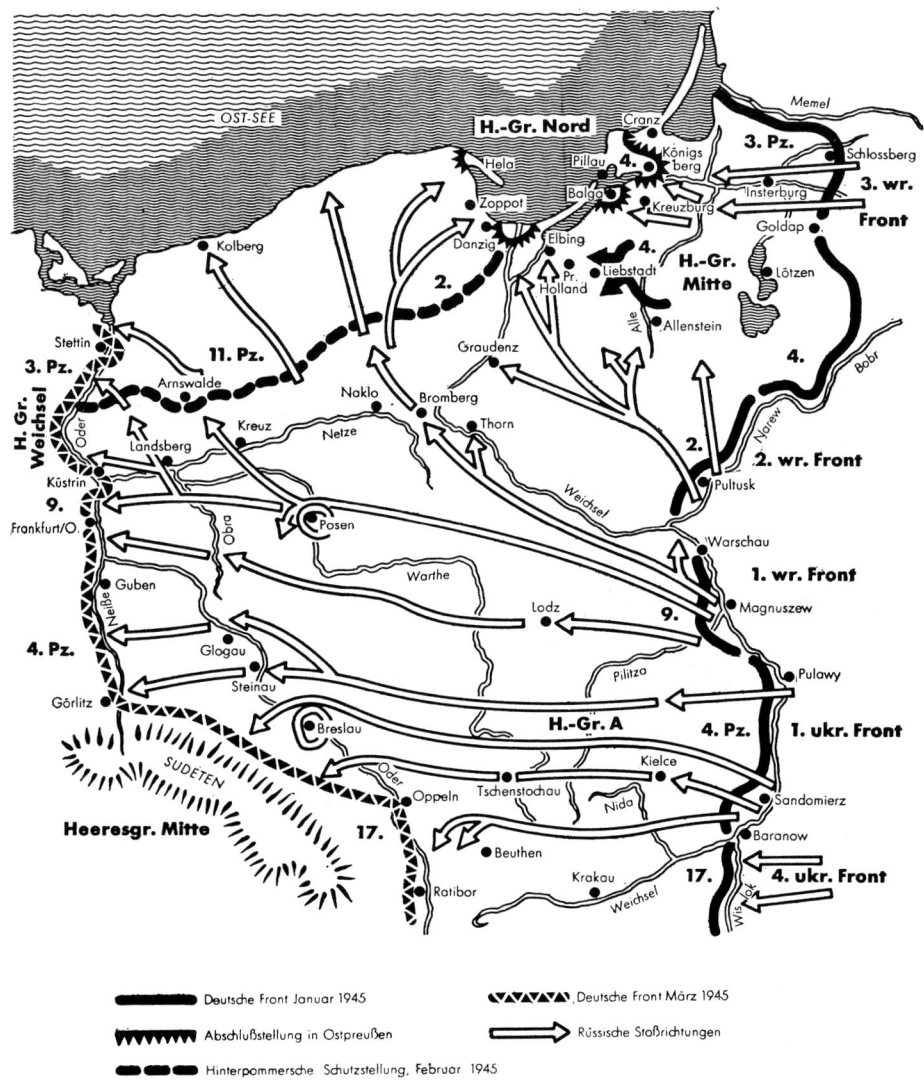

Frische Haff; damit waren Bahn- und Landverbindung Ostpreußens zum Reich unterbrochen. Elbing selbst fiel endgültig am 9. Februar 1945 den Russen zu. Der am 13. Januar 1945 zwischen Ebenrode und Schloßberg vorgetragene sowjetische Großangriff führte am 18. Januar zu einem Durchbruch bis an die Inster; am 22. Januar 1945 fiel Insterburg, am 25. standen die Sowjets an der Deime und schon am 26. Januar mußte die Deimestellung aufgegeben werden; russische Truppen stießen bis ins Samland vor und konnten am 31. Januar 1945 Königsberg einschließen.

Zur irrsinnigen Haltung des RVK Koch und der obersten Parteiführung schreibt der zuständige RV-Kommissar und Dezernent beim Regierungspräsidenten Allenstein Dr. Grosse u. a.:

„Die Rückführung der Zivilbevölkerung und die Bergung der wichtigsten Wirtschaftsgüter war planmäßig vorbereitet; weil die Gauleitung bzw. RVK Koch es nicht wahrhaben wollten, daß der Krieg verloren war, ist leider von dem Geplanten nichts verwirklicht worden. Selbst als Soldau und Neidenburg besetzt waren und die Russen schon in Hohenstein standen, wurde uns immer wieder von der Gauleitung erklärt, daß alles nur eine vorübergehende Erscheinung sein werde. Unverantwortlich war es m. E., daß, als der Russe (am 21. 1. 1945) bereits 5 km vor Allenstein stand, immer noch nicht die Genehmigung zum Abtransport der Zivilbevölkerung erteilt wurde."

Der Vorstoß der Sowjets weit im Westen der Provinz Ostpreußen über Soldau-Neidenburg, Allenstein/Osterode auf Pr. Holland und schließlich Elbing überraschte die militärische Führung der Deutschen Wehrmacht. General Hoßbach, der Oberbefehlshaber der 4. Armee, hatte im Osten seines Armeebereichs an den Kreisgrenzen von Treuburg-Lyck und Johannisburg keinen russischen Angriff zu bestehen, hier blieb die Front ruhig. Er hatte allerdings Hilters Befehl, Lötzen mit der „Feste Boyen", die im Zuge des Ausbaus des „Ostwalls" noch weiter verstärkt war, auf jeden Fall zu halten, um zahlreiche russische Divisionen hier zu binden. In dieser Situation faßte General Hoßbach am 20. Januar 1945 den Entschluß, als der russische Großangriff auch auf Elbing voll im Gange war, mit besonders kampfkräftigen Divisionen seiner Armee durch einen überraschenden Angriff nach Westen hin zur Weichsel die Verbindung mit der dort operierenden 2. Armee unter Generaloberst Weiß herzustellen und den russischen Riegel bei Elbing aufzubrechen. Er wollte vor allem die eigene Versorgung sichern und der ostpreußischen flüchtenden Bevölkerung den Weg nach Westen über die Weichsel freimachen. Hierbei wäre Lötzen mit der „Feste Boyen" aufzugeben; zumal sich in diesem Raum bisher nichts tat, wäre das auch unbeachtlich. Dieses Vorhaben des Generals Hoßbach lief auch zunächst erfolgreich an. Da unterband Hitler dieses Unternehmen und setzte General Hoßbach sofort ab. Damit brach unsägliches Leid in allen Kreisen unter den Fliehenden herein, zumal der Räumungsbefehl in allen Kreisen zu spät kam.

Besonders verheerend wirkte sich Hitlers „nein" zu General Hoßbachs Plänen auf die flüchtende Zivilbevölkerung aus. Nach den auch von RVK Koch gebilligten „Marschplänen" für die Trecks der Evakuierungsräume der Zivilbevölkerung war die allgemeine Tendenz von Ost nach West, d. h. das Ausweichen in Richtung Thorn-Graudenz-Marienburg-Elbing. Der rasche erfolgreiche Vorstoß der Sowjets über Osterode/Allenstein auf Elbing und Tolkemit und damit das Unterbrechen der Verbindung von Ostpreußen zum Reich machte eine Wendung der Marschwege für die Flüchtlingstrecks nach Nordwesten in Richtung auf Heilsberg-Braunsberg-Heiligenbeil-Brandenburg, alle Orte am Frischen Haff gelegen notwendig. Die ab-

Die Fluchtwege der Zivilbevölkerung nach der Januar - Offensive der Roten Armee.

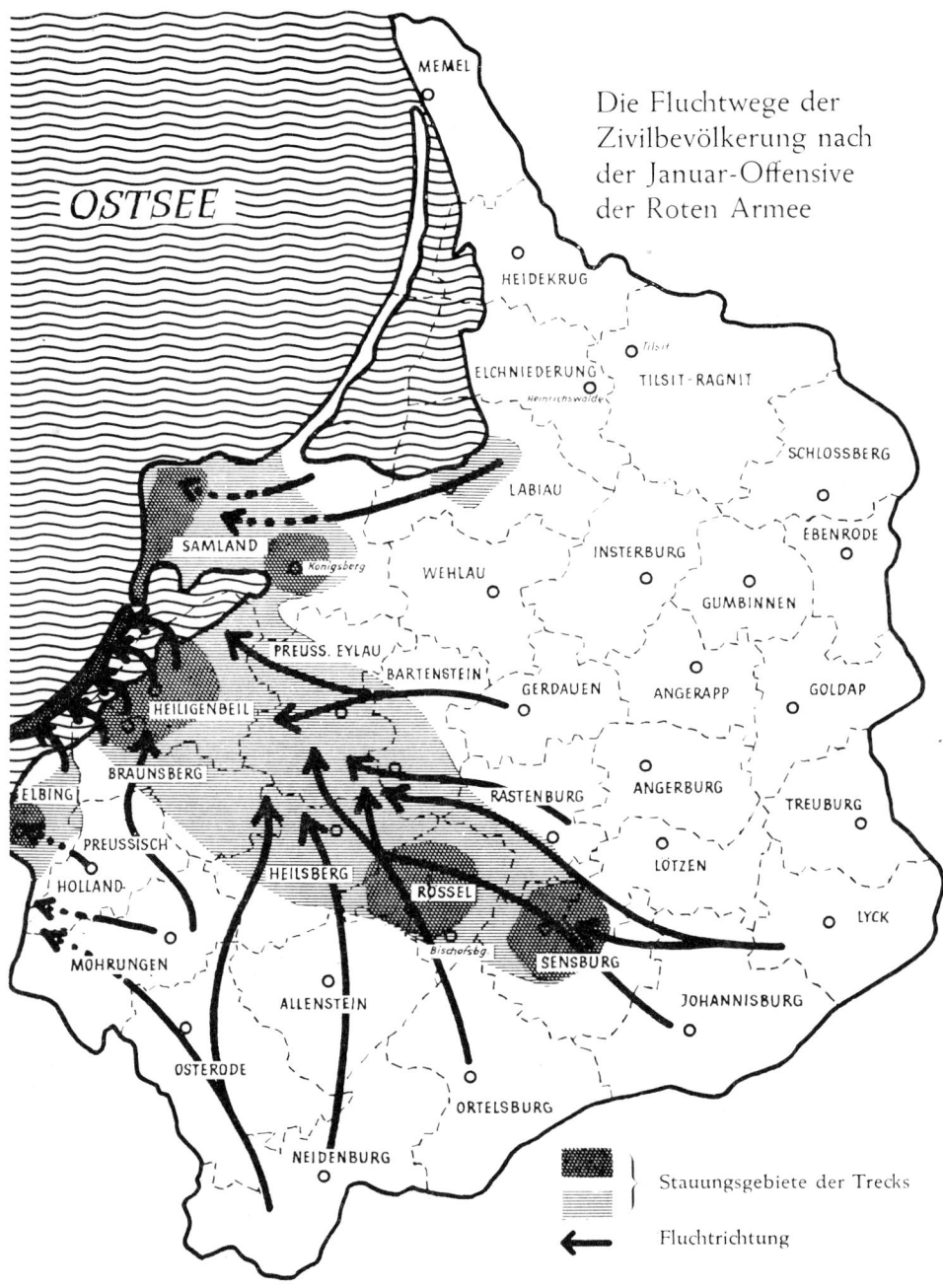

In eisigen Winterstürmen verlassen Ost- und Westpreußen im Januar 1945 ihre Heimat, um dem vernichtenden Zugriff der Roten Armee zu entgehen.

gedruckte Karte der „Fluchtwege der Zivilbevölkerung nach der Januar-Offensive der Roten Armee" veranschaulicht die Situation vortrefflich. Ergänzend muß noch darauf verwiesen werden, daß die vor Königsberg stehende sowjetische 3. weißrussische Front in Richtung Pr. Eylau-Bartenstein nach Westen drängte. Die Karte zeigt nicht nur die allgemeine Fluchtrichtung, sondern auch die Stauungsgebiete der Trecks auf. Auch witterungsmäßig hatten die Trecks schwer zu kämpfen, Glatteis auf einigen Straßen und vor allem große Kälte und sehr viel Schnee mit z. T. starken Schneeverwehungen!

Berichte aus den Kreisen über die Flucht im Winter 1944/45

Neidenburg

Bereits am 17. Januar 1945 nachmittags füllte sich der Markt in Soldau mit ungezählten vierspännigen Fuhrwerken aus den bei Mlawa und Zichenau gelegenen polnische Gütern, die von Deutschen verwaltet worden waren. Sie waren vor den anstürmenden Russen geflüchtet. Doch ein Befehl zur Räumung von Soldau erfolgte nicht; die Kreisleitung gab aus Neidenburg telefonisch durch, dort sei alles ruhig, es bestünde kein Grund zur Besorgnis. Wie unsinnig dieser Bescheid war, zeigte der folgende Vormittag am 18. Januar 1945. Da wurde Soldau bereits von russischen Panzern angegriffen. Während die sieben vorgedrungenen russischen Panzer mit Panzerfäusten unschädlich gemacht wurden, konnte die Bevölkerung in überstürzter und ungeordneter Flucht aus Stadt und Umkreis entkommen. Einigen Trecks gelang noch die Flucht nach Nordwesten zur Weichsel. Doch russische Kräfte stießen nach, am 18. 1. an Soldau vorbei in Richtung Osterode vor und holten viele Flüchtlinge ein.

In Neidenburg ahnten die Bürger von den Vorgängen in Soldau am 18. Januar noch nichts, das Leben lief seinen gewohnten Gang. Allerdings zeigte sich am 19. Januar 1945 vormittags das gleiche Bild wie in Soldau am 17. Januar, Flüchtlingswagen rollten vermischt mit ungeordneten Militärfahrzeugen durch die Stadt. Als gegen 15 Uhr der Schlachthoftierarzt Dr. Keilbar den Landrat Crewell fragte, ob es unter den obwaltenden Umständen geraten sei, die Stadt zu räumen, erhielt er zur Antwort: „Ich habe heute bereits wegen einer etwaigen Räumung von Neidenburg in Königsberg angefragt und erhielt zur Antwort: Wer nur das Wort ‚Räumung' in den Mund nimmt, begeht Landesverrat." Nur der südliche Teil des Kreises wurde zur Räumung freigegeben. Am Nachmittag des 19. Januar hatten die Sowjets von Janowo aus auf breiter Front die Kreisgrenze überschritten; der Südwesten des Kreises war in russischer Hand. Im Laufe des 20. wurde das mittlere Kreisgebiet bis zum Omulefluß besetzt; am 21. erreichten sowjetische Truppen die Chaussee zwischen Ortelsburg und Allenstein bei Mertinsdorf; damit schnitten sie den Fluchtweg für die östlichen Kreise nach Westen und auf die Weichsel endgültig ab. Unterstützt wurde der rasche Vormarsch der Roten Armee durch ständige starke Luftangriffe. Tiefflieger verursachten unter den Flüchtlingstrecks hohe Verluste. Neidenburg erlebte am Vormittag des 19. Januar schwere Luftangriffe. Stellenweise leisteten deutsche Truppen und Volkssturmeinheiten erbitterten Widerstand.

Fast überall kamen die Räumungsbefehle „zu spät". Nur die Trecks aus dem Südwestzipfel des Kreises konnten rechtzeitig nach Westen ausweichen und gelangten über das rettende Weichselufer. Nach den Fragebogenberichten konnten nur etwa 10 % der Bevölkerung des Kreises Neidenburg, also weit weniger als in anderen Kreisen rechtzeitig vor den Sowjets entkommen. Die Masse der Trecks und der Flüchtenden wurden von den Sowjets eingeholt und überrollt!

Im Einzelnen ist zu berichten:

In der Gemeinde Kurkau verlief das Leben normal; es wurde gedroschen, das Stroh von den Schobern gefahren. Mit einem Mal sind dann russische Panzer im Dorf (Ost. Dok. 1/40 Nei), so geschehen am 18. 1. gegen 13.30 Uhr.

Paul Kalwe erzählt: „Der Kreisleiter ist lange in Sicherheit; unser Allendorf hat er längst vergessen. Die Bauern fahren alle durcheinander, als es an die Flucht geht. In Reichenau erwartet uns der Russe, am Abend des 19., als wir endlich hinkommen." (Ost. Dok. 1/40, Nei.)

In Bartzdorf hat es einen „Räumungsbefehl" nicht gegeben. Erst am 19. Nachmittag gibt der Bürgermeister Nolte den Räumungsbefehl. Keine planmäßige Räumung, nur die bereits morgens losgefahren sind, bringen sich in Sicherheit. So Erich Pliquet, Bartzdorf (Ost. Dok. 1/40, Nei).

Häufig ist es die Wehrmacht, die zur Räumung dringend rät.

In Borchersdorf, berichtet Adolf Schroeder, bringt der Zufall die Warnung vor der drohenden Gefahr: „Eine Rotkreuzschwester auf dem Fahrrad die aus Richtung Soldau kommt, weist auf die hinter ihr kommenden Russen hin. Chaotische Zustände und überhastete, vereinzelte Fluchtversuche sind die Folge. Es nützte nichts mehr, ohne rechtzeitige Warnung werden wir von den Sowjets kurze Zeit später überrollt." (Ost. Dok. 1/40, Nei.).

In einigen Fällen haben mutige Bürgermeister die Verantwortung übernommen und ohne Bescheid die Räumung angeordnet und durchgeführt. So Bürgermeister Wilhelm Mack aus Malga: „Ich ordne die Räumung meiner Gemeinde am 19. Januar um 5.00 Uhr morgens an. Am 18. hatte ich noch Nachricht vom Landratsamt Neidenburg erhalten, alle Frauen mit kleinen Kindern, die zu evakuieren seien, nach dort zu bringen, eine Stunde später krachten schon die Bomben des großen Luftangriffs in Neidenburg, und die Stadt stand in Flammen. Ich habe vergeblich versucht, im Landratsamt anzurufen und dann eben selbständig gehandelt, meinen großen Wagen mit Gummibereifung angespannt und alle Frauen mit kleinen Kindern nach Passenheim zum Bahnhof gebracht. Sie kamen durch bis nach Dramburg in Pommern." (Ost. Dok. 1/40, Nei 43).

Bürgermeister Wilhelm Mack aus Malga über Einzelerschießungen: „Alle Männer gleich welchen Alters, werden von den Russen sofort erschossen, oder sie werden lebendigen Leibes in die angesteckten Gebäude geworfen. So verbrennen Frau Anna Beyer mit zwei kleinen Kindern, im andern Gehöft das Ehepaar Friedrich und Bertha Korzan mit ihren drei kleinen Kindern..." Er nennt noch weitere 19 Namen von Erschossenen.

Bauer Karl Kensy aus Jägerdorf war schon über Tannenberg hinausgekommen, doch dann von den Sowjets überrollt und in das Dorf Döringen eingewiesen worden; er berichtet u. a.:

„Es war die erste Nacht unter den Russen, aber auch gleich die schrecklichste in meinem ganzen Leben. Obwohl ich als Kriegsteilnehmer 1914—1918 so manches Schreckliche erlebt habe, mit dieser Nacht war es nicht zu vergleichen. Noch vor Dunkelwerden fingen russische Soldaten an, die Wagen zu plündern. Aber dabei blieb es nicht, sondern als es dunkel wurde, stürzten sich die Russen wie wilde Bestien auf die deutschen Frauen und Mädchen und vergewaltigten sie. Es war ein Geschrei und Gejammer, das kilometerweit zu hören war. Väter etwa, selbst alte Mütter, die sich für ihre Kinder einsetzten, wurden geschlagen, bedroht, auch einfach erschossen. Es wurden selbst Kinder von 9 Jahren vergewaltigt...

Ich muß hier einfügen, daß ich mit zwei Wagen geflüchtet war, den zweiten fuhr mein polnischer Arbeiter. Auf diesem Wagen fuhr eine Frau aus Muschaken, der die Russen schon Pferde und Wagen weggenommen hatten, mit ihren beiden Töchtern im Alter von 33 und 25 Jahren. Das hätte mich beinahe das Leben gekostet, denn die ältere Tochter, Mariechen, hatte sich in dieser Nacht auf meinem Wagen verborgen. Ein Russe fand sie und stieß mir mehrere Male die Pistole vor die Brust. Er hätte mich auch erschossen, hätte sich nicht der polnische Arbeiter, der immer wie ein Sohn in unserem Haus gelebt hatte, für mich eingesetzt. Der Russe schenkte mir daraufhin das Leben. Das Mädchen wurde aber so geschlagen und zerkratzt, daß es am nächsten Morgen kaum noch zu erkennen war. Etwa 45 Russen müssen in dieser Nacht bei ihr gewesen sein und sich an ihr vergangen haben." (Ost. Dok. 2/28/Ostpr./Nei.)

Derselbe Bauer Karl Kensky berichtet aber auch noch: „Die Straße war so vereist und schräg, daß wir in der Kurve ins Rutschen kommen. Der Wagen droht in den zwei Meter tiefen Straßengraben abzugehen, aber zwei russische Infanteristen stemmen sich im letzten Augenblick dagegen. An anderer Stelle treffen wir auf russische Panzer. Auch hier ist die Straße vereist und stark gewölbt. Die Panzer stoppen, lassen die Wagen vorbei und fahren erst hinter uns wieder an."

SAMTERHEBUNG ZUR KLÄRUNG DES SCHICKSALS DER DEUTSCHEN BEVÖLKERUNG IN DEN VERTREIBUNGSGEBIETEN

HEIMATORTSKARTEI FÜR OSTPREUSSEN
Regierungsbezirk Allenstein – Kreis Neidenburg

Nr.		Anzahl	%-Verhältnis zu Pos. 8 (= Pos. 39)	%-Verhältnis innerhalb der Gruppen A–D
1	I Bevölkerungsstand lt. Volkszählung 50 024			
2	II Gesamtzahl der von der HOK namentlich erfaßten Personen (einschl. der vor der Vertreibung Zugezogenen)	54 398		
	Hiervon gehen ab:			
3	Wehrmachtsverluste bis Kriegsende	1 493	—	—
4	andere vor der Vertreibung Verstorbene	504	—	—
5	vor der Vertreibung Fortgezogene	1 574	—	—
6	nach der Vertreibung Geborene	152	—	—
7	vor der Vertreibung zugezogene Umsiedler	–	—	—
8	Gesamtzahl der vor der Vertreibung namentlich bekannten Gemeindeangehörigen	50 675	100 %	
9	III Von der Gesamtzahl der vor der Vertreibung A) bekannten Personen (Pos.8) wurden festgest. als lebend	38 893	76,750	100 %
	davon: in der Bundesrepublik und Berlin (West)	30 640	60,463	78,780
11	in der SBZ und im Sowjetsektor von Berlin	4 164	8,217	10,706
12	im alten Heimatkreis	3 161	6,237	8,127
13	in der alten Provinz bzw. im alten Heimatstaat	553	1,094	1,422
14	in den übrigen Aussiedlungsgebieten	81	0,160	0,208
15	im freien Ausland zusammen	281	0,554	0,722
17	dav. Europa (70), außerhalb (211)	—	—	—
18	in Gefangenschaft od. anderem fremden Gewahrsam	13	0,025	0,035
19	Sonstige			
20	B) Bei und als Folge der Vertreibung Verstorbene	2 508	4,950	100 %
21	davon: gewaltsamer Tod (erschossen usw.)	660	1,302	26,315
22	Selbstmord	13	0,025	0,518
23	in der Verschleppung verstorben	225	0,444	8,975
24	in Lagern der Vertreibungsgebiete verstorben	88	0,173	3,508
25	auf der Flucht umgekommen	408	0,805	16,267
26	an den Folgen der Vertreibung verstorben	349	0,690	13,915
27	Todesursache unbekannt	765	1,511	30,502
28	Sonstige			
29	C) Sonstige Verstorbene	1 726	3,405	100 %
30	davon: in der Kriegsgefangenschaft	64	0,125	3,708
31	nach dem Zeitpunkt der allgemeinen Vertreibung	1 662	3,280	96,292
32	Sonstige			
33	D) Ungeklärte Fälle	7 548	14,895	100 %
34	davon: Verschlepptenhinweis	274	0,540	3,632
35	Interniertenhinweis	–	–	–
36	Vermißtenhinweis	3 446	6,800	45,654
37	Todeshinweis	1 418	2,800	18,786
38	ohne jeden Hinweis	2 410	4,755	31,928
39	Gesamtsumme: (Pos. 9, 20, 29, 33)	50 675	100 %	

Der Kreis Ortelsburg

Bei Flammberg im Südwesten des Kreises fanden heftige Kämpfe statt, bis es der sowjetrussischen Übermacht in der Nacht vom 18. zum 19. Januar 1945 gelang, durchzubrechen und nach Norden vorzustoßen. Doch der Hauptstoß der Russen erfolgte wider Erwarten aus Südwesten und Westen aus dem Kreise Neidenburg heraus und nicht aus der Richtung, wo Panzergräben und Straßensperren des „Ostwalls" errichtet waren. Am 21. Januar erreichten die Russen die Straße Ortelsburg-Allenstein bei Passenheim; von dort aus führten sie starke Angriffe nach Osten gegen Ortelsburg, das gleichzeitig starke Luftangriffe erlebte. Südlich der Stadt an der Seenenge zwischen dem Kl. Schobensee und Seedanziger See fanden erneut heftige Kämpfe statt, an denen der Volkssturm maßgeblich beteiligt war. Die Sowjets besetzten Ortelsburg am 23. 1. 1945, während der südöstliche Kreisteil zwischen dem 24. und 26. und der gesamte Kreis am 28. Januar 1945 in russische Hand geriet.

Bürgermeister Bruno Armgardt berichtet u. a. (Ost. Dok. 2/29/Ort.):

„Eine planmäßige Räumung erfolgte nicht, als dem Kreise ernsthafte Gefahr drohte, als einzelne Gemeinden von sich aus abrückten. Wohl gibt es einen Räumungsplan für die Evakuierung in den westpreußischen Kreis Schwetz. Aber der Kreisleiter weigerte sich. Erst am 18. 1., viel zu spät, erlaubt er die Räumung des Gebietes südlich Wlllenberg. Am 19. 1. 1945 kommt der Befehl von Koch (RVK und Gauleiter Ostpreußens). Innerhalb von fünf Tagen (!) das Gebiet südlich der Linie Passenheim-Puppen zu räumen, am nächsten Tag darf das ganze Kreisgebiet evakuiert werden."

Am 19. und 20. Januar konnte die Hauptmasse der Bevölkerung, wenn auch nur mit dem notwendigsten Gepäck mit der Bahn abtransportiert werden; bis zum 20. 1. kamen die Züge noch über Deutsch-Eylau und Thorn oder über Marienburg und Elbing über die Weichsel ins Reich. Allerdings griffen russische Tiefflieger am 19. und 20. Januar fast pausenlos Stadt und Bahnhof an. Hierbei gab es leider auf dem Bahnhof viele Tote unter den auf den Abtransport wartenden Menschen. Am Abend des 19. Januar zog ein großer Menschenstrom mit Handwagen, Schlitten und sonstigem Gepäck zur Verladerampe, da der Bahnhof inzwischen zerstört war. Viele Ortelsburger zogen auch zum Bahnhof Neu-Keykuth, um dort einen Zug zu erreichen. Die letzten Züge endeten entweder in Königsberg oder in Heiligenbeil, von dort konnten die meisten über Pillau oder über das Frische Haff entkommen. Jedenfalls war Ortelsburg am Sonntag, den 21. Januar 1945 fast menschenleer.

Von den Trecks gelang nur einigen wenigen die Flucht über Passenheim, dort wurde die Mehrheit von den Sowjets überrollt. Doch die Masse der Trecks fuhr nach Norden über Bischofsburg oder Sensburg, weiter in den Kreis Heilsberg und zum Frischen Haff. Doch vorher wurden viele im Kreis Rößel oder im Kreis Heilsberg überrollt. Von denen, die bis Pommern kommen konnten, wurden einige noch von den Sowjets überrollt. Nur wenigen gelang die Flucht in den Westen.

Frau Luise Andrich, die im Jahre 1942 mit ihren fünf Kindern zwischen ein- und dreizehn Jahren wegen der Bombenangriffe aus Düsseldorf nach Schönhöhe, Kreis Ortelsburg evakuiert wurde, schreibt an ihren Mann nach Düsseldorf u. a: „Hier geht alles drunter und drüber, seitdem gestern, am 19. Januar, die ersten Bomben in Ortelsburg fielen (ein Angriff, der viele Tote forderte, als Bomben in die Flüchtlingsansammlung am Bahnhof und in die Rote-Kreuz-Stelle einschlugen). Alle Höfe stehen voll Flüchtlingswagen. Alle Stuben sind belegt, Menschen und Tiere suchen für eine kurze Zeit Ruhe. Überall wird noch Brot gebacken; daß auch wir flüchten müssen, wird nun Gewißheit. Abends kommen noch mehr Soldaten ins Dorf, jedes Eckchen wird belegt. Die Hauptsache: ein Dach über dem Kopf. Draußen pfeift eisiger Wind. 30 Grad Kälte." So vergehen das Wochenende, der Montag, der Dienstag der 23. 1.: „Immer neue Flüchtlinge kommen. Es ist ein unvorstellbares Durcheinander: Zivilisten, Soldaten, Geschütze, Panzer, Schlitten, Pkw, Lkw, Viehherden... Am 23. Abend kommt der Befehl für uns zum Aufbruch." Ihr gelingt mit ihren Kindern mit sehr viel Glück die Flucht in den Westen! Frau Emma Babinnek aus Wilhelmshof wurde mit ihrem Treck auf dem Wege nach Rößel überrollt und in einen Gutssaal eingesperrt. Die größeren, aber noch nicht wehrpflichtigen Jungen holen die Russen heraus.

„Unter den größeren Jungen, die man hinter der Gutsscheune mit dem Kolben erschlägt, ist auch Walter Welskop, Wilhelmshof, 16 Jahre alt. Auch auf den Feldern liegen einige, die das gleiche Schicksal getroffen hat. Den älteren, aus dem Saal geholten Männern haben sie im Schnee eine Richtung gewiesen, in der sie schnell laufen sollten. Sie werden als Zielscheibe benutzt, einige werden tödlich getroffen. Unter denen, die überleben, ist auch der Bauer Gottlieb Radkowski aus Wilhelmshof." (Ost. Dok. 2/29/Ort.)

August Biernath aus Passenheim erlebt, daß am 21. Januar 1945 früh die Kreisleitung Ortelsburg telefonisch durchgibt, es bestünde nicht die geringste Gefahr, aber nachmittags die Menschen nur noch mit Handgepäck überstürzt flüchten können.

Pastor Kurt Ehmer verließ sein Kirchdorf Klein-Jerutten am 19. Januar. Drei Tage warteten viele Tausende auf dem Bahnhof Schwentainen auf den versprochenen Zug. Endlich kam dieser und brachte alle bis Preußisch-Eylau. Weiter heißt es in seinem Bericht (Ost. Dok. 2/29/Ort.): „In der evangelischen Kirche ist ein Sammellager eingerichtet. Wir können noch das Heilige Abendmahl feiern... In einem Massengrab werden 36 Kinder begraben. Sie sind auf der Flucht erfroren..."

Frau Emma Jaschinski, deren Mann an der Front steht, flüchtete erst, wurde dann aber von den Russen mit ihrem Treck überrollt und kehrt nach Puppen zurück. Drei Tage haben sie dort Ruhe, dann aber: „Sie nehmen alles, die Russen... alles. So stehen wir fast nackend, bis auf das Hemd beraubt... Die Deutschen brauchen nichts mehr, sie werden sowieso alle erschossen."

So in Waldburg, wo sieben Deutsche in einem Hause zusammen lebten. Fünf Russen kamen auf einem polnischen Fuhrwerk, fragten: „Seid ihr Deutsche?" Auf das Ja schießen sie; die Polen plündern die Leichen. Es waren zwei Männer und fünf Frauen. (Ost. Dok. 2/29/Ort.)

Friedrich Junga war, da er sein Anwesen auf Veranlassung deutscher Truppen verlassen mußte, in das Grundstück des Bauern Nikutta in Kuckuckswalde eingezogen. Am 22. Januar kamen die ersten Russen, zwei Offiziere. Sie taten keinem etwas. Als sie gingen, gaben sie Bauer Junga die Hand. Später holte ein Pferde- und Viehkommando fünf Pferde und den Rest des Viehs. Dazu nahmen sie auch Jungas Bruder, den Arbeiter Patzkowski und zwei Lehrlinge mit, deren Eltern geflüchtet waren. Die Jungen rissen aus. Dafür wurden Jungas Bruder und der Arbeiter erschossen. Als die beiden Jungen wieder gefangen wurden, erschoß man auch sie. (Ost. Dok. 2/29/Ort.)

Nach Ortelsburg kamen die ersten russischen Panzer gegen Abend des 23. Januar 1945 aus Richtung Seedanzig und Johannisthal, also aus Westen. Schwache deut-

GESAMTERHEBUNG ZUR KLÄRUNG DES SCHICKSALS DER DEUTSCHEN BEVÖLKERUNG IN DEN VERTREIBUNGSGEBIETEN

HEIMATORTSKARTEI FÜR OSTPREUSSEN
Regierungsbezirk Allenstein - Kreis Ortelsburg

#		Anzahl	%-Verhältnis zu Pos. 8 (= Pos. 39)	%-Verhältnis innerhalb der Gruppen A-D
1	I Bevölkerungsstand lt. Volkszählung 73 442			
2	II Gesamtzahl der von der HOK namentlich erfaßten Personen (einschl. der vor der Vertreibung Zugezogenen)	79 893		
	Hiervon gehen ab:			
3	Wehrmachtsverluste bis Kriegsende	2 020	—	—
4	andere vor der Vertreibung Verstorbene	773	—	—
5	vor der Vertreibung Fortgezogene	2 035	—	—
6	nach der Vertreibung Geborene	63	—	—
7	vor der Vertreibung zugezogene Umsiedler	—	—	—
8	Gesamtzahl der vor der Vertreibung namentlich bekannten Gemeindeangehörigen	75 002	100 %	
9	III Von der Gesamtzahl der vor der Vertreibung	58 146	77,526	100 %
	A) bekannten Personen (Pos.8) wurden festgest. als lebend			
10	davon: in der Bundesrepublik und Berlin (West)	47 250	62,998	81,260
11	in der SBZ und im Sowjetsektor von Berlin	4 548	6,063	7,821
12	im alten Heimatkreis	5 791	7,721	9,959
13	in der alten Provinz bzw. im alten Heimatstaat	272	0,362	0,468
14	in den übrigen Aussiedlungsgebieten	31	0,044	0,055
15	im freien Ausland zusammen	253	0,337	0,435
17	dav. Europa (65), außerhalb (188)	—	—	—
18	in Gefangenschaft od. anderem fremden Gewahrsam	1	0,001	0,002
19	Sonstige			
20	B) Bei und als Folge der Vertreibung Verstorbene	3 301	4,402	100 %
21	davon: gewaltsamer Tod (erschossen usw.)	604	0,806	18,297
22	Selbstmord	18	0,023	0,545
23	in der Verschleppung verstorben	268	0,357	8,118
24	in Lagern der Vertreibungsgebiete verstorben	95	0,126	2,878
25	auf der Flucht umgekommen	740	0,986	22,417
26	an den Folgen der Vertreibung verstorben	461	0,618	13,968
27	Todesursache unbekannt	1 115	1,486	33,777
28	Sonstige			
29	C) Sonstige Verstorbene	2 808	3,743	100 %
30	davon: in der Kriegsgefangenschaft	112	0,150	3,989
31	nach dem Zeitpunkt der allgemeinen Vertreibung	2 696	3,593	96,011
32	Sonstige			
33	D) Ungeklärte Fälle	10 747	14,329	100 %
34	davon: Verschlepptenhinweis	425	0,567	3,954
35	Interniertenhinweis	1	0,001	0,009
36	Vermißtenhinweis	4 481	5,974	41,695
37	Todeshinweis	2 338	3,118	21,754
38	ohne jeden Hinweis	3 502	4,669	32,588
39	Gesamtsumme: (Pos. 9, 20, 29, 33)	75 002	100 %	

sche Kräfte, meist ungenügend ausgerüsteter Volkssturm konnte noch einen Teil der Stadt bis zum nächsten Tag behaupten.

Die drei östlichen Kreise Johannisburg, Lyck und Treuburg gehörten offensichtlich nicht zu den bevorzugten Angriffszielen der Sowjets. An den Kreisgrenzen blieb es zunächst ruhig.

Jedoch hatten die Januar-Offensiven der Russen über Neidenburg und Osterode auf Elbing auch die drei Kreise vom Westen abgeschnitten. Der zweite sowjetische Stoßkeil im Norden auf Königsberg drohte diese Kreise total abzuschneiden. Deshalb war eine Räumung dringend geboten. Im Einzelnen ergibt sich folgendes Bild:

Der Kreis Johannisburg

hatte als Aufnahmekreis Neustadt/Westpr. und Kreis Dirschau zugeteilt erhalten. Als Marschrichtung war Ortelsburg-Allenstein bestimmt. Die Masse der Bevölkerung dieses Kreises war bereits im November und Dezember 1944 mit Eisenbahntransporten vor allem nach Pommern evakuiert worden.

Für den Rest erließ der RVK Koch am 19. Januar 1945 den Räumungsbefehl. Vom 20.—23. Januar gingen von den größeren Bahnhöfen, so von Johannisburg, Gehlenburg, Niedersee Eisenbahnzüge mit Personen ohne eigene Fahrgelegenheit ab, die aber zum größten Teil nach mehreren Tagen Irrfahrt noch in Ostpreußen ausgeladen wurden.

Für die Trecks war der 21. Januar 1945 (viel zu spät!) als Abmarschtag festgesetzt. Da die vorgesehene Abmarschroute Ortelsburg-Allenstein nicht mehr passierbar war, erfolgte die Lenkung der Trecks in zwei Richtungen nach Niedersee-Sensburg und über Arys-Nikolaiken-Sensburg/Rastenburg. Bereits im Kreisgebiet gab es Stockungen; der ursprünglich geordnete Abmarsch verwandelte sich in eine regellos werdende Flucht. Die meisten Trecks wurden in den letzten Januartagen im Raum Sensburg-Rößel-Rastenburg von den Sowjets erreicht, zersprengt und teilweise vernichtet. Etwa ein Zehntel der Trecks wurde noch im Heimatkreis von den Russen eingeholt, besonders bei Arys und Weißuhnen, die Hälfte weiter im Landesinnern Ostpreußens. Von den Trecks, die frühzeitig aufgebrochen waren, kamen einige bis Pommern, wurden dort aber z. T. ebenfalls von den Sowjets überrollt. Nur etwa 5% gelang die Flucht über die Oder in den Westen.

Den mit der Eisenbahn oder mit Wehrmachtfahrzeugen Geflüchteten gelang meist die Flucht in den Westen. Dabei ist zu berücksichtigen, daß nur noch ein Teil im Kreisgebiet nach der großen Evakuierung November/ Dezember 1944 verblieben war und sich auf die Flucht begeben mußte.

Revierförster Sodeikat berichtet u. a. (Ost. Dok. 2/19/Joh.): „Endlose Trecks von Südosten kommend zogen vorüber. Es sind fast nur Frauen, die sich mit den Gespannen abmühen müssen. Müde quälen sie sich ab, um mit ihren Wagen weiterzukommen."

Unsagbar die Leiden auf den verstopften und vereisten Straßen, wenn die Wagen abrutschten, die Pferde stürzten und Räder und Deichseln brachen. Voll sind die Gräben von fortgeworfenen Gut, um die Fahrzeuge zu erleichtern. Längst sind die Trecks zersprengt, es ist eine regellose Flucht geworden über verstopfte Straßen, auf denen die Wehrmacht eine strategisch unerläßliche Vorfahrt hat, was den Trecks oft zum Verhängnis wird.

Bei Reuschendorf überholen die Russen auch den Treck des Revierförsters Theophil Jahn, der vom 1. Weltkrieg her russisch spricht. Ein sowjetischer Feldwebel sagt ihm: „Wir morden nicht, wir Soldaten — aber nach ein paar Tagen kommen andere. Da Männer sich verstecken — und Frauen." „Also eine Galgenfrist, denn genau drei Tage später, kommt dieses Mordkommando, das in Reuschendorf 28 Leute, meist Bauern, aber auch Frauen und sogar Kinder von sechs Wochen rücksichtslos erschießt."

Zwei Häuser weiter (in Reuschendorf) trafen die Russen 16 Flüchtlinge aus Goldap, ein Mann von 65 Jahren und sonst nur Frauen und Kinder, darunter ein Kind von sechs Wochen. Sie mußten sich im Kreis herumsetzen, dann wurden alle erschossen. Ein Mädchen von ihnen wollte sich retten und sprang zum Fenster. Der Russe schoß mehrmals hinter ihr her und traf die 25jährige aus Goldap an der Hüfte. Sie schleppte sich blutend bis zum Schulhaus zu uns. Am nächsten Tage starb sie bei vollem Bewußtsein.

Da kamen nach ein paar Tagen zwei Russen und suchten „Panierska-Mädchen". Sie kamen zum Großbauern Podehl aus Reuschendorf, der zwei Töchter, 14 und 16 Jahre alt, hatte. Die Russen schmissen den Vater Podehl hinaus, und schlossen sich in der Stube ein, um die Kinder zu vergewaltigen. Die Mädchen schrien, und Podehl trommelte gegen die Tür und bat, die Mädchen doch in Ruhe zu lassen. Da machte ein Russe auf und schoß den Bauern mit Kopfschuß tot.

Am 3. Februar 1945, zwei Wochen nach dem russischen Durchbruch, wurden in Landsberg alle Deutschen in der Kirche zusammengetrieben, wie Frau Kosziol aus Nickelsburg berichtet: (Ost. Dok. 2/19/Joh.)

„Säuglinge und Alte starben hier wie Fliegen. Junge Mütter gebaren ihre Kinder im Kirchenschiff — ohne Hilfe —, russische Soldaten holten ständig Frauen und Mädchen heraus. Wenn diese wiederkamen, erzählten sie unter Tränen, daß sie auf unmenschliche Weise vergewaltigt worden seien. Oft kam es vor, daß manche Frauen zehn- bis fünfzehnmal am selben Tag herausgeholt und jedesmal von acht bis zehn Russen mißbraucht wurden."

Von einem sowjetischen Kommando aus einem zurückkehrenden Treck herausgerissen berichtet Erwin Pagel aus Drigelsdorf u. a. (Ost. Dok. 2/19/Joh.):

„An dem Weg, der von der Straße Drigelsdorf — Arys zur Försterei Drigelsdorf abgeht, wurden wir am 1. Februar angehalten, vom Wagen heruntergejagt und zu einem Haufen zusammengetrieben. In der Zwischenzeit verstärkte sich die Zahl der russischen Soldaten, aus Richtung Drigelsdorf kommend um mehrere Mann, so daß sich deren Zahl auf ungefähr 12 bis 15 Mann erhöhte. Auf Veranlassung eines Offiziers wurden wir ausgesondert. Die älteren mußten auf die Fahrzeuge zurück, während die jüngeren, ausgesuchten Männer, Frauen und Kinder unter Führung eines Russen in den Straßengraben geführt wurden. Etwa aus zehn Soldaten bestand das Kommando, das nun unter Anleitung eines Offiziers das Feuer aus Maschinenpistolen eröffnete. Ich hörte die Worte noch, die der Offizier uns zurief: „Cleb ca Cleb, Krew ca Krew" (Brot für Brot, Blut für Blut).

Ich erlebte zum erstenmal im Leben eine Exekution. Es ist nicht zu schildern, nie zu vergessen. Unter Bitten, Jammern und Flehen sah ich die Menschen in die Knie gehen und zusammenbrechen. Es war herzzerreißend!

Ich stand ziemlich weit hinten und kam Dank des Glückes und der Selbstbeherr-

GESAMTERHEBUNG ZUR KLÄRUNG DES SCHICKSALS DER DEUTSCHEN BEVÖLKERUNG IN DEN VERTREIBUNGSGEBIETEN

HEIMATORTSKARTEI FÜR OSTPREUSSEN

Regierungsbezirk Allenstein - Kreis Johannisburg

		Anzahl	%-Verhältnis zu Pos. 8 (= Pos. 39)	%-Verhältnis innerhalb der Gruppen A-D
1	I Bevölkerungsstand lt. Volkszählung 53 089	Anzahl		
2	II Gesamtzahl der von der HOK namentlich erfaßten Personen (einschl. der vor der Vertreibung Zugezogenen)	62 830		
	Hiervon gehen ab:			
3	Wehrmachtsverluste bis Kriegsende	1 436	——	——
4	andere vor der Vertreibung Verstorbene	709	——	——
5	vor der Vertreibung Fortgezogene	1 682	——	——
6	nach der Vertreibung Geborene	262	——	——
7	vor der Vertreibung zugezogene Umsiedler	-	——	——
8	Gesamtzahl der vor der Vertreibung namentlich bekannten Gemeindeangehörigen	58 741	100 %	
9	III Von der Gesamtzahl der vor der Vertreibung A) bekannten Personen (Pos.8) wurden festgest. als lebend	44 055	74,998	100 %
10	davon: in der Bundesrepublik und Berlin (West)	36 130	61,507	82,011
11	in der SBZ und im Sowjetsektor von Berlin	5 240	8,920	11,894
12	im alten Heimatkreis	1 983	3,376	4,501
13	in der alten Provinz bzw. im alten Heimatstaat	396	0,675	0,899
14	in den übrigen Aussiedlungsgebieten	53	0,090	0,121
15	im freien Ausland zusammen	252	0,429	0,572
16/17	dav. Europa (97), außerhalb (155)	——	——	——
18	in Gefangenschaft od. anderem fremden Gewahrsam	1	0,001	0,002
19	Sonstige			
20	B) Bei und als Folge der Vertreibung Verstorbene	2 277	3,876	100 %
21	davon: gewaltsamer Tod (erschossen usw.)	366	0,625	16,074
22	Selbstmord	6	0,001	0,260
23	in der Verschleppung verstorben	233	0,398	10,233
24	in Lagern der Vertreibungsgebiete verstorben	116	0,199	5,094
25	auf der Flucht umgekommen	548	0,932	24,068
26	an den Folgen der Vertreibung verstorben	294	0,505	12,914
27	Todesursache unbekannt	714	1,216	31,357
28	Sonstige			
29	C) Sonstige Verstorbene	1 881	3,204	100 %
30	davon: in der Kriegsgefangenschaft	113	0,192	6,007
31	nach dem Zeitpunkt der allgemeinen Vertreibung	1 768	3,012	93,993
32	Sonstige			
33	D) Ungeklärte Fälle	10 528	17,922	100 %
34	davon: Verschlepptenhinweis	261	0,448	2,479
35	Interniertenhinweis	1	0,001	0,010
36	Vermißtenhinweis	3 187	5,420	30,272
37	Todeshinweis	2 844	4,844	27,013
38	ohne jeden Hinweis	4 235	7,209	40,226
39	Gesamtsumme: (Pos. 9, 20, 29, 33)	58 741	100 %	

schung auf den Gedanken, auszurücken, was mir auch gelang. Einen Bruchteil später, und ich wäre auch bei den Toten gewesen. So kam ich mit einer Oberarmverletzung davon."

Dieses hatte Frau Auguste Skrotzki, die zum Wagen zurückgeschickt worden war, mitangesehen und berichtet darüber:

„Bevor ich an mein Fuhrwerk kam, das etwas hinten stand, fielen schon die ersten Schüsse. Danach spielte eine Russe Ziehharmonika und tanzte. Unter den Toten waren aus Lindensee drei Schwestern, Trude (24), Martha (21) und Hetta Joachim (23). Frau Brozio, die sich nicht von den Kindern trennen lassen wollte, ist mit drei Töchtern (23, 21, 18) und ihrem vierzehnjährigen Sohn auch tot. Unsere Tochter Gertraud, geboren am 10. 11. 1929 ist tot, unsere Tochter Elisabeth, geboren am 1. 2. 1931, auf den Tag genau 14 Jahre, hatte einen Durchschuß unter der rechten Schulter und einen Streifschuß an der Backe. Erwin P., dem es durch Weglaufen gelang, sich zu retten, hatte einen Steckschuß im rechten Oberarm. Otto Clench (15) wurde schwer verwundet und starb sechs Tage danach. Als alles sich beruhigt hatte, standen unsere Tochter Elisabeth und ein zehn Jahre alter Junge, namens Erich Spandera aus Neuendorf bei Lyck auf. Erich hatte einen Streifschuß am Kopf. Stiefel und Socken wurden ihm, während er dalag, ausgezogen.

Die beiden Kinder schafften es: Zurück zu ihren Eltern. Verwundet, barfuß, verirrt. 32 Tote aber bleiben zurück."

Der Kreis Lyck

gehörte ebenfalls nicht zu den bevorzugten Angriffszielen der Roten Armee; denn an seiner Ostgrenze blieb es ruhig. Nach den Durchbrüchen der Russen bei Elbing im Westen und Königsberg im Nordwesten drohte allerdings, dem gesamten Südostzipfel Ostpreußens und damit auch **Lyck**, vom Gegner abgeschnitten zu werden. Darum setzten sich die deutschen Einheiten am 21. 1. 1945 vom Gegner über die Reichsgrenze ab und zogen sich zunächst auf vorbereitete Stellungen ostwärts Lyck zurück. Damit begann die kampflose Räumung des gesamten Kreisgebietes, die am 23. 1. abgeschlossen war.

Die Sowjets drangen ohne Widerstand zu finden am 22. 1. ins Kreisgebiet im Osten und im Süden abends bei Prostken ein; am 23. 1. stießen die Russen aus dem nördlichen Treuburger Kreis in den Nordkreis Lyck hinein. Am 24. Januar 1945 besetzten sie die Stadt Lyck und den Rest des Kreises. Der Lycker Volkssturm wurde im eigenen Kreisgebiet nicht eingesetzt; er geriet Ende Januar im Rastenburger Raum in schwere Kämpfe. Das II. VS-Bataillon wurde dort fast völlig aufgerieben, andere Gruppen schlugen sich bis Danzig durch und wurden dort in die Wehrmacht eingegliedert.

Erst am 20. Januar 1945, also auch hier viel zu spät, erging vom Landratsamt der „Räumungsbefehl", und zwar für den westlichen Kreisteil; der größte Teil des Kreises Lyck war bereits im November teils in den Aufnahmekreis Allenstein teils nach Sachsen mit der Bahn evakuiert und damit in Sicherheit. Die in den Aufnahmekreis evakuierten Bauern aus dem Ostteil des Kreises folgten zum Teil dem Aufruf des Kreisbauernführers und fuhren am 10. Januar in ihre Heimatdörfer, um Futter zu holen. Die Gespanne fehlten ihren Familien im Allensteiner Raum, während sie selbst mit Gespannen in den russischen Strudel gerieten und meist verschleppt oder erschossen wurden.

Ab 20. 1. gingen einige Leerzüge laut Bericht des Dienststellenleiters des Bahnhofs Lyck, Jettka (F = Fragebogenberichte des Jahres 1952 in Ost. Dok. 1 Nr. 35 und 36, hier F79) mit Flüchtlingen zunächst noch in den Raum Königsberg, und sogar bis Pillau, die letzten am 22. 1. nachmittags und abends um 20.30 Uhr nur bis Rastenburg. Von Baitenberg fuhr der letzte Zug am Sonntag, den 21. 1. abends bis Tharau. Der Zug aus Prostken nahm am 22. 1. nachmittags noch Flüchtlinge aus Neumalken auf und kam auch nur bis Rastenburg. Hierzu berichtet Max Matzko aus Gusken (F41, S. 141f):

> „Meine Eltern, die in Neumalken den letzten Zug unter Zurücklassung ihres Gepäcks wegen Überfüllung des Prostker Zuges am 22. 1. bestiegen hatten, mußten in Rastenburg den Zug vor den sich nähernden Russen verlassen, marschierten nach Bartenstein, von dort fuhren sie mit einem Wehrmachtwagen nach Kreuzberg, gingen dann zu Fuß zum Wasser (Frisches Haff) und fuhren mit einem Kohlenschlepper nach Gotenhafen. Dann ging es per Schiff nach Danzig, von dort mit der Bahn schließlich nach Hamburg. Andere dieses Zuges erreichten zu Fuß Braunsberg und dann übers Haff Pillau. Sie kamen per Schiff nach Dänemark oder nach Norddeutschland (F85, S. 364f)"

Der letzte Bergungszug von Fließdorf ging am 22. 1. 1945 abends vom Bahnhof und erreichte in 3 Tagen Pr. Eylau.

In Dippelsee sollte ein Zug am 21. 1. gestellt werden. Erst 28 Stunden nach energischen Telefonaten kam ein Zug, der die etwa 1000 Flüchtlinge aufnahm und bis Korschen fuhr, hier mußte alles heraus, weil der Zug von der Wehrmacht beschlagnahmt wurde. Viele kamen mit Wehrmachttransporten oder zu Fuß weiter und konnten sich retten. Ein Teil wurde leider in Korschen von den Sowjets überrollt, sie mußten in ihre Heimat zurückkehren. (F106)

Ein Bericht einer Lycker Abiturientin über ihre Flucht per Bahn: (Ost. Dok. 2, Nr. 25, S. 6f)

„Am 21. 1. 1945 mußte Lyck geräumt werden... Mit einem der letzten Züge kamen wir, meine Mutter, meine Schwester und ich, bis Rastenburg, wo wir bei Verwandten unterkamen. Als wir die Hiobsbotschaft hörten, daß der Zugverkehr nach dem Reich eingestellt sei, hatten wir nur einen Gedanken, Rastenburg so schnell wie möglich zu verlassen.

Auf dem Güterbahnhof von Rastenburg fanden wir drei Zuflucht in einem Güterwagen, der Soldaten in Richtung Königsberg transportierte. In Korschen mußten wir raus, hatten jedoch Glück, sofort einen neuen Güterzug, der mit Flüchtlingen überfüllt war, zu erreichen. Unterwegs starben Säuglinge vor Hunger!

Am 26. Januar 1945 erreichten wir Bartenstein. In ihrer Angst, den vordringenden Russen in die Hände zu fallen, hatten es zahlreiche Flüchtlinge trotz der großen Kälte fertig bekommen, sich in offene Bahnwagen an den Transport anzuhängen. In Bartenstein waren viele bereits erfroren.

Wir blieben die Nacht in unserem Wagen. Mit Tagesanbruch verließen wir den Güterzug und suchten in Bartenstein ein Quartier. Es herrschte eine Kälte von -25 Grad! Während wir unterwegs waren, hörten wir in der Ferne das dumpfe Grollen von Artilleriekanonaden.

Wir fanden Unterkunft und ruhten uns zwei Tage aus. Dann trieb uns das näherkommende Artilleriefeuer aus der Stadt Bartenstein. Unter den pausenlosen Detonationen der von der eigenen Truppe gesprengten Wehrmachtanlagen in Bartenstein bahnten wir uns inmitten einer kopflos fliehenden Menschemasse den Weg aus der Stadt. Bald sahen wir ein, daß auf den Chausseen kein Fortkommen möglich war. Wir begaben uns zum Güterbahnhof zurück und hatten wiederum Glück einen Waggon zu finden, der nur mäßig besetzt war. Unser Bekannter (ein verwundeter Soldat) holte sich einige Eisenbahner heran, die diesen Waggon nach vielen Zureden schließlich an einen Lazarettzug in Richtung Braunsberg anhängten. Die Eisenbahner nahmen sich der Flüchtlinge in rührender Weise an und besorgten Essen und Trinken.

Am 1. Februar 1945 gelangte der Transport nach Braunsberg. Hier erfuhren wir neue Hiobsbotschaften: Allenstein gefallen! Elbing von den Russen besetzt! Wir befanden uns in einem richtigen Kessel!

Pausenlos belegten russische Flugzeuge die Stadt Braunsberg mit Bomben und Bordwaffenfeuer. Eine Freundin meiner Mutter nahm uns auf. Bis zum 10. Februar blieben wir in Braunsberg. Täglich mußten wir stundenlang nach Lebensmitteln und Kohlen anstehen. Das Gedröhne von Stalinorgeln kam von Tag zu Tag näher. Licht und Gas fielen aus. Wir lebten mit 10 Personen in einem Zimmer. Wir faßten den Entschluß, die Stadt zu verlassen. In der Dunkelheit verließen wir mit einigen anderen Leidensgefährten unser Domizil und tappten uns durch eine stockfinstere Nacht auf einer von Menschenleichen und Tierkadavern besäten Landstraße vorwärts. Hinter uns blieb das brennende Braunsberg zurück, links von uns — um Frauenburg — tobte eine erbitterte Schlacht.

Gegen Mitternacht erreichten wir — völlig verdreckt und verschlammt — das Städtchen Passarge am Frischen Haff. In einer Scheune, erwarteten wir den neuen Tag. Dann setzten wir unsern Fußmarsch fort zum Frischen Haff. Inzwischen war die eisige Kälte anhaltenden Regenwetter gewichen. Wir erreichten den Uferrand des Frischen Haffs, verpusteten einige Minuten und traten dann den Marsch zur gegenüberliegenden Nehrung an.

Das Eis war brüchig; stellenweise mußten wir uns mühsam durch 25 cm hohes Wasser hindurchschleppen. Mit Stöcken tasteten wir ständig die Fläche vor uns ab. Zahllose Bombentrichter zwangen uns zu Umwegen. Häufig rutschte man aus und glaubte bereits verloren. Die Kleider, völlig durchnäßt, ließen nur schwerfällige Bewegungen zu. Aber die Todesangst vertrieb die Frostschauer, die über den Körper jagten.

Ich sah Frauen Übermenschliches leisten. Als Treckführerinnen fanden sie instinktiv den sicheren Weg für ihre Wagen. Überall auf dem Eis lag verstreuter Hausrat herum; Verwundete krochen mit bittender Gebärde zu uns heran, schleppten sich an Stöcken dahin, wurden auf kleinen Schlitten von Kameraden weiter geschoben.

Sechs Stunden dauerte unser Weg durch dieses Tal des Todes. Dann hatten wir zu Tode ermattet, die Frische Nehrung erreicht. In einem winzigen Hühnerstall sanken wir in einen flüchtigen Schlaf. Unsere Mägen knurrten vor Hunger. Am nächsten Tag liefen wir in Richtung Danzig weiter. Unterwegs sahen wir grauenvolle Szenen. Mütter warfen ihre Kinder im Wahnsinn ins Meer, Menschen hängten sich auf, andere stürzten sich auf verendete Pferde, schnitten sich Fleisch heraus, brieten sich Stücke am offenen Feuer, Frauen wurden im Wagen entbunden. Jeder dachte nur an sich selbst — niemand konnte den Kranken und Schwachen helfen.

In Kahlberg stellten wir uns dem Roten Kreuz zur Verfügung und pflegten Verwundete in der Strandhalle. Am 13. Februar 1945 gingen wir als Pflegepersonal an Bord eines Lazarettschiffes. Am nächsten Tag erreichten wir Danzig-Neufahrwasser und gingen von Bord.

Am 15. Februar 1945 erhielten wir Quartier in Zoppot zugewiesen. Meine Mutter, meine Schwester und ich konnten uns kaum auf den Füßen halten. Trotzdem schleppten wir uns zum Güterbahnhof Gotenhafen, wo es uns zum dritten Mal durch eine wunderbare Fügung gelang, in einem Feldpostgüterwagen nach Stolp (Pommern) mitgenommen zu werden. Am 19. Februar kamen wir als Pflegepersonal mit einem Lazarettzug über Hannover nach Gera/Thüringen, wo wir bei Verwandten untergebracht wurden. Es war der 28. Februar 1945. An diesem Tage endete unsere Flucht aus Ostpreußen!"

Laut Räumungsbefehl, der am 20. 1. 1945 von der Kreisleitung erlassen wurde, war das Treckziel der Weichselübergang bei Marienwerder und bei Dirschau; der Marschweg sollte über Arys, dann über Rhein-Rößel oder Nikolaiken-Sensburg oder über Lötzen-Rastenburg führen. Ein anderer Fluchtweg vor allem für den nördlichen Teil des Kreises ging über Widminnen nach Lötzen auf Rastenburg. Klirrende Kälte, Neuschnee und Schneestürme erschwerten die Flucht ungemein!

Arys erwies sich als berüchtigtes Nadelöhr; denn hierher kamen auch viele Trecks aus dem Kreise Johannisburg. Über die Zustände in Arys berichtet der Volkssturmmann Adolf Fallick aus Baitenberg (F6) u. a.:

„Am 22. 1. 1945 bin ich mit der 4. Volkssturm-Kompanie von Baitkowen (Baitenberg) abgerückt; am gleichen Tage sind auch alle Einwohner mit Fuhrwerken abgefahren. Am nächsten Tage habe ich sie in Wiersbinnen (Stollendorf), darunter meine Familie und meine Eltern, getroffen. Ich sagte zu meinem Vater, wir müssen bis heute abend von Arys heraus sein, denn abends werden die Brücken gesprengt. Und so geschah es.

Als die Flüchtlinge mit ihren Wagen kurz vor Arys waren, stand die Feldgendarmerie auf einer Kreuzung; die Straße war zu überfüllt, da wurde immer ein Wagen durch die Stadt und der folgende Wagen über den Truppenübungsplatz durchgelassen. Mein Vater sowie Frau Benda und Kotschessa mußten über den Truppenübungsplatz fahren, während meine Familie durch die Stadt zog; kein Mensch wußte, was das zu bedeuten hatte! Es fing schon an zu dämmern. Da fuhren die durch die Stadt gewiesenen Wagen weiter, die auf dem Übungsplatz mußten auffahren und durften nicht weiter. Abends wurden sämtliche Brücken gesprengt. Am nächsten Tag war der Russe da!"

Über die grausigen Verhältnisse auf dem Aryser Übungsplatz berichtet ein Bauer aus Neuendorf folgendes:

„Ich war gezwungen, auf dem Übungsplatz zu warten; als die Russen uns überfielen, wurden alle gefragt, ob sie Polen oder Deutsche seien. Darauf wurden sie in zwei Gruppen geteilt, in Deutsche und in Polen und streng bewacht. Zuerst wurden die Deutschen vorgenommen, einzeln untersucht und ausgefragt, ob sie in der Partei waren oder sonst einen Posten bei Hitler gehabt hätten. Wenn sie bei einem etwas gefunden haben — es konnte nur eine Kleinigkeit sein z. B. ein Abzeichen mit Hakenkreuz oder ähnliches — der wurde erschossen."

So wurden Falliks Vater, Fräulein Groß, Frau Bemba und Familie Kotschessa erschossen. „Ihre Mutter", erzählte er, „hatte Lederhandschuhe an ihren Händen, die wollte sie dem Russen nicht geben und hat mit diesem gerungen, da hat sie ein anderer Russe erschossen. Das hat den ganzen Tag gedauert. Abends kamen die Polen an die Reihe. Wer sich richtig ausweisen konnte und polnisch sprach, wurde entlassen; die andern, die das nicht konnten, wurden auch erschossen.

Bei dem Durcheinander auf dem Platz ist der Berichterstatter in der Nacht geflohen. Er kam bis Heiligenbeil, dort wurde er von den Russen überrollt. Der Treck von Lenzendorf, der am 2. 1. 1945 aufgebrochen war, berichtet der Treckführer Adolf Olies (F30, S. 103), erreichte Danzig über Arys, Nikolaiken, Sensburg, Heilsberg, Braunsberg, dann ab 14. 2. 1945 über das Frische Haff in 4 Tagen und 3 Nächten auf morschem Eis und mit Schneewasser, dann ging es über die Nehrung auf verstopften Straßen weiter über Stutthof bis Danzig. Hier wurde der Treck aufgelöst, die Durchfahrt ins Reich war bereits gesperrt. Die Wagenführer, meist Franzosen und Polen wurden entlassen, der Treckführer und die anderen Deutschen kamen zur Wehrmacht, die Pferde wurden beschlagnahmt, die Trecksachen in den Husarenkasernen untergestellt und die Wagen zu Brennholz zerschlagen.

Die Trecks aus dem nördlichen Kreisgebiet fuhren über Widminnen, Lötzen bis Rastenburg. Nur wenige kamen noch durch, die meisten wurden hier von den Sowjets überrollt und mußten umkehren.

Die Trecks aus dem Kirchspiel Grabnick fuhren über Rogallen, Klaussen, Arys, Eckersberg und Sensburg. Sie sollten bei Marienwerder die Weichsel überschreiten. Doch dazu kam es nicht. Auch hier erfolgte der Aufbruch zu spät, hinzu kam, daß verstopfte Straßen, besonders um Arys ein rasches Vorankommen nicht zuließ. Dazu ein Bericht eines Grabnickers, Karl-Heinz Danowski (F38):

„Die Flucht mit dem Treck begann am 2. 1. 1945 am späten Nachmittag. Treckführer dieses Teiltrecks des Dorfes Grabnick war Hermann Malso, der damalige Ortsbauernführer. Dieser Treck blieb nur eine Nacht vom 21.—22. 1. zusammen; dann zogen nur noch Teiltrecks weiter, so wie sie in Wiersbinnen und Arys auf die Straße kommen konnten. Es zog sich ein langer Wurm auf einer einzigen Straße, der Reichsstraße 127 von Lyck zur Dirschauer Brücke sehr langsam vorwärts. Mußten Militärfahrzeuge durch, vorwärts oder rückwärts wurden die Flüchtlingstrecks rücksichtslos an die Seite gedrängt. In Erlenau, Kr. Sensburg war der Zusammenhalt der Grabnicker endgültig vorbei. Im Dorf machten wir eine Nacht Rast und mußten stundenlang auf der Straße stehen, um überhaupt weiter zu kommen. Kurz hinter dem Dorf mußten wir die Reichsstraße 127 in Richtung Nikolaiken verlassen und auf Rhein zu abdrehen, von dort weiter in Richtung Rastenburg. Ca. 10 km hinter Rhein im Dorf Eichmedien übernachteten wird. Am Morgen des 28. 1. 1945 wurde das Dorf von russischen Truppen besetzt. Hier waren ca. 10—12 Fahrzeuge aus Grabnick beisammen. Die Sowjets forderten uns auf, in unser Heimatdorf zurückzukehren. Gegen Mittag den 28. 1. 1945 traten wir die Rückreise an. Ein Teil des Grabnicker Trecks unter Führung des Grabnicker Pfarrers Rahnenführer wurde bereits im Dorf Hammerbruch von den Sowjets überrollt, der Pfarrer wurde von den Russen erschossen. Grund?

Die Rückfahrer mit 8 Wagen fuhren zurück. Auf jeden Wagen waren immer 1—2 polnische oder russische Zivilarbeiter, die dafür gesorgt haben, daß wir nur mit geringfügigen Plünderungen in Rhein davonkamen. In vier Tagen erreichten wir Grabnick, Abbau Karlöwen. Dieser Ort lag abseits der Hauptstraße; es schneite, die Spuren verwehten; hier lebten wir vier Wochen ohne nennenswerte Störungen. Nach 4 Wochen wurden wir entdeckt und kamen aufs Gut Sodrest zum Kühemelken und Viehfüttern. Mehrere Familien kamen ins Dorf, wo Jerosch als Bürgermeister von Grabnick von den Russen eingesetzt wurde. Er lebte in seinem Haus und machte eine Schmiede auf, ihm wurden drei Russen zugeteilt. Jerosch mußte als Bürgermeister darauf achten, daß er jeden Ankömmling der inzwischen eingerichteten Kommandantur meldete. Vor meinem Eintreffen in Grabnick hatten die Russen drei Grabnicker, einen Kölmersdorfer Bauern, sechs Polen und einen Italiener, die alle im Dorf geblieben waren, erschossen. Im April 1945 tauchte ein russischer Aufruf auf, der lautete: „Alle männlichen Personen im Alter von 17—60 Jahren haben sich in kürzester Frist bei der russischen Kommandantur in Lyck zu melden, Mitzubringen sind ausreichende Bekleidung und Verpflegung für 14 Tage." Viele kamen nicht wieder. Auch Frauen wurden fortgeschleppt, so kam meine Frau aus russischer Gefangenschaft und Arbeitslager erst 1949 wieder, ihr Vater und meine Stiefmutter u. a. starben unter unmenschlichen Bedingungen der russischen Läger. Auch ich wurde dreimal verhört, aber jedesmal wieder entlassen. Man entdeckte in mir einen Spezialisten und brachte mich mit beiden Jungens, meinem Vetter und meinem Schwager, 15 und 12 Jahre alt nach Neuhof; hier übernahm ich eine Mühle, sie bestand aus einer Schrotmühle und einem Deutzmotor, mit dem ich umgehen konnte.

Auf den Gütern Neuhof, Berghof und Sodrest war alles Vieh zusammengetrieben und wurde von Polen und Deutschen versorgt. Als am 8. Mai 1945 die Kapitulation bekannt wurde, verschwanden die Polen über Nacht; es blieben die Deutschen, die das Vieh versorgten, als Ende Mai das Vieh allmählich abgetrieben wurde, gab es keine Arbeit für uns. Ich zog nunmehr nach Grabnick. Die russische Kommandantur wies mich an, die Schrotmühle mit Deutzmotor nach Grabnick zu schaffen und hier einen Mühlenbetrieb aufzumachen. Ich mahlte in der Scheune von Lehrer Danowski mit Hilfe der beiden Jungens aus Roggen Mehl und aus Gerste Schrot für die Deutschen und für die Kommandantur. Die Russen bezahlten in Naturalien. Das sah dann so aus: der Fahrer brachte z. B. 20 Sack Getreide, ich mußte unterschreiben, daß ich 20 Sack erhalten habe; am nächsten Tag kam der Russe das Mehl zu holen, die Stückzahl mußte 20 sein, aber aus einem Sack Roggen mit ca. 75 kg bekam ich 2 Sack Mehl; wir stampften es nicht ein, der Sack konnte auch kleiner sein; die Hauptsache die Zahl stimmte. Das betrieb ich bis September 1945.

Zwischendurch wurden wir von durchziehenden Russen und von Polen, die aus der Gegend von Grajewo kamen, ausgeplündert.

Der Pole Makarewitz, den ich als Arbeiter der deutschen Firma Wandersleben aus Lyck kannte, riet zur baldigen Ausreise (der Berichterstatter und sein Vetter, den er für seinen Bruder ausgegeben hatte). Er fuhr uns zum Bahnhof Lyck, wo noch weitere deutsche Familien auf den Zug warteten. Nach gut einer Woche kamen wir in Berlin an und fuhren dann nach wenigen Tagen mit einem englischen Versorgungszug schwarz nach Lübeck.

Meine 13jährige Schwester blieb bei ihrer Tante in Grabnick; sie kam erst 1957 heraus."

Frau von Kannewurff aus Baitkowen, die mit ihrem Treck am 22. 1. 1945 gestartet war, kam trotz größter Schwierigkeiten bis Holstein. Hier ihr Fluchtbericht in Stichworten: Am 21. 1. bis Stollendorf, am 22. 1. früh durch Arys, weiter nach Lötzen, abends bis Milken, dann um das verstopfte Lötzen herum über Rastenburg auf Bischofsstein und Senkitten, dort drei Tage Aufenthalt, dann auf der Chaussee Heilsberg-Mehlsack von Tieffliegern beschossen mit dem Ergebnis neun Verwundete und fünf tote Pferde. Die Front war hier nicht weit entfernt! In Braunsberg mehrere Tage ausgeruht. Dann Start zum Frischen Haff. Es standen Kolonnen von Treckwagen hintereinander, nebeneinander, überall und oben auf dem Deich ein nicht endenwollender Zug von Fußgängern mit der letzten armseligen Habe. Alle zwei Stunden ging es mal einige Meter weiter. Bis wir ans Haff kamen, dauerte es noch zwei Tage.

Am 10. Februar endlich am Haff. Die Wagen durften nur in Abständen von 10 m auf drei verschiedenen Wegen fahren. Das Eis hatte große Löcher und Spalten. Schwankende leichte Brücken waren darüber gelegt. Hier und da sah man Blutspuren. Tags zuvor waren die Trecks von Tieffliegern beschossen worden. Als wir fuhren, kreisten deutsche Flieger zum Schutze über uns. Sehr schnell wurde es dunkel. Nach 2—3 Stunden kamen wir in die Nähe des anderen Ufers. Hier wäre ein Polizist notwendig; niemand wußte, wo weiterfahren: das Eis war brüchig und voller Spalten, es begann zu regnen. Wir blieben weit draußen stehen, alles suchte einen Weg zum Land, nur die Kutscher blieben auf dem Eis. Es wurde eine Möglichkeit auch für die Wagen gefunden und es ging an Land. Die Treckkolonnen schlichen mehr stehend als fahrend den entsetzlich aufgewühlten Wegen auf der Nehrung durch grundlose Löcher. Es dauerte 48 Stunden bis Kahlberg. Von hier noch zwei Tage am Strand entlang auf festem Sand. Trotz starker Staus ging es unbehelligt über die Weichselbrücken. Ab und zu gab es Verpflegungsstellen. Vor Danzig wies ein Polizist uns nach Süden nach Praust. Dann gab es Treckleitstellen, die in jeder Stadt waren und die Fahrtrichtung angaben. Es ging durch die Kaschubei über Karthaus auf schlechten Straßen. Ab Lauenburg wurde es besser. Es ging über Stolp nach Schlawe. Nach einigen Tagen auf einem Gut weiter nach Köslin. Ein Bekannter hatte Richtung und Quartiere über Stettin ausgesucht. Doch da die Russen auf Stettin drängten, mußten wir nördlich die Stadt Stettin umfahren. Anfang März 1945 über Treptow und Cammin stets nur wenige Stunden vor der Russenbesetzung nach Wollin. Der Russe hatte sich wieder genähert. Mit Glück kamen wir fort, es wurde mit großen Schwierigkeiten Swinemünde erreicht, über Heringsdorf und Wolgast, dort über die Brücke ans Festland in Vorpommern.

Ab Mitte März wurde die Treckfahrt ruhiger, die Ruhezeiten in Quartieren länger. Es ging durch Mecklenburg über Malchin, Teterow, Güstrow. Der Zugverkehr war hier normal.

Am 6. 5. 1945 endete der Treck in Hohenholz/Holstein. Unsere Franzosen die uns treu begleitet haben, sind in Lagern und werden allmählich per Flugzeug nach Frankreich entlassen."

Die Flucht aus Allenstein, wohin ein großer Teil der Bevölkerung des Kreises Lyck im Herbst evakuiert worden war, glückte nur wenigen Trecks. Einigen gelang mit ihren Trecks die Flucht, andere mußten vor den Russen ihre Trecks aufgeben um zu Fuß, per Bahn oder mit Wehrmachtwagen oder per Schiff fortzukommen; ihr Ziel war ebenfalls Holstein. Die Mehrzahl wurde unterwegs, einige erst in Pommern von den Russen überrollt, sie erhielten Weisung, in ihre Heimat zurückzukehren.

Die meisten Rückkehrer, meist Frauen und Kinder, begaben sich erst nach der Kapitulation aus dem Kreis Allenstein, aber auch aus anderen Gebieten diesseits- und jenseits der Weichsel in ihre Heimatorte zurück. Einige kehrten sogar aus den Gebieten westlich von Oder und Elbe in ihre Heimat zurück.

GESAMTERHEBUNG ZUR KLÄRUNG DES SCHICKSALS DER DEUTSCHEN BEVÖLKERUNG IN DEN VERTREIBUNGSGEBIETEN
HEIMATORTSKARTEI FÜR OSTPREUSSEN 31. 12. 1965
Regierungsbezirk Allenstein - Kreis Lyck

		Anzahl	%-Verhältnis zu Pos. 8 (= Pos. 39)	%-Verhältnis innerhalb der Gruppen A-D
1	I Bevölkerungsstand lt. Volkszählung 56 417			
2	II Gesamtzahl der von der HOK namentlich erfaßten Personen (einschl. der vor der Vertreibung Zugezogenen)	56 268		
	Hiervon gehen ab:			
3	Wehrmachtsverluste bis Kriegsende	1 371	---	---
4	andere vor der Vertreibung Verstorbene	504	---	---
5	vor der Vertreibung Fortgezogene	1 439	---	---
6	nach der Vertreibung Geborene	159	---	---
7	vor der Vertreibung zugezogene Umsiedler	-		
8	Gesamtzahl der vor der Vertreibung namentlich bekannten Gemeindeangehörigen	52 795	100 %	
9	III Von der Gesamtzahl der vor der Vertreibung A) bekannten Personen (Pos.8) wurden festgest. als lebend	42 006	79,564	100 %
10	davon: in der Bundesrepublik und Berlin (West)	35 876	67,953	85,406
11	in der SBZ und im Sowjetsektor von Berlin	4 809	9,108	11,448
12	im alten Heimatkreis	731	1,386	1,740
13	in der alten Provinz bzw. im alten Heimatstaat	370	0,700	0,880
14	in den übrigen Aussiedlungsgebieten	30	0,058	0,071
15	im freien Ausland zusammen	139	0,263	0,331
16/17	dav. Europa (58), außerhalb (81)	---	---	---
18	in Gefangenschaft od. anderem fremden Gewahrsam	51	0,096	0,124
19	Sonstige			
20	B) Bei und als Folge der Vertreibung Verstorbene	2 266	4,292	100 %
21	davon: gewaltsamer Tod (erschossen usw.)	319	0,604	14,078
22	Selbstmord	21	0,040	0,929
23	in der Verschleppung verstorben	191	0,361	8,428
24	in Lagern der Vertreibungsgebiete verstorben	54	0,103	2,383
25	auf der Flucht umgekommen	520	0,985	22,947
26	an den Folgen der Vertreibung verstorben	384	0,727	16,946
27	Todesursache unbekannt	777	1,472	34,289
28	Sonstige			
29	C) Sonstige Verstorbene	1 927	3,650	100 %
30	davon: in der Kriegsgefangenschaft	69	0,130	3,580
31	nach dem Zeitpunkt der allgemeinen Vertreibung	1 858	3,520	96,420
32	Sonstige			
33	D) Ungeklärte Fälle	6 596	12,494	100 %
34	davon: Verschlepptenhinweis	300	0,568	4,548
35	Interniertenhinweis	-	-	-
36	Vermißtenhinweis	3 857	7,321	58,474
37	Todeshinweis	1 925	3,646	29,184
38	ohne jeden Hinweis	514	0,959	7,794
39	Gesamtsumme: (Pos. 9, 20, 29, 33)	52 795	100 %	

Kreis Treuburg

Mit Beginn der sowjetischen Winteroffensive drohte der sich an den Kreis *Goldap* im Süden anschließende Kreis *Treuburg* abgeschnitten zu werden. Daher wurden ab 20. Januar 1945 die im Kreisgebiet eingesetzten deutschen Truppen kampflos zurückgenommen. Volkssturmeinheiten des Kreises deckten dabei den Rückzug der Wehrmachtverbände und verließen als letzte die aufgegebenen Stellungen. Seit dem 20. Januar 1945 drangen sowjetische Verbände aus Richtung Suwalki über Filipowo und Merunen sowie über Reuß auf beiden Hauptstraßen in den Kreis ein. Lediglich Treuburg wurde noch umkämpft, ehe es am 23. Januar 1945 aufgegeben werden mußte. Am 24. Januar ist der ganze Kreis in russischer Hand.

Die Bevölkerung des gesamten Kreises Treuburg war bereits im Verlaufe der russischen Oktoberoffensive im Oktober und November 1944 in den Kreis Sensburg und mit großen Teilen weiter nach Sachsen evakuiert worden.

Nur das unbedingt erforderliche Personal bei Bahn, Post und anderen Ämtern war geblieben und konnte mit der zurückgehenden Wehrmacht noch flüchten. Es waren aber auch noch einige Bauern aus dem Aufnahmekreis Sensburg Mitte Januar 1945 in ihren Heimatkreis zurückgefahren, um Futter für Vieh und Pferde zu holen. Von diesen gerieten einige in russische Gewalt. Anderen gelang es zwar, so dem Bauern Kurt Mischkowski, rechtzeitig in den Aufnahmekreis Sensburg zurückzukommen. Doch „der Russe folgt unmittelbar", berichtet er.

Wilhelm Sobottka aus Suleyken berichtet u. a.: „Die Flucht erfolgt am 24. Januar 1945 und zwar auf eigenes Handeln, weil sich offenbar kein Mensch um eine weitere Räumung des Kreises (Sensburg) gekümmert hat. Es haben sich mehrere Wagen zur Flucht entschlossen. Doch alles ist zu spät gewesen. Sie werden zum Teil in Grünbruch, zum Teil auf dem Treck von Russen überholt. Nur einer Frau mit drei Kindern gelingt die Flucht nach dem rettenden Westen."

Johann Kellermann aus Heinrichstal berichtet: „Am 27. Januar 1945 nachts 2 Uhr geht es in Richtung Groß-Köllen aus dem Sensburger Dorf Pustnik, Kreis Sensburg los. Die Weiterfahrt wird sehr erschwert, da wir zum größten Teil keine Fahrzeuge haben. Die ausländischen Arbeitskräfte befanden sich mit den Gespannen zum Dreschen in Heinrichstal, Kr. Treuburg unter der Leitung des Bürgermeisters. Sie machen sich zu spät auf den Weg und werden so wahrscheinlich von den russischen Truppen überrollt. So muß ein Nachbar dem anderen mit Pferden aushelfen."

Josef Schaudi aus Statzen berichtet: „Ungeordnet und willkürlich war die Flucht. Aber wer resigniert zurückbleiben wollte, wurde durch eigene, zurückflutende Truppen rausgejagt. Viele wurden von den Russen überrollt, da die Straßen durch unsere Truppen verstopft waren. So konnten am ersten Tage der Flucht nur ganze 6 Kilometer zurückgelegt werden. Getrieben von Angst und Entsetzen ebenso wie von dem Willen weiterzukommen, quälten sich die Flüchtlinge durch Schneewehen und heulenden Sturm, über Nebenwege und durch verstopfte Straßen im Schneckentempo vorwärts.

Ein anderer Bericht (Ost. Dok. 1/63/Treu.) besagt u. a.:

„Am 24. Januar 1945 mußten Frauen und Kinder, ohne Männer, mit wenig Zugkraft bei starker Kälte und schneeverwehten Straßen fluchtartig von Babenten, Kr. Sensburg (Aufnahmeort der Gemeinde Kalkhof, Kr. Treuburg) weitertrecken. Einige kriegsgefangene Franzosen waren behilflich. Der Treck zog über Stangenwalde nach Rößel. In Rößel war aber schon der Feind. Die Zugpferde versagten.

Die anderen flüchteten weiter nach Heilsberg, immer verfolgt vom Feind. Ganz Ostpreußen lag auf der Straße, das ständig starke Schneetreiben und die überfüllten, verstopften Straßen erschwerten den Treck sehr. In Sienken bei Landsberg wurde der halbe Treck vom Feind überrollt, ausgeplündert, Schmuck und Zugpferde geraubt, Bauer Balzer, ohne Grund mit sechs Schuß aus einer MP erschossen. Nach drei Tagen stießen überraschend deutsche Truppen vor, und nun wurde schnell, was noch übrig war, zusammengepackt, herrenlose Pferde vorgespannt, alte Leute und Kinder auf die Wagen gehoben, und ab ging es unter Granatfeuer in Richtung Braunsberg und über Passarge an das zugefrorene Haff. Sehr langsam und unter unsäglichen Mühen kam der Treck in zwei Tagen übers Eis bis Narmeln auf der Frischen Nehrung. Dort mußte der Treck die Wagen entladen, verwundete Soldaten mitnehmen und langsam an der Ostsee entlang im Dünensand weiterziehen, über die Nogat, die Weichsel, Danzig und Westpreußen bis nach Pommern. Dort wurde der Treck zum zweitenmal vom Feind überrollt und restlos aufgerieben."

Abschließend noch ein Bericht über unsägliches Leid evakuierter Treuburger die am Evakuierungsort im Kreis Sensburg geblieben waren. Auf Gut Herholz in Reuschendorf, Kr. Sensburg erlebte Fräulein Ursel Leszinski folgendes: (Ost. Dok. 2/41/Treu.)

„Als wir gestern mittag gerade den Tisch deckten, kamen drei Russen. Sie lachten, holten eine Flasche Schnaps aus der Tasche und forderten Herrn Biallas auf, ins danebenliegende Zimmer zu gehen. Erst war es ganz still, dann fiel ein Schuß. Die Russen kamen mit lachenden Gesichtern wieder herein. Herr Biallas war nicht dabei, er war erschossen. Dann fragte ein Russe meinen Vater: ‚Würdest du mich erschießen?' Darauf antwortete mein Vater: ‚Nein, du hast mir doch nichts getan.' Worauf der Russe höhnisch lächelnd sagte: ‚Und wenn ich schieße?' Und schon schoß er mit seiner Maschinenpistole mitten in uns hinein. Liesbeth Biallas, Herta Biallas, meine Schwester und ich versuchten, uns ins Freie zu retten, aber schon wurden wir verfolgt. Ich wurde getroffen und blieb im Garten liegen. Vielleicht glaubten die Russen, ich sei tot, denn sie verfolgten nun die drei anderen bis in den Weidegarten. Ich hörte drei Schüsse, dann war alles still. Ich wartete noch, es blieb still. Ich begann im Schnee zu frieren, die Wunden schmerzten; ich schleppte mich mühsam ins Haus. Mir war alles gleich. In der Küche fand ich mein Muttchen. Sie war völlig verstört, aber noch unverletzt. Vater lag mit einem Rückenschuß im Nebenzimmer, er lebte noch. In der Tür zum Eßzimmer lag Frau Biallas auf dem Gesicht und wimmerte. Im Eßzimmer hockten auf Stühlen Frau Dombrowski aus Birkau, Kr. Treuburg, mit ihren drei Kindern Hilde, Erika und Rainer, der erst sechs Monate alt war, und Frau Stachel mit ihren zwei Kindern aus Legenquell, Kr. Treuburg, tot. Keiner lebte mehr. Sie hatten erst gestern auf ihrer Flucht hier haltgemacht.

Meine Mutter wollte mir helfen: sie zog mir meine Schuhe aus und die Trainingshose. Alles war voll Blut. Da hörten wir, die Russen wieder kommen. Meine Mutter lief zu Vater und warf sich neben ihn ins Bett. Ich blieb in meinem Blut auf dem Fußboden reglos liegen. Die Russen traten über mich, töteten Frau Biallas, die noch immer stöhnte, durch Kopfschuß und gingen dann in das Zimmer meiner Eltern. Ich hörte zwei Schüsse, gleich darauf kamen die Russen wieder an mir vorbei und gingen fort. Als es still blieb, schleppte ich mich zu meinen Eltern. Sie waren beide tot. Sie hatten Schüsse in der linken Schläfe. Ich kletterte über meinen toten

GESAMTERHEBUNG ZUR KLÄRUNG DES SCHICKSALS DER DEUTSCHEN BEVÖLKERUNG IN DEN VERTREIBUNGSGEBIETEN

HEIMATORTSKARTEI FÜR OSTPREUSSEN

Regierungsbezirk Gumbinnen – Kreis Treuburg

		Anzahl	%-Verhältnis zu Pos. 8 (= Pos. 39)	%-Verhältnis innerhalb der Gruppen A-D
1	I Bevölkerungsstand lt. Volkszählung 37 998			
2	II Gesamtzahl der von der HOK namentlich erfaßten Personen (einschl. der vor der Vertreibung Zugezogenen)	41 999		
	Hiervon gehen ab:			
3	Wehrmachtsverluste bis Kriegsende	1 025	—	—
4	andere vor der Vertreibung Verstorbene	381	—	—
5	vor der Vertreibung Fortgezogene	1 369	—	—
6	nach der Vertreibung Geborene	184	—	—
7	vor der Vertreibung zugezogene Umsiedler	—	—	—
8	Gesamtzahl der vor der Vertreibung namentlich bekannten Gemeindeangehörigen	39 040	100 %	
9	III Von der Gesamtzahl der vor der Vertreibung A) bekannten Personen (Pos.8) wurden festgest. als lebend	29 417	75,353	100 %
10	davon: in der Bundesrepublik und Berlin (West)	22 297	57,113	75,796
11	in der SBZ und im Sowjetsektor von Berlin	5 644	14,456	19,186
12	im alten Heimatkreis	538	1,378	1,828
13	in der alten Provinz bzw. im alten Heimatstaat	680	1,742	2,314
14	in den übrigen Aussiedlungsgebieten	61	0,160	0,207
15	im freien Ausland zusammen	193	0,494	0,656
/17	dav. Europa (75), außerhalb (118)	—	—	—
18	in Gefangenschaft od. anderem fremden Gewahrsam	4	0,010	0,013
19	Sonstige			
20	B) Bei und als Folge der Vertreibung Verstorbene	1 329	3,403	100 %
21	davon: gewaltsamer Tod (erschossen usw.)	113	0,289	8,506
22	Selbstmord	5	0,012	0,376
23	in der Verschleppung verstorben	125	0,323	9,405
24	in Lagern der Vertreibungsgebiete verstorben	106	0,271	7,975
25	auf der Flucht umgekommen	178	0,455	13,393
26	an den Folgen der Vertreibung verstorben	153	0,391	11,512
27	Todesursache unbekannt	649	1,662	48,833
28	Sonstige			
29	C) Sonstige Verstorbene	1 442	3,693	100 %
30	davon: in der Kriegsgefangenschaft	38	0,097	2,635
31	nach dem Zeitpunkt der allgemeinen Vertreibung	1 404	3,596	97,365
32	Sonstige			
33	D) Ungeklärte Fälle	6 852	17,551	100 %
34	davon: Verschlepptenhinweis	181	0,464	2,644
35	Interniertenhinweis	1	0,003	0,014
36	Vermißtenhinweis	2 165	5,545	31,596
37	Todeshinweis	1 874	4,800	27,349
38	ohne jeden Hinweis	2 631	6,739	38,397
39	Gesamtsumme: (Pos. 9, 20, 29, 33)	39 040	100 %	

Vater und blieb zwischen meinen Eltern liegen, wo ich nach 24 Stunden geholt wurde."

Dazu noch der Bericht von Johann Gollub: (Ost. Dok. 1/88/Treu.)

„Ärzte und Krankenhäuser gab es in diesen Tagen nicht und so konnten wir sie (Fräulein Ursel Leszinski) nicht retten. Sie ist dann am 1. Februar 1945 morgens gegen 6 Uhr sanft eingeschlafen, und zwei Stunden später haben wir sie auf dem Hof beerdigt... Für die anderen wurde ein großes Grab geschaufelt. Ich holte Stroh aus der Scheune und legte es unten in die Gruft. Die Männer brachten die Toten einzeln herab, und ich habe sie familienweise nebeneinander gelegt. Vierzehn Personen in einem Grab... sie ruhen nun in ihrer geliebten ostpreußischen Heimaterde."

Der Kreis Lötzen,

der westlich der Kreise Treuburg und Lyck liegt, hatte ab 22. Januar 1945 unter russischen Angriffen zu leiden. Zunächst drangen ab 22. die Sowjets von Norden auf den Mauersee und dann nach Süden auf Upalten-Spirgsten und Schwidsen vor und drängten die Kampfgruppe Hauser allmählich auf Lötzen zurück. Die „Feste Boyen" war zwar ausgebaut und mit einigen Vorräten, darunter mit Verpflegung für etwa eine Division für vier Wochen bevorratet, es wären aber 6—7 Divisionen erforderlich, um diese Feste Boyen wirkungsvoll zu verteidigen. Dabei bestand aber die Gefahr, daß die Verteidiger von Norden und Nordwesten umgangen worden wären. So kam der Befehl zur Räumung von Lötzen nach schweren Abwehrkämpfen um und in der Stadt nicht unerwartet. Die Stadt wurde am 26. Januar 1945 endgültig aufgegeben.

Der Ostteil des Kreises um Widminnen und Milken war bereits im November 1944 von Frauen und Kindern geräumt worden.

Ab 20. Januar 1945 hatte General Hauser als Abschnittskommandeur entgegen den Anweisungen des RVK Gauleiter Koch veranlaßt, daß zurückgehende Leerzüge und Wehrmachtfahrzeuge Flüchtlinge aus Lötzen und Umgebung mitnahmen.

Der Räumungsbefehl kam erst am 22. Januar 1945, dieser erreichte in den Dörfern nicht alle Empfänger.

Der Bürgermeister von Dankfelde ergriff selbst die Initiative und zog mit seiner Gemeinde im Treck bzw. per Bahn bereits am 21. 1. ab und rettete seine Einwohner glücklicherweise.

Die Gemeinde Kronau erhielt den Räumungsbefehl überhaupt nicht. Folge: 52 ermordete Zivilisten! (Ost. Dok. 1/Lö 41).

In einer Besprechung beim Festungskommandanten am 22. 1. vorm. wurde festgelegt, daß die Zivilbevölkerung — es waren noch etwa 7000 von über 16 000 Einwohner in der Stadt — die Stadt schnellstens verlassen müsse per Bahn, per Lkw oder zu Fuß. Die Marschrichtung war auf Danzig ausgerichtet. Die Reichsbahn stellte noch am 22. 1. abends einen Leerzug, der etwa 1200 Menschen fortbrachte; eine kleine Zahl meist Männern konnte mit einem Wehrmachtzug mitfahren. Doch diese Züge kamen nur bis Korschen, dort flüchteten die Menschen zu Fuß oder mit Wehrmacht-Lkw und später wieder per Bahn. Die meisten dieser Flüchtlinge konnten sich retten! In der Stadt wurden sämtliche Wehrmachtfahrzeuge auf Befehl von

General Hauser auf dem Marktplatz gestoppt und mußten Flüchtlinge mitnehmen. Hierbei kamen etwa 2500 Menschen noch rechtzeitig fort. Viele Menschen sind zu Fuß aus Lötzen geflüchtet.

Aus Rhein konnte sich ein Teil der Einwohner mit der Kleinbahn nach Rastenburg retten.

Hier soll stellvertretend für viele andere ein Bericht einer Lötzenerin Frau Marie Gallmeister folgen (Original beim Verfasser, Fotokopie beim Bundesarchiv, Koblenz):

„Am 22. Januar 1945 um 18 Uhr erreichte uns der Befehl des Bürgermeisters, die Stadt Lötzen sofort zu räumen, zu Fuß in Richtung Rastenburg. In aller Eile werden einige Sachen verpackt, auf den Handschlitten geladen, und gegen 20 Uhr gingen ich und meine Tochter Ruth, 18 Jahre alt, in westlicher Richtung nach Rastenburg zu. Mein Mann wurde zum Einsatz (Volkssturm) abgeholt. Die Wanderung war durch Schneefall so erschwert, daß wir erst gegen 3 Uhr morgens am 23. 1. 1945 sehr erschöpft in Rastenburg ankamen. Am Bahnhof erreichten wir noch einen Wehrmachtzug, der uns in einem offenen Wagen aufnahm und nach mühsamer Fahrt — 7 Std. brauchten wir bei 18° Kälte — nach Korschen brachte. Von hier ging die Fahrt im Personenzug weiter nach Königsberg, und wir glaubten, es ginge dann weiter ins Reich, aber in Königsberg war leider Endstation. Die Weiterfahrt von dort konnte dann nicht mehr erfolgen, da die Strecke bis Elbing schon unter Feindbeschuß lag. Ein Weitertransport konnte nur über Pillau geleitet werden. Diese Stadt war aber so stark mit Flüchtlingen angefüllt, daß viele wieder nach Königsberg zurückkamen. So entschlossen wir uns in dieser Stadt zu bleiben. Wir haben uns bei Frau Jaksties, Korinthendamm 15, einquartiert und blieben dort bis zur Einnahme dieses Viertels durch die Russen. In der Zeit vor der Feindbesetzung wurde die Verpflegung regelmäßig wöchentlich ausgegeben. Die Bevölkerung half beim Aufräumen und bei Festungsbauten. Meine Tochter wurde zu Funkerdiensten der Wehrmacht eingezogen. Sie wurde beim Einmarsch der Russen von diesen mit der Funkertruppe verschleppt. Bis heute haben wir keine Nachricht von ihr. Als die Russen einmarschierten, da begann sofort das Plündern, Brennen und Zerschlagen von Gegenständen. Mir wurde auch das Letzte aus der Handtasche genommen. Ich hatte weder Geld zum Einkaufen noch Wäsche zum Umziehen. Wie Schafe wurden wir zu Haufen auf die Felder gejagt. Um Verpflegung haben sich die Russen nicht gekümmert. Wenn wir um Brot angehalten haben, sagten sie: „Geht zu eurem Hitler, daß er euch Brot gebe!"

Die ersten 14 Tage waren grausig. Wie Bestien waren sie hinter Mädchen und jungen Frauen her. Die Vergewaltigungen waren so stark, daß die Frauen zu Tode gequält wurden. Wer nicht ganz willig war, wurde erschlagen. 9jährige Mädchen, selbst 70jährige Frauen wurden nicht verschont. Es war grauenhaft, die Nächte hindurch die Schreie zu hören! An Straßen und freien Plätzen lagen die Leichen in Massen. Jüngere Frauen und Mädchen wurden vollständig ausgezogen und nackend umhergejagt, wie richtiges Wild! O schrecklicher Anblick des Segens dieser Kultur! Später erhielt jeder, der arbeiten konnte, auch Verpflegung. Da mir (wegen schweren Herzleidens) das unmöglich war, erhielt ich auch nichts. Nach fünf Wochen entschloß ich mich, nach meiner Heimatstadt Lötzen zu reisen, in der Hoffnung, dort noch einige Sachen in meiner Wohnung zu finden.

Am 26. Mai 1945 verließ ich mit noch 2 Frauen Königsberg. Im Fußmarsch erreichten wir am 30. Mai 1945 Lötzen. Unterwegs wurden wir öfter von Straßenposten angehalten und mußten mehrere Stunden Arbeitsdienst leisten. Das war schon zu ertragen. Nach Lötzen kam ich allein, die andere Frau blieb in Kl.-Stürlack, eine Frau ging weiter nach Lyck. In Lötzen fand ich meine Wohnung, sowie das ganze Haus ausgeplündert und ausgebrannt vor. Die Deutschen wurden in Lötzen in der Neuendorfer Straße zusammengejagt. Als Kommandantin wurde Frau Z. . . . bestellt eine Frau, die mehr mit den Russen und Polen hielt als mit den Deutschen. Das haben uns Russen und auch Polen bestätigt. Ich wurde in Lötzen von der deutschen, der polnischen Kommandostelle registriert und von der ersteren der polnischen Küche überwiesen. Auch hier bekamen nur die etwas zu essen, die gearbeitet haben, die andern konnten verhungern.

Ende Juni 1945 wurde den Polen die Zivilverwaltung übertragen, die russische Besatzung reduziert, an deren Stelle die polnische Polizei verstärkt. Die wenigen Deutschen mußten viel arbeiten und wurden oft mißhandelt. Bezahlt wurde ihre Arbeit nicht. Die Verpflegung, für die die Arbeitsleistung galt, war schlecht und nicht ausreichend. Die „polnische Wirtschaft" trat überall zu Tage. Kartoffeln gab es keine, denn die Russen und Polen haben keine angepflanzt, und die Keller waren bereits leer.

Im Juli fingen die Polen an, die in Mieten eingelagerten Kartoffeln herauszunehmen, wo zum Teil nur noch stinkende Masse vorhanden war. Somit mußte besonders die deutsche Bevölkerung hungern. Wiesen, Klee und Getreidefelder wurden nicht abgemäht. Es blieb alles auf dem Halm stehen. Wenn ich die Polen fragte, warum sie die Felder nicht abernten, so gaben sie zur Antwort: „Wir sind nicht zur Arbeit gekommen, wir sind jetzt die Herren, und die Deutschen müssen uns ernähren!"

Als ich am 22. 10. 1945 mit einem Transport die Heimat verließ, sah es sehr trostlos aus. Die Felder waren zum Winter nicht bestellt; die abziehenden Deutschen plünderte man restlos aus und nahm ihnen sogar die für die Reise abgesparten Vorräte an Brot, Marmelade usw. Jeder, der zum Transport angemeldet war, mußte sich zur bestimmten Zeit zur Kontrolle melden. Das ging etwa so vor sich: Ich betrat den Kontrollraum und mußte mein Gepäck in einer Ecke ablegen. Da stürzten sich 2—3 Mann darauf und nahmen heraus, was ihnen noch wertvoll erschien. Ich selbst wurde in der anderen Ecke von einer Weibsperson der Leibesvisitation unterzogen, ob irgendwo Geld versteckt sei, ob mehrere Kleider übereinandergezogen waren. Wer mehr angezogen hatte oder Mantel oder Pelz trug, mußte das ausziehen und dalassen. Wer beim Ausziehen nicht flink genug war, wurde geschlagen. Als ich mein Gepäck aufnahm, war es so leicht, daß ich von den 10 kg nur noch etwa 3 kg übrig hatte, sogar reparaturbedürftige Strümpfe hatte man mir abgenommen. Was die Kontrolle übrig ließ, wurde dann auf den Stationen unterwegs ausgeplündert. Die Hilfeschreie auf den Stationen waren erschütternd. Auf den Bahnhöfen, auf denen russische Wachen waren, wurde folgender Trick angewandt: Der Zug wurde einen Kilometer über den Bahnhof gefahren, dann hieß es: „Alles aussteigen, der Zug kommt auf ein anderes Gleis!" In der Zeit, in der die Leute zum Bahnhof gingen, wurden die Gepäckstücke herausgenommen. Wenn diese Plünderungen vollzogen waren, konnten wieder alle die Plätze einnehmen. Da gab es ein Geschrei! Aber das Gepäck war verschwunden. Auf diese Weise geschah die stille Plünderung im Einvernehmen mit den russischen Wachen, da diese auf den Stationen bei Hilferufen eingreifen mußten. Diese Art der Plünderung brachte auch den Russen Vorteile, die ihre Anteile bekamen.

GESAMTERHEBUNG ZUR KLÄRUNG DES SCHICKSALS DER DEUTSCHEN BEVÖLKERUNG IN DEN VERTREIBUNGSGEBIETEN
HEIMATORTSKARTEI FÜR OSTPREUSSEN
Regierungsbezirk Allenstein – Kreis Lötzen

		Anzahl	%-Verhältnis zu Pos. 8 (= Pos. 39)	%-Verhältnis innerhalb der Gruppen A-D
1	I Bevölkerungsstand lt. Volkszählung 50 012			
2	II Gesamtzahl der von der HOK namentlich erfaßten Personen (einschl. der vor der Vertreibung Zugezogenen)	52 060		
	Hiervon gehen ab:			
3	Wehrmachtsverluste bis Kriegsende	1 083	—	—
4	andere vor der Vertreibung Verstorbene	360	—	—
5	vor der Vertreibung Fortgezogene	1 704	—	—
6	nach der Vertreibung Geborene	118	—	—
7	vor der Vertreibung zugezogene Umsiedler	—	—	—
8	Gesamtzahl der vor der Vertreibung namentlich bekannten Gemeindeangehörigen	48 795	100 %	
9	III Von der Gesamtzahl der vor der Vertreibung	36 859	75,538	100 %
	A) bekannten Personen (Pos.8) wurden festgest. als lebend			
10	davon: in der Bundesrepublik und Berlin (West)	29 165	59,778	79,126
11	in der SBZ und im Sowjetsektor von Berlin	4 623	9,474	12,542
12	im alten Heimatkreis	2 689	5,516	7,295
13	in der alten Provinz bzw. im alten Heimatstaat	166	0,341	0,450
14	in den übrigen Aussiedlungsgebieten	12	0,025	0,033
15	im freien Ausland zusammen	196	0,402	0,532
16/17	dav. Europa (78), außerhalb (118)	—	—	—
18	in Gefangenschaft od. anderem fremden Gewahrsam	8	0,002	0,022
19	Sonstige			
20	B) Bei und als Folge der Vertreibung Verstorbene	1 742	3,570	100 %
21	davon: gewaltsamer Tod (erschossen usw.)	220	0,450	12,630
22	Selbstmord	17	0,038	0,976
23	in der Verschleppung verstorben	151	0,310	8,668
24	in Lagern der Vertreibungsgebiete verstorben	61	0,013	3,502
25	auf der Flucht umgekommen	483	0,999	27,726
26	an den Folgen der Vertreibung verstorben	272	0,557	15,614
27	Todesursache unbekannt	538	1,203	30,884
28	Sonstige			
29	C) Sonstige Verstorbene	1 742	3,570	100 %
30	davon: in der Kriegsgefangenschaft	88	0,180	5,051
31	nach dem Zeitpunkt der allgemeinen Vertreibung	1 654	3,390	94,949
32	Sonstige			
33	D) Ungeklärte Fälle	8 452	17,322	100 %
34	davon: Verschlepptenhinweis	296	0,608	3,502
35	Interniertenhinweis	—	—	—
36	Vermißtenhinweis	3 099	6,350	36,665
37	Todeshinweis	1 539	3,154	18,208
38	ohne jeden Hinweis	3 518	7,210	41,625
39	Gesamtsumme: (Pos. 9, 20, 29, 33)	48 795	100 %	

Der Transport von Lötzen bis Draguhn/Mecklenburg dauerte 24 Tage! Die erste Suppe gab es in Küstrin, bis dahin hatte sich um die Verpflegung niemand gekümmert!"

Der Kreis Sensburg

Ein Sonderschicksal traf diesen Kreis! Obwohl der sowjetische Vormarsch seit etwa dem 20. Januar 1945 den Kreis Sensburg ebenfalls bedrohte und zu gleicher Zeit die Nachbarkreise Ortelsburg, Johannisburg und Lötzen Räumungsbefehle erhalten hatten, Trecks aus diesen Kreisen aber auch aus den Kreisen Lyck, Treuburg und Goldap zogen, geschah im Kreise Sensburg noch nichts. Lediglich für Eichmedien erließ die Kreisbauernschaft bereits am 20. 1. 1945 einen Räumungsbefehl. Da aber der größte Teil der Pferde von der Wehrmacht abgeholt worden war, und der Ort auch stark von Flüchtlingen und fremden Trecks belegt war, konnte zunächst kein Mensch aus seinem Hause herauskommen.

Erst am 24. Januar 1945 erließ der RVK Gauleiter Koch den Räumungsbefehl nur für das am meisten bedrohte Kreisgebiet im Süden und Osten. Die Kreisleitung leitete diesen am gleichen Tage weiter; die meisten Gemeinden erhielten den Räumungsbefehl am Spätnachmittag, in der Nacht und am folgenden Tage, während die nördlichen und westlichen Gemeinden ihn am 26. oder sogar erst am 27. 1. 1945 bekamen. Als vorläufiges Fluchtziel wurde das nördliche Kreisgebiet, als Sammelpunkt die Gemeinde Seehesten angegeben; von dort sollte die Weiterleitung ins Heilsberger Dreieck erfolgen.

Aus Niedersee, Peitschendorf, Sorquitten und Sensburg gelang die Flucht noch per Eisenbahn. Am 26. 1. 1945 fuhr der letzte Wehrmachtzug aus Sensburg heraus und erreichte noch Pr. Eylau. Von dort konnten die meisten zu Fuß weiter flüchten und sich retten.

Die Masse aber flüchtete mit Pferdefuhrwerken oder entschloß sich zu Hause zu bleiben. Denn die Straßen waren bei dem späten Fluchtbeginn von sich absetzenden Wehrmachteinheiten, von Trecks aus den Nachbarkreisen Johannisburg und Lyck und von den Evakuierten aus dem Kreise Treuburg restlos verstopft; Ausweichmöglichkeiten gab es nicht, da die Sowjets den Kreis aus drei Richtungen angriffen, aus Süden, aus Osten und Westen.

Erst am 25. 1. 1945 betraten die Sowjets nördlich des Spirdingsees das Kreisgebiet und besetzten in der Nacht zum 26. 1. Nikolaiken.

Der zweite sowjetische Vorstoß traf den Südosten des Kreises aus dem Johannisburger Kreis, wo bei Niedersee noch Kämpfe stattfanden. Dort konnten die Sowjets erst am 27. 1. 1945 einen Durchbruch erzielen. Am gleichen Tage wurde der Südostteil des Kreises besetzt.

Die von Südwesten am 26. 1. angreifenden Sowjets konnten bei Babenten, Preußental, Moythienen und Koslau noch 2 Tage aufgehalten werden, bis auch hier die deutsche Front zurückgenommen werden mußte. Denn im Nordosten bei Eichmedien stießen die Sowjets aus Lötzen und Rhein kommend am 27. 1. 1945 langsam nach Westen vor und bedrohten die noch im Kreise Sensburg operierenden deutschen Kräfte.

Die Stadt Sensburg erreichten sowjetische Truppen am 27. 1. 1945 und am 28. 1. drangen russische Truppen von Rhein her in das nördliche Stadtgebiet ein. Die deutschen Nachhuteinheiten setzten sich nach Sternwalde ab.

Nur ein schmaler Schlauch nach Nordwesten blieb noch offen, bis auch dieser am 30. 1. 1945 von den Sowjets besetzt wurde.

Bei dieser militärischen Lage ist es nicht verwunderlich, daß die meisten Trecks im nördlichen Kreisgebiet sowie im Raum Rößel-Bischofstein-Heilsberg von den Sowjets überrollt wurden. Aus 43 Gemeinden sollen nach vorliegenden Berichten nur 5 Trecks bis Pommern gekommen, dort aber im Kreise Stolp auch von den Russen eingeholt worden sein.

Die Bewohner des nördlichen Kreisgebietes, die den Räumungsbefehl zu spät erhalten hatten und in deren Bereich die Straßen restlos verstopft waren, sind in der Masse nicht geflüchtet. Die Einwohner von Salpkeim z. B. kamen mit ihren Trecks nur 4 km von ihrem Ort und mußten dann bereits auf Weisung der Sowjets umkehren, desgleichen die Trecks aus den Dörfern Eichhöhe Eichmedien, Giesenau, Kl. Stamm und Pfaffendorf. Auch die im Raum Rößel-Heilsberg überrollten Trecks kehrten in ihre Heimatorte nach dem Überrollen durch die Russen wieder zurück in ihre Heimatorte.

Eine Sensburgerin berichtet über ihre Flucht aus Sensburg in der Nacht zum 27. Januar 1945 u. a. (Schieder a. a. O.)

„In blitzschnellen Entschluß machten wir die Kinder fertig, ergriffen die Rucksäcke und Handtaschen und rannten nun doch auf die Landstraße, während das Sonntagessen noch auf dem Herd brodelte! Zwei Soldaten, die einen Verwundeten trugen, begegneten uns und berichteten, daß die Russen von allen Seiten kämen und bereits von der Gasanstalt schossen. Die Straßen nach Mertinsdorf, Lötzen, Rößel und Rastenburg waren alle nicht mehr passierbar. Es wäre nur noch die Möglichkeit, den Damm entlangzugehen und von da einen 3 km langen Feldweg, der zu einem alten Gutshaus führte. Wir zogen ächzend die Kinderwagen durch den tiefen Schnee in hoffnungsloser Verzweiflung und dachten nicht anders, als daß dieser Sonntag, der 28. Januar, unser aller Sterbetag werden würde. Mit Mühe erreichten wir das Gutshaus. Dort hatte sich der Stab eines Artillerieregiments einquartiert, und von hier aus wurde die Schlacht um Sensburg gelenkt.

Um 17 Uhr war Sensburg in russischer Hand, und nun begann, immer nur 3 km von der HKL entfernt, ein uns bisher gänzlich fremdes Wander- und Soldatenleben. Wir hatten öfters Gelegenheit, uns in Bauernhäusern auszuruhen. Doch statt der versprochenen 2—3 Tage wurden es stets nur wenige Stunden, ein Zeichen, daß uns die Russen schon wieder dicht auf den Fersen waren. Meine Eltern mußten die Fahrten auf offenen Schlitten machen, während man die Kinder und mich in den sogenannten Schmiedeschlitten steckte, da dieser der einzige geschlossene Wagen war, den der Troß aufwies."

Diese Sensburgerin gelangte über Heilsberg nach Mehlsack, von dort konnte sie mit einem Güterzug bis Braunsberg fahren. Nach einer gefahrvollen Fahrt über das Eis des Frischen Haffs ging der Fluchtweg über Kahlberg, Dirschau nach Danzig; von dort führte der Seetransport nach Kopenhagen. Mutter und Kinder waren gerettet, doch mußte sie die Eltern zurücklassen.

Leider gelang nur wenigen Sensburgern die Flucht in den rettenden Westen. Typisch für das Schicksal vieler Sensburger Einwohner ist folgender Bericht eines in der Kreisstadt zurückgebliebenen Bürgers. (Schieder a. a. O.):

„Am 26. Januar 1945 erfuhr ich gegen 21 Uhr, daß Sensburg geräumt werden muß; am 27. Januar zog ich mit meiner Familie nach Stangenwalde wo ich bei Bauer

Schmitt Aufnahme fand. Hier war bereits der Kompaniegefechtsstand einer Infanteriebegleitbatterie. In der Nacht vom 28. zum 29. Januar setzten sich die letzten deutschen Soldaten ab, und am 29. Januar 11 Uhr kamen die ersten Russen, um uns Wertsachen, Uhren usw. abzunehmen. Nur, was im Gänsestall im Mist tief vergraben war, blieb uns erhalten. Kleider, Wäsche und Betten raubten uns die Polen; es waren meist Polen, die von den Bauern aus Treuburg und Johannisburg zurückgelassen worden waren. In Abständen von 2—6 Tagen kamen dann Russen, die immer noch etwas Mitnehmenswertes fanden und mir dann im Mai den letzten guten Anzug vom Leibe rissen.

Bauer Schmitt hat mit uns alles redlich geteilt. Sein gesamtes Vieh bis auf eine Kuh, wurde abgetrieben. Mit einem Beutepferd hat er mit seinem alten Instmann und meiner Frau ca. 10 Zentner Kartoffeln gepflanzt und seine Pflicht bis zu seinem Tode im August 1945 erfüllt.

Am 7. Juni 1945 zog ich nach Sensburg zurück. Meine Wohnung war von Flüchtlingen aus Mittenheide, Kr. Johannisburg besetzt, die nicht räumten, ich zog daher mit meinen 4 Personen ins Fremdenzimmer ins Dachgeschoß. Geschäft und Wohnung waren restlos ausgeplündert, nur zwei große Kleiderschränke, Bücherschrank und Büfett waren zurückgeblieben.

Am 14. Juli mußten alle Deutschen aus den Hauptstraßen heraus, und ich zog in das Haus meines Bruders, Langgasse 16. Zu den Hauptstraßen gehörte auch die Inselstraße, weil dort im Hause Dr. Ankermanns der polnische Starost wohnte. In den Werkstätten meines Bruders waren alle Maschinen von den Russen restlos abgebaut worden. In den leeren Räumen richteten die Polen ihre Eisenwaren-Magazine ein, d. h. sie schleppten dort alles zusammen, was sie an Stabeisen, Hufeisen, Pflugteilen, Nägeln, Schranken, Teerfässern, Zinkblechen, Armaturen aus der Molkerei und ausgeglühten Wagenachsen usw. vorfanden. Die verbrannten Speicher von Steputat und Jedamski wurden umgegraben, um alles das zu bergen, was den Russen entgangen war. Durch Fürsprache eines gut polnisch sprechenden Treuburgers wurde ich Lageraufseher in diesem Magazin und bekam einen polnischen Ausweis. Acht bis zwölf deutsche Frauen sortierten dort, und wir bekamen dafür 400 g Brot, während alle, die nicht arbeiteten, nur 200 g bekamen.

Am 15. September 1945 mußten alle Straßen westlich der Königsberger-Warschauer Straße plötzlich geräumt werden. Polnische Miliz gab eine Stunde Frist, nur Handgepäck durfte mitgenommen werden und in einem langen Elendstreck in Begleitung polnischer Milizen ging es nach Seehesten. Ich durfte mit meiner Familie auf Grund meines Ausweises zurückbleiben. Alle Stadteingänge wurden bewacht, es konnte niemand in die Stadt hinein noch heraus. Gleich nach dem Abzug des Trecks wurden große polnische Kommandos zusammengestellt, und alles, was in den so freigemachten Wohnungen vorgefunden wurde, wurde in das Sammelmagazin zusammengefahren. Nach etwa sechs Tagen war dieses beendet, dann kamen die Sensburger allmählich zurück, um vor ganz leeren Räumen zu stehen. Die polnische Verwaltung und Miliz, hat so die meisten um ihre letzte Habe gebracht. Es setzte nun die große Auswanderung ein, nachdem Ende September Herr Superintendent Materne, Kaplan Woehlke und Prediger Peltzer ausgewiesen wurden. Ich bekam mit meiner Familie mit einiger List meine Reisepapiere am 15. Oktober 1945."

Die Stadt Sensburg hatte von allen masurischen Städten den höchsten Anteil an deutscher Bevölkerung. Hier waren nicht nur Einwohner der Stadt, sondern auch viele Flüchtlinge aus anderen Kreisen vor allem aus Johannisburg und Treuburg hängen geblieben. Auch in vielen Dörfern waren zahlreiche Deutsche, ebenfalls z. T. Flüchtlinge aus anderen Kreisen geblieben; einige Dörfer hatten noch lange Zeit fast rein deutsche Einwohner mit einem deutschen Bürgermeister. In vier Gemeinden waren alle Bewohner in Bussen, Langanken, Reuschendorf und Schmiedau zuhause geblieben. In 16 Gemeinden verblieb die Hälfte der Einwohner.

Das Schicksal der evakuierten Treuburger war meist das der Eingesessenen. Erschütternd sind andererseits Aussagen über schwere Verbrechen im Kreis Sensburg. Auch hier hatten die Sowjets beim Vormarsch unter den zurückgebliebenen oder auf der Flucht überrollten Bewohnern willkürliche Erschießungen vorgenommen.

Ab Mitte Februar 1945 erfolgten die systematischen Massenverschleppungen aus zahlreichen Orten. Diese liefen bis Mai. Die Verschleppten kamen durch Sammellager im Kreisgebiet meist in die größeren Gefängnisse in Bartenstein, Heilsberg, Rastenburg oder Johannisburg, von dort nach Insterburg zum Abtransport nach Rußland/Sibirien. So wurden in Peitschendorf Mitte Februar 1945 über 400 Deutsche zusammengetrieben und nach Insterburg zum Abtransport gebracht. Besonders schwere Verluste durch Verschleppungen erlitten die Gemeinden Alt- und Neu-Gehland 13, Heinrichsdorf 11, von denen keiner zurückkehrte(!), Hohensee 25, Koslau 45, darunter 15 Frauen, Pustnick 20, Schaden 13, Selbongen 17, fast alle tot, Langendorf ca. 20, Eichmedien, 40, Gansen 13, Langanken 13 und Stangenwalde 21.

Sammellager für die Verschleppten, die im Frühjahr 1945 aufgelöst wurden, waren im Kreis Sensburg in Sensburg, Peitschendorf, Utka, Brödienen und Sorquitten.

Nach einer Aufstellung in „Der Kreis Sensburg" von Paul Glaß und Fritz Bredenburg (S. 116/117) befanden sich aus 54 Gemeinden über die Hälfte der deutschen Einwohner beim Einmarsch der Sowjets zuhause. In 10 Gemeinden betrug die Zahl der Zurückgebliebenen zwischen 25 und 50% der Bewohner.

Demgegenüber gelang nur aus 24 Gemeinden über 20% der Bewohner die Flucht nach Westen, darunter nur aus zwei mit über 50%. Aus 9 Gemeinden konnten zwischen 10 und 20% der Bewohner den Westen erreichen.

Somit war aus 33 Gemeinden über ein Zehntel der Bewohner nach dem Westen — über die Oder entkommen = 36% der 92 Berichtsgemeinden!

Der Krieg ist vorbei

Von den Sowjets endgültig besetzt wurden:

    am 19. 1. 1945   Soldau,
    am 20. 1. 1945   Neidenburg, Willenberg,
    am 21. 1. 1945   Osterode, Hohenstein,
    am 22. 1. 1945   Liebemühl, Mohrungen (Allenstein angegriffen),
    am 23. 1. 1945   Allenstein, Ortelsburg, Passenheim, Lyck, Treuburg, Gehlenburg, Arys,
    am 24. 1. 1945   Johannisburg, Widminnen,

SAMTERHEBUNG ZUR KLÄRUNG DES SCHICKSALS DER DEUTSCHEN BEVÖLKERUNG IN DEN VERTREIBUNGSGEBIETEN
HEIMATORTSKARTEI FÜR OSTPREUSSEN
Regierungsbezirk Allenstein - Kreis Sensburg

		Anzahl	%-Verhältnis zu Pos. 8 (= Pos. 39)	%-Verhältnis innerhalb der Gruppen A-D
1	I Bevölkerungsstand lt. Volkszählung 54 443			
2	II Gesamtzahl der von der HOK namentlich erfaßten Personen (einschl. der vor der Vertreibung Zugezogenen)	63 061		
	Hiervon gehen ab:			
3	Wehrmachtsverluste bis Kriegsende	1 135	—	—
4	andere vor der Vertreibung Verstorbene	542	—	—
5	vor der Vertreibung Fortgezogene	1 816	—	—
6	nach der Vertreibung Geborene	480	—	—
7	vor der Vertreibung zugezogene Umsiedler	—	—	—
8	Gesamtzahl der vor der Vertreibung namentlich bekannten Gemeindeangehörigen	59 088	100 %	
9	III Von der Gesamtzahl der vor der Vertreibung	46 206	78,200	100 %
	A) bekannten Personen (Pos.8) wurden festgest.als lebend			
10	davon: in der Bundesrepublik und Berlin (West)	33 968	57,487	73,514
11	in der SBZ und im Sowjetsektor von Berlin	3 191	5,402	6,906
12	im alten Heimatkreis	7 908	13,383	17,115
13	in der alten Provinz bzw. im alten Heimatstaat	855	1,447	1,851
14	in den übrigen Aussiedlungsgebieten	41	0,069	0,087
15	im freien Ausland zusammen	232	0,394	0,503
/17	dav. Europa (82), außerhalb (150)	—	—	—
18	in Gefangenschaft od. anderem fremden Gewahrsam	11	0,018	0,024
19	Sonstige			
20	B) Bei und als Folge der Vertreibung Verstorbene	2 305	3,900	100 %
21	davon: gewaltsamer Tod (erschossen usw.)	401	0,678	17,397
22	Selbstmord	25	0,042	1,085
23	in der Verschleppung verstorben	388	0,656	16,833
24	in Lagern der Vertreibungsgebiete verstorben	129	0,218	5,597
25	auf der Flucht umgekommen	345	0,584	14,967
26	an den Folgen der Vertreibung verstorben	196	0,332	8,503
27	Todesursache unbekannt	821	1,390	35,618
28	Sonstige			
29	C) Sonstige Verstorbene	2 086	3,530	100 %
30	davon: in der Kriegsgefangenschaft	119	0,200	5,705
31	nach dem Zeitpunkt der allgemeinen Vertreibung	1 967	3,330	94,295
32	Sonstige			
33	D) Ungeklärte Fälle	8 491	14,370	100 %
34	davon: Verschlepptenhinweis	473	0,801	5,572
35	Interniertenhinweis	—	—	—
36	Vermißtenhinweis	3 423	5,793	40,313
37	Todeshinweis	2 308	3,906	27,181
38	ohne jeden Hinweis	2 287	3,870	26,934
39	Gesamtsumme: (Pos. 9, 20, 29, 33)	59 088	100 %	

am 25. 1. 1945	Niedersee, Nikolaiken, Angerburg,	
am 26. 1. 1945	Rhein, Lötzen,	
am 27. 1. 1945	Rastenburg, Barten,	
am 28. 1. 1945	Bischofsburg, Rotfließ,	
am 29. 1. 1945	Sensburg, als letzte Stadt in Masuren!	

Königsberg, das unter General Lasch tapfer verteidigt wurde, kapitulierte am 9. April 1945.

Die Russen nahmen noch ein:

am 20. 3. 1945	Braunsberg,	
am 24. 3. 1945	Heiligenbeil,	
am 28. 3. 1945	Balga, den letzten Stützpunkt der Deutschen am Südufer des Frischen Haffs,	
am 15. 4. 1945	das Samland	
am 25. 3. 1945	Pillau,	
am 3. 5. 1945	die Nehrung mit Kahlberg.	

Die letzten deutschen Stützpunkte auf der Halbinsel Hela und in der Weichselniederung zwischen Stutthof am Frischen Haff und Bohnsack östlich Danzig gerieten erst bei der Kapitulation am 7. 5. 1945 in sowjetische Hand.

Die amerikanischen und russischen Truppen trafen sich erstmalig an der Elbe bei Torgau am 25. 4. 1945.

5 Tage später, am 30. 4. 1945 gab sich Hitler selbst den Tod, nachdem er „Verräter" wie Himmler und Göring noch aus der Partei ausgestoßen hatte. Goebbels verübte am 1. Mai 1945 mit seiner ganzen Familie Selbstmord. Am 2. Mai 1945 kapitulierte Berlin.

Großadmiral Dönitz, Oberbefehlshaber der deutschen Kriegsmarine, den Hitler zum Reichspräsidenten ernannt hatte, verblieb nur noch Schleswig-Holstein frei von Feindtruppen. Von Flensburg-Mürwik aus leitete er bis zur Kapitulation vor allem den beispiellosen Einsatz der deutschen Kriegsmarine zur Rettung von Hunderttausenden von Flüchtlingen und Soldaten aus Ost- und Westpreußen über die Ostsee vor den Sowjets.

Am 22. Mai 1945 wurde die Reichsregierung Dönitz in Flensburg — ein letzter Rest deutscher Regierungsgewalt — gefangen genommen.

In den im „Amtsblatt des Kontrollrats in Deutschland," veröffentlichten Beschlüssen der „Potsdamer Konferenz" wurde bestätigt, daß die „Höchste Regierungsgewalt in Deutschland durch die Oberbefehlshaber der Streitkräfte der Vereinigten Staaten von Amerika, des Vereinigten Königreichs, der Union der Sozialistischen Sowjetrepubliken und der Französischen Republik nach Weisungen ihrer entsprechenden Regierungen" — ein jeder in seiner Zone — ausgeübt wird.

Für den deutschen Osten wurden die territorialen Bestimmungen von Potsdam zu einer ungeheuren Katastrophe für die dort lebenden Menschen! Betreffend die „Stadt Königsberg und das anliegende Gebiet" hieß es in dürren Worten:

„Die Konferenz hat grundsätzlich den Vorschlag der Sowjetunion hinsichtlich der Übergabe der Stadt Königsberg und des anliegenden Gebietes an die Sowjetunion zugestimmt, wobei der genaue Grenzverlauf einer sachverständigen Prüfung vorbehalten bleibt. Der Präsident der USA und der britische Premierminister haben erklärt, daß sie den Vorschlag der Konferenz bei der bevorstehenden Friedensregelung unterstützen werden."

Weiterhin bezeugen die „Häupter der drei Regierungen" darüber Übereinstimmung, „daß bis zur endgültigen Festlegung der Westgrenze Polens die früheren deutschen Gebiete östlich der Linie, die von der Ostsee unmittelbar westlich von Swinemünde und von dort die Oder entlang bis zur Einmündung der westlichen Neiße und die westliche Neiße entlang bis zur tschechoslowakischen Grenze verläuft, einschließlich des Teiles von Ostpreußen, der nicht unter die Verwaltung der Union der Sozialistischen Sowjetrepubliken in den auf dieser Konferenz erzielten Vereinbarung gestellt wird und einschließlich der früheren ‚Freien Stadt Danzig' unter die Verwaltung des polnischen Staates kommen und in dieser Hinsicht nicht als ein Teil der sowjetischen Besatzungszone in Deutschland betrachtet werden sollen".

Damit war auch Masuren unter polnische Verwaltung gestellt! Mit der Übernahme aller masurischen Kreise durch die Sowjets Ende Januar hörten zwar die verheerenden Übergriffe durch Russen mit Erschießungen und Orgien der Vergewaltigungen auf. Es wurde eine russische Verwaltung mit russischen Kommandanturen in den Städten und größeren Orten und mit deutschen Bürgermeistern in kleineren Orten eingerichtet. So kam allmählich etwas Ordnung herein. Doch Plünderungen erfolgten weiter durch Russen und durch Polen!

Die Polen übernahmen von den Russen die Verwaltung teils schon im Juni, teils im August 1945 in allen masurischen Kreisen. Die Russen haben bei ihrem Abzug in zahlreichen Städten und Dörfern Gebäude in Flammen aufgehen lassen und vieles mitgenommen, was nicht ganz ohne Widerstand der Polen vor sich gegangen ist. Zu Beginn der polnischen Verwaltung Ostdeutschlands war die Austreibung noch allein vorherrschend. Bereits im Juni 1945, also vor der Regelung im „Potsdamer Abkommen" vom 2. August 1945, wurde binnen weniger Tage die Mehrzahl der in Danzig lebenden Deutschen, sofern sie nicht in polnische Lager oder zur Zwangsarbeit nach Rußland abtransportiert waren, zwangsweise über die Oder bei Stettin abgeschoben. Von damals in Danzig lebenden Deutschen mit 100 000 wurden ca. 70 000 abgeschoben, unterwegs restlos ausgeplündert (Schieder Bd. I/1, S. 140ff).

In den letzten Junitagen 1945 wurde das Hinterland der Oder-Neiße in einer Tiefe von 100—200 km von polnischer Miliz von der deutschen Bevölkerung zwangsweise „befreit". Hier wurden ca. 300 000 Menschen Opfer der polnischen Vertreibungsaktion!

Ausweisungen aus Masuren setzten erst ab August 1945 vereinzelt und ab November 1945 verstärkt ein.

Bereits am 2. März 1945 hatte die provisorische Regierung Polens das Dekret „über aufgegebenes und verlassenes Vermögen" erlassen. Dieses verfügte, daß der gesamte Besitz von Personen, die vor der Roten Armee geflohen und nicht zurückgekehrt waren, dem polnischen Staat anheimfällt, daß ferner sämtliches Vermögen des Deutschen Reiches und von Personen deutscher Staatsangehörigkeit grundsätzlich als „aufgegebenes Vermögen" zu gelten habe und gleichfalls an den polnischen Staat übergehe. Dieses Dekret wurde unmittelbar nach Übernahme der Verwaltung durch polnische Behörden im August 1945 in allen Orten bekanntgemacht. Danach waren die verbliebenen Deutschen auf ihren Höfen und in ihren Wohnungen in Stadt und Land nur noch „auf Abruf" geduldet, mußten an die Polen in ihren Wohnungen Miete zahlen, auf ihren eigenen Höfen für die neuen polnischen Eigentümer arbeiten. Sie mußten nunmehr ständig damit rechnen, ihren formell enteigneten Besitz auch praktisch zu verlieren und Hof und Wohnung sofort verlassen zu müssen. Dieses Gesetz zur Enteignung deutschen Vermögens sollte vor allem eine vermögensrechtliche Grundlage für die Ansiedlung von Polen und für die Vertreibung von Deutschen durch Polen schaffen.

Der Zustrom von Aussiedlern aus den an Rußland abgetretenen ostpolnischen Gebieten begann im Sommer 1945. Zunächst setzten sich diese in leeren Gehöften oder Häusern in den Städten fest. Doch bald erschienen einzelne Polen, suchten sich in den Dörfern und Städten ein Gehöft oder eine Wohnung aus und ließen sich diese vom polnischen Starostwo (Landrat) oder Bürgermeister zuweisen. Mit Hilfe der polnischen Miliz wurden die Deutschen aus den gewünschten Grundstücken, manchmal mit Gewalt, entfernt und oft in wenigen Minuten mit nur geringem Gepäck, wie es gerade greifbar, vertrieben. So hatte die generelle Enteignung des deutschen Vermögens und die Ansiedlung von Polen bald eine völlige Verarmung und Deklassierung der verbliebenen Deutschen zur Folge. Die deutschen Bauern waren zu Landarbeitern bei den neuen polnischen Besitzern oder auf den „Staatsdomänen" geworden; Handwerksmeister und Gesellen wurden Gehilfen bei polnischen Handwerksmeistern!

Polen hat nach Übernahme der Verwaltung von den Russen im Sommer 1945 in allen ostdeutschen Provinzen, die nunmehr auf Grund des „Potsdamer Abkommens" von Polen „verwaltet" wurden, den Zloty als einzige Währung eingeführt, die deutschen Orts- und Straßennamen beseitigt und polnische an deren Stelle gesetzt. Die polnische Sprache wurde Amtssprache obligatorisch. Gottesdienste in deutscher Sprache wurden verboten, deutsche Schulen blieben geschlossen, es gab hinfort nur polnische Schulen auch für deutsche Kinder, die nur in polnischer Sprache unterrichtet wurden. Minderheitenrechte für die Deutschen wurden niemals eingeräumt!

War die Aussiedlung Deutscher und die Ansiedlung von Polen bis Ende 1945 wenig organisiert und der Willkür unterer polnischer Behörden überlassen, trat erst gegen Ende 1945 allmählich Ordnung ein. Nunmehr erfolgte von dem mit Dekret vom 13. November eingerichteten „Ministerium für die wieder gewonnenen Gebiete" eine planmäßige Ansiedlung von Polen sowohl aus den an Rußland abgetretenen ostpolnischen Provinzen wie auch aus Zentralpolen. War bisher die Austreibung von Deutschen alleinige Maßnahme polnischer Verwaltungsstellen, zeichnete sich ab Ende des Jahres 1945 eine andere Tendenz ab. Nunmehr versuchte man polnischerseits Deutsche zur „Option" für Polen zu gewinnen.

So berichtet Adolf Alexander aus Schnippen, Kr. Lyck u. a. (F 155 in Ost. Dok.1 Nr. 35 und 36):

> „Polnische Zeitungen schrieben bereits im Sommer 1945, als die Polen die Verwaltung von den Russen übernahmen, folgendes: Es muß Polen alles daran liegen, die frühere Bevölkerung für sich zu gewinnen, denn dann hat Polen Anspruch auf die Ostgebiete als Befreier polnischer Bevölkerung vom germanischen Joch. Wenn es uns nicht gelingt, die Bevölkerung zum polnischen Muttervolk herüberzuziehen, können die Westmächte von einer Annektion der Ostgebiete durch Polen reden."

Masuren sei ein „urpolnisches" Land war nunmehr die Parole. Man war eben nicht damit zufrieden, daß bisher nur eine sehr geringe Zahl von Einwohnern „Masurens" (und das geschah auch in Oberschlesien und in Westpreußen für die Kaschuben) „freiwillig" für Polen optiert hatte. Nunmehr sucht man durch Versprechungen und Drohungen, teils mit Gewaltmaßnahmen Deutsche für Polen zu gewinnen. Besonders solche Deutsche, die polnisch klingende Namen mit Namensendungen wie -ski,-ka,-witz u. a. wurden zwangsweise zurückgehalten und von der Ausweisung ausgeschlossen. So berichtet Frau M. aus Mostolten, Kr. Lyck u. a. (Schieder Bd. I/1 S. 717ff.):

„Bald kamen die Polen auf den Gedanken, daß unser Kreis Lyck zum Masurenland gehört, schließlich sagten sie: ‚Masuren sind Polen'! Nun ging das Verfolgen und Optieren los. Man wollte uns auf alle Art überreden, wir sollten unterschreiben (einen Revers für Polen!) Man versprach uns alles Mögliche, wir würden als Gäste aufgenommen, weil wir unter den Deutschen so viel leiden mußten. Darauf erklärte ich den Polen, daß alles erlogen und erfunden sei, wir waren gleiche Deutsche wie die Berliner und Rheinländer und wurden von deutscher Seite als gute Deutsche behandelt und gehalten; wir haben es unter deutscher Führung gut gehabt. Wir wollen, da es unseren Brüdern und Schwestern schlecht geht, mit ihnen das Los teilen, was alle Deutschen leiden müssen und nie Verräter unseres Deutschtums sein.

Dann versuchten sie es auf eine andere Art mit dem ‚Optieren'. Sie stellten Listen zum Transport auf, mit Namen, deren Endungen, z. B. -witz,-ski,-ka lauteten oder deren Namen sie auf polnisch umfunktionierten, schrieben diese in Sonderlisten auf. Diese sollten dort bleiben, wenn andere herauskamen. Als die Polen merkten, wie sehr ich unter dem Druck litt, hatten sie nur Spott für mich und riefen sogar auf der Straße nach: ‚Du nicht raus, du hier bleiben!'"

Diese Berichterstatterin kam doch eines Tages als Schwarzfahrerin vom Bahnhof Woeterkeim bei Schippenbeil heraus. Nach erneuter Verhaftung und Lagerhaft im berüchtigten Lager Potulic bei Bromberg, wurde sie schließlich nach Deutschland entlassen und kam hier im April 1947 an. Ein anderer Fall: der Lehrer Maleika kam im Sommer 1945 in sein Heimatdorf Gorlau zurück. Die Polen versuchten ihn auf Grund seines polnisch klingenden Namens zum „Autochthonen" zu bekehren und in seinem Dorf zum polnischen Lehrer zu machen. Er lehnte dieses Ansinnen immer wieder ab. Schließlich gelang ihm die Ausreise, indem er seinen Namen verdeutschte!

Adolf Alexander und Bauer Mittelstädt waren nach Auflösung der russischen Kommandanturen und Einrichtung der polnischen Verwaltung in ihre Heimatdörfer Schnippen, Kr. Lyck zurückgekehrt. Dort waren sie 11 Deutsche beisammen. Alle wurden als „Deutsche" registriert.

Alexander berichtet (Ost. Dok. 1 Nr. 36, S. 481—528):

„Nach einiger Zeit wurde uns empfohlen, für Polen zu optieren, da wir nur als polnische Staatsangehörige Vergünstigungen empfangen würden. Da die erwartete massenhafte Option ausblieb, wurden Fristen gesetzt, nach deren Ablauf eine ‚Option' nicht mehr möglich sei. Diese Fristen wurden aber immer wieder verlängert, da der Erfolg ausblieb.

Während in Lyck und in anderen Städten bereits im Winter 1945/1946 die Deutschen zur Zwangsarbeit herangezogen wurden, setzten Zwangsmaßnahmen auf dem Lande erst im Mai 1946 ein. Ende Mai 1946 forderte mich eine polnische Militärstreife auf, am nächsten Tage auf dem Gut Baitkowen zur Arbeit zu erscheinen. Auf meinen Hinweis, daß ich doch meinen Hof bewirtschafte, sagte man mir: ‚Ein Deutscher darf keinen Hof besitzen.' Ich ging nunmehr jeden Tag morgens zur Arbeit nach Baitkowen, wo ich viele Deutsche, fast nur Frauen vorfand, und kehrte abends auf meinen Hof zurück. Ich wurde vom Gutsverwalter, einem polnischen Oberleutnant immer wieder gefragt, ob ich optieren wolle, dann brauchte ich nicht zu arbeiten. Ich lehnte dieses jedes Mal ab.

Im März 1947 erschien eine Kommission vom „Starostwo" (Landratsamt). Diese forderte uns auf, nunmehr zu optieren. Am 17. April 1947 erscheint bei mir ein Pole, der mir bedeutet, daß er in meine Wohnung einziehen und meine Wirtschaft übernehmen muß. Er zeigte mir ein Schreiben vom „Starostwo" in dem ihm meine Wirtschaft zugesprochen wurde. Ich zog am nächsten Tag nach Borken, wo ich vom polnischen Lehrer als Schuldiener angestellt wurde. Meine beiden 16- und 14jährigen Söhne fanden Beschäftigung als Hirten des Viehs der polnischen Bauern auf brachliegenden Ländereien.

Der Bauer Mittelstädt wurde auch aus seiner Wirtschaft entfernt und bezog ein bis dahin unbewohntes Häuschen in Schnippen. Es verging ein Jahr, der April 1948 kam heran. Der Amtsvorsteher von Prostken verlangte von mir eine Unterschrift eines Arbeitsvertrages als Schuldiener. Ich antwortete, daß ich in Polen grundsätzlich nichts unterschreibe. Dann müsse ich die Schulwohnung räumen. Ich zog nach Bobern; meine Söhne zogen auch mit.

Die Bauern in Borken wütend darüber, die billigen Hirten durch Wegzug verloren zu haben, erstatteten bei der Polizei Anzeige folgenden Inhalts: ‚Als Alexander von Bobern nach Borken umzog, holte er einen Karabiner hinter dem Bett hervor und lud ihn auf den Wagen.' Nun war in Polen der Besitz einer Schußwaffe unter schwere Strafe gestellt. Alexander wurde verhaftet. Es erschienen drei Polizisten, um eine Hausdurchsuchung durchzuführen. Wir wurden alle in ein Zimmer zusammengetrieben und mußten uns alle auf den Fußboden hinsetzen, bewacht von einem Polizisten, der mit Karabiner im Anschlag stand. Dann wurde ich herausgeholt, der Führer des Kommandos verlangte die Herausgabe des Karabiners, mich dabei mit Fäusten bearbeitend. Als ihm dies zu lang dauerte, streckte er mich mit einem Kolbenstoß zu Boden. Man fand nichts. Auch meine beiden Söhne wurden verhaftet. Auf dem Transport schlug ein Polizist auf meine beiden Söhne mit dem Lauf des Karabiners ein. In Prostken wurden wir in dem Keller der Polizeistation eingesperrt. Am nächsten Tage hatten wir mehrere Verhöre zu bestehen, wurden aber am Abend freigelassen.

Am nächsten Tage erschien ein Polizist und erklärte, daß eine ministerielle Verfügung vorliegt, die Deutschen, die bis dahin nicht optiert haben, zur Arbeit heranzuziehen. Wir haben uns am nächsten Tage um 8 Uhr auf der Polizeistation in Prostken einzufinden. Meine Frau, meine beiden Söhne und ich sowie zwei Frauen aus der Nachbarschaft wurden in Prostken den ganzen Tag beschäftigt. 20 Uhr abends wurden wir entlassen. Von nun an mußten wir zwei Tage in der Woche nach dem $10\frac{1}{2}$ km entfernten Prostken zur Arbeit gehen, unentgeltlich und ohne jegliche Verpflegung! Wir hatten Straßen gefegt, Draht geschleißt, Wiesen gemäht, Kartoffeln gehackt, Unkraut gejätet u. a. Bei jedem Erscheinen fragten die Polizisten, warum wir nicht optierten, als polnische Staatsangehörige brauchten wir nicht zur Arbeit zu gehen.

Wir haben drei Monate dort arbeiten müssen, bis die Ortschaft Bobern von Prostken abgetrennt und der Polizeistation Neuendorf unterstellt wurde. Hier wurden wir zur Arbeit auf das 1,5 km entfernt Staatsgut Niederhorst geschickt."

Im Jahre 1951 zog Alexander nach Drigelsdorf. Von dort ist er 1953 mit Familie nach Westdeutschland herausgekommen.

Der Erfolg der Polonisierung der deutschen Masuren blieb trotz aller Zwangsmaßnahmen aus.

Minderheitenrechte für die Deutschen wurden niemals eingeräumt, wenn auch nicht zu verkennen ist, daß ein Stimmungsumschwung in den 50er Jahren eingetreten ist.

Der Journalist Uwe Greve schreibt u. a. im „Ostpreußenblatt" vom 4. Dezember 1982:

„Waren schon während der Kriegshandlungen viele Deutsche vor den heranrückenden Truppen der Sowjets geflohen, so begann nun die systematische Austreibung der Deutschen aus den Gebieten östlich von Oder und Neiße ab 1945. Die unmenschliche und mit großer Brutalität ausgeführte Vertreibung kostete weit über zwei Millionen Deutschen das Leben. Von den in den Vertreibungsgebieten ansässigen Deutschen fiel jeder fünfte der Vertreibung oder dem Krieg zum Opfer. Wenn von den Grenzen des Jahres 1937 ausgegangen wird, dann umfassen die in der Folge des 2. Weltkrieges zwecks Schwächung Deutschlands abgetrennten Gebiete 114 140 qkm, das entspricht etwa der Fläche der Schweiz, Belgiens, der Niederlande und Luxemburgs oder fast der Hälfte der Fläche der britischen Inseln."

Die entsprechenden Zahlen für die 7 masurischen Kreise Stand 1939 lauten:

Johannisburg	53 089 Einwohner auf 1684 qkm
Lötzen	50 012 Einwohner auf 894 qkm
Lyck	56 417 Einwohner auf 1127 qkm
Neidenburg	64 830 Einwohner auf 1633 qkm

(einschließlich Soldau, dieser Bezirk hatte 1939 insgesamt 24 830 Einwohner.)

Ortelsburg	73 422 Einwohner auf 1705 qkm
Sensburg	53 443 Einwohner auf 1233 qkm
Treuburg	37 998 Einwohner auf 855 qkm
Insgesamt	387 231 Einwohner auf 9231 qkm

KURZDARSTELLUNG DER GESCHICHTE DER MASURISCHEN STÄDTE

Quellen: Erich Weise: „Ost- und Westpreußen", Stuttgart 1966; Heimatbücher der masurischen Kreise.

Bemerkungen: in Klammern = polnischer Namen ( )
E = Einwohner 1939.

Arys, Kirche

ARYS
(Orzysz, Kr. Johannisburg)
(Quelle: Emil Johannes Guttzeit, „Der Kreis Johannisburg.")

Das kuppen- und seenreiche Gebiet östlich des Spirdingsees ist altes Siedlungsland. Bei der Senkung des Arys-Sees 1895 kamen Reste von Ufersiedlungen mit Packwerkunterbau aus Pfählen, Baumstämmen und Faschinen — Pfahlbauten — zum Vorschein. Der „Ringwall" am Pfaffenberge, nordwestlich von Arys ist auch eine ältere Siedlungsanlage.

Arys erhielt von Hochmeister Konrad von Erlichshausen am 2. März 1443 die Handfeste über 44 Hufen als Zinsdorf mit dem deutschen (oder prußischen) Lokator Lorenz Polun. Das Dorf hieß Neudorf und lag durch Seen und Sümpfe gut geschützt an der alten Handelsstraße Rastenburg- Rhein — Eckersberg-Johannisburg nach Polen. Es war ein Straßendorf und erhielt auch einen Krug, der 1507 bereits vorhanden war.

Ein Amtshof entstand 1516 mit Korn- und Schneidemühle, vier Schiffen und Kauperkähnen, dazu eine Schäferei. Die Wassermühle wurde erst 1961 im Zuge der Meliorationen abgerissen.

Um 1500 konnte eine eigne Kirche erbaut werden; 1528 entstand die Kirchschule.

Unter dem Tatareneinfall 1656 und der Pest 1709/11 hatte Arys sehr zu leiden. Doch konnte sich das Dorf dank seiner günstigen Lage rasch erholen.

So konnte König Friedrich Wilhelm I. am 3. März 1725 Arys das Stadtrecht verleihen.

Im siebenjährigen Krieg und noch mehr im unglücklichen Krieg 1807—12 litt die Stadt schwer unter den Besatzungstruppen. 1812 mußte die Stadt zweimal bayrische Truppen aufnehmen.

Ein Großfeuer vernichtete am 24. Juni 1826 große Teile der Stadt.

Bis zum Jahre 1702 war in der Kirche nur masurisch, seitdem am Vormittag deutsch und am Nachmittag masurisch gepredigt worden; von Anfang des 19. Jahrhunderts ab wurden nur noch deutsche Predigten gehalten.

Im Jahre 1891 wurde der Truppenübungsplatz eingerichtet, der zugleich mit dem Bahnanschluß und dem Bau einer guten Chaussee der Stadt Auftrieb brachte.

Im 1. Weltkrieg war die Stadt von den Russen besetzt worden u. a. vom 10. Nov. 1914 bis zum 12. Februar 1915; die Stadt wurde fast vollkommen zerstört. Der Wiederaufbau wurde dank der Hilfe der Provinz Sachsen, die die Patenschaft übernommen hatte, noch während des Krieges durchgeführt.

Ein Ereignis von weittragender Bedeutung war das Abstimmungsergebnis am 11. Juli 1920 auch in Arys, denn alle Stimmberechtigten der Stadt gaben ihre Stimme für Deutschland ab, Polen erhielt keine einzige Stimme! Der deutsche Charakter der Stadt hatte sich in anschaulicher Weise offenbart. In den dreißiger Jahren war der Truppenübungsplatz im Zuge des Aufbaus der Wehrmacht besonders stark belebt.

Die Sowjets nahmen Arys unzerstört am 23. Januar 1945 ein; sie brannten vierzig Wohnhäuser nieder, auch Rathaus, Pfarrhaus, Amtsgericht, die Verwaltungsgebäude der Kommandantur und zwei Kasernenblocks.

Am 23. Mai 1945 übernahmen die Polen von den Russen die Verwaltung der Stadt.
(E = 3553)

GEHLENBURG BIS 1938 BIALLA
(Piska, Kr. Johannisburg)

Bereits in vorgeschichtlicher Zeit war das Gebiet um Gehlenburg besiedelt. Eine Fliehburg auf einer Insel im versumpften Mühlenbachtal haben Galinder errichtet.

Der Komtur von Balga Jobst von Strupperg verlieh der bereits 1424 erwähnten Siedlung „auf der Gaylen" — der Name ist prußisch, gaylis = weiß — am 9. Oktober

Gehlenburg, Ausblick vom Wasserturm

1428 die Handfeste und beauftragte den „getreuen Mann Peter" ein Zinsdorf von 60 Hufen mit Bauern zu besetzen, 6 Hufen zinsfrei zu kulmischem Recht, dazu die kleinen Gerichte, 4 Hufen für die zu erbauende Kirche, 50 Hufen mit Bauern zu besetzen, die scharwerken sollen für das Haus Balga und dorthin abliefern sollen von jeder Hufe fünfzehn Skot, zwei Hühner, 8 Eier, dazu von jedem Pfluge oder Morgen je 1 Scheffel Weizen und Roggen; dem Pfarrer sollten die Bauern zu Weihnachten je 1 Scheffel Roggen und Hafer als Dezem entrichten.

1481 war die Kirche erbaut; es waren auch Krüge vorhanden, der erste seit 1495 weitere 3 entstanden als Folge des lebhaften Handels mit Polen im 16. Jahrh. Um 1650 wurde eine Mühle erbaut. Gehlenburg wurde „Flecken" und hatte seit 1595 große Ochsenmärkte und ab 1645 vier Jahrmärkte.

Der Aufstieg des Fleckens wurde durch die Tatareneinfälle 1656 jäh unterbrochen, das Dorf wurde niedergebrannt, die Einwohner getötet oder fortgeschleppt. Ein neues Unglück traf den Ort, die Pest im Jahre 1709. Im Kirchspiel Gehlenburg wurden insgesamt 1455 Menschen durch die Pest dahingerafft.

Doch der Ort erholte sich rasch. So erhob König Friedrich Wilhelm I. den Flecken am 6. April 1722 zur Stadt. Er förderte die junge Stadt, den Neusiedlern sicherte er freie Bauplätze zu und gewährte einen Zuschuß für die Baukosten von 30 % aus der Staatskasse, außerdem befreite er sie für einige Jahre von Lasten und Abgaben.

Handwerker erhielten Vergünstigungen, diese trugen wesentlich zum wirtschaftlichen Aufstieg der Stadt bei.

1764 erhielt Gehlenburg eine kleine Garnison mit Bosniaken, dann Husaren und Dragonern; Offiziere und Mannschaften waren in Bürgerquartieren untergebracht, Kasernen gab es damals noch nicht.

In den Kriegen zwischen 1806—1812 hatte die Stadt unter fremden Besatzungen schwer zu leiden.

Nach den Befreiungskriegen verlor die Stadt eine ihrer besten Einnahmequellen, den Handel mit Polen. Denn am 1. Januar 1823 wurde die polnische Grenze für den vorher üblichen freien Grenzverkehr gesperrt.

Erst 1885 brachte der Anschluß an die Eisenbahnstrecken nach Johannisburg und Lyck den wirtschaftlichen Aufschwung. Der Bau von Kunststraßen wirkte sich ebenfalls positiv aus. Die Einwohnerzahl stieg von 800 Einwohnern 1782, auf 1819 im Jahre 1890 und konnte 1910 die 2000er Grenze mit 2169 Einwohnern übersteigen.

Im 1. Weltkrieg wurde die Stadt von den Russen zweimal besetzt und völlig ausgeplündert. Schon nach der „Winterschlacht" (7.—21. Februar 1915) begann der Wiederaufbau.

Bei der Abstimmung am 11. Juli 1920 stimmten 1435 Personen für Deutschland, Polen erhielt keine einzige Stimme!

Am Ende des 2. Weltkrieges wurde die Stadt am 23. Januar 1945 von den Sowjets kampflos besetzt. Erst danach wurden ganze Stadtviertel niedergebrannt, besonders die Kirchenstraße, Teile der Mühlenstraße und die alte Lycker Straße.

(E = 2823)

JOHANNISBURG
(Pisz)

Im Grenzgebiet zwischen Preußen einerseits und Litauen und Masowien andererseits dehnte sich ein riesiger, fast undurchdringlicher Wald, die „Wildnis" genannt aus. Bis an die 1343 festgelegte Grenze hatten sich Masowier und Litauer allmählich herangeschoben. Um der Bedrohung zu begegnen, gründete der Deutsche Orden systematisch „feste Häuser", auch „Wildhäuser" genannt, so Rastenburg 1329, Angerburg 1335, das „Wildhaus" Lötzen 1337, um **40 Eckersberg** an der Seenenge zwischen Spirding-See und Tirklo-See und schließlich das „feste Haus" „Johannispurgk" am Ausfluß des Pissekflusses aus dem Warschausee zur Sicherung des Flußübergangs und als Riegel am südlichen Einfallstor zur Seenkette des „Masurischen Tales". Den Namen mag diese Burg nach Johannis dem Täufer oder nach dem Evangelisten Johannes erhalten haben. Sie wurde Sitz eines Pflegers.

Der Komtur zu Balga, Ulrich Fricke, verlieh den aus Fischern, Beutnern und Jägern bestehenden Ansiedlern freie Fischerei auf den umliegenden Seen und freie Jagd in den Wäldern um die Burg, am 10. November 1367.

Der Litauerfürst Kynstut hat wiederholt das „feste Haus" zerstört. Im Jahre 1370 haben die Ordensritter das Wildhaus massiv erbauen lassen. Es war ein vierflügeliger Bau, der einen rechteckigen Hof umschloß und außen durch Tore, einen breiten Wassergraben und Wälle geschützt war.

Im Herbst 1392 versammelte der Ordensmarschall Engelhard Rabe im Hause Johannisburg zahlreiche Ordensbrüder und Kreuzfahrer zur Feier des „Ehrentisches", einer Tafelrunde, an der berühmte Ordenskämpfer geehrt wurden.

Die Burgsiedlung wurde von einem Schulzen verwaltet. Im Jahre 1539 war die Zahl der Krüge auf 8 angewachsen.

Blieb die Siedlung um die Burg zunächst die einzige, sorgte der Orden ab 1428 für die systematische Gründung von zahlreichen Dörfern.

Johannisburg, Rathaus

Hochmeister Ludwig von Erlichhausen stellte am 15. Mai 1451 für Johannisburg eine Stadturkunde mit 200 Hufen Land aus. Doch konnte wegen der schwierigen Zeiten dieser Plan nicht ausgeführt werden. Der „Dreizehnjährige Krieg" zwischen dem Orden und Polen (1454—1466) brachte auch Johannisburg viel Leid. Der Ort wurde zerstört, das „Haus Johannisburg" eingenommen. Erst ab 1461 war Johannisburg in den Händen des Ordens.

1511 brannte ein Teil des Schlosses ab. 1520 eroberten die Polen Ort und Schloß Johannisburg und besetzten auch das weitere Umland.

1525 wurde mit Umwandlung des Ordensstaates Preußen in ein Herzogtum aus dem Pflegeamt Johannisburg ein Hauptamt, an dessen Spitze ein Amtshauptmann trat.

Im gleichen Jahre wurde die von Herzog Albrecht geförderte Reformation vor allem von dem aus Polen vertriebenen Martin Glossa im Amt Johannisburg erfolgreich verbreitet.

Der „Flecken" Johannisburg erlebte unter Herzog Albrecht einen wirtschaftlichen Aufschwung vor allem durch den Handel mit dem benachbarten Polen/Masowien. Um das Erreichen des „Fleckens" zu erleichtern wurde bereits im Jahre 1566 die „große lange Brücke", auch „Masowische Brücke" genannt über den Pissekfluß errichtet.

Im Hinblick auf den wirtschaftlichen Aufschwung hatten die Bürger bereits 1594 den Markgrafen Georg Friedrich gebeten, Johannisburg das Stadtrecht zu verleihen. Aber erst der Große Kurfürst Friedrich Wilhelm verlieh am 8. November 1645 Johannisburg das Stadtrecht.

Beim Tatareneinfall 1656 blieb die Stadt dank der kurfürstlichen Truppen verschont, während aus dem Amt 2177 Menschen entführt wurden.

Die gesamte Stadt war mit Palisaden befestigt. Ein- und Ausgang vermittelten drei Tore, so das Königsberger Tor und das Wildnistor. Das auf dem Marktplatz errichtete Rathaus brannte im Mai 1687 mit einem Teil der Stadt ab, wurde aber an anderer Stelle wieder neu erbaut. Die Kirche stand nordwestlich des Marktes.

Im Jahre 1698 weilten der preußische Kurfürst Friedrich III. und der König von Polen und Kurfürst von Sachsen, August der Starke in Johannisburg und wohnten im Schloß. Ab 5. Juni 1698 begann die dreitägige Jagd in der „Johannisburger Wildnis".

Im Jahre 1709 diente das Schloß nach der Schlacht bei Poltawa (8. Juli 1709) dem geflüchteten König Stanislaus Leszcynski eine zeitlang als Asyl.

Am 13. August 1725 ist Johannisburgs berühmtester Sohn Christoph Pisanski geboren, der vor allem durch seine „Preußische Literärgeschichte" bekannt wurde.

Während der verhängnisvollen Kriegs- und Nachkriegsjahre 1807 bis 1812 hatte Johannisburg viel Leid durchzustehen, Kontributionen und Plünderungen machten ihr viel zu schaffen.

Nach den Befreiungskriegen nach 1815 hatte die Stadt eine evangelische Kirche, ein Krankenhaus, war Sitz des Stadtgerichts, seit 1818 auch des Landratsamtes, des Hauptzollamtes, einer Forstinspektion und einer Superintendantur. Der Aufschwung war unverkennbar. Vor allem nahm die Holzindustrie eine beachtliche Aufwärtsentwicklung. Die Einwohnerzahl war von 1141 Einwohnern im Jahre 1782 auf 2416 im Jahre 1855 gestiegen.

Als dann von 1856 an Johannisburg Anschluß an ein verzweigtes gutes Straßennetz erhielt, Chausseen nach Lötzen (1856), Lyck und Niedersee (1866—1869), nach Fischborn (Dlottowen) (1867—1870) und Eisenbahnstrecken nach Allenstein und Lyck (1885), nach Lötzen (1905) und Fischborn (1908), erlebte die Stadt ein steigendes äußeres und wirtschaftliches und kulturelles Wachstum; die Haupterwerbszweige waren Leinenweberei, Bierbrauerei, Gerberei, Aal- und Welsfang. Bedeutend waren auch die Getreidemärkte, die auch von Polen stark besucht waren.

Im 1. Weltkrieg wurde Johannisburg bereits im September 1914 von den Russen besetzt. 99 Menschen wurden von den Russen erschossen, 1499 darunter der greise Superintendent Skierlo nach Sibirien verschleppt. Auch das Bismarckdenkmal vor dem Rathaus brachten die Russen nach Charborowsk in Sibirien und stellten es dort vor dem Offizierskasino des sibirischen Schützenregiments Nr. 24 auf. Erst 1931 konnte die Stadt ihr Denkmal zurückkaufen! Am 7. Februar 1915 konnte die Stadt wieder von deutschen Truppen besetzt werden.

Der Wiederaufbau der zum Teil zerstörten Stadt erfolgte noch während des 1. Weltkrieges dank der Hilfe der Patenstadt Leipzig.

Der Abstimmungstag am 11. Juli 1920 brachte auch Johannisburg einen überwältigenden Sieg, im Kreise stimmten 24 036 für Deutschland und nur 14 für Polen!

Das Wirtschaftsleben nahm nach dem 1. Weltkrieg einen raschen Aufschwung; Maschinenfabriken, Schlossereien und Schmieden, eine Mahlmühle, zwei Sägewerke, eine große Sperrplattenfabrik, Tischlereien und andere holzverarbeitende Betriebe und florierende Handwerksbetriebe sind hier zu nennen.

Das Johannisburger Kreishaus wurde 1937 zum modernsten Deutschlands ausgebaut. Ein vorzügliches Kreiskrankenhaus und eine neuzeitlich eingerichtete Molkerei ergänzten den wirtschaftlichen Rahmen der Stadt.

Der Kriegsbeginn brachte der Stadt erneute Gefahr; bewaffnete Polen überfielen besonders nachts, grenznahe Ortschaften südlich der Stadt und sprengten den Bahnhof, da Sicherungskräfte in den ersten Tagen nicht ausreichend zur Verfügung standen. Bald kamen Ausgebombte und Evakuierte aus Berlin. Reservelazarette wurden im Kreiskrankenhaus und in Schulen eingerichtet. Ab Sommer 1944 fielen auch auf Johannisburg Bomben und zerstörten Gebäude am Markt, in der Königsberger Straße und in anderen Straßen. Im Herbst erfolgten erste Evakuierungen von Frauen und Kindern nach Sachsen. Doch auch hier kam der Räumungsbefehl zu spät; unter schwierigsten Verhältnissen begann die regellose Massenflucht am 22. 1. 1945. Am 24. 1. 1945 besetzten die Sowjets die Stadt ohne Gegenwehr. Nur wenige Johannisburger waren noch in der Stadt.

E = 6322.

Lötzen
(Gizycko)

(Quelle: Dr. Max Meyhöfer „Der Kreis Lötzen." Ein ostpreußisches Heimatbuch)

Von der Errichtung einer Ordensfeste, der „Leczenburg", auf der Landenge zwischen Mauer- und Löwentinsee spricht erstmalig eine Urkunde, die der Hochmeister Dietrich von Altenburg (1335—1341) über die „teylungen der Lande tzu Galynden tzwischen Angerburg und Leczenburg" anfertigen ließ. Die Burg lag an der schmalsten Stelle der Landenge, 3 km westlich von Lötzen am Kanal der Schönberger Chausseebrücke, erbaut 1337. Als wichtige Sperrfeste in der Kette der von den Komturen von Brandenburg angelegten Burgen war das „feste Haus Leczen" wiederholt Ziel litauischer und polnischer Angriffe. So wurde die Burg 1365 von Kynust, dem Litauerfürst erobert und zerstört. Um 1390 wurde die Burg an die heutige Stelle verlegt und dort ein Steinbau errichtet. Ein Erweiterungsbau im Barockstil erfolgte im Jahre 1390. Ab Beginn des 15. Jahrh. war die Burg Sitz eines Pflegers. Dieses Pflegeamt unterstand zunächst der Komturei Brandenburg, später der Komturei Rhein.

Neben der Ordensburg entstand Mitte des 15. Jahrh. eine Scharwerkssiedlung, „Neuendorff" genannt. Die einstige Lage der Wohnhäuser und Wirtschaftsgebäude dieses Dorfes ist in dem neuzeitlichen Lötzen durch die Neuendorfer Straße und das sogenannte „Dörfchen" bezeichnet. Am Rande der Dorfflur, im Raume des späteren Marktplatzes, kam es sehr bald zur Entstehung einer neuen Siedlung, deren Wachstum entscheidend durch den über die Landenge führenden immer lebhafteren Durchgangsverkehr bestimmt wurde. Hier hielten die Wagenzüge mit Kaufmannsgut, spannten unter dem Schutze der Burg aus und machten ihre für die Weiterfahrt notwendigen Einkäufe. Bereits Anfang des 16. Jahrh. befanden sich hier fünf Krüge, die damals zugleich die Stelle von Kaufhäusern vertraten. Sie entstanden nach und nach auf dem verkehrsreichen und geräumigen Platze, über den die Landstraßen nach Rastenburg, Rhein und Lyck führten.

Allmählich wurde diese Siedlung in einer Urkunde „Leczen" genannt, hier wurde Markt für Kauf und Verkauf abgehalten. Hier ließen sich auch bald Handwerker

Lötzen, Markt

nieder. So gewann die Siedlung allmählich ein stadtähnliches Gepräge. Der Name „Neundorf" verschwindet bereits im ersten Drittel des 16. Jahrh. „Leczen" hießen beide Ortsteile. Um 1570 ist die Entwicklung bereits soweit fortgeschritten, daß „zum Städtlein vor dem Schloß" nebst vier Pfarrhufen und sechs Krügerhufen 35 Hufen Acker und vier Hufen Wald gehörten. In einer „zur Seite abgelegenen Gasse", genannt das „Dörflein", wohnte der Rest der Bevölkerung auf nur 13 Scharwerkshufen. Ein Schulze stand dem Dorf vor.
Am 15. Mai 1612 erhielt Lötzen das Stadtrecht. Das Stadtwappen — drei silberne Bressen im blauen Grund — wurde der Stadt in einer besonderen Akte am 26. Mai 1612 verliehen. Vom Aufschwung der Stadt zeugen u. a. zahlreiche Handwerkerrollen.
In der zweiten Hälfte des 17. Jahrh. wurde die wirtschaftliche Entwicklung von Brandkatastrophen und Kriegsnöten beeinträchtigt. Besonders schlimm erging es Lötzen beim Tatareneinfall im Oktober 1656. Am 10. Februar 1657 wurde die ganze Stadt mit Ausnahme des Rathauses und der Kirche ein Raub der Flammen. Über 100 Menschen verloren in der Stadt ihr Leben. Vielleicht war diese Heimsuchung Anlaß für den Großen Kurfürsten, am 24. August 1669 das Stadtprivileg zu erneuern und durch neue Rechte zu erweitern.
Die Pest raffte 1709/11 mehr als 800 Menschen dahin, zwei drittel der Bevölkerung.
Der siebenjährige Krieg (1756—1763) brachte der Stadt russische Besatzung für die Dauer von vier Jahren; doch ist sie abgesehen von Kriegssteuern und einigen Zerstörungen glimpflich davongekommen.

Von dem 1765-1772 durchgeführten Bau des Kanals zwischen Mauer- und Löwentinsee hatte die Stadt vorübergehende Vorteile.

Während der Kriegszeiten von 1807—1813 hatte die Stadt unter Truppendurchmärschen und Kontributionen zu leiden. Danach brachten Mißernten, Seuchen und Feuersnot schwere Jahre.

Ein wirtschaftlicher Aufschwung bahnte sich durch den Ausbau des Kanalsystems zwischen Löwentin- und Mauersee (1857) und den Anschluß an das Eisenbahnnetz der Provinz (1868) an. Hinzu kam die zunehmende Bedeutung von Lötzen als Garnison-, Beamten- und Fremdenverkehrsstadt.

Für die verstärkte Garnison wurden neue Kasernen 1911—1913 gebaut.

Im 1. Weltkrieg hat die Feste Boyen eine bedeutende Rolle gespielt. Hier gelang es, größere russische Kräfte während der Schlacht bei Tannenberg im August 1914 zu binden. Ein Einbruch blieb den Russen hierbei ebenso versagt wie bei deren erneuten Vorstoß ab 10. November 1914 bis Anfang Februar 1915. Lötzen wurde Brennpunkt schwerer Kämpfe, bis Hindenburg ab Anfang Februar 1915 allem ein Ende bereitete.

Der Wiederaufbau in Stadt und Land ging noch während des Krieges dank der Hilfe der Patenstadt Frankfurt a. M. gut voran und war um 1920 beendet.

Ein denkwürdiger Tag war der Abstimmungstag am 11. Juli 1920. Im Kreis Lötzen stimmten 29378 für Deutschland und nur 9 für Polen; diese 9 Stimmen stammten von zwei polnischen Familien, die sich erst kurz vor dem 1. Weltkrieg hier angekauft hatten.

1926 entstand an der Kreuzung des Lötzener Schiffahrtskanals mit der Königsberger Straße am Westufer des Kanals ein neuzeitlich eingerichtetes Kurhaus mit einem großen Saal, freundlichen Restaurationsräumen, Klubräumen und Fremdenzimmern; eine durchgehende geräumige Veranda unter Glas längs des Kanals war ein beliebter Aufenthaltsraum. Doch wurde das Kurhaus 1928 durch Feuer zerstört. Der Wiederaufbau war infolge des Kriegsbeginns nicht mehr möglich. Im Hinblick auf den Fremdenverkehr wurde die Ausgestaltung des Löwentinseeufers erforderlich. Leider war der Stadtkern von dem Seegelände durch die Eisenbahnlinie getrennt. Das Seeufer wurde befestigt und eingeebnet; große Rasenflächen mit Ziersträuchern, Promenadenwegen und Ruheplätzen entstanden. Das Seeufer war durch eine Reihe hoher Pyramidenpappeln abgegrenzt. Die alte Badeanstalt wurde erweitert und bot mit dem reinen Sandufer einen herrlichen Tummelplatz für jung und alt. Das ganze Ufergelände wurde im Osten begrenzt durch das schmucke Gymnasialbootshaus, im Westen durch das Bottshaus des Lötzener Rudervereins. Unterbrochen wurden die Uferanlagen durch den Lötzener Schiffahrtskanal; eine Klappbrücke verband beide Ufer. Zwischen Badeanstalt und Kanal entstand dann noch eine große und geräumige Jugendherberge; zwischen Kanal und dem Ruderbootshaus baute der Seglerklub sein Klubhaus mit Bootshafen aus. Den mit den Dampfern eintreffenden Fremden bot sich ein echtes Stück masurischer Landschaftsschönheit dar.

Der 16. Mai 1890 war für die kleine Stadt mit etwa 5300 Einwohnern ein ereignisreicher Tag mit der Gründung des ersten Schiffahrtsunternehmens Masurens, die „Gesellschaft zur Erleichterung des Personenverkehrs auf den Masurischen Seen". Das erste Schiff, der Dampfer „Masowia" wurde noch im gleichen Jahr in Dienst gestellt. Weitere Dampfer folgten noch vor dem 1. Weltkrieg. Nach Norden fuhren die Dampfer auf dem Mauersee zum Schloß Steinort mit seinem Eichenpark, zur Insel Upalten mit ihrem Ulmendom und bis Angerburg; nach Süden ging es auf schmucken Dampfern über die Seen und Kanäle nach Rotwalde, Nikolaiken und Niedersee. Nach dem 1. Weltkrieg wurden diese Fahrten sofort und verstärkt aufgenommen; dazu wurden weitere moderne Dampfer eingestellt, so die „Ostmark" mit 214 Plätzen und 1935 das moderne Motorfahrgastschiff „Boyen". Die Gründung eines Verkehrsvereins wirkte sich sehr positiv aus. Die Promenadenwege wurden weiter ausgebaut. 1935 war das Jahr des größten Fremdenbesuchs in Lötzen. Lötzen blühte zu einem modernen Fremdenort in den letzten Friedensjahren auf. Der 2. Weltkrieg unterbrach jäh diese Entwicklung.

In den ersten Jahren des 2. Weltkrieges hatte Lötzen nur unter den kriegsbedingten Erschwernissen zu leiden. Erst Anfang Januar 1945 erschienen russische Flugzeuge, die sogenannten „Kaffeemühlen" auch über der Stadt und verursachten Schäden an Gebäuden, so auch am Schloß. Um den 20. Januar 1945 spitzte sich die Lage zu; entgegen der Anweisung des Reichskommissars Koch veranlaßte General Hauser, zuständig für die Feste Boyen, daß zurückfahrende Leerzüge Flüchtlinge aus Lötzen und Umgebung mitnahmen. Bisher war eine Evakuierung nicht erfolgt. Die endgültige Räumung der Stadt von Zivilpersonen kam dann zwangsläufig vom 22. Januar 1945 ab in Gang. In den folgenden Tagen fanden erbitterte Kämpfe östlich und dann auch in der Stadt statt, bis dann am 25. und 26. 1. 1945 endgültig die Stadt von den Sowjets besetzt wurde. Die Stadt war fast menschenleer.

E = 16 288.

Lyck
(Elk)

(Quelle: Direktor a. D. Reinhold Weber: „Der Kreis Lyck. Ein ostpreußisches Heimatbuch.")

Die nächste Umgebung von Lyck weist Spuren einer Besiedlung schon während der mittelsteinzeitlichen Jäger- und Fischerkultur auf (8.—6. Jahrh. v. Chr.). Auf der Insel im Lycksee wurden Reste einer sudauischen Fliehburg gefunden. Der Deutsche Orden legte im Vorfeld östlich der Masurischen Seenkette das „Haus Lyck", eine Befestigung auf der Insel im Lycksee im Jahre 1398 an, und zwar durch den Komtur von Balga, Ulrich von Jungingen zunächst provisorisch als Holzbau. Erst 1408 erhielt die Burg ihre endgültige Gestalt, ein Steinbau. Wahrscheinlich haben sich am gegenüberliegenden Ostufer Ansiedler niedergelassen, die von den Ordensleuten auf dem Schlosse zu den üblichen Arbeiten für Haus und Hof gedungen waren. Die Entwicklung dieser Ansiedlung wurde aber durch die Ereignisse, so durch die Niederlage des Deutschen Ordens bei Tannenberg im Jahre 1410 und danach durch Raubzüge der Litauer und Polen empfindlich gestört. Doch die Ordensburg Lyck blieb verschont.

Est nach dem Frieden am Melno-See 1422 festigten sich wieder die Verhältnisse. Der Hochmeister Paul von Rußdorf gab „am heiligen pfingsttage im 1425 jore" dem „Zinsdorfe czur Lycke" die Handfeste mit insgesamt 48 Hufen an den Lokator Bartusch Bratomil zu kulmischem Recht mit den „kleinen Gerichten" und „das dritte teil von den großen Gerichten an hals und hand sien". 4 Hufen sind für einen Pfarrer vorgesehen. Die Leistungen der Scharwerksbauern — denn Licke war ein „Zinsdorf" — waren genau in der Handfeste festgelegt, so von jeder „Hube" zu

Martini ½ „preußische Mark" und 2 Hühner; die Scharwerksleistungen sind wie folgt: für 2 Hufen 1 Morgen Heu für das Schloß zu mähen und einzubringen, ferner die Instandsetzung und Instandhaltung beider Brücken zur Schloßinsel, die Ausbesserung des Mühlendamms der Mühle des Ordens zwischen Sunowo- und Lyck-See. Fichereirecht erhielten sie mit der Maßgabe, daß sie an das Ordenshaus 1 Tonne Hechte gegen Zahlung zu liefern hatten; auch freie Jagd durften sie ausüben, doch sollten sie Teile des erlegten Wildes und Felle und Häute gegen Bezahlung abliefern. Schließlich hatten die Zinsbauern von Licke Briefe des Ordenshauses in die nächsten „Häuser" nach Rhein und Lötzen und auch in die „Masow" zu tragen, natürlich ebenfalls gegen Bezahlung.

Schon 10 Jahre später wollte der Hochmeister Paul von Rußdorf aus dem Zinsdorf Licke eine Stadt machen. Die widrigen Verhältnisse ließen dieses Vorhaben zunächst scheitern.

Nach dem 2. Thorner Frieden 1466 setzte in einer langen ruhigen Zeit die Kolonisation der Wildnis im östlichen Ordensland stürmisch ein und hatte auch einen wirtschaftlichen Aufschwung des „Zinsdorfes" Lyck zur Folge. Bereits 1472 ist eine Kirche in Lyck erwähnt. 1477 verlieh der Pfleger „czur Licke" den ersten Krug; weitere Krüge, die Kaufhäuser jener Zeit, entstanden in Lyck in den Jahren 1483 und 1486. Mitte des 16. Jahrh. wurden private Brauereien eingerichtet; jedenfalls bestanden 1539 bereits 24 Krüge und für 1671 sind 50 Krüge und 5 Brauereien in Lyck geführt.

In den letzten Jahren der Ordensherrschaft wurden in Lyck auch Jahrmärkte abgehalten. Herzog Albrecht verlieh Lyck 1558 das Recht, neben 3 Jahrmärkten im Jahr einen Wochenmarkt abzuhalten, die das Wirtschaftsleben im „Flecken" sehr förderten.

Die wachsende Bedeutung des „Fleckens Lyck" zeigt sich gegen Ende der Ordenszeit auch daran, daß es im Jahre 1513 ein Gerichtssiegel erhielt; es stellt nach dem Historiker Horch „einen Busch von Bäumen vor, aus dem von der linken Seite ein Hirsch hervorspringt mit der Inschrift: Sigillum Judici Civitati. 1513." Als Lyck im Jahre 1669 ein neues Siegel, den doppelköpfigen Janus, erhielt, übernahm Ortelsburg den Lycker Wappenhirsch.

Während des „Reiterkrieges" (1519—1521) wurde auch Lyck wiederholt heimgesucht, ohne daß die Polen die Burg einnehmen konnten. In der anschließenden langen Friedensperiode fällt die erste Glanzzeit für Lyck in wirtschaftlicher und kultureller Beziehung. Herzog Albrecht, der mit dem Ordensgewand zugleich den katholischen Glauben abgelegt hatte, setzte sich für die neue Lehre Luthers nicht nur in seinem Herzogtum Preußen, sondern auch in den Nachbarländern ein. Lyck spielte ihm eine besondere Rolle in Masuren. Albrecht brauchte für Masuren Geistliche, die masurisch/polnisch beherrschten. So berief er den aus Krakau vertriebenen evangelischen Drucker Johann Maletius; dieser errichtete im Auftrag des Herzogs bei Lyck eine Druckerei, die dritte in Preußen, in der Bibeln und andere evangelische Schriften in polnischer Sprache gedruckt und von hier sowohl in Preußen als auch im benachbarten Polen und Litauen verbreitet wurden. So verdankt Lyck dank seiner Lage seinen Aufstieg zum geistigen Mittelpunkt im östlichen Masuren.

Sehr förderlich war auch die Einrichtung der „Erzpriester"-Stelle (später Superintendent) in Lyck im Jahre 1537; der Laie Johann Maletius war der erste Erzpriester, ihm folgte sein Sohn Hieronymus Maletius. Dem Lycker Erzpriester unterstanden die Hauptämter Oletzko, Johannisburg, Rhein und Lyck.

Lyck,

Hinzu kam die wahrscheinlich schon 1472 in Lyck errichtete Kirchschule; dafür sorgten beide Maletius als deren Rektoren. Im Jahre 1587 wurde die Kirchschule zur „Provinzschule" für die masurisch/polnisch sprechenden Jungen erhoben, die hier auf das Studium an der 1544 gegründeten Universität in Königsberg vorbereitet wurden. So wurde Lyck neben Saalfeld (für deutsch sprechende Jungen) schulisch besonders herausgehoben.

1599 wurde die „Particular-Schule" zu Lyck zur „Fürstenschule" erhoben. Mit dem „Wochenmarkt" begann auch das Handwerk in Lyck aufzublühen. So war die Gründung von „Zünften" nur natürlich. 1555 erhielten die Barbiere, 1568 die Schuster, dann ab 1600 Schneider, Bäcker, Schmiede, Schreiner, Leineweber und Kürschner vom Kurfürsten ihre „Rolle" (Handwerksrolle) bzw. „Gewerberolle".

Herzog Albrecht besuchte Lyck wiederholt so auch im Jahre 1544; hier wurde der Neubau der Kirche festgelegt, ein Holzbau, der 1551 eingeweiht werden konnte.

Unglücksfälle wie die Pest 1559 (mit 600 Toten) und 1563 überwand der in sich gefestigte Ort ebenso gut wie den Einfall der Tataren 1656. Hierbei konnten sich die Einwohner in die Burg retten, die die Feinde vergeblich berannten. Doch die Stadt mit neuer Kirche ging in Flammen auf.

Die Vorstöße der Amtshauptleute und der Pfarrer von Lyck, dem Ort das „Stadtrecht" zu verleihen hatten erst 1669 Erfolg. Der Große Kurfürst vollzog die Erhebung von Lyck zur Stadt mit Urkunde vom 23. August 1669. Dieses enthält in 20 Punkten exakte Regelungen aller Dinge der neuen Stadt. Es werden ein Magistrat mit Bürgermeister, ein Gericht, den vierten Jahrmarkt, Festlegung der „Abgaben und Zinsen" u. a. beschrieben und eingesetzt. Die „Stadt-Willkühr" (Ziff 18) besagt, daß kein „Undeutscher" im Rat und Gericht aufgenommen werden dürfe; Lyck war also als „Deutsche Stadt" gegründet!

Bereits 1612 ging im deutschen Gottesdienst der Klingelbeutel herum. Großbrände 1688 und 1695 vernichteten große Teile der Stadt. Doch ging der Wiederaufbau rasch vonstatten. Kurfürt Friedrich III. führte die Brände auf „die vorhandenen Strohdächer und die Mältz- und Brauhäuser, die leicht in Brand geraten" zurück und ordnete an, daß die Häuser mit Dachziegeln gedeckt und die Brauhäuser außerhalb der Stadt gebaut werden sollten.

Die Pest 1709/11 traf Lyck sehr schwer, denn in Lyck allein kamen mehr als 1300 Personen von ca. 2000 Einwohnern um. Weite Landstriche nah und fern waren nahezu menschenleer. Auch das Glanzstück, die „Fürstenschule" lag danieder; erst energische Maßnahmen König Friedrich Wilhelm I. sorgten für Abhilfe.

Einen Aufschwung brachte das Jahr 1740 mit der Einrichtung der Garnison mit 2 Kompanien Infanterie und 1 Kompanie Husaren, die privat untergebracht wurden, da es damals noch keine Kasernenbauten gab.

Eine kurze Unterbrechung des wirtschaftlichen Aufschwungs brachte der siebenjährige Krieg (1756—1763) mit der vierjährigen Besetzung Ostpreußens durch die Russen.

Brachte die Anwesenheit von Soldaten, unter denen sich Angehörige aus den verschiedensten Ländern Deutschlands befanden, auch einen kräftigen Auftrieb in kultureller Hinsicht und stärkte das deutsche Element der Stadt, so bedeutete die Einrichtung des „Lehrerseminars" in Lyck auf Betreiben des Generals von Günther Förderung der Bildung der Bürger.

Die Öffnung der Grenzen nach Anschluß von „Neuostpreußen" hatte einen weiteren Auftrieb der Wirtschaft zur Folge.

In dieser Epoche kulturellen Aufstiegs lebte der Geschichtsschreiber Ludwig von Baczko (am 8. Juni 1756 in Lyck geboren). Sein bedeutendstes Werk „Geschichte Preußens" in 6 Bänden ist in Königsberg 1792—1800 erschienen.

Die Kriegszeiten von 1807—1815 brachten der Stadt mit Truppendurchzügen Einquartierungen und Kontributionen viel Leid und hatten hohe Schulden zur Folge. Doch danach ging es wieder aufwärts, wenn auch mehrere Mißernten den wirtschaftlichen Aufschwung verzögerten.

Am 3. August 1813 wurde die „Fürstenschule" zum „Gymnasium" erhoben, eine Auszeichnung, die zu diesem Zeitpunkt nur wenige Provinzialschulen erhielten.

1817 wurde in Lyck das „Land- und Stadtgericht" eingerichtet; 1818 erfolgte die neue Kreiseinteilung; die bisher zum Amt Oletzko gehörenden nördlichen Kirchspiele Jucha, Stradaunen und Kallinowen kamen zum Kreis Lyck. Die Einrichtung von Behörden, die Garnison und die Öffnung der Landes- und Kreisgrenzen zum neuen Nachbarn, Rußland, mit einem grenzüberschreitenden Handel, brachten wirtschaftlichen Aufschwung.

In den Jahren 1819, 1820 und 1822 suchten die Stadt wiederum große Feuersbrünste heim. Zahlreiche Häuser und Scheunen brannten ab; Kirche und Schulgebäude blieben erhalten, während das Rathaus 1822 mit allen Urkunden und Dokumenten ein Raub der Flammen wurde. Der zähen Tatkraft der Lycker Bürger gelang es, die

Stadt nach diesen Bränden noch schöner aufzubauen, so daß König Friedrich Wilhelm IV. bei seinem Besuch am 5. Juni 1845 von Lyck, einem „freundlichen Städtchen" sprach.

Bereits 1823 begann die Wirtschaft auch in Masuren zu stagnieren! Schuld daran waren Mißernten und der Verfall der Getreidepreise, ferner die Schließung der Grenzen zu Polen/Rußland und dort die Einführung hoher Schutzzölle. Dafür blühte nunmehr der Schmuggel.

Ab 1840 erschien eine Zeitung, das „Lycker gemeinnützige Unterhaltungsblatt", die spätere „Lycker-Zeitung".

Der Bau von Chausseen und der Anschluß an das Eisenbahnnetz ab 1856 brachte der Stadt den ersehnten Aufschwung. Dieser wurde durch den 1. Weltkrieg jäh unterbrochen. Die Russen marschierten erstmalig am 19. August 1914 kampflos in Lyck ein; am 10. September zogen wieder deutsche Truppen in die Stadt ein. Am 7. Oktober kamen die Russen wieder, um am 17. Oktober 1914 von deutschen Truppen erneut herausgedrängt zu werden. Doch am 7. November besetzten die Russen zum dritten Male Lyck, um am 14. Februar 1915 letztmalig Lyck zu räumen.

In Lyck waren 165 Häuser, die Kirche und das Rathaus zerstört. Doch bereits ab Oktober 1915 wurde der Wiederaufbau energisch eingeleitet. Bis Ende des 1. Weltkrieges war die Mehrzahl der Häuser wieder aufgebaut. Nur die Wiedereinrichtung von Kirche und Rathaus zogen sich bis Mitte der zwanziger Jahre hin. Die Patenschaft hatte der „Verein des Regierungsbezirks Oppeln" übernommen und sehr erfolgreiche Hilfe geleistet.

Am 11. Juli 1920 bei der großen Volksabstimmung wurden in Lyck 8339 Stimmen für Deutschland und nur 9 Stimmen für Polen abgegeben, im ganzen Kreis lauteten die Zahlen 36 534 zu 44 polnischen Stimmen!

In den ersten Nachkriegsjahren brachte die Sperrung der polnischen Grenze und damit das Ende des kleinen Grenzverkehrs den wirtschaftlichen Niedergang für Lyck; dazu kam die Verkleinerung der Garnison. Schließlich ist der Niedergang der Landwirtschaft hier zu nennen.

Erst zu Beginn der dreißiger Jahre trat wieder ein wirtschaftlicher Aufschwung ein. Dazu wirkten Maßnahmen der Stadt und des Kreises ebenso wie die Besserung in der Landwirtschaft und die Wiedereinrichtung der Garnison ab 1934. Endlich besann man sich bei der Stadtverwaltung auf den guten Einfluß des „Fremdenverkehrs" und tat sehr viel, um diesen Zweig zu fördern, mit Erfolg.

Der 2. Weltkrieg setzte ab 1. September 1939 der Aufwärtsentwicklung ein Ende. In den ersten Septembertagen hatten mehrere Grenzorte unter polnischen Überfällen zu leiden. Doch dann verlief das Leben auch in Lyck mit wirtschaftlichen durch den Krieg bedingten Erschwernissen seinen fast normalen Gang. Die Lage änderte sich entscheidend nach Beginn der russischen Großoffensive im Mittelabschnitt am 22. Juni 1944. Die Sowjets rückten bis auf 30 km östlich der Kreis- und Reichsgrenze heran. Nunmehr kamen öfter russische Flugzeuge und warfen Bomben auf die Stadt, die einige Zerstörungen zur Folge hatten, so am Bahnhof und in der Kaiser-Wilhelm-Straße. Ab 1. August 1944 wurden mit Rücksicht auf die bedrohliche Lage die Einwohner des östlichen Kreisgebietes evakuiert zunächst in die Kreise Mohrungen und Wormditt, später weiter nach Sachsen. In der Zeit vom 22. Oktober bis 6. November verließen nach Beginn der russischen Großoffensive auf Gumbinnen und Goldap die Bewohner östlich der Linie Prostken—Lyck—Fließdorf die Heimat und zogen teils per Treck, teils per Bahn in den Aufnahmekreis Allenstein, Frauen, Frauen mit Kindern und Alte wurden weiter nach Sachsen und Pommern befördert. Bei der Januar-Großoffensive, die den Sowjets den Durchbruch der deutschen Front an mehreren Stellen brachte, gehörte der Kreis Lyck offenbar nicht zu dem russischen Angriffsziel. Auch hier kam die Evakuierungsanweisung zu spät. Nur Teile der noch verbliebenen Bevölkerung erreichte den rettenden Oderübergang, viele Trecks des Kreises wurden von den Sowjets überrollt. Kreis und Stadt Lyck wurden am 23. und 24. 1. 1945 von den Sowjets kampflos besetzt.

Auch hier ist unsagbares Leid über die Einwohner durch das Versagen der politischen Führung gekommen!

E = 16 243.

Neidenburg
(Nidzica)

(Quelle: Dr. Max Meyhöfer: „Der Kreis Neidenburg. Ein ostpreußisches Heimatbuch.")

Auf einer steilen Bergkuppe, umgeben von Sumpf und Wasser des Neideflüßchens, erhob sich die „Neidenburg". Wann die Ordensburg gebaut wurde, steht nicht mit Sicherheit fest. Doch ist anzunehmen, daß die erste Anlage zwischen 1350 und 1370 errichtet wurde. Am Fuße des Schloßberges entwickelte sich im Schutze der Burg eine Dorfgemeinde, hier ließen sich Handwerker, die beim Burgbau beschäftigt waren, nieder; später folgten Kaufleute und Gewerbetreibende.

Am 7. Dezember 1381 schenkte der Hochmeister Winrich von Kniprode der Gemeinde 40 Hufen abgabefreies Land und verlieh ihr zugleich das Stadtprivileg. Der Schultheiß erhielt 10 Hufen, er hatte die Zinsen einzuziehen und besaß die „niedere Gerichtsbarkeit". Die Rechtsprechung über alle schweren Verbrechen, die Straßengerichtsbarkeit und die Rechtsprechung über alle Preußen — von Polen ist nicht die Rede! — behielt sich der Orden vor. Mit dem Kulmischen Recht wurde auch eine zwölfjährige Abgabenfreiheit gewährt, wahrscheinlich, weil der mit dem Stadtprivileg notwendig gewordene Mauerbau hohe Anforderungen stellte. Der Mauerbau setzte bald darauf ein; im unteren Teil aus Feldsteinen und im oberen Teil aus Backsteinen wurde die Mauer errichtet. Zwei Tore, im Norden das „deutsche", im Süden das „polnische", vermittelten den Verkehr zwischen Stadt und Land. Einige Angriffe der Litauer konnte die Stadt abwehren.

Seit 1404 war Neidenburg Sitz eines Pflegers.

Der 1410 ausbrechende Kampf des Deutschen Ordens mit Polen/Litauen brachte Neidenburg viel Leid. Die von Verteidigern entblößte Stadt — der Komtur von Osterode hatte seine Leute, auch die von Neidenburg nach Tannenberg mitgezogen — wurde von der Streitmacht des polnischen Königs Jagiello erobert, gründlich geplündert und blieb Monate lang von einer polnischen Besatzung besetzt. Der Friedensschluß von Thorn 1411 brachte nur vorübergehend eine Ruhepause. Bereits im Sommer 1414 während des sogenannten „Hungerkrieges" bestürmte der Polenkönig erneut die Stadt. Die Besatzung konnte zunächst alle Angriffe abwehren, mußte jedoch dann kapitulieren, als auch die Ordensburgen von Allenstein und Hohenstein gefallen waren und mit einem Entsatz nicht mehr zu rechnen war. Jedoch noch im Herbst 1414 konnte der Komtur von Reichenau die Stadt befreien.

Neidenburg

Im „Dreizehnjährigen Krieg" (1454—1466) hatte sich Neidenburg dem „Preußischen Bund" angeschlossen und blieb auch während der Dauer des Kampfes Gegner des Ordens. Dieses Verhalten führte zu blutigen Kämpfen Neidenburgs mit den beim Orden verbliebenen Städten Soldau, Osterode und Hohenstein. Im 2. Thorner Frieden (1466) fiel Neidenburg nach vierzehnjähriger polnischer Besetzung wieder an den Orden zurück. Auch in der Folgezeit hemmten Kämpfe die Entwicklung der Stadt. Im „Reiterkrieg" des Ordens mit Polen (1519—1521) wurde Neidenburg von einem polnischen Heer sieben Wochen lang vergebens belagert. Für diese Treue erließ der Hochmeister der Stadt auf die Dauer von 20 Jahren den Grundzins.

Danach folgte ein Jahrhundert der Ruhe und des wirtschaftlichen Aufschwungs. 1549 erschienen in der Stadt die „böhmischen Brüder", die um ihres Glaubens willen aus ihrer Heimat vertrieben waren. Sie erhielten hier Wohnung und Ackerland auf Weisung des Herzogs Albrecht.

Das Wirtschaftsleben wurde vor allem von den Handwerken vorangetrieben; diese schlossen sich zu Zünften zusammen und erhielten ihre Zunftrollen.

Der Tatareneinfall bedrohte auch Neidenburg. Ein glücklicher Zufall bewahrte die Stadt vor der Zerstörung. Durch eine vom Schloß abgefeuerte Kanonenkugel wurde der Führer des Tatarenheeres getötet, worauf die Tataren auseinanderliefen und die Belagerung aufgaben. Der „Tatarenstein", der größte Findling Ostpreußens, erinnert noch an dieses Ereignis.

Am 30. März 1664 wurde die Stadt von einer Feuersbrunst fast ganz zerstört, auch das Rathaus brannte ab.

Bereits 1684 wurde Neidenburg von dem Geschichtsschreiber Hartknoch „wegen seiner großen Wochenmärkte eine der nahrhaftesten Städte Preußens" genannt.

Handel, Gewerbe und Landwirtschaft werden von ihm als Träger des Wohlstandes bezeichnet.

Die Pest 1709/11 brachten der Stadt einen schweren Rückschlag. In dieser Zeit starben in Neidenburg und Soldau 1399 Menschen. Der König half wie er konnte. Die von König Friedrich dem Großen durchgeführte Verwaltungsreform brachte der Stadt eine weitere Förderung; Neidenburg wurde Hauptort eines der zehn neu gegründeten Kreise, zugleich Sitz eines Steuerrates, eines Justizkollegiums und eines Domänenjustizamtes. Diese Behörden hoben nicht allein die Bedeutung der Stadt und belebten die Wirtschaft, sie beeinflußten auch das kulturelle Leben günstig.

Der „unglückliche Krieg" (1806/1807) brachte schwere Lasten für Stadt und Land. Um Weihnachten 1806 fanden im Raume Soldau blutige Gefechte statt. Die Verbündeten Preußen und Russen mußten nach schweren Kämpfen am 25. 12. 1906 Soldau den Franzosen überlassen; am 26. Dezember besetzten die Franzosen Neidenburg. Einquartierungen und Kontributionen belasteten beide Städte sehr. Die Stadt Neidenburg hatte in dieser Zeit insgesamt 179 426 Taler aufzubringen; diese gewaltige Schuld konnte die Stadt erst 1832 abtragen.

1818 wurde Neidenburg im Zuge der neuen Verwaltungsreform Kreisstadt zum Regierungsbezirk Königsberg gehörend.

In letzter Zeit war die Burg verfallen. Ihre Renovierung wurde mit Hilfe des damaligen Oberpräsidenten von Schön 1828—1830 durchgeführt. Die Burg kam in den Besitz des Justizfiskus.

Seit dem Abbruch der Mauer Mitte des 19. Jahrh. war Neidenburg eine offene Stadt geworden und konnte sich nun endlich ausbreiten.

Chausseebau und Eisenbahnbau, der 1888 endlich die Verbindung mit Allenstein und damit den Anschluß an die Fernstrecken brachte, hatte wiederum eine Blütezeit zur Folge.

Der 1. Weltkrieg unterbrach jäh diese Entwicklung. Russen fielen am 21. August 1914 in Neidenburg ein und verwandelten die Stadt in einen Trümmerhaufen. 200 Häuser wurden niedergebrannt, auch die evangelische Kirche wurde ein Raub der Flammen. Der Wiederaufbau kam erst 1921 in Gang. Neidenburg wurde danach eine der schönsten Städte Masurens. In dieser Zeit wurden endlich die Straßen und der Marktplatz neu gepflastert. Im Außenbezirk wurden weitere Ein- und Mehrfamilienhäuser gebaut, um der Wohnungsnot zu begegnen. Die Grünanlagen wurden teils neu, teils verbessert angelegt. Im sogenannten Klösterchen wurde eine Bühne geschaffen, nunmehr konnte das Landestheater Allenstein die vorgesehenen Aufführungen darbringen. Für die Volksbücherei wurde ein modern eingerichteter Lesesaal und für die Jugend ein Heim mit Jugendherberge in der Schloßmühle gebaut.

Die zwischen den Weltkriegen gefundenen vorgeschichtlichen Funde fanden im neu geschaffenen „Grenzlandmuseum Neidenburg" würdige Aufnahme.

Die Mobilmachung vor dem 2. Weltkrieg lief planmäßig; zu ernsten Schwierigkeiten kam es nicht. Bald wurden der Landwirtschaft Kriegsgefangene zunächst Polen, dann Franzosen und Russen, zur Verfügung gestellt, die dem Kräftemangel entgegen wirkten. Landesschützen waren die Wachmannschaften.

Im November 1944 fielen die ersten russischen Bomben auf Neidenburg; an einigen Gebäuden, so am Gebäude des Arbeitsamtes entstand Sachschaden. Mit dem 17. Januar 1945 steigerten sich die Bombenabwürfe, auch mit Bordwaffen schossen die

Russen auf Trecks auf den Landstraßen und auf die Stadt. Evakuierungsmaßnahmen zur rechten Zeit wurden von Gauleiter Koch und seinen Helfern verhindert, wahrscheinlich auch, weil ein so rascher Angriff der Sowjets von Süden her nicht erwartet wurde. Der am 19. Januar 1945 gegen 16 Uhr abfahrende letzte Evakuierungszug der Reichsbahn erhielt Bordbeschuß bei der Abfahrt und auf der Strecke bei Waplitz. Die Besetzung der Stadt am 20. 1. 1945 durch die Russen erfolgte so rasch, daß sich viele Einwohner nicht mehr retten konnten und in ihren Häusern blieben. Unsägliches Leid brach über die Zurückgebliebenen herein. Während sich die Plünderungen durch die Russen noch im Rahmen des Erträglichen hielten, waren Übergriffe nach Übernahme der Verwaltung durch die Polen in Stadt und Land an der Tagesordnung. Banden kamen über die nahe Grenze und verschleppten alles, was beweglich war, ja sogar Ziegelsteine wurden fortgefahren. Selbst das städtische Straßenpflaster wurde aufgerissen und angeblich nach Warschau abtransportiert, weil es dort wie andere Baumaterialien zum „Wiederaufbau" der polnischen Hauptstadt gebraucht würde!
E = 9201.

Nikolaiken
(Mikolajki)

Hochmeister Konrad von Erlichshausen verlieh dem Lorenz Preuße 15 Hufen zu magdeburgischem Recht.

Der Ort bestand aus 3 Orten, Nickelsdorf (auch St. Niklas, Nicklasdorf nach dem Schutzheiligen der Kirche St. Nikolaus genannt) und Koniec (d. h. Ende) und getrennt durch das Taltergewässer Koslau. Der Verkehr zwischen dem Ost- und Westufer wurde zunächst mit Kähnen, seit 1516 durch eine Holzbrücke ermöglicht.

1515 wurde dieses aus drei Orten zusammengeschlossene Dorf ein Kirchdorf in Urkunden genannt.

Erst zu Anfang des 17. Jahrh. kommt der Name Nikolaiken auf.

Beim Tatareneinfall 1656 wurde der Ort zerstört, viele, die nicht fliehen konnten, kamen um oder wurden verschleppt.

Die Pest suchte die Ortschaft 1710/11 schwer heim, über 900 Menschen kamen hierbei um, darunter Frau und sieben Kinder des Pfarrers Kowalewski, dessen Bild noch in jüngster Zeit in der Kirche hing.

1726 erhob König Friedrich Wilhelm I. den Ort zur Stadt.

Damals wirkten hier Fischer, Bauern und Weber; letztere stellten aus Kuhhaaren einen besonders haltbaren Stoff für Frauenröcke her, der im benachbarten Polen sehr begehrt viel gekauft wurde. Auch Brauer und Brenner betrieben in der Stadt ein lebhaftes Gewerbe.

1711 suchten große Heuschreckenschwärme Nikolaiken heim. 1712 wütete unter den Fischen eine Seuche. Kurze Zeit danach trat beim Vieh ebenfalls eine Seuche mit verheerender Wirkung auf.

Häufig brachen Feuersbrünste aus, so 1729, dabei wurde die ganze Stadt vernichtet. 1811 brannten sämtliche Häuser am Markt nieder und 1822 wurde die Kirchenstraße ein Raub der Flammen. Mehrere Mißernten im 19. Jahrh. brachten die Ackerbauer der Stadt in tiefste Not.

Nikolaiken

Im siebenjährigen Krieg (1756—1763) leisteten die Nikolaiker Bürger und der Magistrat am Sonntag Palmarum 1758 der Zarin Elisabeth den Treueid. Doch hatten die Bürger vor dem Russeneinfall alles Silberzeug aus der Kirche nach Lyck bringen lassen; von dort kam es nach Königsberg. Es kam dann wieder zurück, als Frieden geschlossen war.

Im unglücklichen Krieg 1806/07 wie auch danach blieb Nikolaiken verschont.

Von wirtschaftlicher Bedeutung wurde der 1764/65 gebaute Kanal, der den Spirdingsee und Mauersee miteinander verband und dazu bestimmt war, den Holzreichtum der Johannisburger Heide für holzarme Gegenden nutzbar zu machen.

Doch der große wirtschaftliche Durchbruch gelang der Stadt bis zum 1. Weltkrieg nicht, wenn auch der Fischfang mit Maränen (meist geräuchert) und Stinten allmählich überörtliche Bedeutung gewann.

Im 1. Weltkrieg zogen die Russen von Niedersee über Peitschendorf nach Sensburg am 25. August 1914. Daraufhin wurden die Brücken gesprengt. Doch die Stadt blieb frei von russischer Besetzung.

Beim zweiten Einbruch der Russen im November 1914 geriet Nikolaiken in die Kampfzone. Der Russe stand östlich in Lucknainen, 4 km von der Stadt entfernt; sie versuchten vergeblich das Fort Karlshof außer Gefecht zu setzen. Unter den Artillerieduellen hatte die Stadt allerdings zu leiden. Nach Weihnachten 1914 flaute das Feuer ab, bis am 6. Februar in der Winterschlacht in Masuren auch für Nikolaiken die Gefahr durch die Russen gebannt werden konnte. Die Zerstörungen durch Artillerie konnten noch während des Krieges dank der großen Unterstützung durch die Patenstadt Arnswalde behoben werden.

Nikolaiken hatte bereits durch die Eröffnung der Eisenbahnlinie Sensburg—Nikolaiken—Arys viel gewonnen. Mit der Eisenbahnbrücke über das Taltergewässer wurde auch eine feste Straßenbrücke mit der Chaussee nach Sensburg gebaut.

Hier wurde an einem Brückenpfeiler der „Stinthengst" sommerüber angepflockt; das geschah am 1. Mai mit einer großen Feier, bis er am 1. Oktober jeden Jahres wieder feierlich „eingeholt" wurde. Der langjährige Streit mit der Stadt Labiau um den „Stinthengst" war zugunsten von Nikolaiken entschieden worden, so konnte die Stadt den Stinthengst in ihr Stadtwappen aufnehmen.

Nach dem 1. Weltkrieg stieg der Fremdenverkehr sprunghaft an. Vom Staate kräftig unterstützt, wetteiferten Stadtverwaltung und Privatwirtschaft, den modernen Ansprüchen des gesteigerten Fremdenverkehrs gerecht zu werden. So wurde eine schöne Uferpromenade geschaffen, die Anlegung von Spazier- und Wanderwegen in die weitere Umgebung folgten. Das Kurhaus Nikolaiken im Walde mußte laufend vergrößert werden, um den Besucherstrom aufzunehmen. Die Fähre über den Beldahnsee wurde modernisiert. Da die Schiffe der Masurischen Dampferkompanie Lötzen auf ihrer fahrplanmäßigen Strecke Angerburg—Lötzen—Nikolaiken—Niedersee nie den größten ostpreußischen See, den Spirdingsee berührten, stellte Nikolaiken ein Motorboot, welches Sonderfahrten auf den Spirdingsee unternahm und regen Zuspruch hatte.

Die Fischspezialitäten, geräucherte Maränen, fanden reißenden Absatz bei den Besuchern, wurden aber auch in größeren Mengen ins „Reich" exportiert. Eine besondere Spezialität waren in der Stadt die „Stint"-Gerichte.

Der Abstimmungstag, der 11. Juli 1920, war ein voller Erfolg für Deutschland. In Nikolaiken erhielt Polen keine einzige Stimme.

Die Einwohnerzahl von Nikolaiken betrug 1925 nur 2440, also wenig mehr als das Doppelte gegen das Jahr 1782. Diese Zahl zeigt die Entwicklung der Stadt mit wenig wirtschaftlichem Erfolg exakt an.

Im 2. Weltkrieg tat sich hier wenig. Das Ende des Krieges war aber wenig erfreulich. Eine Evakuierung unterblieb. Erst als sich russische Truppen nördlich des Spirdingsees am 25. 1. 1945 der Stadt näherten, begann für viele die Flucht im Treck oder zu Fuß. Die Mehrzahl verblieb im Ort, der am 26. 1. 1945 endgültig besetzt wurde.

E = 2627.

Ortelsburg
(Szczytno).

(Quelle: Dr. Max Meyhöfer, „Der Kreis Ortelsburg. Ein ostpreußisches Heimatbuch")

In Ortelsburg und im Kreise sind an mehreren Stellen (Ortelsburg, Rohmanen, Augusthof, Rheinswein u. a.) oberirdisch sichtbare „Steinkammergräber" der Jüngeren Steinzeit (etwa 2. Jahrh. v. Chr.) vorhanden gewesen; sie sind die einzigen aus Ostpreußen bekannten Großsteingräber. Einige von ihnen sind nach der Ausgrabung (übrigens unter den Beigaben Bernsteinschmuck!) vor dem Ortelsburger Heimatmuseum in ursprünglicher Form wieder aufgestellt worden.

Ortelsburg verdankt seinen Namen dem obersten Spitler und Komtur von Elbing, Ortluf von Trier (1349—1371), der auf der Landenge zwischen dem Großen und Kleinen Haussee ein „festes Haus", die „Ortulfsburg" anlegte. Vom „Amte" Ortelsburg spricht die Handfeste aus dem Jahre 1360 (24. September), diese hat der oben genannte Komtur von Elbing in Gegenwart des Ortelsburger Pflegers Heinrich

Ortelsburg, am kleinen Haussee

Murer den bei dem Schlosse angesiedelten „Beutnern" (Honigsammlern und Bienenzüchtern), die aus Masowien herangezogen und am Kleinen Haussee angesiedelt waren, ausgegeben. Dies war das spätere „Beutnerdorf".

Bereits 1370 wurde diese Burg von dem Litauerfürsten Kynstut zerstört. Wahrscheinlich wurde danach die Burg aus Stein gebaut.

Während des „Ständekrieges" (1454—1466) fiel die Burg den Polen durch Verrat zu und blieb zeitweise polnisch besetzt.

Zur Herzogszeit ab 1525 verlor die „Ortulfsburg" allmählich ihre Bedeutung als Grenzfeste und verfiel, bis Markgraf Georg Friedrich, der gern in den großen Wäldern der Umgebung zur Jagd weilte, einen Aus- und Umbau größeren Stils vornahm. Diese Maßnahme war der Anlaß zur Gründung der Gemeinde Ortelsburg. Sie wurde von den am Ordensbau beschäftigten Handwerkern, die 1580 hierher gerufen waren, angelegt.

Die tatkräftige Förderung der Gemeinde Ortelsburg durch den Amtshauptmann Andreas von Eulenburg, der ihr das Vorrecht des Bierbrauens und Ausschankes zusicherte, führte zu einem offenen Streit mit dem benachbarten Passenheim. Der langjährige Kampf endete mit einem Siege von Ortelsburg, das am 23. März 1616 in einem Privileg die rechtliche Selbständigkeit erhielt.

Die langsam sich anbahnende Aufwärtsentwicklung wurde durch eine Periode schwerer Heimsuchungen unterbrochen.

Vernichtende Brände und auch der Tatareneinfall hemmten die Entwicklung.

Ende November 1656 erreichten Tatarenhorden Ortelsburg und brannten es vollkommen nieder. Der Pfarrer Otter wurde in der Kirche niedergehauen.
Ortelsburg wurde danach von verheerenden Bränden heimgesucht, so 1669, 1698 und 1716.
Die Gemeinde hatte sich nach 1580 gut entwickelt, lag sie doch an dem Handelsweg der „polnischen Straße" von Königsberg nach Polen und hier nach Warschau. Sie strebte die Stadtwerdung an. Im Jahre 1616 erteilte der Kurfürst Johann Sigismund dem „Flecklein„ Ortelsburg eine „gewisse Gerichtsbarkeit, Gerichtssiegel (das von Lyck), Nahrung und Stadtrecht". Sie durften nunmehr auch eignes Bier brauen. Doch fehlte offenbar das Hauptmerkmal städtischer Verfassung in dieser Urkunde vom 23. März 1616, die städtische Verfassung mit dem selbstgewählten Rat mit dem Bürgermeister an der Spitze und damit das Recht der Selbstverwaltung. In der Ortelsburger Amtsrechnung von 1684 heißt Ortelsburg bald „Flecken" bald „Stadt". Die Schreiben der Königsberger Regierung sprechen einmal von „Flecken", ein anderes Mal von „Stadt". Erst in der Amtsrechnung von 1716 wurde Ortelsburg endgültig als „Stadt" bezeichnet. Das „Edikt" vom Jahre 1723 spricht nur noch von der „Stadt Ortelsburg".
Im siebenjährigen Krieg (1756—1763) wurde Ortelsburg am 1. März 1758 von den Russen besetzt. Von allen Staatsgebäuden wurden die preußischen Adler abgenommen und durch den russischen Doppeladler ersetzt. Geistliche und Beamten mußten den Treueid auf die Zarin schwören. Während der russischen Besatzungszeit mußte die Bevölkerung große Mengen an Getreide, Mehl, Heu, Stroh und Schlachtvieh zur Verproviantierung der russischen Armee liefern. Besonders drückend waren die Zwangsfuhren, oft zu weit entfernten Orten.
Im „unglücklichen Krieg" 1806/07 kam das preußische Königspaar, König Friedrich Wilhelm III. und Königin Luise mit der Verlegung des preußischen Regierungssitzes nach Ortelsburg; hier erließ der König am 1. Dezember 1806 das „Publicandum an die Armee und das deutsche Volk". Hier wurden bedeutende Personaländerungen in der Zentralverwaltung entschieden.
Am 31. Dezember 1806 rückten die Franzosen in Ortelsburg ein und plünderten die Stadt. Als sich die Franzosen nach der blutigen Schlacht bei Pr. Eylau (7./8. Februar 1807) zurückzogen, wurde Ortelsburg von Kosacken besetzt. Der Ortelsburger Kreis wurde für einige Tage Kampfgebiet; 2 französische Dragonerregimenter wurden südlich Ortelsburg auf der Willenberger Chaussee völlig aufgerieben. Am 19. März besetzten erneut Franzosen die Stadt und plünderten sie gründlich aus, bereits am folgenden Tag wurden sie wiederum von Kosaken vertrieben. Ortelsburg und Passenheim haben damals furchtbar gelitten. Die Stadt Ortelsburg beziffert den Schaden durch Lieferungen an die Franzosen auf 10 500 Taler, den durch Plünderungen entstandenen Schaden aber auf 233 000 Taler.
Neue Not kam über Kreis und Stadt Ortelsburg, als Napoleon seine Armee 1812 gegen Rußland führte. Eine Militärstraße führte durch die Stadt. Zahlreiche Truppenverbände zogen von Warschau über Willenberg durch die Stadt in Richtung Sensburg. Zuerst waren es Bayern und Württemberger, ihnen folgten ca. 70 000 Soldaten der Armee des Vizekönigs von Italien. Dann führten sich französische Reiterregimenter in Stadt und Land unbotmäßig auf. Die Einquartierungen und das Requirieren wollten kein Ende nehmen.
1818 wurden die Städte Ortelsburg, Willenberg und Passenheim mit den Ämtern

Ortelsburg, Mensguth, Friedrichsfelde und Willenberg zum neuen Kreis Ortelsburg zusammengelegt.

Während der Kreis im Chausseebau vor dem 1. Weltkrieg recht stiefmütterlich behandelt wurde, brachte der Bau der Eisenbahn von Allenstein über Ortelsburg nach Johannisburg 1883/84 einen wirtschaftlichen Aufschwung. Die Eisenbahnverbindung mit Willenberg und Neidenburg wurde im Jahre 1900 hergestellt und 1909 wurde der Norden des Kreises durch die Bahnlinie Ortelsburg—Rothfließ erschlossen.

Die Einrichtung einer Garnison war der Entwicklung der Stadt sehr gelegen. Im Jahre 1886 kam das Füsilierbataillon des Grenadierregiments Nr. 4 (Friedrich der Große) nach Ortelsburg. Es wurde 1890 vom Jägerbataillon Graf York von Wartenburg (Ostpr.) Nr. 1 abgelöst. Dieses Bataillon wurde die Stammtruppe der Stadt!

Im 1. Weltkrieg wurde Ortelsburg von den Russen erstmalig am 22. August 1914 besetzt. Am 30. August wurden Teile der Stadt bei einem Artillerieduell zwischen Deutschen und Russen stark zerstört. Noch am gleichen Tage wurde die Stadt erneut von deutschen Truppen besetzt. Der Anblick der Stadt war trostlos, zahlreiche Häuser waren niedergebrannt und zwar 160 Wohnhäuser und 321 Wirtschaftsgebäude.

Zwar war Ortelsburg in den Monaten Oktober und November 1914 von russischen Patrouillen vorübergehend berührt, ohne daß es zur Einnahme kam, während der Süden des Kreises Kämpfe und Besetzungen durch Russen erlebte, blieb aber ansonsten frei von Feinden bis der große Aufmarsch der Deutschen zur „Winterschlacht in Masuren" Ende Januar alles klar machte. Nur an der Grenze bei Flammberg waren danach noch einige Tage kritisch.

Der Wiederaufbau begann bereits 1915 und konnte dank der großzügigen Hilfe des preußischen Staates und der Patengemeinde Berlin-Wilmersdorf bis 1920 abgeschlossen werden.

Bei der Abstimmung am 11. Juli 1920 wurden 5336 Stimmen für Deutschland und nur 15 für Polen abgegeben.

Nach dem 1. Weltkrieg kam es der Stadt sehr zugute, daß sie „ihre York'schen Jäger" behielt; diesen wurden neue Kasernen gebaut. Das Verhältnis der Bürger zu ihren Soldaten war besonders herzlich!

Der Aufschwung der Stadt zeigt sich u. a. in den Einwohnerzahlen, waren es 1782 insgesamt 1000 Einwohner, 1925 schon 10 357, also das zehnfache und 1933 sogar 13 500, schließlich im Jahre 1939 ohne Militär 14 234.

Noch vor dem 2. Weltkrieg konnte das großzügig in der Nähe der Reste der alten Ordensburg erbaute neue Rathaus im Jahre 1937 bezogen werden.

Ortelsburg hatte seit den zwanziger Jahren ein Reformrealgymnasium, die „Hindenburgschule" und eine Oberschule für Mädchen, die „Ortulfschule". Seit 1924 besaß die Stadt ein Kreisheimatmuseum mit verschiedenen Abteilungen. Als Besonderheit sind hier ausgestellte Einbäume und das hier wieder aufgestellte neolithische Steinkistengrab von Augusthof zu nennen.

Die ersten Jahre des 2. Weltkrieges erlebte Ortelsburg wie die meisten anderen ostpreußischen Städte.

Als am 12. Januar 1945 die russische Offensive aus dem Baranowbrückenkopf begann, lag für Stadt und Kreis Orteslburg lediglich eine Anordnung des Gauleiters Koch vor, eine Räumung mit Auslagerung lediglich in den Norden des Kreises vorzunehmen. Das war völlig unzulänglich und entsprach nicht der tatsächlichen Lage. Der Räumungsbefehl wurde für den Kreis Ortelsburg erst am 18. 1. 1945, also zu spät, gegeben. Gestellung von zusätzlichen Waggons und Lkw's zum Abtransport wurde nicht ausgeführt. Trotzdem gelang es der großen Masse der städtischen Bevölkerung am 19. und 20. Januar 1945 noch rechtzeitig mit Flüchtlingszügen, Trecks oder zu Fuß zu entkommen. Am 19. und 20. 1. griffen russische Tiefflieger Stadt und Bahnhof ständig an und verursachten Tote und Verletzte neben erheblichen Gebäudeschäden. Jedenfalls war die Stadt am 21. 1. 45 fast völlig menschenleer. Am 23. 1. 1945 besetzten die Sowjets Ortelsburg, das von schwachen deutschen Kräften noch verteidigt wurde.

E = 14 234 (ohne Militär).

Passenheim
(Pasym, Kr. Ortelsburg)

(Quelle: Dr. Max Meyhöfer, „Der Kreis Ortelsburg. Ein ostpreußisches Heimatbuch"; Max Töppen: „Geschichte Masurens")

Das auf der Landenge zwischen Kalben- und Lehlersee gelegene Passenheim ist nicht wie die meisten anderen masurischen Städte aus einer Burgsiedlung hervorgegangen, sondern durch Umwandlung vom Ermland aus gegründeten Kirchdorfes Heinrichswalde (1381) in eine Stadtgemeinde.

Am 4. August 1386 erhielt Heinrichswalde von Hochmeister Zöllner von Rotenstein eine städtische Handfeste und einen neuen Namen zu Ehren des obersten Spitlers und Komturs zu Elbing, Siegfried Walpot von Bassenheim.

Passenheim, Ordenskirche

Die Stadtfarben sind „Blau-Weiß-Rot", im Stadtwappen ist die heilige Maria mit dem Christuskind im Arm dargestellt.

Die Stadt arbeitete sich mit Unterstützung des obersten Spitlers von Bassenheim bald empor und wurde der wirtschaftliche Mittelpunkt des ganzen Gebietes.

Doch hatte Passenheim, eine der ältesten Städte Masurens, im 16. und 17. Jahrh. für ihre Gerechtsame, vor allem für ihr Marktrecht harte Kämpfe mit dem Adel und später mit dem aufstrebenden „Flecken" Ortelsburg zu bestehen. Ortelsburg versuchte den Handel von Passenheim abzuziehen und in den eigenen Ort zu verlagern. Zu allem Unglück legte eine große Feuersbrunst gegen Ende des 16. Jahrh. fast die ganze Stadt in Asche. Der Streit endete schließlich damit, daß Passenheim von besonderen Abgaben befreit wurde und Ortelsburg als existenzberechtigte Gemeinde neben Passenheim anerkannt wurde, doch in die Stadt Passenheim keine Ware, keinen Branntwein und kein Bier liefern durfte, während umgekehrt Lieferungen erlaubt wurden.

Passenheim hatte 2 Jahrmärkte und einen Wochenmarkt gegen Ende des 16. Jahrh. Am 16. März 1612 bestätigte Kurfürst Johann Sigismund die „Gerwerksrolle der Tuchmacher" zu Hohenstein, Neidenburg, Soldau und Passenheim.

Im Dezember 1656 belagerten die Tataren Passenheim, das sich zunächst erfolgreich verteidigte. Doch als die Bürger einen Ausfall wagten, konnten die Tataren diesen zurückschlagen und schließlich in die Stadt eindringen; die Stadt ging in Flammen auf, was nicht flüchten konnte, wurde niedergemetzelt. Zu den Geretteten gehörte der junge Christoph Hartknoch, der als Professor in Thorn u. a. „Altes und Neues Preußen" und „Preußische Kirchen-Historie" verfaßt hat. Ihm wurde in der Kirche von Passenheim ein Epitaph errichtet.

In den Pestjahren 1709/11 hatte Passenheim schwer zu leiden; auch Kriegsnöte und Brände im 17. und 18. Jahrh. machten der Stadt schwer zu schaffen. So büßte die Stadt mehr und mehr seine Bedeutung ein, zumal sich der Konkurrent, Ortelsburg, inzwischen zur Stadt erhoben, merklich herausmachte. Vor allem wurde die Stadt durch den Bau der Chaussee Bischofsburg—Willenberg und noch mehr durch die 3 km südlich der Stadt vorbeiführende Bahn Ortelsburg—Allenstein schwer beeinträchtigt. Es blieb bis zur Räumung 1945 eine verträumte Kleinstadt mit ca. 2400 Einwohnern.

Die Abstimmung am 11. Juli 1920 erbrachte für Deutschland 1550 Stimmen und für Polen 50 Stimmen.

Im 2. Weltkrieg wurde die Stadt im Januar 1945 stark beschädigt, so das im Jahre 1855 im Stil des Schlosses zu Babelsberg erbaute Rathaus und die Häuser am Markt. Die Einwohner konnten in der Masse vor den rasch anrückenden Sowjets flüchten; nur wenige blieben in der Stadt.

E = 2431.

Rhein
(Ryn, Kr. Lötzen)

(Quelle: Dr. Max Meyhöfer, „Der Kreis Lötzen. Ein ostpreußisches Heimatbuch.")

Auf der Landenge zwischen Rheiner- und Oloffsee wurde 1377 von Hochmeister Winrich von Kniprode das „feste Haus zu dem Ryne" auf einer Stätte erbaut, wo einst eine heidnische Feste gestanden hatte. Die Burg war Sitz eines Pflegers wie das

Ordensburg und -mühle am Rheiner See

benachbarte Seehesten und gehörte zur Komturei Balga. 1393 wurde in Rhein eine Komturei eingerichtet und damit Mittelpunkt eines neuen großen Verwaltungsbezirks, das aus den Pflegeämtern Rastenburg, Leunenburg, Seehesten, Lötzen, Barten und Rhein bestand. Das Ordenshaus hat die ihm zugedachte Stellung als Verwaltungszentrale nur sporadisch ausgeübt, so von 1393—1397, 1418—1422 und 1468 bis zum Ende des Ordensstaates. Als besonders großartiger „Kolonisator" trat unter den Komturen Rudolf von Tippelskirch (gleichzeitig oberster Trappier des Ordens) hervor, der in den Jahren 1494 bis 1512 eine große Anzahl von Handfesten für verschiedene Dörfer in den späteren Kreisen Lötzen, Johannisburg und im westlichen Kreise Lyck ausstellte und damit weite Räume der masurischen „Wildnis" in einem planmäßigen Siedlungsvorgang erschloß.

Bei der Umwandlung der Verwaltung nach der Säkularisation im Jahre 1525 wurde Rhein Sitz eines Amtshauptmanns „dies blieb die Burg bis 1752! Über die erste Besiedlung in der Nähe der Burg liegen keine Nachrichten vor. Es ist jedoch sehr wahrscheinlich, daß sich schon bei der Errichtung der „Feste" Leute in der Umgebung niederließen, um bei dem Bau Dienste zu leisten. Die erste sichere Nachricht über das Bestehen einer Siedlung stammt aus dem Jahre 1405, hier stellte der Komtur von Balga und Vogt zu Natangen, Johann Graf Sayn, eine Handfeste für 3 Kretschmer (Krüger) aus. In dieser Urkunde heißt es, daß die drei Beliehenen „von alters her" in Rhein ansässig waren, also vielleicht seit Bestehen der Burg. Eine weitere Urkunde vom 5. September 1485 erwähnt 14 Beutner (Honigsammler) „vor unserem Haus Rhein", die von dem Komtur Ramung von Ramegk „eine Hufe und sechs Morgen Acker und eine Hufe Wiesenwachs zwischen Sapkeim und der Guber gelegen" zu kulmischem Recht erhalte, „auf daß sie sich desto besser gebergen mögen und der Beuten desto fleißiger aufwarten". Sie hatten dafür von jeder Hufe eine „Rantzke" Honig (etwa 12 Liter) als Zins zu entrichten.

Aus einer anderen Urkunde vom 17. März 1493 geht hervor, daß in der Siedlung Rhein eine St. Lorenz-Kapelle stand.

Das „Dörfchen vor dem Schlosse" entwickelte sich langsam, aber stetig aufwärts, nach einem Einwohnerverzeichnis von 1539 waren im Dorf 1 Pfarrer, ein Schulmeister, drei größere Landwirte, 16 kleinere Landwirte, 6 Gärtner, 4 Gastwirte und 7 andere Einwohner mit Familien vorhanden.

Gegen Ende des 16. Jahrh. wurde an Stelle der alten Laurentius-Kapelle eine Kirche erbaut und 1604 eingeweiht.

Im Tatarenkrieg 1656 wurde Rhein von den Tataren überfallen, ausgeplündert, zahlreiche Einwohner umgebracht oder verschleppt und der „Flecken" angezündet. Die Pest 1709/11 brachte den Einwohnern neues Unglück.

Die Bedeutung von Rhein als Verwaltungsmittelpunkt und Wirtschaftszentrum in einem größeren reich landwirtschaftlich orientierten Raum führte wohl dazu, daß König Friedrich Wilhelm I. den Marktflecken am 21. Juni 1723 zur Stadt erhob. Zwei Jahre später schenkte der König der neuen Stadt 23 Hufen Land und zwar Ländereien des seit 1443 am Südende des Orlenersees bestehenden Gutes Salleschen (20 Hufen) und das 3 Hufen große Gut Romminek. Diese Ländereien bildeten die Grundlage der notwendigen Stadtflur, woran es bis dahin gefehlt hatte.

Im siebenjährigen Krieg war Rhein von den Russen besetzt.

Wie die anderen masurischen Städte blieb auch Rhein von den Kriegsnöten der Jahre 1806/07 nicht verschont; Einquartierungen und Kriegskontributionen belasteten die Stadt schwer.

Bei der neuen Kreiseinteilung 1818 wurde Rhein mit seinem Amt dem Kreis Lötzen zugeschlagen.

Im 19. Jahrh. hat Rhein ein bescheidenes Dasein geführt, da der Anschluß an die Eisenbahnen fehlte. Nur von einer Kleinbahn seit 1902 berührt brachte der Bau von Chausseen den Anschluß an die benachbarten Städte Sensburg, Lötzen, Nikolaiken und Rastenburg sowie an die Bahnstation Stürlack im Norden. Der Wasserweg über den Rheinersee und das Talter Gewässer belebte später den Fremdenverkehr, weil damit die Verbindung an den großen masurischen Wasserweg Angerburg—Lötzen—Nikolaiken, Niedersee gegeben war.

Im 1. Weltkrieg blieb Rhein von russischer Besatzung verschont.

Nach dem Krieg setzte eine rege Bautätigkeit u. a. mit dem Bau von 60 Wohnhäusern und ein wirtschaftlicher Aufschwung mit der Errichtung von 2 Sägewerken, 2 Mühlen und einem großen Molkereibetrieb ein.

Von den Behörden war die Strafanstalt am bekanntesten, weil diese vom gesamten Bereich des Langerichts Lyck belegt wurde.

Im 2. Weltkrieg erfolgte die Evakuierung ebenfalls zu spät, wenn auch die Masse der Einwohner sich rechtzeitig absetzen konnte. Am 26. 1. 1945 wurde Rhein von den Russen besetzt. Es blieb unzerstört.

E = 2429.

Evangelische Kirche in Seehesten

Seehesten
(Szestno, Kr. Sensburg).
(Quellen: 1. Fritz Bredenberg: „Der Kreis Sensburg"; 2. Max Töppen: „Geschichte Masurens".)

Das Wildnisgebiet um Sensburg und Seehesten war zunächst Besitz des ermländischen Bischofs. Erst gegen Mitte des 14. Jahrhunderts übernahm der Deutsche Orden von dieser Gegend Besitz. Der Komtur von Balga errichtete um 1348 am Ufer des Junosees zunächst das „Haus Seehesten" aus Holz, das bereits 2 Jahre später bei einem Einfall der Litauer zerstört wurde.

1367 wurde es nunmehr aus Stein neu erbaut. Bei einem Angriff des Litauerfürsten Kynstut konnte es im Jahre 1371 erfolgreich verteidigt werden, wenn auch die Vorburg aus Holz abbrannte. Die Umgebung wurde mit Mord und Feuer heimgesucht.

Die Burg überstand die folgenden schweren Zeiten nach der Niederlage des Ordens bei Tannenberg 1410 wie auch den 13jährigen Krieg mit Polen (1454—1466). Die Burg blieb wie sie 1367 erbaut war, bis gegen Ende des 18. Jahrhunderts bestehen. Ulrich von Jungingen gründete bei Seehesten das Dorf Reuschendorf mit 60 Hufen, davon 6 freie Schulzenhufen und 1401 das Zinsdorf Seesten mit 40 Hufen, darin je 4 Hufen für den Schulzen und für den Pfarrer. Hier sollten auch 8 Krüge nach dem Willen des Hochmeister angesetzt werden, doch nur 4 wurden in den folgenden Jahren besetzt.

Seit 1401 saß ein Pfleger auf dem Schloß Seehesten; diesem wurde 1437 noch ein Welt- und Priesterbruder zugeteilt. Es unterstand der Komturei Balga. Der Pfleger hatte das „Haus" in Ordnung zu halten, er wurde dabei unterstützt von den Bauern durch Scharwerksdienste und von den „Freien" als Wehrmannschaft. Der Pfleger hatte des öfteren „Heerschau" zu halten, wie es das „Amtsbuch" des Amtes ausweist, so im Jahre 1450. 1437 standen schon Feuergeschütze in Seehesten und zwar eine Stein- und zwei Tarrasbüchsen, 1441 waren es sogar eine Stein- und sieben Lotbüchsen.

Zum Haus Seehesten gehörte ein „Vorwerk" mit 22 Hufen und 24 Morgen. Um das „Haus" hatten sich auch Handwerker niedergelassen; zu ihnen gesellten sich unbemittelte Leute, die für das „Haus" arbeiteten.

Die Niederlassung Seehesten trat im 16. Jahrhundert unter dem Namen „Freiheit Seehesten" auf. Hier bestanden eine Kirche, mehrere Krüge und landwirtschaftliche Anwesen neben Handwerkerbetrieben.

Nach dem Amtsbuch von 1451 bot das „Haus Seehesten" sogar Waren zum Verkauf an wie Mehl von den eigenen Mühlen, ein „klein grau Gewand" für 2 Skot, Salz und vor allem Bier aus der eigenen Brauerei sowie Meth. Das Bier wurde auch im „Amtskrug" und in den Krügen von Peitschendorf, Pülz Widrinnen und Seehesten hier von 4 weiteren Krügen verkauft. Eine bedeutende Einnahme war der Honig. So hat der Pfleger 1448 drei Tonnen „Zinshonig" an den Hochmeister und den Komtur von Balga geliefert; der Eigenbedarf betrug damals vier Tonnen Honig!

Fritz Lockwinn (1454—1482) war kein Pfleger auch kein Angehöriger des Deutschen Ordens; er war aber Söldnerführer im Dienst des Ordens. Er hatte leibliche Erben, verwaltete das Pflegeamt Seehesten und übte die Rechte eines Pflegers aus; so hat er z. B. die Handfesten für Lockwinnen, Preußental und Proberg ausgestellt (Töppen am a. a. o).

Unter Herzog Albrecht wurde das Pflegeamt Seehesten in ein Hauptamt umgewandelt, ein Amtshauptmann trat an die Spitze des Amtes, zu dem die Kirchspiele Aweyden, Bussen, Ribben, Seehesten, Sensburg und Sorquitten gehörten.

Seehesten hat im Verlaufe der Jahrhunderte nicht nur sonnige, sondern auch trübe Tage durchleben müssen. Zuerst haben die Schweden im Herbst 1656 alle Einkünfte beschlagnahmt und die Kirche geplündert. Dann kamen im Oktober 1656 die Polen und Tataren auch nach Seehesten und haben es „totaliter ruiniert". Im November drangen aus Willenberg kommend nochmals Tataren ein und verbrannten alles, was noch stand. Einher ging die Pest, die furchtbar unter der Bevölkerung wütete; in Seehesten kamen damals 103 Menschen um.

Im November 1709 bis März 1711 wütete auch im Amte Seehesten die „große Pest" mit zahlreichen Pesttoten. 1711 traten im südöstlichen Teil des Amtes große Heuschreckenschwärme auf, die die Felder kahl fraßen.

Sehr wirksam wurde die „Seehestener Fleckenordnung" vom 8. Januar 1721. Hier wurde das persönliche Verhalten der Menschen untereinander ebenso geregelt wie wirtschaftliche vor allem bäuerliche Vorgänge. Auch die Handwerker erhielten hier ihre Weisungen; eine Lebensmittelkontrolle wurde eingeführt.

1766 wurde das Seehester Hauptamt der Regierung zu Gumbinnen unterstellt. Es entstand der „Kreis Seehesten", der die alten Hauptämter Angerburg, Lötzen, Seehesten, Rhein und das Erbamt Neuhof umfaßte; der Landrat wohnte in Rhein.

Seehesten wurde auch zu dieser Zeit nicht Stadt, obwohl es verwaltungsmäßig die Spitze des späteren Kreises Sensburg darstellte! Während des siebenjährigen Krieges (1756—1763) wurde Seehesten ab Anfang 1758 von Russen besetzt und verwaltet. Laut „Verordnungsbuch" der Kirche zu Seehesten leisteten 25 Pfarrer und Lehrer der Zarin Elisabeth von Rußland den „Huldigungseid" am 20. Februar und 7. März 1758.

Als die französischen Soldaten im Januar 1813 aus Rußland durchzogen, gab das Amt Seehesten zum Weitertransport der Unglücklichen Fuhrwerke. Im Freiheitskriege stellte der Kreis Seehesten ein eignes Landwehrbataillon und eine eigene Landwehr-Eskadron auf.

Als Sensburg 1818 Kreisstadt wurde, versank Seehesten in dörfliche Einsamkeit. Dazu kam, daß es durch die Entwicklung neuer Verkehrsverbindungen abseits des Weges geriet. Erst 1870/1871 wurde es durch eine von Sensburg nach Rastenburg führende Chaussee an den Verkehr angeschlossen. Als man am 30. September 1896 die Bahnlinie-Rothfließ-Niedersee, am 1. Mai desselben Jahres die Kleinbahn Rastenburg-Sensburg und 1911 die Strecke Sensburg-Nikolaiken eröffnete, wurde es noch stiller um Seehesten.

Der 1. Weltkrieg brachte dem Dorf keine Kampfhandlungen.

1939 hatte Seehesten nur 493 Einwohner und vier über 100 ha große Landwirtschaften.

Im 2. Weltkrieg wurde das Kirchdorf wie der größte Teil des Kreises Sensburg nicht evakuiert; die Mehrzahl der Bevölkerung blieb zuhause und erlebte den Russeneinmarsch am 29. 1. 1945.

E = 492.

Sensburg
(Mragowa)

(Quelle: Fritz Bredenberg: „Der Kreis Sensburg.")

Hochmeister Konrad von Jungingen (1393—1407) hat im Jahre 1397 Sensburg mit 160 Hufen gegründet, davon 80 Hufen zur Anlage eines „Zinsdorfes", 80 Hufen als „freie Stadthufen". Die Gründungsurkunde ging in den Zeitwirren verloren und doch wurden beide Handfesten 1444 erneuert. Der Name Sensburg ist nicht eindeutig erhellt, doch wahrscheinlich hieß es, wie Töppen (a. a. O. S. 102) schreibt, „Segensburg", andere sprechen von „Seynsborg" (so in der Handfeste von 1441) oder „Sensburgk" (in der Handfeste von 1444). Ob der Name auf seine Seenlage („Seenburg") oder auf den Namen eines am Hofe des Hochmeisters lebenden Adligen zurückzuführen ist, läßt sich nicht eindeutig klären. Sicherlich entwickelte sich die Stadt nicht so günstig wie Passenheim. Und doch ist es erstaunlich, daß hier eine Stadt ohne den sicheren Rückhalt einer Ordensburg bzw. eines „festen Hauses" im Verlaufe der Zeit sich so gut entwickelt hat. Dafür sorgten von Anfang an die Bürger dieser sehr früh gegründeten Stadt. Eine noch raschere Entwicklung verhinderten die hohen Abgaben von den 80 „Scharwerkshufen". Die Bürger blieben nicht müßig und baten den Hochmeister Konrad von Erlichhausen, einen Teil der „Zinshufen" zurückzunehmen. Der Hochmeister gewährte die Bitte, verminderte die Zahl der 80 „Zinshufen" auf 32 und erneuerte die Handfeste bei seiner Anwesenheit in Seehesten am 20. Februar 1444. Danach sollte die Kirche 6, der Schulz außer seiner freien Hofstätte 10 die Stadt 64 „freie" Hufen und von den übrigen 32 Hufen sollte sie jährlich 14 Skot, 2 Hühner und von jedem Hofe 6 Pfennige abgeben. Das war ein sehr mäßiger „Zins". Da die Stadt sich nicht am „preußischen Bund" im 13jährigen Krieg (1454—1466) beteiligte, also keinen Verrat übte, belohnte sie der Hochmeister mit der freien Nutzung des Schoß-Sees.

Sensburg

Eine Notiz im Seehester Amtsbuche besagt, daß die Höfe am Markt je 38,88 x 8,06 qm groß und mit Häusern besetzt waren, diese wiederum hatten Vorlauben. Unter diesen hatten sich die Handwerker Brot-, Fleisch-, Fisch- und Schuh-„Bänke" eingebaut, die das kauflustige Publikum ansprachen. In der Mitte des Marktplatzes stand das „Kaufhaus", das zugleich als Rathaus diente. Von den „Bänken" und den Gewerbelokalen zahlten die Handwerker Zins an die Herrschaft, den Schulzen und an die Stadt zu gleichen Teilen. Der Gewerbebetrieb wurde besonders dadurch gefördert, daß auf eine Meile rings um die Stadt kein fremder Handwerker — Schmiede ausgenommen — sich beruflich niederlassen durfte. Das nur 5 km entfernte Haus „Seehesten" war davon ausgenommen!

Am 17. September 1527 wurde der Stadt das Marktrecht verliehen; jeden Sonnabend durfte „unter dem obrigkeitlichen Zeichen einer ausgestreckten fliegenden Fahne" ein öffentlicher Wochenmarkt abgehalten werden.

Im „Reiterkrieg" 1519—1521 wurde Sensburg von den Polen total ausgeplündert und abgebrannt.

Danach setzte eine stetige Aufwärtsentwicklung der Stadt ein. Jedoch wurde diese wiederholt durch große Brände unterbrochen. 1568 brannte die Stadt bis auf den Grund nieder.

Beim Tatareneinfall 1656 wurde die Stadt Sensburg völlig abgebrannt, soweit die Einwohner nicht geflohen waren, wurden sie niedergemetzelt oder verschleppt. Zu allem Unglück gesellte sich 1657 noch die Pest, die auch noch große Opfer forderte.

Die „große Pest" 1709—1711 forderte weitere Opfer in Stadt und Land. Im siebenjährigen Krieg (1756—1763) wurde auch Sensburg von den Russen besetzt.

In dem unglücklichen Krieg 1806/1807 hatte Sensburg sehr hohe Kontributionen aufzubringen.

Am 3. Juli 1818 wurde Sensburg „Kreisstadt"; Seehesten war schon von der Lage her nicht geeignet, hatte andererseits in der wirtschaftlichen Entwicklung nicht Schritt halten können. Zu diesem Kreis kamen die Kirchspiele Sorquitten, Ribben, Aweyden, Nikolaiken, Eichmedien, Seehesten, Sensburg und Bosem. Bei dem Amtsgericht Sensburg, das zum Landgerichtsbezirk Lyck gehörte, wurde für die Amtsgerichte Sensburg, Nikolaiken und Rhein eine Strafkammer, ein Ableger des Landgerichts Lyck gebildet.

Nach den Befreiungskriegen hatte Sensburg einige schwere Schicksalsschläge durchzustehen. Dazu gehörte im Jahre 1822 ein großer Brand, im Jahre 1831 wütete im Kreis Sensburg die „Cholera". In den Jahren 1835, 1837, 1844—1846 warfen Hungerzeiten schwere Schatten auf den Kreis.

Landrat Lysniewski meisterte die Ansiedlung der aus Rußland kommenden „Philipponen", denen durch Abtrennung von Ukta als eigenes Kirchspiel vom Kirchspiel Aweyden eine neue Heimat geschaffen wurde. Am kleinen Dußsee entstand ein schönes Kloster.

Der Bau von Chausseen wirkte sich günstig auf Stadt und Kreis aus. Auch der Bau von Eisenbahnen begann 1884 so Nikolaiken-Sensburg-Bischofsburg, Niedersee-Sensburg-Rastenburg und Korschen-Sensburg-Ortelsburg.

Im 1. Weltkrieg wurde Sensburg wenig berührt, mehr die Dörfer des Kreises. Wertvolle Hilfe beim Wiederaufbau leistete der 1915 im Regierungsbezirk Arnsberg gegründete Hilfsverein.

Bei der Abstimmung am 11. Juli 1920 wurden im Kreis 34334 Stimmen für Deutschland und nur 25 für Polen abgegeben!

Die Einwohnerzahl betrug 1925 rund 7400 gegen 1200 im Jahre 1782.

Im 2. Weltkrieg sparten die Sowjets bei ihrem letzten Großangriff auf Ostpreußen im Januar 1945 den Kreis Sensburg zunächst aus. So blieben die meisten Einwohner von Stadt und Land zuhause und ließen sich überrollen.

E = 9877.

Soldau
(Dzialdowo, Kr. Neidenburg.)

(Quelle: Dr. Max Meyhöfer: „Der Kreis Neidenburg. Ein ostpreußischer Heimatkreis".)

Die Burg Soldau ist bereits 1306 zunächst als ein Blockhaus errichtet. Sie ist somit die älteste Burg in Masuren in der „Wildnis". Sie wurde zur Sicherung des Übergangs über das Neidetal ein Stützpunkt des Ordens in der „Wildnis".

Um 1340/1350 wurde sie in Stein erbaut, ein Mauerquadrat, von dem zunächst nur ein Flügel ausgebaut mit Remter, Kapelle, Schreibräume, dazu Küche, Keller und Vorratsräume, also Räume, wie sie zu jeder Ordensburg gehörten. Die anderen drei Seiten bestanden nur aus Mauern mit Wehrgang und zwei Ecktürmen. Die Burg stand auf einem in das Tal vorspringenden Hügel, war also von drei Seiten von Wasser umgeben. Nur auf der vierten Seite mußte ein Graben gezogen werden, über den der einzige Zugang zur Burg über eine Zugbrücke von der Vorburg führte. Spä-

Soldau, Ordensburg

ter wurde ein zweiter Flügel der Burg ausgebaut. In der Vorburg lagen Speicher, Scheunen, Ställe und sonstige Wirtschaftsgebäude.

In der Burg residierte zunächst der Ordenspfleger, nach 1525 wohnte hier auch der herzogliche, später der kurfürstliche Amtshauptmann. Der kunstfreudige Herzog Georg Friedrich, der den Renaissancestil und Wohnkomfort seiner fränkischen Heimat nach Preußen übertrug, ließ die Burg umbauen.

Mit der Verpfändung des Amtes Soldau an Reinhold von Rosen begann der Verfall der Burg. Bei Auflösung des Amtes 1667 war sie kaum noch bewohnbar. Man flickte schadhafte Stellen aus mit Material, das man aus anderen Teilen der Burg entnahm, lediglich die Wirtschaftsgebäude und die Teile, die als Keller und Lagerräume vermietet waren und etwas Ertrag abwarfen, wurden erhalten. Das Todesurteil über die Burg wurde gesprochen, als der Amtmann seinen Sitz in das neu erbaute Amtshaus in Niederhof, der Vorburg, verlegte. Erst als mit der Romantik der historische Sinn erwachte und der preußische Staat sich der Pflege der Baudenkmäler annahm, begann die Restauration. Doch die staatlichen Maßnahmen blieben bis zum 1. Weltkrieg Stückwerk. Selbst ein das ganze Dach zerstörender Brand im Jahre 1868 führte nicht zur grundlegenden Reparatur. Zwar entschloß man sich 1911 zur Erhaltung, doch die Zeit bis zum Ausbruch des 1. Weltkrieges 1914 war hierfür zu kurz. Nachdem Soldau 1939 wieder deutsch geworden war, plante man 1939 eine Wiederherstellung der Burg, doch machte der unglückliche Ausgang des 2. Weltkrieges auch diesen Plänen ein Ende.

Am 14. August 1344 stellte der Hochmeister Ludolf König in der Marienburg dem Lokator Nicolaus von Carbow eine Handfeste über die zu gründende Stadt aus. Am 26. Februar 1349 gab der Hochmeister Heinrich Dusemer den Bürgern von Soldau erneut eine Handfeste über 30 Hufen Stadtland mit 12 Freijahren. Die Gründung fällt zusammen mit der Abtrennung der Komturei Osterode von Christburg 1340, der Festlegung der Grenze zu Masowien und dem Amtsantritt des Komturs Günther von Hohenstein, der sein Familienwappen in das Soldauer Stadtwappen hineingab. Dieses zeigt die Heilige Catharina, die in ihren Händen ein Rad und ein Schwert, die Instrumente der Marter trägt und auf ihrem Kopfe die Märtyrerkrone trägt, sie steht in einem Portal, den Stadttoren von Soldau. Zu beiden Seiten zeigen Schilde das Geschlecht des Gründers Günther von Hohenstein.

Der Grundriß der Stadt war bereits damals derselbe wie vierhundert Jahre später; die Stadt bildete ein Viereck, dessen Längsrichtung von Westen nach Osten ging; die Straßen waren wie bei allen Ordensstädten gerade und liefen parallel, kreuzten sich rechtwinklig. In der Mitte lag der verhältnismäßig große Marktplatz, in dessen Mitte das Rathaus stand. Auf dem Markt befanden sich außerdem das öffentliche Brauhaus, die Hauptwache und die Stadtwage, um das Rathaus Bänke, auf denen Fleischer, Schuhmacher und Bäcker ihre Waren verkauften. Die vier Marktseiten waren in vier gleichgroße Grundstücke aufgeteilt, die sogenannten „Erben". Diese „Erben" waren in der Weise bebaut, daß vorne das Wohnhaus mit dem Giebel zum Markt und dahinter ein Hof lag. Hier waren Wirtschaftsgebäude und Ställe, diese grenzten an die nächste parallel zum Markt laufende Straße. Am Markt lagen insgesamt 58 Grundstücke, die „Großbürger". An den vier Ecken standen vier Gasthäuser und vor jedem ein Brunnen. Diese waren doppelt so groß und hatten eine Einfahrt vom Markt her. Die vier Seiten des Marktplatzes waren geschlossen bebaut. Die Bahnhof- und Schloßstraße, die auf die Mitte des Platzes mündeten, sind erst später durchgebrochen worden. Zum Markt parallel verliefen zwei Straßen, die ebenso bebaut waren wie die am Markt. Auch hier wohnten „Großbürger"; es gab damals in der Stadt insgesamt 83. Zwischen den Großbürgergassen und der Stadtmauer lagen einige Hintergassen, an denen die „Kleinbürger" wohnten, sie waren Handwerker ohne Ackernahrung und ohne Großviehhaltung.

Der stattlichste Bau war die Kirche, sie lag in einer Ecke der Stadt, im Westen, so daß ihr Turm ein Stück der Stadtmauer bildete; an sie anschließend lagen Pfarrhaus, Kaplanei und Schule sowie der Friedhof. Die Mauer, die die Stadt umgab, muß schon früh verfallen gewesen sein; wahrscheinlich war sie nicht aus Stein, sondern aus Palisaden mit Wall. Vier Tore hatte sie, im Norden das Königsberger oder deutsche Tor, im Süden das Polnische Tor, beide an der Durchgangsstraße; die anderen beiden Tore hatten nur lokale Bedeutung, das Gattertor und das Scheunentor, durch das der Weg von der Burg zum Niederhof führte.

Außerhalb der Stadt jenseits des Mühlenteiches war die Vorstadt mit Handwerkern und Tagelöhnern. Schließlich waren hier die Mühlen, die Mahlmühle der Burg und drei kleine Mühlen, eine Schneide-, eine Walk-und eine Lohnmühle.

Die Stadt hatte ständig unter polnischen Übergriffen zu leiden, so auch in den Auseinandersetzungen des Ordens mit Polen um 1410, 1454—1466 und 1519—1521.

Im Winter 1655/1656 war Soldau Mittelpunkt der Weltgeschichte, als der schwedische König Karl Gustav hier Hof hielt und Gesandte aus England, Siebenbürgen, Rußland und sogar aus der Türkei empfing.

Im folgenden Jahr wurde Soldau von den Tataren erobert und abgebrannt, einige Bürger wurden verschleppt.

Während im siebenjährigen Krieg (1756—1763) die Stadt wenig auszustehen hatte, war es im unglücklichen Krieg schlimmer. 1806 am ersten Weihnachtsfeiertag fiel die Stadt in die Hand der Franzosen. Ihre Kontributionen und Einquartierungen, Truppendurchzüge und Requisitionen kamen die Bürger teuer zu stehen. Noch schlimmer wurde es, als die „Große Armee" Napoleons 1812 durch Ostpreußen zog.

Seit dem 18. Jahrhundert war Soldau Garnisonstadt. Von 1811—1866 blieb sie ohne Soldaten. Dann zogen wieder Soldaten ein, so das 3. Bataillon des Inf.-Rgt 44 bis 1902, dann das 2. Bataillon des Inf.-Rgts 59 bis 1918. Für sie wurden Kasernen in der Nähe des Bahnhofs gebaut und ein Garnisonsübungsplatz geschaffen.

Im 1. Weltkrieg wurde Soldau vom 22.—28. August 1914 in der Tannenbergschlacht von Russen besetzt. Noch einmal drangen die Russen am 16. November 1914 überraschend in die Stadt ein. Viermal hatten die Einwohner ihre Stadt für kurze Zeit verlassen. Das Kriegsende erlebten sie in ihrer Stadt.

Seit ihrer Gründung war Soldau Teil Ostpreußens ununterbrochen. Es gab nur wenige Polen in der Stadt und jetzt sollte sie an Polen abgetreten werden! Im Januar 1919 zeigte sich eindeutig der deutsche Charakter; für die Wahl zur Stadtverordnetenversammlung am 2. März 1919 hatten die Polen keine eigene Liste aufgestellt. Doch Proteste, Telegramme und dergl. hatten keinen Erfolg. Zum Schicksal wurde der Stadt, daß sie um 1880 Kreuzungspunkt mehrerer Bahnlinien wurde; die Strecke Warschau-Mlawa-Thorn wollten die Polen in eigener Regie haben. Soldau mit dem umliegenden Gebiet (501 km, 24 767 Einwohner) wurde ohne Abstimmung an Polen gegeben und von diesen am 17. Januar 1920 besetzt trotz der großen deutschen Mehrheit.

Am 2. September 1939 besetzten deutsche Soldaten wieder Soldau.

Beim großen Durchbruch der Sowjets von Süden her wurde Soldau am 19. Januar 1945 besetzt. Die meisten Soldauer waren rechtzeitig geflohen.

E = 5112.

Treuburg
bis 1928 Margrabowa
(Olecko), Kr. Treuburg.

(Quelle: Dr. Rudolf Grenz: „Der Kreis Treuburg. Ein ostpreußisches Heimatbuch".)

Der Kreis Treuburg hat ein ausgesprochenes Binnenklima bedingt durch seine Lage und die Höhen im Norden mit dem Seesker Berg (309 m) als höchster Erhebung im Osten Masurens.

Treuburg, Marktplatz

Bereits in der Vorordenszeit, also in altpreußischer Zeit befand sich am Westufer des Treuburger (Oletzkoer) Sees eine Burg am Ausfluß der Lega. Auf dem anderen Ufer des Sees bewachte ebenfalls eine sudauische Burg bei Moschnen (Mosznen) das Ufer. Wahrscheinlich bestand eine Fähr-oder Bootsverbindung an diesem Seeübergang. Das „Schloß" bzw. die sudauische Burg war von drei Seiten von Wasser umgeben. Zu diesem uralten Siedlungspunkt gehört zweifellos die Ortsbezeichnung Oletzko. Hier ließ der Amtshauptmann Christoph Albrecht von Schönaich ein Schloß als seinen Amtssitz im Jahre 1654 errichten. Das Kammeramt, das von Stradaunen hierher verlegt worden war, erhielt nicht nur Dienst- und Wohnräume, sondern auch Hof- und Wirtschaftsgebäude. In jüngster Zeit befand sich hier das Landratsamt.

Am 1. Januar 1560 gründete Herzog Albrecht am Treuburger (Oletzkoer) 7 km langen See am Ausfluß der Lega der Burg gegenüber auf dem anderen Flußufer eine Stadt in die Wildnis hinein unter dem Namen Marggrabowa, das ist „Markgrafenstadt". Ein 7 ha großer Marktplatz war von vorne herein mitten in der Stadt eingeplant. Der evangelische Masowier Adam Woynoffsky wurde als Lokator und Stadtschulze angenommen. Die Stadt erhielt insgesamt 111 Hufen, davon kamen 80 auf die Großbürger, die am Ringe wohnten, 22 auf die Kleinbürger, die in den Gassen leben, 4 Pfarrhufen auf die Kirche und 5 auf die Stadt. In der Handfeste ist von „Schulzenhufen" keine Rede, wahrscheinlich erfolgte eine gesonderte Zuteilung von 10 Schulzenhufen an Woynoffsky. Die Stadt Marggrabowa erhielt das Recht, vier Jahrmärkte und am Dienstag jeder Woche einen Wochenmarkt abzuhalten. Als Vergünstigungen für die Einwohner der Stadt wären noch zu nennen, freie Fischerei für den eigenen Bedarf, das Halten von drei Bienenstöcken, für das Mahlen von Grütze das Halten von Quirlen, deren Halten sonst verboten war, bis eine Mühle erbaut sei. Der Stadt wurde der Bau einer „Ziegel- und Kalk-Scheune" zugestanden. Die Stadtansiedlung entwickelte sich gut. Das Marktleben florierte bald auf dem sehr großen Marktplatz.

Beim Tatareneinfall vernichteten diese die Stadt, die schon davor zum Teil abgebrannt war, am 10. Oktober 1656 vollkommen. Die Einwohner wurden, soweit sie nicht an Ort und Stelle umgebracht wurden, verschleppt. Alles Vieh, die Pferde, Schafe und Schweine trieben die Tataren fort. Auf dem Schloß fiel alles mutwilliger Zerstörung anheim.

Danach erholte sich die Stadt allmählich, bis ein Brand im Jahre 1684 wieder den größten Teil der Häuser mit Kirche und Rathaus vernichtete.

Weitere Brände in den Jahren 1701, 1705 und 1706 verzögerten den Aufschwung. Die Pest forderte in den Jahren 1710 und 1711 auch in Treuburg hohe Opfer mit insgesamt 1710 Verstorbenen.

Am 5. und 6. Juli 1721 weilte König Friedrich Wilhelm I. mit dem Fürsten von Anhalt, Graf zu Waldburg und zahlreichen anderen hohen Verwaltungsbeamten in Treuburg, um verschiedene Hilfsmaßnahmen für die von den Unglücksfällen der letzten Jahrzehnte Betroffenen zu beraten und den Bau von Vorwerken und Dörfern in die Wege zu leiten.

Seit 1720 hatte der König die Einrichtung der Post von Insterburg/Gumbinnen über Treuburg nach Lyck durchgesetzt, die zunächst zweimal in der Woche fuhr.

1752 wurden vier große Kreise gebildet, darunter Oletzko aus den Hauptämtern Oletzko, Johannisburg und Lyck.

Vom siebenjährigen Krieg (1756—1763) und vom unglücklichen Krieg (1806/1807) blieb Treuburg verschont. Die Tatsache, daß einige Domänen nach 1807 vom preußischen Staat verkauft wurden, zeigte die Notlage des Staates an. Am 1. Januar 1818 wurde der Kreis Treuburg mit Sitz des Landratsamtes in der Stadt gebildet. Das Kirchspiel Kallinowen kam zum Kreis Lyck, es blieben bei Treuburg die Kirchspiele Czychen, Gonsken, Grabowen, Mierunsken, Schareyken, Schwentainen, Treuburg und Wielitzken. Allerdings hieß der Kreis Oletzko, die Stadt Marggrabowa; erst 1928 wurde die Stadt in Treuburg abgeändert, der Kreis erhielt im Jahre 1933 den Namen Treuburg.

Der wirtschaftliche Aufschwung wurde einmal durch den Bau von Chausseen, vor allem durch die im Jahre 1850 erbaute Kunststraße Insterburg-Treuburg-Lyck, zum anderen durch die Einbeziehung der Stadt in das Eisenbahnnetz mit der Strecke von Insterburg über Goldap nach Treuburg und weiter nach Lyck gefördert. Treuburg gewann durch schöne Anlagen und Uferpromenaden sowie durch die Errichtung des herrlich gelegenen Ausflugslokals Liebchensruh am gegenüberliegenden Ufer des Oletzkoer Sees.

Bis 1822 war der mitten auf dem riesigen Marktplatz gelegene Kirchberg, auf dem die evangelische Kirche stand, ein Friedhof. Eine alte verfallene Mauer grenzte diesen ab. Nach Verlegung des Friedhofs außerhalb der Stadt nahm sich der Verschönerungs-Verein dieses unschönen Platzes an, sorgte für das Abreißen der häßlichen Mauer, ließ den Kirchhügel mit Bäumen und Sträuchern bepflanzen; man zog Rathaus und Schule in die neu geschaffenen Parkanlagen mit herein, ohne den Marktbetrieb zu stören. Nun bekam der große Marktplatz ein würdiges Aussehen; so soll König Friedrich Wilhelm IV. beim Anblick des Marktplatzes ausgerufen haben: „Der Markt enthalte eine schöne Landschaft!"

Im 1. Weltkrieg wurde Treuburg mehrmals von den Russen besetzt, so erstmals vom 19. August bis zum 11. September und letztmalig vom 6. November 1914 bis zum 12. Februar 1915. Die Stadt und noch mehr der größte Teil der Dörfer im Kreise waren arg mitgenommen. Doch schon im Sommer 1915 begann die Wiederaufbaumaßnahme. Kriegshilfsvereine im Bergischen Land halfen hierbei mit Geld- und Sachspenden.

Der 20. Juli 1920 ergab in Stadt und Land bei 28 625 Stimmen für Deutschland nur 2 Stimmen für Polen bei der im Versailler Friedensvertrag anbefohlenen Abstimmung! Auf dem Kirchplatz wurde am 11. Juli 1925 ein schlichter Gedenkstein gesetzt.

1926 entstand am Seeufer der eindrucksvolle Rundbau des Kriegerdenkmals neben vorbildlichen Sportanlagen.

Im 2. Weltkrieg fanden nach Beendigung des Polenfeldzuges die deutsch-russischen Räumungsverhandlungen am 6. Oktober 1939 in Merunen (Mierunsken) statt. Danach war der Kreis Treuburg nicht mehr Grenzkreis; das angrenzende Gebiet wurde als Kreis Suwalki angeschlossen.

Bei Beginn der russischen Sommeroffensive 1944 wurde der östliche Teil des Kreises bis zur Linie Reinmannswalde-Treuburg und weiter nach Süden von Frauen und Kindern geräumt, diese kamen in den Westteil des Kreises. Dem Kreis Treuburg wurde der Kreis Sensburg als Aufnahmekreis zugeteilt. Mit Beginn der russischen Herbstoffensive wurde die Lage für den Kreis Treuburg äußerst kritisch. Ab 22. Oktober wurde für den Kreis die totale Räumung angeordnet, die bis zum 26. Oktober 1944 abgeschlossen war. Aus dem Aufnahmekreis Sensburg sind noch 1944 viele weiter nach Sachsen evakuiert, sie entgingen dem Inferno Ende Januar 1945. Diejenigen, die im Kreis Sensburg verblieben, konnten in der Masse nicht mehr rechtzeitig vor den Sowjets fliehen. Der Volkssturm verließ Treuburg am 21. 1. 1945. An diesem Tage wurde die Stadt von den Sowjets besetzt.

E = 7114.

Willenberg
(Wielbark, Kr. Ortelsburg).

(Quelle: 1. Dr. Max Meyhöfer: „Der Kreis Ortelsburg. Ein ostpreußisches Heimatbuch." 2. Max Töppen: „Geschichte Masurens.")

Willenberg, anfangs auch Wildenberg nach dem wahrscheinlichen Gründer dem Großkomtur Friedrich von Wildenberg, genannt wird urkundlich zum ersten Mal 1361 aufgeführt. Auf einer vom Omulefffluß gebildeten Insel errichtete der Deutsche Orden ein „Wildhaus" zwischen Omulef und Sawitzfluß, damals Schefke genannt. In dem Raum zwischen beiden Flüssen siedelten Beutner und Jäger. Neben dem „Wildhaus" wurde ein Hammerwerk errichtet, in dem das in der näheren Umgebung reichlich vorhandene Rasensteinerz verarbeitet wurde.

Willenberg nahm dank der Lage an der Durchgangsstraße Königsberg-Warschau eine günstige Entwicklung. Herzog Albrecht trug sich mit dem Gedanken den Ort zur Stadt zu erheben.

In einer Verschreibung des Großen Kurfürsten vom 21. Juni 1643 wird zwar Willenberg als „Städtlein" bezeichnet; doch erst am 21. Juli 1723 verlieh König Friedrich Wilhelm I. die Stadtgerechtigkeit.

Willenberg, Marktplatz

Beim Tatareneinfall im Jahre 1656 wurde Willenberg, damals noch ein „Flecken" eingeäschert, der Pfarrer George Otter in der Kirche erschlagen und die Kirche verbrannt.

Die Erhebung von Willenberg zur Stadt brachte ab 18. Jahrhundert eine Periode des Aufschwungs; vor allem entfaltete sich früh ein blühendes Tuchmachergewerbe, das in seiner Entwicklung besonders dadurch begünstigt wurde, daß aus Polen Wolle zollfrei eingeführt werden konnte. Ganze Straßenzüge wie die frühere Ruda-, spätere Schleusenstraße, ein Teil der Beutnervorstadt, später Hindenburgstraße wurden nur von Tuchmachern bewohnt. Die Tuchmacherinnung, die größte und reichste in der Stadt, besaß eine eigene Walkmühle; das Handwerk entwickelte sich bis zur Großfabrikation. Erzeugnisse der Willenberger Tuchmacher wurden bis nach Warschau und Königsberg geliefert. Bei dem regen Handelsverkehr mit Polen war daher die wirtschaftliche Lage der Stadt im 18. und 19. Jahrhundert sehr günstig.

In den Jahren 1743 und 1763 wurde die Stadt durch Brände heimgesucht. Einen Rückschlag erfuhr die Entwicklung der Stadt im unglücklichen Krieg 1806/1807; ca. 70 000 Franzosen durchzogen die Stadt und mußten versorgt werden. Napoleon hatte vom 21. Januar bis zum 2. Februar 1807 im Amtshaus der Domänenkammerverwaltung sein Hauptquartier aufgeschlagen.

Auch beim Aufmarsch der Franzosen 1812 zogen große Teile der Großen Armee von Warschau durch Willenberg nach Ortelsburg weiter und mußten wiederum versorgt werden.

Im Verlauf des 19. Jahrhunderts erlebte die Stadt weitere Notzeiten und Katastrophen. So brachten in den Jahren 1834 bis 1838 große Mißernten viel Not. Im Jahre 1852 wütete in der Stadt die asiatische Cholera. Am 24. August brannte die Rudastraße ab; dem Brande fielen 40 Häuser zum Opfer. Die Häuser wurden zum größten Teil nicht wieder aufgebaut.

Die Tuchmacher stellten ihr Gewerbe gegen Ende des 19. Jahrhunderts ein. 1817 wurde Willenberg, das bis dahin dem Kreise Neidenburg angehörte, dem Kreis Ortelsburg zugeschlagen.

Der Bau der Chaussee Neidenburg-Ortelsburg und noch mehr der Eisenbahnbau Neidenburg-Willenberg-Ortelsburg brachten der Stadt einen gewissen Auftrieb im Wirtschaftsleben.

Die durch die Ende des 19. Jahrhunderts durchgeführte Meliorationen bewirkte Aufwärtsentwicklung wurde bei der An- und Verkaufsgenossenschaft durch einen gesteigerten Umsatz sichtbar. Hierbei wurden auch die regelmäßig einsetzenden Überschwemmungen in der Stadt beseitigt. Dabei wurden nicht nur die Willenberger Feldmark, sondern auch die bis zur Landesgrenze gelegenen versumpften Omulefwiesen in beste Wiesen und Ackerflächen umgewandelt!

Die Vieh- und Pferdemärkte in Willenberg zählten zu den größten im Süden der Provinz Ostpreußen. Sie waren meist sehr gut besucht; auf manchen Märkten wurden bis zu 2000 Stück Vieh angetrieben; es kam aus der Neidenburger, Ortelsburger, Passenheimer und sogar aus der Bischofsburger Gegend. Die Händler stammten aus Berlin, Sachsen und Tannenberg. Dreimal wurde die Stadt von den Russen besetzt. In einem Gefecht in der Nähe von Willenberg wurden 16 100 Russen gefangen. Dicht bei der Försterei Karolinenhof erschoß sich der Oberbefehlshaber der Narew-Armee General Samsanow. Auf Veranlassung des Landrats von Poser, Ortelsburg wurde über dem Grab ein schlichtes Denkmal errichtet, das die Inschrift trug: „General Samsanow, der Gegner Hindenburgs in der Schlacht bei Tannenberg, gef. 30. August 1914."

Trotz der wiederholten russischen Besetzungen blieb die Stadt ziemlich verschont. Die ev. Kirche von Schinkel erbaut blieb erhalten.

Der Ausgang des 1. Weltkrieges brachte Willenberg mit dem Fortfall des gewinnbringenden Grenzverkehrs schwere wirtschaftliche Nachteile. Nach dem Kriege war die Stadt nur ein ländliches Marktzentrum und Wohnsitz von Zoll-, Bahn- und Postbeamten. Die Einwohnerzahl belief sich 1925 auf 2441 Seelen gegen etwa 1100 im Jahre 1782.

Der Abstimmungstag, am 11. Juli 1920 brachte 1581 Stimmen für Deutschland und nur 24 für Polen.

Im 2. Weltkrieg kam der sowjetische Vorstoß im Januar 1945 so rasch, daß viele Einwohner nicht mehr rechtzeitig die Flucht ergreifen konnten und blieben. Willenberg wurde von den Russen am 20. 1. 1945 besetzt. Die Häuser am Markt wurden zerstört, auch in anderen Straßen brannten einige Häuser u. a. das Kaufhaus Schackwitz aus. Rathaus, Kirche und Schule blieben unzerstört. Auch der Bahnhof blieb von Beschädigungen unberührt. Die Mühlenwerke Henkel konnten unter den Polen bald den Betrieb aufnehmen.

E = 2600.

VOLKSTUM UND NATIONALITÄT

Die Polen haben das Ergebnis der Abstimmung und ihre vernichtende Niederlage niemals anerkannt. Nur der „Deutsche Terror", so erklärten sie bis in jüngste Zeit, habe die polnische Niederlage herbeigeführt. Und das trotz Überwachung durch die Alliierten, durch Franzosen, Engländer und Italiener? Zahlreiche polnische Historiker und Schriftsteller, so Jan Kawecki erwähnen die Abstimmung vom 11. Juli 1920 überhaupt nicht! Gegenüber den polnischen Behauptungen und Thesen ist das Abstimmungsergebnis des Kreises Oletzko/Treuburg besonders aufschlußreich. Die „Sprachstatistik" von 1910 weist 1117 Polen, 406 Masuren, 9981 „Zweisprachige" und den Rest als Deutsche aus! Da nach Meinung des polnischen Nationalkomitees die „Masuren" und die „Zweisprachigen" eindeutig Polen zuzusprechen seien, hätten rund 11 500 polnische Stimmen abgegeben werden müssen! Das Ergebnis war für diese Behauptung vernichtend: tatsächlich fielen auf Polen nur zwei Stimmen! Aus dem Verhalten der nicht-deutschsprachigen Bevölkerung Masurens ist zu ersehen, daß das jeweilige Bekenntnis zu einer Muttersprache nichts über das Staatsbewußtsein aussagt. Die polnische Behauptung, die in Südostpreußen lebenden Masuren stellten eine „polnische Minderheit" dar, hatte sich mit der Abstimmung als völlig unhaltbar erwiesen.

Klarheit über diese angeschnittenen Probleme und über den Widersinn polnischer Behauptungen über das Abstimmungsergebnis kann nur eine Betrachtung der geschichtlichen Entwicklung der Bevölkerung Masurens, ihrer Sprache, ihres Glaubens und ihrer Kultur erbringen.

Wie bereits oben dargelegt, fand der Orden das Gebiet der Galinder nahezu menschenleer an. Dagegen war das Volk der Sudauer, der östlichen Nachbarn der Galinder, ein kräftiger Volksstamm, der dem Orden 10 Jahre lang erbitterten Widerstand um 1280 geleistet hatte. Doch auch dieses Gebiet wurde durch die schweren Verluste in dem Ringen des Ordens, durch Abwanderung zu den stammesverwandten Litauern und durch Übertritt zum Orden und Annahme des christlichen Glaubens — diese Sudauer wurden im westlichen Ordensgebiet vor allem im Samland angesiedelt, um sie unter Kontrolle zu behalten — nahezu menschenleer. Bereits gegen Ende des 14. Jahrhunderts sickerten von Süden her Masowier, Kleinadlige (Schlachta) und Bauern, in das Ordensland ein und ließen sich als Beutner (Bienenzüchter), aber auch als Bauern nieder.

Wir hatten gesehen, daß der Orden die Besiedlung der „Wildnis" von Westen her systematisch vornahm. Die ersten Verleihungen im Wildnisgebiet erfolgten 1321 im Amt Gilgenburg; um 1440 können die Ämter Gilgenburg und Osterode als besiedelt gelten. Um 1360 war die Besiedlung des Hohensteiner Gebietes und wenig später auch die des Amtes Soldau vollendet. In die Zeit von 1350—1380 fiel die Besiedlung des Amtes Neidenburg. Im Amt Ortelsburg wurden 1381 Handfesten über die ersten Zinsdörfer ausgestellt. Weiter östlich begann im Amt Seehesten die Besiedlung ab 1380, im Amt Rhein um 1400 und in den Ämtern Johannisburg und Lyck um 1430, also bereits 20 Jahre nach der Niederlage des Ordens in der Schlacht bei Tannenberg. Erst mit dem Jahre 1470 setzte die Besiedlung der Ämter Lötzen und Oletzko ein. Waren für die ersten Besiedlungsperioden noch genügend Deutsche und prußische Siedler vorhanden, so war die deutsche Auswanderung später vor allem nach der Niederlage des Ordens bei Tannenberg nicht mehr stark genug, um auch diesen östlichen Teil des Ordenslandes, die „Wildnis" zu besiedeln. Wollte der Ordensstaat Menschen in sein Land ziehen, mußte er sich mit Kolonisten nichtdeutscher Herkunft zufrieden geben. Witschell (a. a. O. S. 11) unterscheidet zwei Siedlungsabschnitte, die erste, frühe Periode, die sich auf den Westen beschränkte, auf die Ämter Soldau, Neidenburg, weniger auf Ortelsburg und Seehesten. Es waren Deutsche und Prußen aus dem westlichen Ordensland. Wenn über das Stärkeverhältnis der Deutschen und Prußen zu den masowischen Einwanderern auch keine exakten Angaben vorliegen, so gilt als sicher, daß die Masowier bis 1450 wesentlich in der Minderheit waren.

Die zweite Periode der Wildnisbesiedlung ist beherrscht von der masowischen Einwanderung nach der Schlacht von Tannenberg und noch mehr nach dem 2. Thorner Frieden (1466). Im Jahre 1428 nahm die regelrechte Einwanderung aus Masowien zunächst im Amt Johannisburg ihren Anfang. Sie weitete sich bald auf die Ämter Rhein, Lyck und den südlichen Teil des Amtes Oletzko aus. Zwar nahm diese Einwanderungswelle nach 1485 merklich ab, ohne indes vollständig aufzuhören. Sie hinterließ als Ergebnis, daß der östliche Teil der Wildnis, vor allem die Ämter Johannisburg, Lyck und Rhein, nunmehr eine überwiegend nichtdeutsche Bevölkerung erhalten hatte. Da dem Orden andere Ansiedler nach dem 2. Thorner Frieden, Deutsche und Prußen, nicht zur Verfügung standen, hat die Einwanderung der Masowier zur Besetzung der noch unbesiedelten „Wildnis" durchaus in seinem Interesse gelegen. Deshalb gab er den Einwanderern günstige Bedingungen, so die Rechte der Köllmer und Freien.

Die deutschen Kolonisten waren dem Gang der Besiedlung entsprechend im Westen der „Wildnis", in den späteren Kreisen Osterode und Neidenburg, weniger weiter östlich vertreten. Sie stellten Bauern, saßen vor allem auf Gütern, die etwa $\frac{1}{3}$ des Landes dort ausmachten, und waren besonders in den Städten ansässig. Hier machten sie sogar fast die gesamte Einwohnerschaft aus, da laut Verfügung des Ordens das „undeutsch Gezunge" in den Städten keine selbständige Stellung einnehmen durfte. Die Deutschen waren die bevorzugte Nationalität, sie waren Meister der Landeskultur, in ihren Händen lagen Handel und Gewerbe, sie hatten ihre selbständige Gerichtsbarkeit und erhielten auch Einfluß auf die Verwaltung.

Die Preußen (Prußen) bildeten die zweite Gruppe unter den Ansiedlern der „Wildnis". In den Ämtern Gilgenburg Soldau und Neidenburg bildeten sie einen erheblichen Prozentsatz der Gesamtbevölkerung; in den Ämtern Seehesten und Ortelsburg war ihr Anteil erheblich. Weiter östlich gab es nur eine geringe Anzahl prußischer Siedler, meist auf Freigütern oder als Gesinde. Doch kann gesagt werden, daß die Zahl der Prußen, die sich damals in der „Wildnis" befanden, relativ sehr bedeutend war.

Die Masowier stellten die dritte Nationalität der Einwanderer im „Wildnis"-Gebiet dar. Diese waren den Polen durch Herkunft, Sprache und Sitte verwandt; doch handelt es sich hier nicht um eigentliche Polen, sondern um Masowier, deren Gebiet erst 1526 vom polnischen König annektiert wurde. Im dreizehnjährigen Krieg zwischen Polen und dem Orden (1454—1466) focht so mancher masowische Ritter auf seiten des Ordens und auch im letzten preußisch-polnischen Krieg war die Haltung Masowiens nicht immer die eines loyalen Vasallenstaates zu Polen.

In den östlichen Ämtern Masurens wanderten auch Ruthenen und Litauer in geringer Anzahl ein. Dabei handelte es sich bei den „Litauern" oft um in das Großherzogtum Litauen eingewanderte Masowier, die sich im menschenleeren, ehemaligen Sudauerland angesiedelt hatten.

Das ethnisch und sprachlich stark überwiegende masowische Element hat eine rasche Assimilierung der andern Nationalitäten, die mit den Prußen begann und sich dann auch auf die deutschen Bauern, ja sogar bis auf den deutschen Adel ausdehnte, erbracht. Durch den gemeinsamen Gebrauch der masowischen polnischen Sprache verschmolzen die drei verschiedenen Volksstämme, Masowier, Prußen und Deutsche zu einer Nationalität; so entstand das bis in jüngste Zeit dort lebende Masurenvölkchen!

Das Bemerkenswerteste an diesem Verschmelzungsprozeß wird für immer das auffallend rasche Verschwinden der prußischen Nationalität bilden. Um 1450 war sie noch stark vertreten, doch bereits in der ersten Hälfte des 16. Jahrhunderts schon nahezu verschwunden. Die Gründe hierfür waren vor allem kultureller und sozialer Art. Die Prußen standen in ihrer Lebensweise den slawischen Einwanderern näher als den Deutschen, außerdem konnten die Prußen hoffen, aus ihrer gedrückten Lage, soweit sie unfrei waren (Gesinde), herauszukommen. Hinsichtlich der Deutschen dürfte sich der Verschmelzungsprozeß langsamer und weniger radikal vollzogen haben; dennoch ist bei dem vollständigen Fehlen deutschen Zuzugs aus dem Mutterlande die überwiegende Mehrheit vor allem auf dem Lande allmählich dieser Verschmelzung anheimgefallen! Diese Entwicklung erhielt noch einen weiteren Nachdruck dadurch, daß nach 1525 eine wieder verstärkte Einwanderung aus Masowien ins Herzogtum Preußen stattfand, die aller Wahrscheinlichkeit nach mit der gegen den Willen der Masowier erfolgten Einverleibung Masowiens durch Polen zusammenhängt. Alle von den Polen vertriebenen Beamten und die sonst mit den neuen Herrschaft Unzufriedenen erhielten in Preußen Zuflucht; auch ein Teil der zur im katholischen Polen verbotenen lutherischen Lehre hinneigenden Masowier siedelten nach Preußen über. Diese Einwanderungswelle ging vor allem in die Ämter Rhein, Lötzen, Oletzko und Angerburg. Diese Ämter aber erhielten auch Zuzug von den bereits besser besiedelten Ämtern Lyck und Johannisburg. So gewann das masowische Element in diesen Ämtern die Oberhand. Das Wort Masure (polnisch MAZUR, Plur. MAZURZY oder MATUROWIC) bedeutete ursprünglich nichts anderes als Masowier und ist daher in jener Zeit ein Name sowohl für diesseits der Grenze wohnenden als auch für die nach Preußen eingewanderten Masowier und die von ihnen dort assimilierten Bevölkerungsteile. Im 16. Jahrhundert und noch mehr im 17. Jahrhundert wurde die Bezeichnung „Polen" für die Masuren üblich (polnische Ämter im Gegensatz zu deutschen und litauischen Ämtern). Während Masowien, das 1526 dem Königreich Polen einverleibt wurde, sich seitdem mehr und mehr dem Polentum anpaßte, und der masowische Dialekt die Entwicklung zum Hochpolnischen mitmachte, ging das Masurentum in Preußen sprachlich und kulturelle einen eigenen Weg.

Mit dem Glaubenswechsel des Herrschers Herzog Albrecht im Jahre 1525 wurde auch die Bevölkerung dieser entlegenen Grenzzone des Herzogtums Preußen protestantisch und empfand sich seit der Reformation durch den tiefen konfessionellen Gegensatz von den „lateinischen", den römisch-katholischen Polen getrennt, meint Wehler (a. a. O. S. 147) zu recht. Die politische Stabilisierung seit dem Großen Kurfürsten, also seit dem ausgehenden 17. Jahrhundert trug das ihre dazu bei, die Scheidungslinie zum katholischen Polen zu betonen, während die geographische Abgeschlossenheit und Unzulänglichkeit der von zahlreichen Seen übersprenkelten, von Sümpfen und Wäldern durchzogenen Landschaft ihren Bewohnern einen natürlichen Schutz bot, um ihre Eigenarten zu bewahren. Aber nicht nur die kirchliche, sondern auch die politische Entwicklung mußte notwendigerweise eine innere Wandlung der masowischen Kolonisten von Polen/Masowiern zu Deutschen bewirken. Schulter an Schulter mit Deutschen aus den verschiedensten Gegenden des Reiches haben Masuren für den werdenden brandenburgisch-preußischen Einheitsstaat unter dem Großen Kurfürsten gegen Polen und Schweden, unter Friedrich dem Großen für Schlesien, in den Freiheitskriegen für ein unabhängiges Preußen und unter den deutschen Kaisern für des Reiches Sicherheit und Macht auf unzähligen Schlachtfeldern ehrenvoll gekämpft und ihr Leben eingesetzt. Diese in den Kriegen erprobte Schicksalsgemeinschaft hat den Masuren nicht weniger verdeutscht als die jahrhundertelange Kulturgemeinschaft. Dem widerspricht durchaus nicht die Tatsache, daß sich hier die masurische Mundart bis in das 20. Jahrhundert erhalten hat. Hierin schützte die Masuren nicht nur die räumliche Abgeschlossenheit, sondern auch die Fürsorge der Herzöge und Könige u. a. damit, daß sie sogar Institute einrichtete zur ausdrücklichen Pflege der polnischen Sprache und das bis ins 19. Jahrhundert hinein! Doch, und das ist entscheidend, war diese „polnische"/masurische Sprache niemals Vermittlerin polnischer, sondern ausschließlich deutscher Kultur gewesen. Denn die zahlreichen in Masuren gebürtigen Geistlichen und Lehrer, die die ersten Kulturträger in der „Wildnis" waren, predigten und lehrten zwar polnisch/masurisch, hatten aber fast ausnahmslos auf deutschen Hochschulen, meist in Königsberg den deutschen Geist in sich aufgenommen. Wohl behielten die Masuren ihre polnisch/masurische Mundart, fühlten und dachten aber schon frühzeitig deutsch. Diese eigentümliche, für Masuren so charakteristische Entwicklung bezeichnet Gollub (a. a. O. S. 5) als „deutsche Kultur im polnischen Gewande".

Dieses „polnische Gewand", die Mundart, ist allerdings im Laufe der Jahrhunderte der Entwicklung der hochpolnischen Sprache nicht gefolgt. Das Masurische entfremdete sich immer mehr und mehr vom Hochpolnischen; hierzu hat in erheblichem Maße das Eindringen deutscher Spracheelemente beigetragen, wie es sich aus der engen Kulturgemeinschaft, in der Masuren und Deutsche lebten, ganz von selbst ergeben mußte. Neuen Dingen gab der Masure gern eine deutsche Bezeichnung, indem er einfach die masurische Endung anhängte: fensterladki = Fensterladen, gafelko = Gabel, zagować = sägen oder er übernahm niederdeutsche Bezeichnungen wie dorować = dauern, aus dem niederdeutschen dure (poln. trawć), brukować = brauchen aus ndd. bruke (poln. potrzebować), drybinek = Dreifuß aus ndd. dreebeen (poln. trsynózek) u. a. so auch jo = ja aus ndd. jo (poln. tak).

Sicherlich ist das Masurische aus der masowisch-polnischen Sprache hervor gegangen. Doch ist nicht zu übersehen, daß das Masurische mehr als irgend ein anderer Dialekt, selbst als das Wasserpolnische in Oberschlesien seine Besonderheiten und Eigenarten hat. Keiner der andern Dialekte weist soviel deutsche Elemente auf als dieses Masurische. Das Masurische kann man deshalb als Sondererscheinung bezeichnen und kann nicht ausschließlich als polnischer Dialekt hingestellt werden, wie es die Polen machen.

Seit dem Frieden zu Oliva 1660 und dem Ende der polnischen Lehnshoheit über Preußen begann mit der Stabilisierung der politischen Verhältnisse auch ein Umschwung zugunsten des Deutschtums in Masuren. So sorgte bereits der Große Kurfürst für die Besiedlung der noch so gut wie unerschlossenen Wildnisgebiete südlich und südöstlich von Ortelsburg mit der Gründung von „Schatulldörfern". Hier setzte er vor allem Deutsche als Gründer und Schulzen ein.

Friedrich Wilhelm I. zog fast ausschließlich deutsche Ansiedler in die von der Pest entvölkerten Gebiete. Wenn auch der Hauptstrom der Salzburger ins Litauische entsandt wurde, so hat in der späteren Zeit eine Ausbreitung von Salzburger Familien auch nach Masuren stattgefunden. In die Städte kamen mehr und mehr deutsche Handwerker, Kaufleute, u. a. Berufsangehörige Einwanderer, so nach Lyck, Johannisburg, Ortelsburg u. a. Städte. Die meisten masurischen Städte erhielten in dieser Zeit Garnisonen, was zur Stärkung des Deutschtums wesentlich beitrug und die Wirtschaft anregte.

Friedrich Wilhelm I. hat in Masuren 313 Dorfschulen neu eingerichtet. Wenn sein Wunsch sich auch nicht erfüllen ließ, daß die Lehrer auf dem Lande deutsch lehrten, weil alle dazu nicht in der Lage waren, so hat der stark vermehrte Unterrichtsbetrieb wesentlich dazu beigetragen, die Masuren, wenn nicht direkt, deutschen Einflüssen näher zu bringen, so doch zum mindesten die Voraussetzungen dafür geschaffen.

Friedrich der Große hat das Werk auch der Schulpolitik seines Vaters fortgesetzt. Während seiner Regierungszeit hat eine dauernde, langsame Nachkolonisation der masurischen Gebiete stattgefunden. Die ostpreußische Kammer hat u. a. ganze masurische Orte wegen der „liederlichen Wirte" ausgeräumt, diese zu Instleuten herabgedrückt und deutsche Bauern auf die Höfe gesetzt wie z. B. in Barannen, Kr. Lyck.

Von allgemeiner Bedeutung für die Entwicklung der völkischen Verhältnisse war 1772, die erste Teilung Polens. Dadurch erhielt Ostpreußen eine Landverbindung mit dem übrigen Preußen/Brandenburg, eine Tatsache, die ganz allgemein eine erhebliche Stärkung des gesamten Deutschtums im Osten zur Folge hatte.

Mit dem Ende der Freiheitskriege, also ab 1815 begann ein neuer Abschnitt in der Entwicklung der völkischen Verhältnisse Masurens und des südlichen Ermlandes. Der nunmehr allmählich beginnende Germanisierungsprozeß vollzog sich derart, daß von den nördlichen Randgebieten aus die deutsche Sprache nach Süden und teils in den Städten, teils von diesen aus in die umliegenden Ortschaften vordrang. Vor allem in den Städten Masurens fand eine starke Vermehrung deutscher Bevölkerung statt. Ein Hauptteil des Verdienstes an dieser Entwicklung gebührt dem preußischen Schulwesen. Schon seit dem Jahre 1810, also der Humboldtschen Bildungsreform mit dem Gründungsjahr der Berliner Universität, so Hubatsch (a. a. O. S. 16), war die polnische Sprache am Gymnasium zu Lyck nicht mehr Unterrichtsgegenstand. Das ist ein neuer Zug gegenüber der bisherigen aufgeklärten Toleranz der preußischen Regierung gegenüber der polnischen Bevölkerung in Neu-Ostpreußen. Die planmäßige Einführung der deutschen Sprache in die masurischen Schulen ist nicht lediglich als Gewaltmaßregel behördlicher Dienststellen anzusehen, sondern entsprach dem Zeitgeist und der Lehrmethode Pestalozzis. Die wichtigsten Etappen auf dem Wege zur Verdeutschung der masurischen Schulen sind die Errichtung eines masurischen Lehrerseminars in Angerburg 1829, die Einführung des Deutschen als Lehrgegenstand im Gebiet des Regierungsbezirks Königsberg 1830, im Gebiet des Regierungsbezirks Gumbinnen 1834, die Beschränkung des Masurischen auf den Religionsunterricht 1873 und die Aufhebung jeden masurischen Unterrichts 1888.

Die Erschließung Masurens durch den Verkehr mit dem Bau von Chausseen und in der zweiten Hälfte des 18. Jahrhunderts durch Eisenbahnen bedingte nicht nur den Aufschwung von Handel und Verkehr, sondern erleichterte auch das Eindringen deutscher Kultur und deutschen Lebens in Masuren sehr erheblich und sorgte sehr viel schneller, stärker und nachhaltiger für die Ausbreitung der deutschen Sprache als es bisher der Sprachunterricht in der Schule vermocht hatte.

Eine weitere Förderung der deutschen Sprache wurde durch die aktiven masurischen Soldaten und gegen Ende des 19. Jahrhunderts durch die masurischen Auswanderer ins Rheinland, nach Westfalen und Berlin herbeigeführt, die zum Teil wieder in die Heimat zurückkehrten oder zumindest mit der alten Familie in Verbindung blieben. Mit Recht betont Fritz Skowronnek (Masurenbuch, S. 141f) im Hinblick auf die Wirkungen des Erlebnisses des Krieges 1870/1871 auf die Masuren, die jungen Soldaten und Landwehrmänner: „Damals erhielt das Gefühl der Zugehörigkeit zu einem großen Staat, das bisher nur unbewußt in ihnen lebte, erst recht seinen Inhalt. — Als sie nach Hause kamen, da begannen ihre Augen, ob sie wollten oder nicht, zu vergleichen. Sie sahen zum ersten Mal den Abstand zwischen sich und den Deutschen. Bisher hatten die jungen Leute das bischen Deutsch, das sie beim Militär gelernt hatten, bald wieder vergessen. Jetzt bemühten sie sich, mit ihren Kindern Deutsch zu sprechen, um es ihnen beizubringen. Eine Entwicklung setzte ein, wie es niemand für möglich gehalten hätte ... Den Masuren hat diese Zeit genügt, um sich völlig in den Besitz der deutschen Sprache zu setzen, wobei allerdings ihnen die Schule sehr kräftig half."

Der Bericht über die Schulrevision im Kreise Johannisburg im Jahre 1871 läßt die Fortschritte deutlich sichtbar werden: „Der deutsche Unterricht, dessen jetzt keine Schule im Kreise mehr entbehrt, macht allmählich stetige Fortschritte ... Die großartigen Ereignisse der verflossenen Kriegszeit haben reiche Gelegenheit gegeben, den vaterländischen Sinn durch Geschichtserzählungen und Feste in der Jugend zu erwecken." (Hubatsch a.a./. S. 20).

Einen besonderen Aufschwung nahm das Schulwesen in Masuren seit der Begründung des Regierungsbezirkes Allenstein im Jahre 1905. Im Jahre 1886 wurden noch 64 000 masurisch sprechende Kinder in Ostpreußen gezählt, im Jahre 1911 waren es nur noch 36 294. Im Regierungsbezirk Allenstein waren im Jahre 1911 neben 30 000 Deutschen noch 15 000 polnische Schulkinder erfaßt.

Jedenfalls ist die deutsche Unterrichtssprache an den Schulen von der Bevölkerung Masurens durchaus erwünscht worden; das machte in Masuren den Unterschied gegenüber den der nationalpolnischen Propaganda in Posen aus. „Ohne die innere Bereitschaft der Masuren, völlig im Deutschtum aufzugehen wäre die Schulpolitik der preußischen Regierung im Süden Ostpreußens genauso ohne Einfluß auf das Nationalitätenverhältnis geblieben wie in Posen-Westpreußen". (H. Jablonowski, Die preußische Polenpolitik, 1964, S. 7).

Wie sehr der Masure durch die innere Entwicklung und die äußere Schicksalsgemeinschaft deutsch geworden ist, offenbart sich wohl nirgends deutlicher, als in seiner Einstellung zu dem Nachbar Polen. Es ist bezeichnend, daß weder der Untergang des polnischen Staates im Jahre 1795 noch seine verzweifelten Befreiungsversuche in den Jahren 1830/1831, 1848 und 1863 die geringste spürbare Anteilnahme unter den Masuren gefunden haben. Ganz dieselbe Ablehnung hat die neuere polnische Propaganda erfahren. Seit 1872 etwa datieren die Bemühungen der Polen, Masuren für ihre nationalpolnischen Pläne zu gewinnen. Eine feste Organisation erhielten diese Bemühungen 1882 durch die Gründung eines „Zentralkomitees zur Errettung Masurens" in Posen unter Vorsitz des Abgeordneten von Koscielski. Dieses Komitee wurde später durch den nationalpolnischen Kampfverein „STRAZ" in Posen abgelöst, dem der evangelische Volksbildungsverein zur Seite trat. Die Organisation zur Eroberung Masurens war sicherlich außerordentlich geschickt aufgezogen. Als Kampfmittel dienten Zeitungen, Vereine aller Art, Genossenschaften und Volksbanken. Ihre Zeitungen erschienen nacheinander seit 1883 in Ortelsburg, Lyck und Osterode. Sie konnten sich nicht halten, nur das Ortelsburger Polenblatt „MAZUR" hat sich nach zweimaligem Eingehen ab 1928 für einige Jahre behauptet, bis es sich von Polen Mitte der dreißiger Jahre löste. Die Existenz dieser Zeitung ruhte nicht auf dem Bezug durch masurische Leser, sondern auf polnischen Spenden. Auch mit den Vereinsgründungen hatten die Polen kein Glück. Es fehlte hier einfach die Basis. Dagegen gelang es ihnen mit Hilfe ihrer „Volksbank" in Ortelsburg einige in Not geratene Masuren für ihre Sache zu gewinnen.

Die meisten Erfolge aber hatten polnische Bemühungen um Landerwerb. Im Regierungsbezirk Allenstein umfaßte der polnische Landbesitz 1905 nur 4706 ha, 1912 aber schon 356 Grundstücke mit 21 232 ha (Hoffmann a. a. O. S. 73). Ein deutliches Bild der allmählichen, im Laufe der Zeit immer rascher vor sich gehenden Eindeutschung der Masuren ergibt nachfolgende statistische Übersicht (Wittschell a. a. O. S. 23). Es entfielen von Deutschsprechenden auf je 100 Personen in den Kreisen:

Masurische Kreise	1831	1861	1890	1900	1910
Ortelsburg	7	13	24	24	33
Johannisburg	8	18	23	27	35
Neidenburg	8	17	26	30	40
Lyck	12	21	36	44	54
Sensburg	10	25	39	45	55
Lötzen	14	36	52	58	68
Oletzko	16	42	54	64	74

Nachdem die preußische Regierung in der Verordnung vom 31. Dezember 1928 der polnischen Minderheit, die fast nur im Ermland vertreten war, das Recht verlieh, eigene Schulen einzurichten, gelang es den Polen nach jahrelanger Werbung mit allen Mitteln in ganz Masuren eine einzige Schule in Piassuten, Kr. Ortelsburg ins Leben zu rufen. Sie ging nach 2 Jahren wieder ein. Ihre gesamte Schülerzahl betrug 1 Kind!

In Masuren waren 1890 erstmalig bei der Reichstagswahl im Wahlkreis Neidenburg-Osterode 44 Stimmen für die Polen abgegeben worden. 1893 erhielten sie 515 Stimmen, 1898 sogar 6623 in ganz Masuren, 1903 nur noch 4699 und 1907 sogar nur 1451 Stimmen! 1912 zählte man 1082 Stimmen für die Polen, im Wahlkreis Sensburg-Ortelsburg betrug die polnische Stimmenzahl 1907 240, aber 1912 2698.

Zu den Reichstagswahlen nach der Volksabstimmung, in der sich nur 7708 für Polen entschieden hatten, war das Ergebnis wie folgt: (Horn a. a. O. S. 14).

20. 2. 1921 (Reichstag) (im ostpreußischen Abstimmungsgebiet)	7226
4. 5. 1924 (Reichstag)	8721
7. 12. 1924 (Reichstag)	3423
20. 5. 1928 (Reichstag)	2905
14. 9. 1930 (Reichstag)	2211
31. 7. 1932 (Reichstag)	1681
6. 11. 1932 (Reichstag)	1501
12. 3. 1933 Landtagswahl	1507

Die polnischen Stimmen waren mithin von 7708 in der Volksabstimmung immerhin auf 1507 bei der letzten Wahl abgesunken, in Prozentzahlen von 2,08 auf 0,52 % aller ostpreußischen Stimmen!

Noch ein Wort zum kirchlichen Leben. Hier trug man zunächst wenig zur Eindeutschung bei. Die Pfarrer hatten wie Hubatsch (a. a. O. S. 21) berichtet, Veranlassung, ihre Gemeinden zusammenzuhalten gegenüber dem weit entwickelten pietistisch-methodistischen Sektierertum. Im 19. Jahrhundert galt die Vorschrift, daß Anwärter auf Pfarrstellen in Masuren zuvor ein polnisches Sprachexamen ablegen mußten. Zu einem leidenschaftlichen Verfechter des masurischen Volkstum wurde Gustav Gisevius (1810—1848), Sohn deutscher Eltern der erst auf der Universität mit der polnischen Sprache in Berührung kam. Einige wenige Pfarrer folgten ihm; doch hat er schließlich wenig Beachtung gefunden. Eine andere Richtung schlug Martin Gerss (1808—1895) für die masurische Sprachpflege ein. Er veröffentlichte in masurischer Sprache eine Geschichte des Krieges 1870/1871, je eine Lebensbeschreibung Luthers und Kaiser Wilhelm I. und trug damit viel zur Weckung des preußischen Staatsgedankens in der masurischen Bevölkerung bei.

Ein besonders radikaler Verfechter nicht nur der masurischen, sondern noch viel mehr der polnischen Sprache war Jochen Winkler (1838—1918), der aus einer rein deutschen Familie aus Rastenburg stammte, als Student sich für Polen begeisterte, Name und Konfession (er wurde Pole und trat zum katholischen Glauben über!) und sich vollkommen der nationalpolnischen Propaganda zuwandte. Er nannte sich Wojciech Ketrzynski, zuletzt Direktor des Ossolinski-Institut in Lemberg. Er gilt als Begründer der polnischen Bewegung in Masuren.

Fanden bis zum 1. Weltkrieg an jedem Sonntag nach dem deutschen Gottesdienst jeweils ein masurischer Gottesdienst statt, wurden masurische Gottesdienste Mitte der zwanziger Jahre wegen ständig geringer werdender Beteiligung nur zweimal im Monat und Mitte der dreißiger Jahre nur noch einmal im Monat gehalten. Nur die Alten besuchten diese masurischen Gottesdienste.

Es ist hier festzuhalten, daß in Ostpreußen weder die Masuren noch die sogenannten preußischen Litauer als nationale Minderheiten anzusehen sind. Nur die Polen bekennen sich als Bevölkerungsgruppe zu einem fremden Volkstum und wollen als nationale Minderheit angesehen werden. Doch bilden die Polen, wie es oben die Zahlen veranschaulichen, in Ostpreußen einen zahlenmäßig völlig bedeutungslosen Splitter fremden Volkstums, der den deutschen Charakter der Provinz in keiner Weise beeinträchtigen kann!

Über den Volkscharakter der Masuren haben sich viele Kenner dieses schönen Landes ebenso wie auch Besucher ausgelassen. So gibt Töppen (a. a. O. S. 482ff)

Berichte von Pfarrern aus der ersten Hälfte des 19. Jahrhunderts wieder. Er läßt einen Prediger aus der Gegend der Johannisburger Heide der nach zwanzigjähriger Tätigkeit im Jahre 1814 sich einem Russen gegenüber geäußert hat, zu Wort kommen: „Die Masuren sind sparsam, ernsthaft, mäßig, standhaft und fleißig, aber auch halsstarrig, mißtrauisch und eigenwillig... Sie stehen nun schon so viele Jahrhunderte unter einer deutschen Regierung, aber doch sprechen sie noch nicht deutsch, obgleich ihre Sprache ein so elendes Gemengsel ist, daß selbst die nächsten Nachbarn sie nicht verstehen. Nächst dem Könige, von dessen Würde und Macht sie aber nur sehr dunkle Begriffe haben, sind ihnen der Pfarrer und der Amtmann die vornehmsten Personen in der Welt."

Töppen gibt u. a. auch einen Bericht des Pfarrers Paulini, Drygallen Kr. Johannisburg aus dem Jahre 1835 wieder: „Die Masuren sind ein kräftiger, munterer Menschenschlag. Als hervorstechende Züge ihres Charakters dürften Gutmütigkeit, Geradheit und eine Bescheidenheit, die sie selbst im Umgang miteinander nicht verleugnen, besonders hervorzuheben sein. Die Masuren sind sehr gastfrei, lieben Geselligkeit und pflegen herzlichen Umgang miteinander."

Meist findet man unter den Masuren einen harmlos verschmitzten Charakter, aber auch ausgesprochenen Sinn für Humor. Man muß gesehen haben, schreibt Heß von Wichdorff, mit welch vergnügt-pfiffiger Miene ein masurischer Bauer, dem am Wagen eine Schraubenmutter verloren gegangen ist, bei irgendeinem Dorfkrug vorfährt und andere dort anwesende Fuhrleute in freigibiger Weise zum Trunke einlädt, um dann zu passender Zeit vorsichtig dem Wagen eines seiner Zechgenossen die nötig gebrauchte Schraubenmutter auszuspannen, worauf er dann verschmitzt lächelnd sich freundlich von ihnen verabschiedet.

So hatte ein masurischer Bauer, der mit dem Gendarmen seines Bezirkes etwas auf gespannten Fuße stand, diesen naturgetreu mit Helm als Giebelzier auf seinem Hause sauber in Holz geschnitzt, mit einer Zigarre im Munde, deutlich kopiert. Er erklärte auf Befragen, daß der Gendarm nun auf seinem Hause wenigstens ganz nach seinem Willen tun müsse und hier oben nichts zu sagen habe. Doch im allgemeinen bringt der Masure seinem Gendarm die gebührende Achtung entgegen, so lebt er stets als ruhiger Staatsbürger in tiefer Verehrung zu seinem Landesherrn.

Von der Bedeutung der masurischen Städte als wirtschaftliche Mittelpunkte zeugen die gewöhnlich 2 x wöchentlich stattfindenden Wochenmärkte und die großen Jahrmärkte. Schon die Größe der Marktplätze erregte meistens das Erstaunen der Besucher. So hat der Marktplatz von Neidenburg eine Größe von 8 Morgen und der von Treuburg ist mit 28 Morgen der größte Marktplatz Deutschlands. Von weither, oftmals 20 km und mehr kommen frühmorgens ganze Wagenzüge der Bauernfuhrwerke zur Stadt gefahren. Viele lenken sofort auf den Markt ein, während andere bei bekannten Kaufleuten in den sogenannten Auffahrten Pferd und Wagen unterstellen. Sowohl die ländlichen Erzeugnisse als auch die der Handwerker werden auf dem Markt angeboten. Da stehen Körbe voll Eier und Butter, da liegen Hühner, im Herbst viele Enten und Gänse, schönes Landbrot und Bienenhonig, frische Beeren und Pilze, Gemüse und Obst. Fleischer und Bäcker haben ihre Stände aufgeschlagen, abseits werden Fische wie Maränen, Schleie, Barse, Hechte, Aale u. a. angeboten.

Über die Kleidung schreibt Töppen (a. a. O. S. 48f): „Die Tracht der Männer ist sehr einfach. Der wohlhabende Bauer kleidet sich am liebsten in einen langen blauen Rock, daneben sieht man aber auch viel grau. Ein blauer Rock, mit einer aus weißem und blauen Zwirn gewebten Schärpe, umgürtet, ist sein höchster Putz. Besonderen Wert legt der Masure (Mitte des 19. Jahrhunderts) auf eine hohe Pelzmütze mit blauem Samtboden und an der Seite zwei bunte Fähnchen (Schleifen) übereinander, den sogenannten Kolpak. Nur reiche Bauern tragen Stiefel. Der arme Mann geht im Sommer barfuß in einer leinenen Hose mit Ledergurt. Die Frauen stecken ihr Haar in einem Wulst unter die Mütze oder unter ein Tuch. Selbstgewebte Röcke mit einer Bordüre, die ebenfalls selbst gefertigt worden war, gehörten mit einer Leinenbluse, dicken roten Wollstrümpfen und auf dem Kopf ein buntes seidenes Tuch zur Kleidung. Die jungen Mädchen zeigten sich sorgfältig gekleidet. In früherer Zeit ebenfalls ein gewebter Rock mit bunter Bordüre und Fransen an der unteren Kante, eine hellblaue Bluse; ihre Haare trugen sie zu Zöpfen geflochten, auf dem Kopf ein seidenes buntes Tuch und mit Tuchfransen benähte Wollstrümpfe. Gegen Ende des 19. Jahrhunderts kamen in einzelnen Gegenden Dirndelkleider in verschiedener Farbzusammenstellung, doch in der Grundfarbe mittelblau auf. Bei Tanzvergnügungen zogen sich die jungen Mädchen Strümpfe und Schuhe aus, man tanzte barfuß.

Ihre Nahrung, berichtet Töppen (a. a. O. S. 489f), bestand vorzugsweise aus Kartoffeln, die gerade im sandigen Boden Masurens am besten gedeihen, ferner aus gröberer Grütze (die feineren Sorten wurden verkauft) aus Gemüse vor allem aus Kumst = Sauerkraut, roten Rüben. Man sammelte auch Feldkräuter wie Sauerampfer, junge Brennessel, u. a. Brot und Mehlspeisen waren noch vor dem 1. Weltkrieg Leckerbissen. Selbst bei Wohlhabenden reichte das Brot nur bis Ostern vor; Arme genießen es nur zur Erntezeit. Im Winter kam häufig Kumst (Sauerkraut) auf den Tisch, ferner gesäuerte rote Rüben, Bartsch genannt, schließlich das ganze Jahr über Milchsuppen. Zu besonderen Anlässen wurden „Mohnkeulchen" gereicht, so z. B. zur Ernte, dem „Plon" und zum Flachsraffen. Zum Winter wurde auch 1 Schwein geschlachtet; doch kam kaum Fleisch auf den Tisch, denn Kälber, Rinder, Hühner, Enten, Gänse kamen auf den Markt zum Verkauf, ebenso wie Butter, Eier und Milch, um das notwendige bare Geld zur Zahlung der Abgaben und zu Einkäufen von Kleidung, Schuhen u. a. zu beschaffen. Auch viele Fischgerichte kamen auf den Tisch, bei dem Fischreichtum der Seen kein Wunder! Es ist nicht zu verkennen, daß der Hering sehr beliebt war, zumal er sehr billig war und in den ländlichen Gasthäusern ebenso wie in den Stadtgasthäusern in großen Fässern zum Verkauf angeboten wurde. Alle Hausgenossen, schreibt Töppen (S. 489) essen zusammen aus einer Schüssel und zwar mit hölzernen Löffeln, gegen Ende des 19. Jahrhunderts auch mit Zinnlöffeln. Es wird dabei allgemein darauf gehalten, daß jeder, wenn man z. B. zuerst Kartoffeln gegessen hat und dann zur Suppe übergeht, seinen Löffel rein ablecke; einen Knaben, der dies nicht tat, schalt sein Vater mit den Worten: „Du Schwein, kannst Du nicht erst den Löffel ablecken, ehe Du in die Suppe fährst?"

Noch einige Besonderheiten jener Zeit vor dem 1. Weltkrieg: Vor Hasenbraten grauen sich die Masuren; wenn sie Hasen essen, dann nur gekocht; Kartoffeln mit Schalen kochen sie nie, diese sind ihrer Meinung nach eine Speise für die Gefangenen. Radieschen, Gurken und Grünkohl betrachten sie als Schweinefutter. Doch zwischen den Weltkriegen wurden auch in Masuren Radieschen und vor allem Gurken in den Gärten für den Hausgebrauch gesät und geerntet. Unter den Getränken steht leider der Branntwein oben an. Diesen trinken nicht nur Männer, sondern auch Frauen und Kinder selbst Kleinkinder wurden durch Branntwein in Schlaf gebracht. Als etwas Originelles sei hier noch das Kadickbier (aus Wacholderbeeren) erwähnt, welches die Frauen sich an Feiertagen zubereiten; die Kadickbeeren werden zerstampft, mit Wasser gekocht und mit Hefen zur Gährung gebracht, dann ist das Getränk fertig.

Von alten Trachten wäre nichts erhalten geblieben, wenn nicht die 1939 von Bertha Syttkus gegründete „Webschule Lyck" alte Kunstfertigkeiten und Muster wieder aufgenommen hätte; hier wurde alte Volkskunst Masurens wieder belebt. Kleinkunst aus Holz und Eisen fertigten nicht nur Handwerker, sondern auch Bauern und Kleinbürger, so z. B. Kinderspielzeug wie aus Holz geschnitzte Pferdchen, Tiere und menschliche Figuren in eigenartigen alten Formen. Diese wurden auf den Märkten noch vor dem 1. Weltkrieg verkauft. Auch eine besonders volkstümliche Keramik hat Masuren hervorgebracht. Ihre interessantesten und schönsten Erzeugnisse bilden bemalte oder mit Reliefdarstellungen geschmückte Ofenkacheln. Die Hauptwerkstätten haben in Neidenburg im 18. und 19. Jahrhundert bestanden. Gerade diese lustig und flott geformten Darstellungen aus dem Leben des Volkes, Erzeugnisse einer einfachen, aber eindringlichen Phantasie, lassen ahnen, wieviel an Volkskunst, diesem ureigensten Ausdrucksgut Masurens verloren ging.

Masurischer Hausrat ist einfach und bescheiden gewesen. Edlere Hölzer wie in den nördlichen Teilen Ostpreußens werden kaum verwendet. Dafür verleiht man den Möbeln durch bunte Bemalung ein schönes Aussehen. Die Form der Schränke, Truhen, Tische und Stühle bleibt einfach wie das Haus selbst. Plastisches Auswuchern nach Art der Barockmöbel kennt man nur in stark reduzierter Form als Gesimse oder Rahmenverkleidung. Masurische reich bemalte Schränke und Truhen befanden sich in ostpreußischen Museen so im PRUSSIA-Museum, Königsberg, in den Museen der Städte Lyck, Neidenburg, Ortelsburg und Allenstein; hier kann man sie auch heute noch im Allensteiner Schloß besichtigen.

Zu den auffälligsten Erscheinungsformen Masurens gehört unzweifelhaft die bodenständige Baukunst. Der Waldreichtum früherer Zeiten führte naturgemäß zur Holzbauweise mit stroh- und schilfgedeckten Dächern. Der Holzbau erwies sich gegenüber den Steinbauten deutscher Einwanderer überlegen, der paßte sich besser den harten klimatischen Bedingungen an und setzte das zur Ordens- und Herzogszeit überreichlich an Ort und Stelle vorhandenen Baumaterial Holz ein. Sie wurde weiterhin in ganz natürlicher Weise dadurch gefördert, daß die Neusiedler in ihren Verschreibungen/Handfesten auch freies Bauholz zugewiesen erhielten. Diese Holzbauweise hat sich trotz der zunehmenden Rodung der Wälder bis ins 20. Jahrhundert erhalten.

Konrektor Georg Schmidtke (in „Der Kreis Lötzen" S. 50ff) hat über einzelne Bautypen masurischer Bauernhäuser eine eingehende Darstellung gegeben. Danach ist die älteste Holzbauweise der Blockwandbau, d. h. runde behauene Stämme wurden zu einem Haus gefügt, durch Beschlagen zweier Seiten schuf man später Lagerfugen an den Enden der Vierkanthölzer, die den Bau zusammenhielten. Die Stämme lagen auf den Lagerfugen waagerecht übereinander, wobei die Eckbindungen an der Hausecke durch schwalbenschwanzartige Einschnitte der einzelnen Balken erreicht wurde. Zwischen die Lagerfugen zweier Stämme kam ein Balken der anderen Wand. Der Ausgleich der einzelnen Wände erfolgte oben durch Einfügen eines stärkeren Balkens. Die Querwände wurden gleichfalls aus waagerecht übereinander lagernden Balken errichtet, deren Enden mit einem zapfenartigen Fortsatz durch die Außenwände ragten.

Später, als Holz knapper wurde, erbaute man die Gebäude nur noch aus Halbhölzern, indem man durch Auftrennen des Stammes zwei Balken gewann. Fenster und Türöffnungen erwiesen sich als einfache Einschnitte in die Wände, von Pfosten abgestützt. Diese Bauweise wurde „Gehrsatz" genannt. Ihre Besonderheit war ein vorgezogener Giebel, der durch Säulen gestützt wurde. Die Säulen ruhten auf Feldsteinen, meist waren es Vierkanthölzer, doch sind sie manchmal als Rundsäulen ausgearbeitet. Schräge Stützen oben stellten die Verbindung zum Querbalken her, auch Kopfbänder oder Knaggen genannt. Doch ist der Zwischenraum zwischen Wand und den Säulen nur so schmal, daß lediglich eine Bank darunter aufgestellt werden konnte. Der Zweck dieser Giebel — die Häuser lagen mit dem Giebel zur Dorfstraße — lag wohl darin, daß man Malereien und Schnitzereien geschützt anbringen konnte. Die Häuser hatten kleine Fenster mit bunt bemalten oder mit Schnitzereien versehenen Fensterläden. Der oberere Teil des Giebels zeigte gewöhnlich die Aufteilung in zwei Felder, wovon das untere Feld senkrechte Verbretterung hatte, das obere Feld dann eine schräge Bretterführung, die dem Giebel einen eigenartigen Reiz verleiht.

Die Dächer hatten einen weiten Dachüberhang, der durch Auskragen der Balken oder Verwendung von Aufschießlingen erreicht wurde. Der dadurch entstehende sehr geschützte Raum wurde zum Trocknen von Brennholz oder zum Unterstellen von Geräten verwandt. Die Sparren saßen meist direkt auf dem Balken. Die Festigkeit wurde durch diagonale Streben erreicht. Als Deckmaterial diente Schilfrohr oder Stroh, das eine große Haltbarkeit erreichte. Zur Befestigung dienten Stangen für die einzelnen Stroh- oder Schilflagen, die mit Weidenruten festgebunden wurden. Besonders sorgfältig verfuhr man bei der Herstellung des Dachfirstes, je zwei kreuzweise miteinander verbundene Bretter oder Stangen wurden auf den Dachfirst gesetzt. Die Dächer waren im Gegensatz zu den modernen Ziegeldächern verhältnismäßig flach.

Bauernhaus in Mylucken

Altes Fischerhaus in Neuendorf am Lyckfluß.

Die allmähliche Entwaldung zwang gegen Ende des 17. Jahrhunderts mehr und mehr zur Sparsamkeit mit Holz. Nunmehr wurde Lehmerde nach Errichtung eines Steinfundaments zu einem Mauerwerk gestampft. Die Wandstärke war bedingt durch das Material ziemlich dick (60 cm bis 1 m). Diese Mauern hatten eine beträchtliche Wärmeisolierung. Diese Bauten wurden „Lehmpisebauten" genannt und waren in Masuren weit verbreitet. Die Außenwand wurde mit Kalkmörtel und mit Kalkanstrich versehen. Wo Lehm in der Nähe nicht vorhanden war, verwandte man die fast überall in Masuren aufzufindenen Steine zu Steinbauten. Die Hausdächer blieben auch bei diesen Bauten mit Schilfrohr oder Stroh gedeckt in gleicher Fertigungsweise wie bei den bisherigen Holzhäusern.

Sämtliche Holzhäuser Masurens sind einstöckig. Nur im Erdgeschoß befinden sich die Wohnräume, während im Dachgeschoß nur selten Kammern eingerichtet sind. Ursprünglich bildete das Wohnhaus mit dem Stall eine Einheit; auf der einen Seite des verhältnismäßig großen Flures wohnten die Menschen in einem großen Raum mit einer Kammer, auf der anderen Seite des Flures war das Vieh untergebracht; gegenüber lag die Scheune, auch aus Holz erbaut. Vom Flur führte eine steile Treppe zum Boden, der als Getreidespeicher und Aufbewahrungsraum für Geräte diente. Über dem Stall wurden Heu, Stroh und Klee zur Winterfütterung untergebracht; diese verhalfen dem Stall auch zur besseren Wärmehaltung. Die Stube diente gleichzeitig als Wohn-, Schlafraum und Küche.

Hier ist auch die Ausstattung des Raumes mit Möbeln, Herd und Handmühle, die fast in jedem Bauernhaus zu finden war, erkennbar. Ein breiter Tisch, an dessen Längsseiten zwei Bänke stehen, füllt eine Ecke im Giebel zur Straße aus. Er steht zwischen 2 Fenstern, die den Eßtisch erhellen. In der anderen Ecke befindet sich ein größerer Schrank, schön bemalt oder geschnitzt, ein weiterer Schrank steht an der Tür. Zwischen beiden Schränken hat man das Himmelbett für die Eltern aufge-

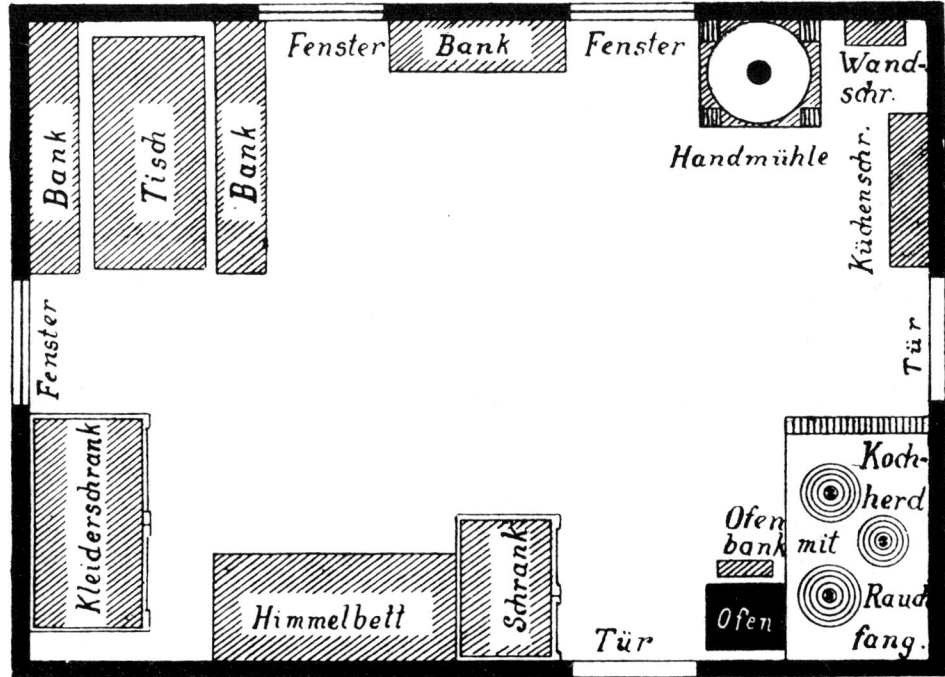

Stubeneinrichtung im Grundriß

stellt, während die Kinder nebenan in der Kammer schlafen. Zwischen den beiden Fenstern an der Längsseite des Hauses ist wieder eine Bank hingestellt. Eine weitere Zimmerecke neben der Eingangstür dient dem breiten Kochherd, über dem sich ein großer Rauchfang erhebt, und dem meist in Verbindung stehenden Ofen. Die bequeme Ofenbank wird bei harter Winterkälte gern benutzt. Unweit vom Herd ist in handlicher Nähe ein Küchenschrank und ein Wandschrank vorhanden.

Webstuhl, Spinnrocken und Flachsbrecher befinden sich in dem Flur gegenüberliegenden Zimmer, in der Altsitzerwohnung, die ebenfalls oft noch eine Kammer hat. Denn in Masuren wurde noch viel gewebt und gesponnen, Wollsachen und Leinwand wurden nicht nur zum eigenen Bedarf, sondern meist auch zum Verkauf auf den Märkten selbst hergestellt. Die Zimmerdecke des großen Zimmers zeigt die starken Deckenbalken, an denen Küchenkräuter getrocknet aufbewahrt werden, gelegentlich aber auch stark riechende Pflanzen; letztere dienen zur Abwehr von Fliegen, die in Masuren bei heißem Sommer in unendlichen Mengen auftreten, wohl infolge der Nähe der Viehställe.

Noch ein Wort zu der oben erwähnten Handmühle: bis zu Beginn des 20. Jahrhunderts besaß fast jedes Haus in Masuren eine Handmühle. Mit der Verbesserung der Erhöhung der Mühlenkapazität sind fast alle verschwunden.

Man sieht, daß der obere Mahlstein durch eine Stange, die in einem Haken am Deckenbalken befestigt ist, gleichmäßig gedreht werden kann, während der unten konisch eingreifende Mahlstein unbeweglich ist. Die Mahlsteine sind in der Mitte durchbohrt mit einer oben weiten, unten spitz zulaufenden Öffnung, durch die das

Masurische Handmühle.

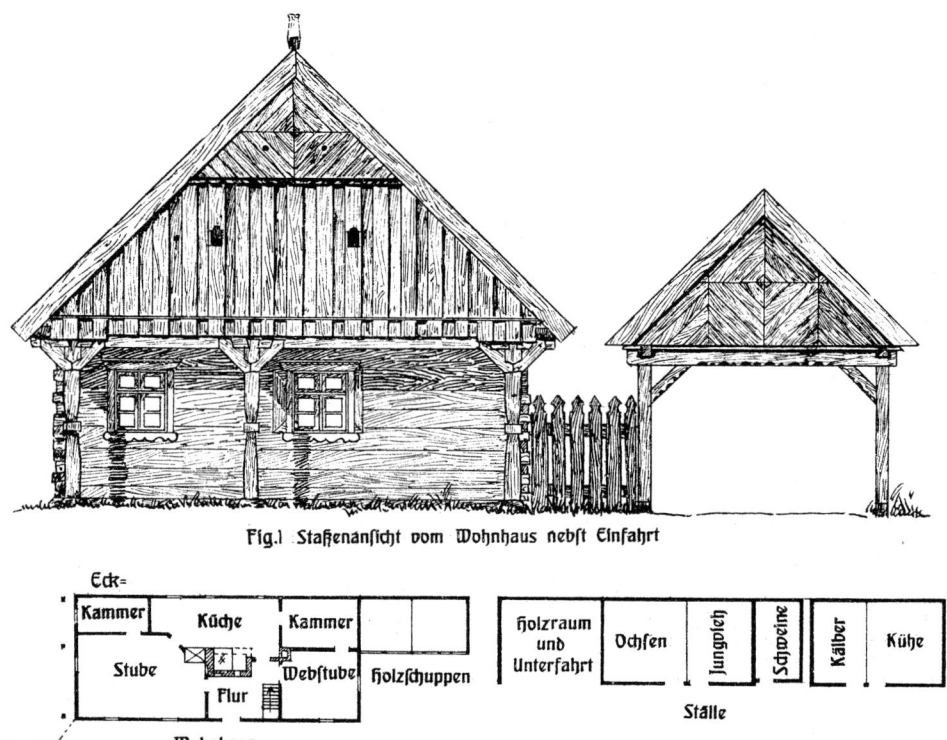

Fig.1 Straßenansicht vom Wohnhaus nebst Einfahrt

Getreide eingeschüttet wird. Beide Steine liegen in einem festen Holzgehäuse. Unten am Kasten befindet sich das Loch, durch das Mehl oder Grütze in einen darunter gestellten Behälter abläuft.

In Masuren findet man am häufigsten die Form des Straßendorfes, d. h. die Aneinanderreihung von Gehöften auf der zugehörigen Flur, die in langen Reihen senkrecht zur Dorfstraße aufgeteilt sind. Die Hofstellen sind verhältnismäßig schmal aufgeteilt; darum stehen die Wohnhäuser meist mit der Giebelseite zur Straße; der verbleibende Raum wird durch die Einfahrt und ein Stallgebäude ausgefüllt. Doch treten die Hofstellen auch in größerem Abstand auf, dieser wird von Gärten ausgefüllt. Sogenannte Abbauten findet man in der Regel dort, wo die Ländereien zu weit vom Dorf entfernt liegen, besonders in der hügeligen Kuppenlandschaft. Diese Abbauten machen meist einen sauberen und zweckmäßigen Eindruck. Um den Hofraum herum sind die Wohn- und Stallgebäude in einem Viereck angeordnet. Der hölzerne Ziehbrunnen befindet sich meist auf dem Hofe.

Gegen Ende des 19. Jahrhunderts kamen mehr und mehr Ziegelbauten auf; weiße und rote Ziegel wurden für den Bau von Wohnhäusern und Wirtschaftsgebäuden verwandt; für Scheunen wurden Ziegel oder Steine nur für den Unterbau, für den Oberbau Holz eingesetzt, die Dächer durchweg mit roten Dachpfannen abgedeckt. Nach 1870 entstanden die bekannten roten Ziegelsteinschulbauten. Im 1. Weltkrieg

Masurisches Bauernhaus mit Säulenvorbau in Jorkowen.

II. Holzkirchen

Masurisches Bauerngehöft

wurden zahlreiche Gehöfte eingeäschert; die bald danach errichteten Neubauten entstanden als Ziegel- oder Steinbauten mit roten Ziegeldächern.

Holzkirchen waren die ersten Gotteshäuser zur Ordenszeit. Hier soll dem Bericht des Königl. Mitarbeiters, Provinzialkonservator der Bau- und Kunstdenkmäler in der Provinz Ostpreußen Richard Dethleffen „Bauernhäuser und Holzkirchen in Ostpreußen", (1911) dem wohl besten Kenner dieser Materie gefolgt werden (S. 611ff):

„Wenn die bäuerliche Baukunst in Ostpreußen vollständig behandelt werden soll, dürfen die Holzkirchen und hölzernen Glockentürme nicht unerwähnt bleiben. In der gleichen Bauweise aufgeführt, aus gleichen Materialen und mit Schmuckformen ausgestattet, die dem gleichen Ideenkreise angehören, bilden sie sogar den wichtigen Teil des zu behandelnden Themas, denn sie sind die ältesten vorhandenen Beispiele der Holzbaukunst im Lande, enthalten die größten in dieser Konstruktion ausgeführten Bauwerke und verdienen nach Zweck und Form gleich sehr besondere Beachtung. Freilich Holzbauten der ältesten Zeit, über die wir Nachrichten besitzen, sind auch unter ihnen nicht mehr vorhanden. Mit diesen haben, soweit sie nicht schon vorher durch Steinbauten ersetzt waren, die mannigfaltigen Kriegsläufe, vor allem der Tatareneinfall 1656 gründlich genug aufgeräumt. Über diesen Zeitpunkt zurück, und auch nur wenige Jahrzehnte, gehen nur die von 1590 datierte, 1894 aber leider abgebrochene Kirche von Groß-Rosinsko und vielleicht die von Scharnau (siehe vorstehende Karten-Fotokopie). Im Übrigen liegt die Entstehungszeit der meisten unserer Kirchen unmittelbar nach dem genannten Unglücksjahr (1656), und wiederum ist keine der noch vorhandenen nach 1752 vollendet, während die Türme in ihren einfacheren Formen diese Zeitspanne nach beiden Seiten hin um ein Geringes überschreiten.

Von den vier großen, am nächsten miteinander verwandten masurischen Kirchen wurde Groß-Rosinsko bereits genannt; Wielitzken, Kr. Treuburg ist bald nach

1660 gebaut, der Turm 1694; Kallinowen, Kr. Lyck 1666, der Turm 1725 und Ostrokollen, Kr. Lyck 1667.

Es fällt auf, daß die in der Formengebung so nahe verwandten Türme dieser vier Gotteshäuser zeitlich so weit auseinander liegen sollen; bei näherer Prüfung zeigt aber der Zimmerverband doch große Verschiedenheiten, und es liegt nahe, daß die verschiedenen Jahre mit ihrer verschiedenen Technik sich nur für die äußere Gestalt an ein gemeinsames Vorbild gehalten hat.

Im Innern sind bei unseren Holzkirchen die Wände nach Ausfüllung der engen Fugen unmittelbar auf dem Holz bemalt (Kallinowen) oder meist überschlemmt. Die flach oder korbbogig hergestellten Decken sind ebenfalls überschlemmt. Die Binderbalken, von denen einige aus konstruktiven Gründen frei durch den Raum gehen, sind öfters auch als Ziermotiv geschickt verwertet wie in Ostrokollen. Wenigstens einige haben noch etwas von ihrem ursprünglichen Schmucke mehr oder weniger erhalten. Große, geschickt verteilte Felder mit allegorischen Figuren oder Darstellungen aus der biblischen Geschichte, ansprechend umrahmt und durch reiches Rankenwerk miteinander verbunden, bildeten den Schmuck der Wände und Decken, Beispiel die beachtenswerte Kirche in Kallinowen; und auch hier hat durch eine verfehlte ‚Wiederherstellung' im Jahre 1910 alles leider an Wert verloren!" (Im 1. Weltkrieg wurde diese Kirche leider durch Artilleriefeuer vernichtet.)

Neben den Holzkirchen gab es auch Steinkirchen. Fast völlig verloren gegangen sind die mittelalterlichen Steinkirchen in Soldau und Neidenburg. Die Soldauer Kirche brannte 1794 gänzlich aus. Ein Neubau in den nächsten Jahren benutzte zwar die alten Mauern, rettet aber nichts vom Charakter der alten Ordenskirche. Auch die Neidenburger Stadtkirche wurde mehrfach zerstört, zuletzt im 1. Weltkrieg. Dagegen hat die Pfarrkirche zu Passenheim ihre mittelalterliche Architektur fast ganz erhalten. Sie gliedert sich in den mächtigen quadratischen Turm und das breite, mit hohem Satteldach überdeckte Langhaus. Eine Sakristei und eine Eingangshalle kommen als übliche Anbauten hinzu. Der Innenraum im Grundriß rechteckig innen, mit glattem Chorschluß und in der Breitenrichtung stark betont, wirkt sehr geweitet. Emporen auf hölzernen Ständern umziehen den Raum an den Längsseiten und im Westen; sie sind flach gedeckt, während der Raum dazwischen von einer hölzernen Tonnendecke überspannt wird. Ein Giebel überragt die Chorseite. Die über Eck gestellten Pfeiler begrenzen kleinere und größere Blenden. Als Baumaterial benutzte man im Unterbau Feldstein, darüber Ziegel. Die gotischen Spitzbogenfenster in den Längsseiten haben Rundstabprofil; später hat man sie nach unten erweitert und dicke, unschöne Strebepfeiler als Stützen gegen die Mauer gebaut. Als Erbauungsjahr ist 1391 genannt; 1750 verheerte ein großer Brand die Kirche.

Auch andere Kirchen in Masuren sind aus Feldsteinen wie Trutzburgen erbaut, so in Usdau, Kr. Neidenburg, Milken, Kr. Lötzen, Jucha, Kr. Lyck, Aweyden, Kr. Sensburg und in Lyck selbst, eine besonders schöne Kirche, die im 1. Weltkrieg zerstört wurde. Noch im 18. Jahrhundert baute man diesen einfachen Stil als Hallenkirche aus Feldsteinen und Ziegeln; Emporen stehen auf Holzsäulen und eine flachgewölbte Decke überspannt den Raum, so in Mensguth, Kr. Ortelsburg, die Stadtkirche in Ortelsburg, in Groß-Schöndamerau u. a. Ein neuer Impuls traf Masuren, als in den ersten Jahrzehnten des 19. Jahrhunderts Karl Friedrich Schinkel als preußischer Oberbaudirektor von Berlin aus die architektonischen Geschicke des Ostens bestimmte. Der bedeutendste Kultbau seiner Schule ist die evangelische

Blockwindmühle in Mylussen

Pfarrkirche in Willenberg. Dem rechteckigen glatt geschlossenen Gebäude setzt an der Eingangsseite wieder ein quadratischer Turm vor; zwei Reihen Fenster mit Gesimsen bilden den einzigen Schmuck der Außenwände. Als Baumaterial verwandte man Ziegel, der verputzt wurde. Von besonderer Wirkung ist der festlich weite und lichte Innenraum mit Emporen auf Säulen. Durch den vornehm klassizistischen Stil mit seinen guten Verhältnissen und hellen Farben klingen noch leise Rokokomotive hindurch. Stilverwandt dieser Kirche sind die Gotteshäuser in Kobulten und die Pfarrkriche in Lötzen (1827).

Abgesehen von den Ordensburgen haben nur Soldau, Neidenburg und Passenheim eine Befestigung durch Stadtmauern mit Toren erhalten; nur in Passenheim läßt sich die Stadtmauer aus Feldstein noch deutlich verfolgen. Der „Salzspeicher" in Neidenburg, der zu Wirtschaftszwecken gedient hat, stammt noch aus der Ordenszeit.

BRÄUCHE IN MASUREN AUF DEM LANDE IM JAHRESABLAUF

Wie jede Landschaft hat auch Masuren im Laufe des Jahrhunderts eigenständige Bräuche hervorgebracht. Sie gehen zu einem großen Teil auf die Vorfahren, die baltisch-prußische Bevölkerung vor der Ordenszeit zurück. Die prußischen Stämme, die Galinder und Sudauer und deren Götterglaube haben viele Anregungen gegeben. Neben Liedern, Sagen und Märchen vermittelt das Brauchtum, das tief im Volksglauben Masurens wurzelt, viel von der Wesensart seiner Menschen. Der konservative Sinn der masurischen Bevölkerung hatte mancherlei Gebräuche und Eigentümlichkeiten bis in die jüngste Zeit auf dem Lande erhalten.

Der Mensch war der Erde enger verbunden als heute, der Rythmus des Tages- und Jahresablaufs bewegte und belebte sein Empfinden und sein Tun. Für den Landbewohner war das Wetter, das damals noch nicht per Rundfunk oder Fernsehen ins Haus geliefert wurde, ein sehr wichtiger Faktor. Da gab es vieles zu beachten, alte Bauernregeln und die Voraussagen des „Hundertjährigen Kalenders" wurden noch ernst genommen. So sollte sich das Wetter bestimmter Tage das der kommenden Zeit voraussagen lassen. Da hieß es z. B. „Wenn's am Lichtmeß (2. Februar) stürmt und schneit, ist der Frühling nicht mehr weit". Regnete es am Siebenschläfertag (27. Juni), so würde es sobald nicht aufhören, und regnete es an Siebenbrüder (10. Juli), so war der Regen in den nächsten sieben Wochen zu erwarten und damit eine nasse und schwierige Erntezeit. Bei „grüner Weihnacht" mußte man mit „weißen Ostern" rechnen; weiter hieß es: „wächst das Gras im Januar, wächst es schlecht durchs ganze Jahr." Und: „Trockener März erfreut des Bauern Herz," „Mai kühl und naß, füllt dem Bauern Scheun' und Faß". Die Hausfrau nahm bei Aussaat ihres Gemüses auf die „Eisheiligen" vom 11.—13. Mai Rücksicht und der darauf folgende „Bonifatius" galt als günstiger Tag für das Legen von Bohnen. Doch auch magische Bindungen spielten bei der Aussaat eine Rolle. So wurde dem Mond ein großer Einfluß auf Wachsen und Gedeihen zugesprochen. Das Getreide sollte man bei zunehmendem Mond säen, desgleichen alles Gemüse, das über der Erde wuchs, während allen Wurzelfrüchten wie Kartoffeln, Möhren, Zwiebeln und Steckrüben eine Aussaat bei abnehmendem Mond zu einem größeren Erfolg verhalf, Erbsen und Bohnen bei Vollmond gesät, brachten auch volle, dicke Schoten.

Im Jahresablauf zeigten die großen christlichen Feiertage und andere christliche und bäuerliche Feste die Eigenheit Masurens.

In der Adventszeit bereitete die Hausfrau den Adventskranz aus Tannengrün vor, steckte auf diesen 4 Kerzen und legte ihn auf den Tisch oder setzte ihn auf einen besonderen Ständer. Zum 1. Advent erstrahlte ein Licht, dabei wurde zum Kaffee der bereits gebackene Pfefferkuchen gegessen, dann zwei und drei und zum 4. Advent vier Kerzenlichter, die in der anderthalb Stunden früher als im Westen eintretenden Dämmerung erstrahlten.

Der 6. Dezember, der „Nikolaustag", war für die Kinder ein Freudentag; am Abend zuvor stellten sie ihren Schuh vor das Schlafzimmer, welche Freude, wenn am kommenden Morgen vom „guten Nikolaus" Gaben wie Pfefferkuchen und Süßigkeiten hineingetan waren!

Weihnachten war das schönste und liebste der großen Feste, das auch die längste Zeit gefeiert wurde. Im Winter hatte der Bauer ja genügend Zeit. Es dauerte von Heiligabend bis zum „Dreikönigstag", dem 6. Januar im neuen Jahr. Auf dem Bauernhof hatten der Hausherr und die Knechte alles so hergerichtet, daß das „Beschicken" auf dem Hofe und im Stall wenig Zeit in Anspruch nahm. Die Hausfrau und ihre Mägde wußten, daß in der Zeit der „Heiligen Nächte" nicht gestrickt und genäht werden durfte; es kämen sonst im kommenden Jahr taube Lämmer und Kälber zur Welt (die Ohren wären zugenäht). Zum Mittag- und Abendessen kamen nur Pellkartoffeln auf den Tisch; nur keine Kartoffeln „schrapen", es schabt sich sonst das Vieh, d. h. das Vieh bekommt die Räude. In der Zeit der „Heiligen Nächte" ruhte alle laute Arbeit auf dem Hof, besonders alles, was sich mit Drehen verband; so ging kein Roßwerk, keine Dreschmaschine. Nur die dringendsten Arbeiten wurden verrichtet. „Heiligabend" erhielt das Vieh besonders gutes Futter, es sollte ebenfalls Freude an diesem Abend haben!

Heiligabend ging es in die Kirche. Die „JUTRZNIA" (= Morgenstern) war ursprünglich eine kirchliche Feier in dunkler Frühe des Weihnachtsmorgens, in der in realistischer Darstellung die Geschichte der frohen Botschaft sinnenfreudig nachvollzogen wurde. In den meisten masurischen Kirchdörfern wurde ein Krippenspiel von den Kindern der Kirchschule aufgeführt wie in Jucha, Kr. Lyck, in meinem Heimatdorf. Hier hat die erste Klasse der Kirchschule eine Christfeier in dem schönen Kirchenraum dieser ehrwürdigen Kirche, die allmählich zu einem festen Brauch geworden war, nach längerer Vorbereitung ab 5 Uhr nachmittag vorgeführt. Im Vorraum versammelten sich die weiß gekleideten Mädchen mit aufgelöstem, schön gekämmten Haar, und die Jungen, die ein weißes Oberhemd ihres Vaters, versehen mit Bändern, übergezogen hatten, und schritten dann, ein brennendes Licht in der Hand, mit dem Gesang „Nun bricht die Heilige Nacht herein mit Glockenklang und Kerzenschein" in die Kirche zum Altar. Nach kurzen Eingangsworten des Pfarrers und einem Weihnachtslied der Gemeinde begann das Krippenspiel der Kinder, dazwischen Gedichte und Lieder der Kinder abwechselnd mit der Gemeinde. Ein kurzes Schlußwort des Geistlichen, und ein Weihnachtslied beschlossen die schöne Weihnachtsfeier. „Alle Kinder meiner Klasse", schreibt mein Vater August Weber, „waren dabei, keines weigerte sich oder wollte ausgeschlossen sein". Und alle freuten sich Jahr für Jahr auf dieses Ereignis und baten um Teilnahme. Zum letzten Mal war in Jucha diese Weihnachtsfeier Heiligabend 1943!

Während der „Heiligen Nächte" zwischen Weihnachten und dem Dreikönigstag, dem 6. Januar, kam die Familie mit Großeltern und Verwandten, aber auch mit Nachbarn zusammen; Vater las oft irgendeine nette Geschichte oder ein Gedicht vor, Großmutter spann, alle anderen waren beschäftigt, so wurden z. B. die Federn von Gänsen und Enten „gerissen", d. h. von den Kielen befreit, die Kiele konnte man in manchen Orten auf der Dorfstraße an den Grundstücksgrenzen finden.

In der Zeit nach 1933, der „Machtergreifung" durch die Nationalsozialisten hatte man versucht, in Anlehnung an die „Wintersonnenwende" mit neuen Liedern eine

„deutsche Weihnacht" zu schaffen. Die Partei hatte in ihren Gliederungen derartige „moderne" Feiern eingeführt; doch blieben in den Dörfern Masurens die alten, trauten Weisen begehrt und wurden gesungen, die Christfeier in der Kirche blieb erhalten; in den Familien übte man weiterhin den alten Brauch und lehnte alle „Neuerungen" ab.

Von der kirchlichen, sehr ergreifenden Feier ging es rasch nach Hause. Die Eltern hatten schon vor der kirchlichen Feier alles vorbereitet. Die Kinder durften an diesem Tage nicht mehr in das Wohnzimmer, das blieb verschlossen. Vom Weihnachtsmann und vom Christkindlein war schon seit Tagen die Rede gewesen; namentlich die Kleinen konnten „Heiligabend" nicht erwarten. Die Mutter hatte schon im Verlaufe des Tages den Festbraten, meist Gans- oder Entenbraten vorbereitet. Vater hatte im verschlossenen Wohnzimmer den Tannenbaum geschmückt, Mutter die ach so begehrten „Bunten Teller" mit Pfefferkuchen, einigen Süßigkeiten und Äpfeln auf dem Tisch bereitgestellt und auch kleine Geschenke unter den Weihnachtsbaum oder auf den Tisch neben die „Bunten Teller" gelegt.

Dann kam der große Augenblick! Die Kinder durften ins Wohnzimmer; dort erstrahlte der Weihnachtsbaum mit brennenden Kerzen festlich geschmückt, Kerzenschein und Tannenduft erfüllten den Raum. Ergriffen schauten die Kinder auf den Mittelpunkt des Raumes, den festlich geschmückten, im Kerzenschein schimmernden Baum. Zu manchen Familien kam in diesem Augenblick der Weihnachtsmann selber, wenn er nicht schon vorher alles „abgegeben" hatte. Der Weihnachtsmann im ausgekehrten Pelz mit Mütze, langem Bart, mit Sack und Rute für die unartigen Kinder, ließ sich Gedichte aufsagen, fragte, ob alle artig gewesen waren, und übergab jedem Kind einzeln nach dessen Gedichtsvortrag die Gaben. Kam kein Weihnachtsmann, taten dies die Eltern. Doch vor der „Bescherung" erklangen in der Familie die schönen Weihnachtslieder, wo ein Klavier oder ein anderes Instrument vorhanden war, begleitete es den Gesang. In vielen Familien las der Vater aus der Bibel vor, meist die „Weihnachtsgeschichte"; die Frömmigkeit beseelte unsere Masuren, man sang sehr gern! Freude und Lust herrschten! Das Weihnachtsfest hat bei den Masuren soviel Zauber, soviel zu Herzen gehende Lieder, soviel Freude und Innigkeit verbreitet! Keine elektrischen Kerzen, sondern Wachskerzen am Baum, keine Schallplatten oder Rekorder, Rundfunk oder Fernsehen, alles war aktiv und sang die herrlichen Weihnachtslieder, keine sündhaft teuren Geschenke — dazu fehlte ja auch das Geld —, sondern meist Praktisches zum Anziehen und eine Kleinigkeit an Spielzeug für die Kleinen. Doch ganz besondere Freude bereitete den Kindern stets der „Bunte Teller"!

Anschließend saß die Familie beim Festbraten zusammen. Hier lauschten die Kinder den Erzählungen der Großeltern und Eltern über Weihnachten und „Heiligabend" in früheren Zeiten, ihrer Jugendzeit. In Harmonie und Herzlichkeit verlief dieser schönste Abend des Jahres!

Dann kam der Jahresschluß, „Silvester"! Am späten Nachmittag ging man zur Kirche, der Gottesdienst war sehr gut besucht. Zuhause oder bei Nachbarn erstrahlte der Tannenbaum in vollem Lichterglanz. Waren die Kerzen stark heruntergebrannt, suchte sich jeder der Anwesenden ein Lichtlein als „Lebenslicht" aus; derjenige sollte am längsten leben, dessen Licht als letztes verlosch! Ein Zeitvertreib mit scheinbar ernstem Hintergrund? Doch welche Schatten warfen die allmählich verlöschenden Kerzen im völlig abgedunkelten Raum mit den Schatten der Zweige des Tannenbaums auf Decke und Wände! Spiele verkürzten den Silvesterabend bis zum Jahreswechsel. Jeder ist neugierig, was das nächste Jahr bringen würde! Gesundheit, Krankheit, oder sogar Tod? Darauf waren einige Spiele ausgerichtet. Der Pantoffel wird schon Auskunft geben! Alle, ob jung oder alt, setzten sich nacheinander mit dem Rücken zur Tür auf den Fußboden; auf den rechten Fuß wurde ein Pantoffel gezogen und mit dem Fuß über den Kopf zur Tür geschleudert mit Blick auf die Stubenmitte; zeigte die Pantoffelspitze bei dreimaligem Wurf zur Tür, so bedeutete dies den Tod im neuen Jahr. Doch der Betroffene konnte im folgenden Spiel sein Schicksal wenden! Eine große Schüssel mit Wasser wird herbeigeschafft; ein „Dittchen" (Groschen) wandert von Hand zu Hand; wiederum läßt ihn jeder dreimal senkrecht in die Schüssel fallen, jedesmal vorher das Versehen sprechend: „Lieber Groschen, armer Tropf, sage mir, ob ich das nächste Jahr erlebe!" Schlägt das „Dittchen" mit gutem Klang auf, bedeutet das Gesundheit, glitscht es ab, gibt es Krankheit, springt es aus der Schüssel bedeutet es den Tod.

Zu den meist betriebenen Spielen am Silvesterabend gehörte das „Zinngießen"; eine Schüssel mit Wasser steht bereit; über einer Flamme wird in einem Löffel Zinn bzw. Blei geschmolzen; schnell schüttet der „Glücksucher" das geschmolzene Metall ins Wasser hinein; wunderliche Figuren bilden sich beim Erkalten heraus, diese deutet der „Experte" dem „Glücksucher"!

Ein weiteres Spiel war am Silvesterabend üblich: man ließ Schalen von Walnüssen in einer Wasserschüssel schwimmen, in jede Walnußschale wurde ein Lichtstümpfchen gesetzt und dieses angezündet; das Licht durfte bei der Fahrt nicht verlöschen, die Schale nicht umkippen, wenn das Wasser leicht bewegt wurde. Berührten sich zwei Schalen, so war eine Verlobung fällig!

In größerem Kreis vertrieb man sich die Zeit bis Mitternacht mit Rundgesängen oder mit Pfänderspielen; Punsch oder Grog war das Getränk des Abends. Um Mitternacht entstand Leben auf der Dorfstraße; man hörte die Kirchenglocken und die Zurufe „Prosit Neujahr"!

Alte Menschen nahmen in der Dunkelheit ihr Gesangbuch zur Hand und legten einige Ecken darin um. Am nächsten Tage, dem Neujahrstag, lasen sie, was sie gekennzeichnet hatten, das hatte für das neue Jahr besondere Bedeutung! Die Zeit der „Heiligen Nächte" war auch die Zeit der Besuche. Bei uns war man sehr gastfrei, auch Fremden gegenüber! Es war gebacken und gebraten; zu diesen Festtagen hatte man geschlachtet, meist ein Schwein, neben Geflügel und Wurst hergestellt, Schinken in der Räucherkammer geräuchert, durfte nicht fehlen. Es war alles für den Besuch da!

An den Abenden der „Heiligen Nächte" zog eine besondere Gruppe von Haus zu Haus; es waren „Bärenführer" mit „Bär", der „Schimmelreiter" und der „Storch". Der „Bär", ein Bursche mit braunem, rauhen, nach außen gekehrten Pelz mit verhülltem Haupt wurde vom „Bärenführer" an einem Seil geführt und mußte zu Mundharmonikamusik tanzen und brummen. Der „Schimmelreiter" ritt auf zwei festen, großen Sieben, die entsprechend zusammengebunden waren, ein Laken verhüllte Bursch und Siebe, nur das Gesicht blieb frei. Der „Storch", auch ein in Erbsenstroh verhüllter Bursche mit langem roten Schnabel, der oft „klapperte", trieb seine Späße mit den Mädchen und den Kindern. Viel Gelächter und Freude herrschten im Hause, wenn diese Gruppe auftrat; Kuchen, Tabak und ein Schnäpschen waren der Lohn. Die Deutung dieses Brauchtums ist kaum zu treffen; sicherlich geht dieser Brauch auf vorchristliche Zeit zurück. Jedenfalls ist im Juchaer Kirchenbuch bereits vor 1800 über diesen Brauch berichtet.

Fastnacht wurde nicht wie am Rhein als Karneval oder als Fastnacht in München wochen- oder monatelang, sondern nur an einem Tag, dem Fastnachtsdiensttag, gefeiert. Es gab keine „Kostüme", sondern höchstens eine originelle Kopfbedeckung. Erst in den dreißiger Jahren hatte sich auch die Kostümierung eingefunden. Dieser Tag war für Schlittenpartien vorgesehen; eine Reihe von Rodelschlitten wurde zu einer Kette zusammengebunden und mit dem größten Schlitten von einem Pferd in Feld und Wald gezogen, natürlich mit Kindern und Jugendlichen besetzt; die Älteren unternahmen eine Fahrt mit normalen Schlitten oder mit Kutschschlitten von einem oder von zwei Pferden gezogen. Das Schellengeläut begleitete den Zug der langen Schlittenreihen und der fröhlichen Menschen. Meist ging es ins Nachbardorf, wo die Kaffeetafel vorbereitet war, oder es war eine Rundfahrt, als Abschluß die Kaffeetafel im Gasthaus im eigenen Dorf! Dann folgten Lust und Fröhlichkeit bei Spiel und Tanz. Bevor die „modernen" Tänze aufkamen, gab es die Polka oder die Kreuzpolka, den Wechselrheinländer und den Walzer. Als Besonderheiten wurden „Korbwalzer" oder „Bügeltanz" eingelegt; beim ersteren wurde ein Körbchen vom vordersten Tanzpaar nach einigen Umdrehungen an das nachfolgende Paar und weiter bis zum letzten Paar weitergereicht, bis das Körbchen wieder beim ersten Tanzpaar landete. Beim „Bügeltanz" hielten zwei Burschen vor der Tanzreihe einen Bügel hin, über den jede Tänzerin springen und ihr Tänzer außen herum tanzen mußte. So hoch, wie die Tänzerin springen konnte, würde im Sommer der Flachs wachsen; dieser hatte nämlich noch Ende des 19. Jahrhunderts in Masuren große Bedeutung, bis Baumwolle aufkam und den Flachsanbau verdrängte. Aus Flachs wurden Wäsche, Decken u. a. gewebt, namentlich die Aussteuer für die Töchter; in den langen Winterabenden haben Frauen und Mädchen gemeinsam gesponnen und gewebt, im Frühjahr und Sommer das Gewebe auf den Wiesen gebleicht. Das waren unterhaltsame Abende!

Zu „Fastnacht" wollten auch die Kinder etwas Besonderes haben. Da standen auf der Tafel im Klassenzimmer Sprüche wie: „Fastnacht feiert jedes Haus, drum bitten wir uns Ferien aus. Der Lehrer ist ein guter Mann, der uns Ferien geben kann." Oder es stand: „Fastnacht, Fastnacht nur einmal im Jahr! Herr Lehrer erlauben Sie uns Schlittchen zu fahren. Doch blieben wir nicht zuhaus, so bitten wir uns ein Märchen aus!" Die Bilder an der Tafel zeigten dazu Krähen, die Bücher tragen; auch sah man Schalen mit Krapfen und schmausenden Kindern, auch solche, die rodelten. Dazu schreibt ein masurischer Lehrer: „Wir haben die Bitten der Kinder gern erfüllt und so manche Geschichte auch über die Vorzeit und die Funde im Umfeld unseres Dorfes an diesem Tage erzählt."

Zu Fastnacht gehörten „Krapfen", an andern Orten „Berliner" genannt und „Raderkuchen", ein köstliches Gebäck aus Butter, Eiern, Zucker, Mehl mit Backpulver und Hirschhornsalz, saurer Sahne mit Zimt und Rum untermischt, „die Teilchen aus dem ausgerollten Teig in etwa 10 cm lange und etwa 3 cm breite Streifen geschnitten, in der Mitte mit einem Längsschnitt, durch den die Hälfte des Teilchens durchgezogen wird, dann in Schmalz, Öl oder Palmin sieden und eine Weile kochen lassen; zum Schluß die Teilchen mit Puderzucker bestäuben".

Ostern warteten die Kinder auf den Osterhasen; sie suchten die von ihm gebrachten bunten Ostereier im Garten, wo sie im Gebüsch oder unter Hecken versteckt worden waren. Das Ei ist das Bild des Lebens! Die Farben sollen an die nun kommende Farbenpracht in der Natur erinnern, wenn mit dem erwachenden Leben auch dort alles bunt blühen wird. Und warum der Hase zu Ostern? Er gehört zu den fruchtbarsten Säugetieren, ist also auch ein Bild des Lebens und des Lebenswillens. So wird durch diesen Brauch österliches Leben verkörpert.

In manchen Gegenden Masurens bestand auch der Brauch, das „Osterwasser" am Fest zu holen. Das Wasser mußte einem Bach oder sogar einer Quelle entnommen werden, wo es nach Osten floß! Die Mädchen holten heimlich das „Osterwasser" früh am 1. Osterfeiertag, möglichst vor Sonnenaufgang. Unterwegs durfte nicht gesprochen werden, sonst war die „Wirkung" dahin; diese bestand darin, daß das „Osterwasser" Gesundheit und Schönheit jedem Mädchen geben sollte, das sich damit wusch.

Zu Ostern war das „Schmackostern" üblich; am frühen Morgen des 1. Feiertages, an einigen Orten erst am 2. Feiertag, zog ein Frühaufsteher den Schläfern schnell die Bettdecke fort und schlug mit „Osterruten", das waren Birkenreiser, auf die Fußsohlen; man ging zu Familienangehörigen und Nachbarn und Freunden „schmackostern", wo sie sich einen „heimlichen Türaufmacher" gesichert hatten; dabei sprach der Klopfende: „Oster, Schmackoster, drei Eier, Stück Speck, dann geh ich gleich weg!"

Hier war der Sinn dieses Brauches der Gedanke an ein neues Leben, das man aus den frischen Ruten auf die Getroffenen übertragen wollte.

Auf dem Hof verdichtete sich das festliche Frühjahrsbrauchtum wohl als Krönung der Frühjahrsfeierlichkeiten aus vorchristlicher Zeit der Prußen (Galinder und Sudauer) auf Fastnacht, Ostern und Pfingsten. So berichtet Werner Bethke: „Wenn beim Landwirt im Frühjahr das Vieh zum ersten Mal auf die Weide herausgetrieben werden soll, legt man eine Axt oder sonst einen Gegenstand aus Stahl auf die Schwelle der Stalltür. Stahl soll das Böse bannen und die Haustiere vor Krankheit und Unheil schützen. Einem anderen Heimatlichen Brauche zufolge wird die Axt im Torweg am Hofeingang so hingelegt, daß die Tiere dann darübergehen müssen. Die Auslegung ist in unserem Heimatkreis (Lyck) unterschiedlich: hier soll die Axt vor Krankheit und Unheil schützen, dort soll ein Stück Stahl das Vieh vor Gewitter und vor einschlagenden Blitzen bewahren. Nach anderer Auslegung geschieht dies, damit niemand den Kühen die Milch abnimmt. An Stelle der Axt wurde an manchen Orten ein Hufeisen oder eine Pflugschar hingelegt. Hufeisen und Pflugschar spielten bei unseren Ahnen beim Vorpflügfest und beim ersten Pfluggang eine Rolle. Wird ein junges Pferd im Frühjahr zum ersten Mal angespannt, so wird auch diesem eine Axt oder eine Pflugschar auf die Schwelle gelegt, es soll nach Auffassung aus vorchristlicher Zeit Böses bannen und eine glückbringende Macht ausstrahlen."

Mit dem ersten Austrieb des Viehs sind ebenfalls Bräuche üblich gewesen; diese sollen Krankheitsgeister während des Sommers vom Vieh fernhalten; dazu gehört das Bekränzen des Viehs mit den ersten Frühlingsblumen und das Berühren mit einer grünenden Weidenrute; aus Weidenruten fertigte sich der Hirt eine Pfeife und ahmte den Frühlingskünder, den Kuckuck nach. Der „Kuckuck"-Ruf spielt im Alltagsleben der Masuren eine besondere Rolle. Wer im Frühjahr zum ersten Mal einen Kuckuck rufen hört, muß Hartgeld bei sich haben oder mit Geldstücken „herumklimpern", „dann wird er das ganze Jahr hindurch Geld haben"! Nach einer alten Bauernregel wird es ein schlechtes Erntejahr geben, wenn der Kuckuck ruft, bevor die Bäume grünen. An anderen Orten heißt es: Ruft der Kuckuck, bevor die Bäume Blätter haben, wird der Roggen keine Ähren haben!

Zu Pfingsten wurden junge Birkenbäumchen vor die Haustüren gestellt, in den Zimmern hingen Birkenzweige hinter Bildern, Spiegeln und hinter dem Sofa. Das war wohl ursprünglich als Abwehr gegen böse Geister und Unholde gedacht, die durch den frischen Duft und die Kraft des neuen Lebens aus den grünen Zweigen abgewehrt werden sollten. Im christlichen Sinne wollte man mit diesen Zweigen, ihrem Duft und ihrer Frische den Geist Gottes in Haus und Wohnung holen.

Johanniabend! In dieser Zeit der hellen Nächte entfaltete der Sommer seine ganze Pracht mit wunderbaren Düften und traumhafter Schönheit! Es wurde ein Fest der Hingabe an die Natur in Masuren. Es war kein Feiertag, denn tagsüber wurde schwer geschafft, das Heu gewendet und eingefahren, Fuhre auf Fuhre kam in Scheune und auf den Stallboden. Am Abend jedoch hatte jedes Dorf und jede Stadt, ja selbst mancher Abbaubauer sein „Johanni"-Feuer! Das war ein Fest für jung und alt. Von den Höhen sah man bis in weite Ferne mit beginnender Dunkelheit viele Feuer aufleuchten. Diese Feuer sollten nach altem Glauben die Hexen vernichten!

Bereits am Nachmittag hatten in vielen Orten die Hirten den Kühen Blumenkränze um die Hörner gebunden. Dafür erhielten sie ein kleines Trinkgeld vom Bauern.

Zur Erntezeit zeigte sich ein Brauchtum besonderer Art, „Plon" genannt. Auf jedem Bauernhof wurde am letzten Tag des Roggenmähens der „Plon" gefeiert. Es waren anziehende Bilder, die ich aus meiner Jugend noch aus den zwanziger Jahren kenne und sehr geschätzt habe, als noch die Sensen mit Bügeln und hinter den Schnittern die Rafferinnen in hellen Blusen und mit Kopftüchern, die Paare gestaffelt, hintereinander den herrlich gewachsenen Roggen mähten und in Garben banden. Es herrschte trotz der schweren Arbeit und der Sommerhitze Hochstimmung auf den Feldern; denn das Ende mit dem Fest, dem „Plon", winkte. War der Roggen bis auf einen kleinen Rest gemäht, wurden Halme mit besonders langen Ähren gezogen und von Frauen zu einem Strauß gebunden. Der erste Schnitter überreichte diesen Strauß, den er bis zum Hof an seiner Sense getragen hatte, hier vor dem Wohnhaus der Bäuerin. Bis zum Hof waren Schnitter und Rafferinnen mit Gesang darunter das Lied: „Das Feld ist weiß, der Ähren Häupter neigen sich ihrem Schöpfer Ehre zu bezeigen."

Auf dem Hof wurden die Ernteleute nach Überreichen des Erntestraußes, der Erntekrone, zunächst mit Wasser begossen, manche wurden dabei pudelnaß. Dann ging es mit viel Freude und Lustigkeit zum vorbereiteten Mahl. Das Achtel Bier gehörte ebenso dazu wie der Bärenfang nach schwerer Arbeit. Das Festessen war reichlich, meist gab es Hammelbraten und Geflügel. Danach begann der Tanz in der Stube, der Küche oder auf der Tenne bei Ziehharmonikamusik. Spiel und Gesang unterbrachen oft den Tanz. Hier zeigte sich wiederum die enge Verbundenheit mit dem Hofe.

Bald war der Anfang für das neue Erntejahr mit der Einsaat gemacht. Erntedankfest war der 1. Sonntag im Oktober in der Kirche. Wie füllte sich das Gotteshaus, das es kaum alle fassen konnte! Alle wollten Gott den Dank abstatten für die Gnade und den Beistand bei Ernte und Brot! Diese überwältigende Stimmung der bäuerlichen Bevölkerung war jedes Jahr ein Erlebnis! Wie klangen da die Dankeslieder der ehrfürchtigen Menschen im Orgelklang vereint so mächtig durch das schöne Gotteshaus, wie lauschten die Besucher den erhebenden Worten des Pfarrers! Und dann fuhr man nach Hause zum Festmahl und zum Feiern!

So vollzog sich der Jahresablauf in alter Tradition in Masuren!

LITERATURVERZEICHNIS

Ungedruckte Quellen

Geheimes Staatsarchiv Preußischer Kulturbesitz, Berlin, Hauptabteilung XX (STA Königsberg)
  OBA = Ordensbriefarchiv, dazu Regesten von Joachim Hubatsch.
  O.F. = Ordensfolianten.
  Ostpr.Fol. = Ostpreußenfolianten.
  Präsentationstabellen verschiedener Ämter.
  Et.Min. = Akten des Etats-Ministerium.
  Hsch. = Hufen-Schoß-Protokolle Oletzko, Lyck, Rhein u. a.
  Akten der Domänenämter.
Bundesarchiv Koblenz.
  Ost. Dok. 1, Nr. 35 und 36; Fragebogenberichte zur Dokumentation der Vertreibung der Deutschen aus Ost-Mitteleuropa (Gemeindeberichte) I. u. a.
Bücherei des Deutschen Ostens Herne: Beilage zur Lycker Zeitung, „Unser Masuren-Land" bzw. „Masuren-Bote", Jahrgänge 1925—1939.
Kirchenkanzlei der Ev. Kirche der Union, Berlin.
Schul-Archiv. Pädagogisches Zentrum, Berlin.
Archiv der Kreisgemeinschaft Lyck: „Orts-Chroniken" der Stadt Lyck und der Gemeinden und Güter des Kreises Lyck.

Gedruckte Quellen

Barkowski, O.: Quellenbeiträge zur Siedlungs- und Ortsgeschichte des Hauptamtes Stradaunen-Oletzko, Altpr. Forschungen 13, Kbg. 1936.
dito: Beiträge zur Siedlungs- und Ortsgeschichte des Hauptamtes Rhein, Altpr. Forschungen 11, Kbg. 1934.
Gause, F.: Neue Ortsnamen in Ostpreußen seit 1800, Einzelschrift d. hist. Komm. f. ost- und westpr. Landesforschung 6, Kbg. 1935.
Goldbeck, J. F.: Vollständige Topographie des Königsreichs Preußen. Erster Theil welcher die Topographie von Ostpreußen enthält, Kbg/Lpz. 1875.
Hennenberger, C.: Erclerung der großen Preußischen Landtafel oder Mappen, Kbg. 1595.
dito: Kurze und wahrhafte Beschreibung des Landes zu Preußen, item der alten heidnischen und deutschen Preußen samt ihrer Religion. Kbg. 1584.
Hubatsch, W.: Quellen zur Geschichte des Deutschen Ordens, 1954.
Regesta historica, diplomatica-Ordinis S. Mariae Theutonicorum Pars I. und II. von E. Joachim, hrsg. von W. Hubatsch, Göttingen 1948.
Scriptores rerum Prussicarum, hrsg. von Th. Hirsch, M. Töppen und E. Strehlke, Band I.—V., Kbg. 1861—1874.

Scriptores rerum Warmiensum, hrsg. von C. P. Woelky und Sage, Bd. I. und II., Braunsberg 1866/89.
Die Kulmer Handfeste, hrsg. von G. Kisch, Deutsch-rechtl. Forschung I. Stuttgart 1931.
Die Statuten des Deutschen Ordens (1414—1438), von Max Perlbach, Halle 1890.
Preußisches Urkundenbuch, Bd. 1 von Philippi, Woelky, Saraphie, 1882 und 1909, Bd. 2 von H. Hein u. E. Machke, 1932 u. 1935, Bd. 3 von H. Hein, 1936.
Voigt, Joh.: Namen-Codex der Deutschen-Ordens-Beamten, Kbg. 1843.
Ziesemer, W.: Das große Ämterbuch des Deutschen Ordens, Danzig 1921.
Namensänderungen von Gemeinden und Gemeindeteilen und Grenzänderungen von Gemeinden, Erlaß vom 12. 4. 1938, RMBl.

Statistik

Die Gemeinden und Gutsbezirke der Provinz Ostpreußen 1871
Gemeinde-Lexikon für die Provinz Ostpreußen 1874—1907
Statistisches Jahrbuch für den Preußischen Staat 1911 (hrsg. vom Statistischen Landesamt Berlin.)
Güter-Adreßbuch für die Provinz Ostpreußen 1913.
Die Bevölkerung von Ostpreußen (Hesse, Goedelt, Herbert). Jena 1916.
Gemeinde-Lexikon des Reg.-Bez. Allenstein 1910.
Preußische Statistik. Die endgültigen Ergebnisse der Volkszählung vom 1. De. 1910 I. Teil 1910 und Volkszählung 1913.
Landwirtschaftliches Adreßbuch der Provinz Ostpreußen, Bd. III 1932.
Die Deutschen Landkreise. Constatin/Stein, 1936.
Statistisches Handbuch für die Provinz Ostpreußen 1938.
Statistik des Deutschen Reiches, Band 559, Betriebszählung 1939 in den Gemeinden, Heft 1, Provinz Ostprußen 1939.

Zeitschriften

Das Ostpreußenblatt, 1.—34. Jahrgang, 1950 bis Januar 1983.
Jahrbuch der Albertus-Universität zu Königsberg/Pr., hrsg. vom Göttinger Arbeitskreis ab 1951.
Zeitschrift für Ostforschung, hrsg. vom Johann-Gottfried-Herder-Institut, Marburg.
„Sudauen", Blätter zur Heimatgeschichte des Kreises Lyck, Folge 1—7.
„Forum", Nr. 1—20, Sängerkränzchen der Lycker Prima 1830 und Sudavia.
Hagen-Lycker-Briefe, Nr. 1—40, hrsg. von der Kreisgemeinschaft Lyck.
Lycker-Zeitung mit „Unser Masuren-Land", Heimatbeilage „Masuren-Bote", Lyck 1925—1939, nur teilweise vorhanden.

Karten

Naronski, J.: Amterrisse von Oletzko, Rhein und Lyck, 1660.
La Baume: Atlas der ost- und westpreußischen Landesgeschichte, Karten 1—10.
Crome, Hans: Karte und Verzeichnis der vor- und frühgeschichtlichen Wehranlagen in Ostpreußen, in Altpreußen, Kbg. Heft 2, 1937.
Mortensen, H. u. G., R. Wenskus: Historisch Geographischer Atlas des Preußenlandes, 1970—1973, Vorgeschichte und mittelalterliche Wehranlagen, 1973.

Mortensen, Gertrud: Atlas, Gang der Kirchengründungen in Altpreußen mit Erläuterungen.
Münchhof, C. F.: Spezialkarte von Preußen, Gumbinnen 1785 (Marburg)
Putzger, F. W.: Historischer Schul-Atlas, Bielefeld/Leipzig 1889 u. 1913.
Vellhagen & Klasing: Atlas zur Geschichte der deutschen Ostsiedlung, Bielefeld 1914 u. 1958.
Westermanns großer Atlas zur Weltgeschichte, Braunschweig 1956.
Meßtischblätter für alle masurischen Kreise von 1939.

Benutzte Literatur

Acta Prussica, Abhandlungen zur Geschichte Ost- und Westpreußens, 1968, Fritz Gause zum 75.Geburtstag, u. a.
  a) Jablonski, Horst: Wieviel Polen hat es vor dem 2. Weltkrieg in Ostpreußen gegeben?
  b) Wenskus, Reinhard: Über einige Probleme der Sozialordnung der Prussen.
  c) Meinhard, Günther: Ostpreußen während des Rußland-Feldzuges Napoleon 1812.
Altpreußische Biographie: Bd. I. u. II., 1—4 im Auftrag der Historischen Biographie für ost- und westpreußische Landesforschung, Erich Krollmann, Kbg. 1941—44, Bd. II., 5,6, hrsg. H. Forstreuter und F. Gause, Marburg 1963—65.
Ambrassat, August: Die Provinz Ostpreußen. 2. Auflage, 1978.
Andreé: Der Boden und die Böden Ostpreußens, Königsberg 1935.
Aubin, G.: Zur Geschichte der gutsherrlich-bäuerlichen Verhältnisse von der Gründung des Ordensstaates bis zu den Steinschen Reformen. Leipzig 1910.
Aubin, Hermann: Der Deutsche Orden und das Abendland, eine Aufsatzreihe 1953.
  a) Weizäcker, Wilhelm: Das Deutsche Recht als Aufgabenfaktor.
  b) Rothfehls, Hans: Ostdeutschland und die abendländische politische Tradition.
Baczko, Ludwig von: Geschichte Preußens. 6 Bände, Königsberg 1800.
La Baume: Germanen, Slawen und Prussen in Ostdeutschland, Bonn 1951.
La Baume, Reinerth, Hans: Ostgermanen und Nordgermanen, in Vorgeschichte der Deutschen Stämme, Band 3, Leipzig 1940.
Von Batocki u. Schack: Bevölkerung und Wirtschaft in Ostpreußen, Jena 1939.
Boetticher, O: Die Bau- und Kunstdenkmäler in Masuren, Bd. VI, Kbg. 1896.
Broszat, August: 200 Jahre deutsche Polenpolitik, München 1963.
Brückner, A: Eintritt der Slawen in die Weltgeschichte, 2 Bände, Berlin 1909.
Brünneck, von: Zur Geschichte des Grundeigentums in Ost- und Westpreußen, I. Die köllmischen Güter, II. Die Lehngüter, Berlin 1891—96.
Braunsberg, Rudolf: Reise durch Masuren, Baden-Baden 1975.
Czybulka, Gerhard: Wandlungen im Bild der Kulturlandschaft Masurens seit Beginn des 18. Jahrh. (Diss.) Bottrop 1936.
dito: Das Siedlungswesen unter Friedrich dem Großen, München 1946.
Dehio/Gall: Handbuch der Deutschen Kunstdenkmäler, Ordensland Preußen, Berlin 1962
Dehnen, Max u. Raschdorff: Heldenfriedhöfe in Ostpreußen, Kbg. 1939.
Dettleffen, Richard: Bauernhäuser und Holzkirchen in Ostpreußen, Berlin 1911.
Dieckert, Kurt u. Großmann, Horst: Der Kampf um Ostpreußen. Ein authentischer Dokumentarbericht. München 1960.

Doehrung, H.: Über die Herkunft der Masuren. Kbg. 1910.
Dokumentation der Vertreibung der Deutschen aus Ost- und Mitteleuropa, hrsg. vom Bundesministerium für Vertriebene, Flüchtlinge und Kriegsgeschädigte. Bearbeitet von Theodor Schieder, mit Werner Conze, Adolf Diestelkampf, Rudolf Laun, Peter Rassow und Hans Rothfels. Bd. I/1, I/2 + I/3.
Dusburg, Peter von: Chronicon terrae, Prussiae. 1324—1331.
Engel, Carl: Die alten Galinder. Zur Frage der Ureinwohner Westmasurens. Masurischer Volkskalender 1939 (S. 47—55).
Engel, G.: Aus Ostpreußens Vorzeit. Lötzen 1905.
Fechner, Helmuth: Deutschland und Polen. 1772—1945. Würzburg 1964.
Forstreuter, K.: Vom Ordensstaat zum Fürstentum. Kitzingen 1929.
Gause, Fritz: Deutsch-slawische Schicksalsgemeinschaft, Kitzingen 1952.
dito: Geschichte des Preußenlandes, Leer 1966.
dito: Die mittelalterliche Ostsiedlung. Der Göttinger Arbeitskreis, Schriftenreihe, Heft 33.
Gebauer, Bernhard: Die Entwicklung der Siedlungslandschaft in Süd-Ostmasuren (Kreis Lyck) unter besonderer Berücksichtigung der Siedlungsgenese. Ein Beitrag zur Kulturlandschaftsordnung im deutschen Osten. Göttingen 1959.
Gerß, M.: Beiträge zur Kunde von Masuren. Lötzen 1895.
Gerullis, G.: Die altpreußischen Ortsnamen. Bln/Leipzig 1922.
Gollub, Hermann: Masuren. Kbg. 1934.
dito: Volkstum und Nationalität der Masuren. In Deutsche Hefte für Volks- und Kulturbodenforschung. Breslau 1933.
dito: Ordenskolonisation in Ostpreußen, Kbg. 1930.
Grenz, Rudolf: Der Kreis Treuburg. Ein Ostpreußisches Heimatbuch, Lübeck 1971.
Grotefend, H.: Zeitrechnung des Mittelalters und der Neuzeit 1891.
Gutzeit, Emil Johannes: Der Kreis Johannisburg. Ein ostpreußisches Heimatbuch, Würzburg 1964.
Harmjanz, H.: Volkskunde und Siedlungsgeschichte Altpreußens. Berlin 1942.
Harnoch, Agathon: Chronik und Statistik der evangelischen Kirchen in den Provinzen Ost- und Westpreußens, Neidenburg 1890.
Heimatkundliche Arbeitsgemeinschaft Lyck: Bilder von der Geschichte unserer Heimat. Lyck 1931.
Henning, Friedrich, W.: Bauernwirtschaft und Bauerneinkommen im 18. Jahrh. In Jahrbuch der Albertina-Universität, Kbg. Würzburg 1969.
Hoffmann, Bruno: Masuren. Ein Wegweiser durch das Land der tausend Seen, Kbg. 1937.
Horn, A.: Die Verwaltung Ostpreußens seit der Skäkularisation 1525—1575. Kbg. 1890
Horn, W.: Die Bevölkerungsverteilung in Ostpreußen und ihre Veränderungen. Königsberg 1931.
Hubatsch, Walter: Grundriß zur deutschen Verwaltungsgeschichte 1815—1945. Bd 1, Ost- und Westpreußen, von Dieter Stüttgen, Marburg 1975.
dito: Friedrich der Große und die preußische Verwaltung. Köln/Bln 1973
dito: Masuren und Preußisch-Lithauen in der Nationalitätenpolitik Preußens 1870—1920. Marburg 1966
dito: Wege und Wirkungen ostpreußischer Geschichte. Leer 1956.

dito: Geschichte der evangelischen Kirche Ostpreußens. Bilder ostpreußischer Kirchen. 3 Bände. Göttingen 1968.

Joachim, E.: Die Politik des letzten Hochmeisters in Preußen. Albrecht von Brandenburg. Königsberg 1938.

Karp, Hans-Jürgen: Grenzen in Ostmitteleuropa während des Mittelalters. Wien 1972.

Kassiske, K.: Die Siedlungstätigkeit des Deutschen Ordens im östlichen Preußen bis zum Jahre 1410. Königsberg 1934.

Kaleschke, Bruno: Sudauen, Blätter zur Heimatgeschichte des Kreises Lyck. Folge 1—6

dito: Forum. Bundesschrift des Sängerkränzchens der Lycker Prima 1830 und Sudavia, Folgen 1—20.

Keller, Kurt: Die ostpreußische Fischwirtschaft, Königsberg 1928.

Kilian, Lothar: Zu Herkunft und Sprache der Prußen. Bonn 1980.

Kintz, Guido: Das Mühlenrecht im Deutschordensgebiet, Sigmaringen 1972.

Koch, Hans: Die ältere Geschichte der Slawen. Berlin 1940.

Kreisbücher:

a) Der Kreis Lötzen. Ein ostpreußisches Heimatbuch von Dr. Max Meyhöfer. Würzburg 1961.

b) Der Kreis Johannisburg. Ein ostpreußisches Heimatbuch, von Emil Johannes Gutzeit. Würzburg 1964.

c) Der Kreis Lyck. Ein ostpreußisches Heimatbuch von Direktor a. D. Reinhold Weber. Leer 1981.

d) Der Kreis Neidenburg. Ein ostpreußisches Heimatbuch, von Dr. Max Meyhöfer. Landshut 1968.

e) Der Kreis Ortelsburg. Ein ostpreußisches Heimatbuch, von Landrat Dr. Victor von Poser und Dr. Max Meyhöfer, Leer 1978.

f) Der Kreis Sensburg. Von Fritz Bredenberg. Würzburg 1960.

g) Der Kreis Treuburg. Ein ostpreußisches Heimatbuch. Von Dr. phil. Rudolf Grenz. Lübeck 1971.

Kuhn, Walter: Geschichte der Deutschen Ostsiedlung in der Neuzeit. Köln/G./az 1955 Band I. und 1957 Band II.

Laas, Edgar Gunther: Die Flucht — Ostpreußen 1944/45, Dornheim 1964.

Maschke, Erich: Der Deutsche Orden. Jena 1939.

Matull, W.: Reise nach Ostpreußen, Westpreußen und Danzig Wiedersehen mit der Heimat heute. München 1976.

Milthaler, F.: Die Großgebietiger des Deutschen Ritterordens bis 1440. Schriften der Albertus-Universität Königsberg, Bd. 26, Kbg./Bln 1940.

Moczarski, Christel: Der Kreis Lyck im ostpr. Wirtschaftsraum. Kbg. 1939.

Moeller, Friedewald: Altpreußisches und evangelisches Pfarrerbuch bis zur Vertreibung 1945. Hamburg 1968, Bd. 1 Die Kirchspiele und ihre Stellenbesetzungen.

Mortensen, H.: Über die Entstehung der deutschen Dorfformen. Göttingen 1946/47

Mülverstedt, G. A. von: Die Vasallen-Register und Tabellen der Hauptämter Masurens. In Mitteilungen der Literarischen Gesellschaft Masovia, Heft 13, Lötzen 1908.

dito: Zur masurischen Orts- und Adelskunde, wie oben Heft 7, Kbg. 1901.

Plehn, H,: Zur Geschichte der Agrarverfassung von Ost- und Westpreußen. In Forschungen zur Brandenburgischen und Preußischen Geschichte Bd. 17 u. 18. 1932.

Pogoda, Adolf: Die Besiedlung des Kreises Lyck zur Ordenszeit und unter Herzog Albrecht. In „Unser Masuren-Land", Heimatbeilage des Masuren-Boten" 13, Lyck 1936.

Ranke, L. von: bearbeitet von Schoeps: Preußische Geschichte. Darmstadt 1956.

Rhode, Gotthold: Die Ostgebiete des Deutschen Reiches. Würzburg 1956.

Riel, K.: Die Siedlungstätigkeit des Deutschen Ordens in der Zeit von 1410—1466. Altpr. Forschungen 14, Königsberg 1939.

Roedeer, H.: Zur Geschichte des Vermessungswesens in Preußen, insbesondere in Altpreußen aus der ältesten Zeit bis in das 19. Jahrh. Stuttgart 1908.

Rosenberg, Bernhard-Maria: Die ostpreußischen Abgeordneten in Frankfurt, 1848—1849.

Roß, Erhard: Das erste staatliche Lehrerseminar in Preußen für Neuostpreußen zu Lyck (1799—1806) und sein Leiter Timotheus Gisevius, in Preußenland, Nr. 1/2/1980.

Salm, W.: Geschichte der Pest in Ostpreußen. Publikation d. Vereins f. Geschichte v. Ost- und Westpreußen. 13. Leipzig 1905.

Schoeps, Hans-Joachim: Preußen, Geschichte eines Staats. Berlin 1966.

dito: Das war Preußen, Zeugnisse der Jahrhunderte. Eine Anthologie, Berlin 1964.

Schumacher, Bruno: Geschichte Ost- und Westpreußens. Würzburg 1957.

Seeberg-Elverstedt: Der Verlauf der Besiedlung des ostpreußischen Amtes Johannisburg bis 1818. In ostpr. Forschungen 11. Jahrgang 1934, Heft 1, Königsberg.

Skalweit, August: Die ostpr. Domänenverwaltung unter Friedrich Wilhelm I. und das Retablissement Litauens. Leipzig 1906.

dito: König Friedrich der Große und die Verwaltung Masurens. In Forschungen zur Brandenburgischen und Preußischen Geschichte, Bd. 21. München 1908.

Skowronnek, Fritz: Das Masurenbuch. Belin 1916.

Sommerfeld, G.: Von masurischen Gütersitzen in besonderer Beziehung auf das 16.—18. Jahrh. Altpr. Forsch. Bd. 50/51, Kbg, 1913/14.

Stein, Robert: Die Umwandlung der Agrarverfassung Ostpreußens durch die Reform des neunzehnten Jahrhunderts. 3 Bände 1918/1933/1334.

dito: Domänenverkauf in Ostpreußen vor 100 Jahren. Altpr. Forsch. 3/1, Königsberg 1926.

Susat, Else: Einrichtung des Generalhufenschosses in Ostpreußen 1715—1719. Monatsschriften 59, Königsberg 1922.

Tautorat, Hans-Georg: Schwarzes Kreuz auf weißem Mantel; die Kulturleistung.

Templin, Karl: Unsere masurische Heimat. Zum hundertjährigen Bestehen des Kreises Sensburg. Sensburg 1918.

Thilo, W.: Preußisches Volksschulwesen, Gotha 1867.

Töppen, Max: Geschichte Masurens. Danzig 1870; Neudruck Aalen 1970.

Tomuschat: Über Umbiegung deutscher Personen- und Ortsnamen ins Litauische und Masurische. Ostdt. Monatshefte 15/5, Berlin 1934/35.

Trautmann, R.: Die altpreußischen Sprechdenkmäler. Göttingen 1970.

Trinker, Ernst: Chronik der Gemeinde Lötzen. (Zur Feier ihres 300jährigen Bestehens) Lötzen 1912.

Tumler, E.: Der Deutsche Orden im Werden, Wachsen und Wirken bis 1400. Wien 1955 .

Ulrich, Anton: Kunstgeschichte Ostpreußens. Frankfurt 1932 und 1976.
Vasmer, M.: Die Urheimat der Slawen. In der ostdeutsche Volksbote, Breslau 1926.
Voigt, Joh.: Geschichte Preußens von den ältesten Zeiten bis zum Untergang der Herrschaft des Deutschen Ordens. 9 Bd. Königsberg 1827—1836.
dito: Geschichte des Deutschen Ritterordens in seinen 12 Balleien. 2. Bd. Breslau 1857.
dito: Namens-Codex der deutschen Ordensbeamten, Königsberg 1843.
Weber, Reinhold: Das Erbrecht ostpreußischer Bauern zur Zeit des Deutschen Ritterordens und die Fortentwicklung zu den Übergabeverträgen. Diss. Entw. Königsberg 1944.
Weber, Reinhold: JUCHA, 500 Jahre deutsches Kirchdorf im Kreise Lyck. In Sudauen, Folge 7. Heimatarchiv Lyck. 1979.
Weber, Reinhold: Der Kreis Lyck. Ein ostpreußisches Heimatbuch. Leer 1981.
Wehler, Hans-Ulrich: Zur neueren Geschichte Masurens. In Zeitschrift für Ostforschung 1961, Marburg. (S. 271—309).
Weinreich, Arthur: Bevölkerungsstatistische und siedlungsgeographische Beiträge zur Kunde Ost-Masurens, vornehmlich der Keise Oletzko und Lyck. Königsberg 1911.
Weise, Erich: Ost- und Westpreußen, Handbuch der Historischen Stätten, Stuttgart 1966.
dito: Die alten Preußen, Königsberg 1936.
Wenskus, Reinhard: Der Deutsche Orden und die nichtdeutsche Bevölkerung des Preußenlandes mit besonderer Berücksichtigung der Siedlung. In Vorträgen und Forschungen, Bd. XVIII. Sigmaringen 1975.
Wermke, Ernst: Bibliographie der Geschichte von Ost- und Westpreußen. 1930—1970. Aalen und Bonn/Bad Godesberg.
Wichdorf, H. von: Masuren, Skizzen und Bilder von Land und Leuten. Berlin 1915
Wisniewski, J.: Geschichte der Besiedlung des Kreises Suwalki vom 15. bis Mitte des 17. Jahrh. Bialystok 1965.
Witschell, L.: Die völkischen Verhältnisse in Masuren und im südlichen Ermland. Veröffentlichungen des Geogr. Instituts der Albertus-Universität, Königsberg 1925.
Worgitzki, Max: Geschichte der Abstimmung in Masuren. Leipzig 1921.
de Zayas, Alfred, M.: Die Anglo-Amerikaner und die Vertreibung der Deutschen. München 1978.
Zweck, Albert: Masuren, eine Landes- und Volkskunde. In Deutsches Land und Leben in Einzelschilderungen. Stuttgart 1900.

Polnische Literatur

Arnold Stanislaw, Zychowski Marian: Abriß der Geschichte Polens. Von den Anfängen des Staates bis in die neuste Zeit. Warschau 1967.
Brückner, Alexander: Slownik etymologieby jezyka polkiego. Warschau 1970.
Kawecki, Jan: Stare Juchy (500 Lat Osady). Bialystok/Elk 1966.
Kawecki, Jan: Roman Boleslaw. Elk. Allenstein 1970.
Ketrzynski, W. O.: Ludnosci Polskiej W Prusiech Niegdys Krzyzakisch, Lwow 1888, Posen 1972.
Masuro Warmian Bulletin. Olsztyn 1959.
Informator turystyczno=uslugowy, Wojewodztwa Suwalskiege, Nr. 9/1981.

BILDQUELLENVERZEICHNIS

Alt-Preußen, in Vierteljahresschrift für Vorgeschichte und Volkskunde, 4. Jahrgang, Heft 1, April 1939; S. 20, 21, 24

Bundesarchiv Koblenz (Ost. Dok); S. 142, 146, 147, 157, 160, 163, 171, 174, 178, 183

Dethleffen: Bauernhäuser und Holzkirchen in Ostpreußen; S. 79, 245, 246, 247

Dieckert/Großmann: Der Kampf um Ostpreußen, München 1960; S. 151

dpa-Bild, Hamburg; S. 143

Fechner: Deutschland und Polen 1772—1945, (1964); S. 97, S. 140

Gaerte: Reallexikon und Prussia-Band 30; S. 22

Gause: Geschichte des Preußenlandes: S. 31, 103, 109, 154

Gollup: Masuren; S. 26, 28 (2 x), 41 (2 x)

Heimat umgeben von Wäldern und Seen, Der Kreis Johannisburg, Neumünster 1980; S. 190, 192

Kilian, Dr. Lothar: Zur Herkunft und Sprache der Prußen, Bonn 1980; S. 29, S. 35 (2 x)

La Baume: Atlas der ost- und westpreußischen Landesgeschichte, Nr. 1; S. 19, 30

Lass: Die Flucht, Ostpreußen 1944/45, Bad Nauheim 1964; S. 153

Meyhöfer: Der Kreis Lötzen; S. 23

Ostpreußenblatt; S. 118

Prussiamuseum; S. 39

Schumacher: Geschichte Ost- und Westpreußens; S. 46, 53

Seidenstücker: S. 2

Ströbel: S. 27

Ullstein Bilderdienst, Berlin; S. 144

Velhagen und Klasing: Atlas zur Geschichte der Ostsiedlung 1914/1915; S. 93

Verlag Rautenberg; S. 194, 197, 201, 205, 208, 210, 213, 215, 217, 220, 222, 225, 228

Weber: Der Kreis Lyck; S. 34, 51 (2 x), 54, 85, 107, 108, 241, 242, 244

v. Wichdorff, Dr. Heß: Masuren, Skizzen und Bilder von Land und Leuten, Berlin 1915; S. 243, 244, 248, 250

REGISTER

Personenregister

Abramowski, Rudolf, Pfarrer 135
Adalbert von Prag 42
Adam, Fritz, Bauingenieur, SA-Brigade-Führer 133
Albrecht I., Herzog von Preußen 50, 61, 70, 73, 83, 84, 86, 194, 200, 201, 205, 218, 225, 227, 232
Alexander, Adolf, Bauer 186, 187
Alexander, russischer Zar 96
Altenburg, Dietrich von, Hochmeister 196
Amberger, Dr. Heinrich, Oberleutnant, 146
Ambrassat, August 7
Amerikaner 145
Andrich, Frau Luise 158
Apraxin, russischer Heerführer 88
Armgard, Bruno, Bürgermeister 158
Ästier 33
August der Starke, König von Polen, Kurfürst von Sachsen 195
Babinnek, Frau Emma 159
Baczko, Ludwig von 202
Baginski, H., polnischer Generalstabsoffizier 130
Balk, Hermann, Landmeister 45
Ballandath, Pfarrer 135
Balten 26
Bassenheim, Siegfried, Walpot von, Komtur zu Elbing 213
Bastarnen 26, 27
Bayern 95, 211
Beck, polnischer Außenminister 130
Berg, von Landrat 96
Bethke, Werner 256
Beuthner, Kunstmaler 128
Biernath, August 159
Birken, Landwirtschaftsrat 133
Blücher, Feldmarschall 96
Bojack, Konrad, Pfarrer 135
„Bojuwka", polnische Insurgenten 117, 118
Börger, Karl, Bürgermeister 137
Borowski, Stadtrat 114
Bosniaken, preußische Reiter 92, 192
Brandenburger 74
Bratumil, Bartusch/Lyck 64

Braunschweig, Luther von, Hochmeister 56
Bredenburg, Fritz 182, 217, 219
Britt, Lehrer 114
Buchholz, Rendant 114
Burdach, Ernst, Pfarrer 135
Burghoff, Geheimer Finanzrat 93
Burgunder 27
Bunnemann, Studiendirektor 114
Bursche, Warschauer Superintendent 110, 112, 113
Cantegerde, Sudauerhäuptling 48
Carbow, Nicolaus von 223
Christian, Bischof 43, 44
Chucholovius, Pfarrer in Jucha 75
Conrad von Masovien 9, 43, 44
Crewell, Kreisleiter und Landrat 133, 155
Czekay, Paul, Pfarrer 135
Danehl, Karl Buchhändler 114
Danowski, Karl-Heinz, Grabnick 168
D. C. = Deutsche Christen 134
Dehnen, Max 108
Dethleffen, Richard **248**
Deutsche 55, 56, 57, 67, 82, 103, 108, 112, 117, 120, 145, 154, 167, 169, 176, 181, 182, 186, 187, 188, 212, 231, 232, 233, 235
Deutsches Reich 49
Deutscher Orden 9, 31, 36, 39, 42, 43, 44, 45, 47, 49, 55, 67, 68, 70, 193, 194, 199, 204, 218, 224, 230, 232
Deutschmeister 70
Deutsches Volk 109
Diebitsch, russischer General 96
Döbereiner, Dr., Landrat 133
Dönitz, Großadmiral 184
Dohna-Schlobitten, Graf Alexander zu 96
Domhard, Kammerdirektor, Gumbinnen, dann Oberpräsident 89
Dragoner 192
Dusburg, Peter von 32, 36, 40
Dusemer, Richard 248
Ehlers, Gutsbesitzer in Ranten 133
Ehlert, Amtsgerichtsrat 114
Ehmer, Kurt, Pastor 159

Eichhorn, von, Generaloberst 104
Einhard 33
Elisabeth, Zarin von Rußland 88, 89, 202, 219
Engländer 101, 111, 121
Erlichhausen, Ludwig von, Hochmeister 63, 191, 194, 208, 219
Esten 33
L'Estocq, preußischer General 94
Falk, von, General 104
Fallick, Adolf, Volkssturmmann 167
Fermor, russischer General 88, 89
Flügge, Theophil, Pfarrer 135
Franzosen 82, 94, 95, 96, 101, 121, 137, 168, 170, 172, 206, 211, 224, 225, 228
Fricke, Ulrich Komtur zu Balga 193
Friedrich II. Hohenstauferkaiser 44
Friedrich, Herzog von Sachsen/Maißen 61
Friedrich Wilhelm, der Große Kurfürst 73, 74, 86, 92, 194, 196, 227
Friedrich Wilhelm I., König 74, 75, 76, 77, 78, 79, 81, 86, 90, 100, 191, 192, 202, 207, 216, 227, 234
Friedrich II. Der Große 81, 87, 88, 89, 90, 91, 92, 94, 100, 205, 234
Friedrich Wilhelm III., König 95, 211
Friedrich Wilhelm IV., König 203, 226
Friedrich III., preußischer König 195, 202
Friedriszik, DC-Prädikant 134
Funk, Rektor, Allenstein 117
Galinder 9, 31, 32, 33, 36, 39, 43, 75, 230, 251
Gallmeister, Frau Marie, Lötzen 176
Gayl, Freiherr von 110, 114, 119
Gebauer, Bernhard 65
Gepiden 9, 30 33
Geesk, Pfarrer 135
Georg Friedrich, Markgraf in Preußen 73, 194, 210, 222
Gerlach, H. von 110

Germanen 36, 37
Gille, Dr. Alfred 126
Gisevius, Gustav 237
Glaß, Paul 182
Gollub, Hermann 7, 37, 67, 122, 233
Gollub, Johann 175
Goebbels, Joseph, Propagandaminister 141, 184
Göring, Hermann, Reichsmarschall 146, 184
Gonsiewski, litauischer Feldherr 74
Goten 9, 27, 29, 30, 32, 33
Grabowski, Paul, von 65
Graefe, Richard, Oberförster 105
Grogor IX., Papst 45
Grenz, Dr. Rudolf 137, 224
Grewe, Uwe, Journalist 188
Grosse, General a. D. 141, 143
Grosse, Reg. Präs. 152
Günther, von, preußischer General 92, 203
Gutzeit, Johannes 190
Hardenberg, preußischer Minister 95
Hartknoch, Christoph, Historiker 9, 205
Hauser, General 175, 176, 199
Heinrich I., Herzog von Schlesien 43, 45
Heinrich, Pächter von Jägerhöhe 126
Heinrichs, Landrat 96
Held, Karl Heinrich, Pfarrer 135
Hensel, Paul, Superintendent 113, 117
Hermann, von, Landrat 133
Hesse, Veterinärrat 114
Hildebrand, Pfarrer 134
Himmler, Heinrich 184
Hindenburg, Paul von, Generalfeldmarschall, Reichspräsident 102, 104, 109, 110, 123, 129
Hohenstein, Günther von, Komtur zu Osterode 57, 223
Honorius III., Papst 43
Hoßbach, Oberbefehlshaber der 4. Armee 143, 150, 152
Hubatsch, Walter, Prof. 234, 235, 237
Humbold, Wilhelm von 100
Hundrieser, Paul, Landrat 126
Husaren 192, 202
Ibrāhīm ign Ju'gûb 33
Illyrier 26, 31
Innozenz IV., Papst 47
Italiener 111, 121, 137
Jagiello, König von Polen 50, 204
Japaner 121
Jaroszyk, Kasimir 112
Jaschinski, Frau Emma 159
Jatwinger = Sudauer 36
Johann XV., Papst 33
Johann, Kasimir, König von Polen 74
Johann, Sigismund, Kurfürst 211

Junga, Friedrich, Bauer 159
Jungingen, Konrad von, Hochmeister 212 214, 219
Jungingen, Ulrich, Hochmeister 13, 69, 199, 217
Kalwe, Paul 155
Kannewurff, Frau von, Baitenberg 169
Kaschuben 186
Kasimir, König von Polen 44
Katharina II., russische Zarin 89
Kawecki, Jan, polnischer Historiker 40, 85, 230
Keilbar, Dr., Schlachthoftierarzt 155
Kelch, Paul Gottlieb, Pfarrer 134
Kellermann, Johann, Heinrichstal 172
Kensy, Karl, Jägerhof 156
Kerrl, Reichskommissar 134
Kessel, Bischof 134
Ketrzynski, Wojczeck (Winkler) 237
Kniprode, Winrich von, Hochmeister 52, 57, 58, 204, 214
Knispel, Kreisleiter Lyck 133
Koch, Dr. 63
Koch, ev. Präses 134
Koch, Erich Gauleiter Ostpreußen 132, 141, 143, 144, 147, 148, 149, 150, 152, 158, 175, 199, 207, 213
Konjew, russischer Marschall 150
Korbut-Woroniecki, Fürst 111
Korff, russischer Gouverneur 88
Korfanti, polnischer Führer 109
Krischik, Gutsbesitzer, Ortelsburg 117
Krosta, Dr. Oberlehrer 11
Kosziol, Frau, Nickelsburg 162
Küchmeister von Sternburg, Hochmeister 62
Kuhn 10, 62
Kujawier 36
Kunz-Berzogswalde, Kunstmaler 127
Kuratus, R., polnischer Geistlicher 112
Kuren 36, 38, 56
Kutscher, Wilhelm, Oberpräsident 132
Kyunst, Litauerfürst 193, 196, 217
Lack, Postmeister a. D. 125
Langecker, Lehrer 114
Langheim (Langhemde), Pruße 65
Lehmann, Marie 114
Lesczynski, Stanislaus, König von Polen 195
Letten 26, 36, 38, 42
Lewandowski, Apotheker, Posen 110, 112
Lewandowski, Zenon, polnischer Generalkonsul 111
Liewen, russischer Heerführer 88
Linka, Masure 112
Litauer 26, 31, 36, 38, 42, 49, 55, 56, 59, 61, 65, 67, 74, 83, 193, 199, 204, 217, 230, 237

Lockwinn, Fritz, Söldnerführer 218
Lojewski, von, Rechtsanwalt 114
Lotz, Architekt 129
Ludendorff, General 102, 104
Ludolf König, Hochmeister 44, 223
Ludolf, Bauer in Reuß 137
Luise, preußische Königin 95, 211
Luther, Martin 70, 71, 200, 237
Mack, Wilhelm, Bürgermeister 155
Macuneo, Japaner 111
Magunia, Handwerkskammerpräsident 141
Maletius, Hieronymus, Lyck, Erzpriester 83, 200
Maletius, Johann, Drucker + Erzpriester, Lyck 83, 200
Marienfeld, Werner, Pfarrer 134, 135
Marks, Dr., Reg.- und Veterinärrat 114
Masovier 9, 33, 36, 38, 43, 55, 56, 59, 61, 62, 63, 66, 67, 71, 82, 193, 230, 232
Masuren 10, 42, 63, 118, 230 232, 233, 235, 253, 257
Masuren- und Ermländerbund 117, 118
„Masurenwehr" (Straz mazowiecki) 118
Matzko, Max, Gusken 115
Meurer, Erzpriester 84
Mey, Ortelsburger Bürgermeister 127
Meyhöfer, Dr. Max 16, 19, 204, 209, 213, 214, 221, 227
Mietzko I., polnischer König 33, 42
Mingo, Werner, Pfarrer 135
Ministerium für die wiedergewonnenen Gebiete, Warschau 186
Monte, Heinrich, Preußenfürst 47
Mortensen, H. und G., 48
Murer, Heinrich, Pfleger von Ortelsburg 210
Nadrauer 42
Napoleon 1., französischer Kaiser 94, 95, 96, 211, 228
Narew-Armee 102, 103
Nassauer 80
Nationalsozialisten 124, 132, 133, 134
Nero, römischer Kaiser 33
Nicicovius, Johann, Jucha 85
Nitram, deutscher Generalstabsoffizier 111
Njemen-Armee 102, 104
Nolte, Bürgermeister 155
NSDAP siehe Nationalsozialisten = Nationalsozialistische deutsche Arbeiterpartei
Odonitz, Wladislaw, polnischer König 46
Opolinen, Westslawen 36
Oppen, von, Reg. Präsident 111
Ottenberg, Ulrich, Pfleger von Johannisburg 63

Otto, der Große, Kaiser 33
Otto III., Deutscher Kaiser 42
Ottokar II., König von Böhmen 47
Ostdeutscher Heimatdienst 114, 115, 116, 120

Pagel, Erich, Drigelsdorf 162
Patolln, prußischer Gott 39
Pelkowski, von, Gutsbesitzer Adl. Jucha 88
Perkunos, prußischer Gott 39
Peter, Zar von Rußland 89
Pfälzer 80
Philipponen, Sektierer 99
Pilsudski, polnischer Marschall 7, 109, 130
Pisanski, Christoph 195
Pisanski, Georg 83
Pliquet, Erich, Bartzdorf 155
Pogoda, Adolf, Lyck 38
Polanen 33
Polen 9, 10, 26, 31, 38, 43, 47, 59, 61, 74, 83, 109, 110, 117, 118, 119, 120, 130, 136, 137, 167, 168, 169, 176, 181, 186, 187, 188, 193, 196, 199, 200, 202, 204, 206, 207, 210, 217, 218, 220, 224, 230, 232, 234, 237
Polenbund in Ostpreußen 120
Pommern 145
Pomoranen, Westslawen 33, 43
Poser, Dr. von, Landrat 129, 134, 229
Potrimpos, prußischer Gott 39
Prittwitz und Gaffron, von, Generaloberst 102
Ptolemäus, Griechischer Geograph 33, 36
Prußen 9, 26, 27, 29, 33, 36, 38, 39, 42, 43, 44, 45, 46, 56, 60, 61, 66, 67, 68, 82, 221, 222, 256
Preußen 10, 55, 74, 83, 204, 205

Rabe, Engelhard, Ordensmarschall 193
Rachor, Landrat 133
Rakowski, Bankvorsteher 125
Ramek, Ramung von, Komtur zu Rhein 215
Randzio, Adolf, Bürgermeister 126
Rathke, Bruno, Pfarrer 112
Reichenau, Komtur zu Rhein 204
Reichswehr 122, 131
Rennenkampf, russischer Armeeführer 102, 104, 105
Rennie, Engländer im Abstimmungskommitee 111
Römer 27, 32, 36, 37
Rokosowski, russischer Marschall 150
Romoth, Karl, Bazer 134
Rose, Wolf, Johannisburg 149
Rosenheyn, J. S. 10
Rote Armee 145, 150, 154, 155, 185
Rotenstein, Zöllner von, Hochmeister 213
Rußdorf, Paul von, Hochmeister 49, 64, 199, 200

Russen 33, 36, 38, 43, 55, 88, 94, 96, 101, 102, 104, 105, 108, 129, 138, 145, 150, 152, 156, 159, 164, 165, 167, 168, 169, 176, 177, 181, 184, 185, 191, 193, 195, 202, 205, 206, 207, 208, 211, 212, 218, 220, 227, 229
Ruthenen 55, 56, 67

Sabinus, Georg, Rektor der Uni. Königsberg 51
Salza, Hermann von, Hochmeister 44, 45, 67
Salzburger 80, 100, 234
Sambor 45
Samsonow, russischer General 102, 103, 229
Sayn, Graf Johann, Komtur zu Balga 215
Schalauer, Prußen 47
Schandi, Joseph, Statzen 172
Scharnhorst, preußischer General 96
Schinkel, Friedrich Karl 249
Schlesier 56, 145
Schmidtke, Georg, Konrektor 240
Schön, von, Oberpräsident 206
Schönaich, Christoph Albrecht von, Amtshauptmann 225
Schroeder, Adolf, Borchersdorf 150
Schukow, russischer Marschall 150
Schumacher, Bruno 19, 70, 80, 103, 105, 121
Schweichler, Bürgermeister 125
Schweden 74, 82, 145
Schweizer 80, 100
Schymanowski, Lehrer, Osterode 117
Scurdo, sudauischer Häuptling 48
Seklustian, Johann 83
Sibilski, russischer Heerführer 83
Siehr, Ernst, Oberpräsident 123, 132
Sievers, russischer General 104
Sigismund, König von Polen 50, 61
Skalweit 77, 80
Skiren 26, 27
Skierlo, Superintendent 195
Skomand, Sudauerfürst 42, 48
Skowronnek, Fritz 235
Skrotzki, Frau Auguste 164
Slawen 33, 38
Sobottka, Wilhelm, Suleyken 172
Sodeikat, Revierförster 161
Solenzizen, Westslawen 36
Sowjets 145, 146, 150, 152, 155, 158, 161, 165, 168, 175, 179, 180, 182, 188, 193, 196, 199, 203, 204, 207, 214, 224, 227
Speidel, Bauer + Kreisleiter 133
Speratus, Paul, Bischof von Pomesanien 82, 83
Stange, Dr., Landrat 127
Stein-Kaminski, Dr. von, Landrat 133
Stein, Robert 94
Stein, Freiherr von 95, 96

Stresemann, Dr. Außenminister 7, 109, 130
Strupperg, Jobst von, Komtur zu Balga 191
Sudauer 9, 31, 32, 33, 36, 37, 39, 42, 43, 47, 49, 230, 251, 256
Suerbeer, Albert, Bischof in Riga 47
Swantopolt 45
Syttkus, Frau Bertha, Lyck 240

Tacitus, römischer Schriftsteller 33
Tataren 74, 88, 190, 195, 196, 201, 205, 207, 210, 214, 220, 237, 238, 248
Templin 14
Thiele, Karl, Fabrikbesitzer 114
Thierberg, Konrad von, Landmeister 48
Tiefen, Hans von, Hochmeister 61, 65
Tippelskirch, Rudolf von, Komtur 215
Töppen, Max 7, 75, 217, 218, 219, 224, 225, 227, 228, 237, 238, 248
Trier, Ortulf von, Komtur zu Elbing 215
Tschechen 36
Tschernjakowski, russischer General 150
Tubenthal, Walter, Landrat 134

Ulkan, Gottlieb, Konrektor 133

Vandalen 27, 32
Vidarier 33
Volkssturm 141, 143, 145, 147, 158, 161, 172, 227

Wachsmann, Dr. Bruno, Landrat 134
Wadole, sudauischer Häuptling 48
Wagner, Paul, Bürgermeister 132
Waldburg, Karl Heinrich, Graf von 76, 81, 226
Wartenburg, York von 96
Wehler, Hans Ulrich 11
Wehrmacht 124, 125, 135, 147, 161, 165, 168, 172, 176, 191
Weise, Erich 190
Weiß, Oberbefehlshaber der 2. Armee 143, 152
Wenden 33
Wenskus, Reinhard, Prof. 48
Westmarkenverein 132
Wichdorff, Heß von 7, 232
Wigand, Bischof 84, 85
Wildenau, Gutsbesitzer 57, 58
Wildenhain, Kaspar von 62
Wikinger 33, 40, 42
Wilhelm I., Kaiser 237
Wilhelm II., Kaiser 11, 104, 105, 108, 109
Winkler, Jochen 237
Wisniewski, polnischer Historiker 65
Witschell, L. 231, 236
Witwod, Herzog von Litauen 49

Wladislaw, König von Polen 49
Worgitzki, Max, Schriftsteller 114, 117, 121
Württemberg 211
Wulfstan, Wikinger 33, 39

Zayas, Alfred, M. de 145, 146
Zapattka 112
Zarowski, von, Kreisdeputierter 130
Ziemowit, Herzog von Litauen 49

Zollner, Oberkonsistorialrat 10
Zülch, Oberbürgermeister von Allenstein 111
Zürcher, Pfarrer 134, 135
Zweck, Albert 7

Register für Orts-, Gelände- und Landschaftsnamen.

Albertina-Universität, Königsberg 83
Adlersdorf, Kr. Lötzen 66, 71, 83, 101
Adl. Kessel 101
Adl. Ukta 101
Alle-Fluß 13, 17, 31, 33, 50, 102
Allenstein 11, 33, 67, 99, 100, 102, 103, 109, 111, 112, 113, 114, 116, 117, 118, 119, 120, 121, 129, 132, 148, 149, 150, 152, 155, 158, 161, 164, 170, 182, 195, 204, 206, 212, 214, 235, 236, 260
Altamira-Höhle, Spanien 18
Angerburg 11, 50, 74, 85, 91, 99, 100, 104, 125, 126, 136, 147, 149, 184, 193, 196, 209, 216, 218, 232, 235
Angerapp 17, 104, 145
Ardennen 150
Arnsberg 221
Arnswalde 208
Alt-Keykuth 19, 61
Auerstädt 99
Augustowo 36, 104, 137, 141, 143
Aweyden 221, 249

Babant-See 58
Babenten 148, 177, 179
Bad Mergentheim 70
Bad Tölz 122
Bärengrund, Kr. Treuburg 38, 134
Baitenberg 52, 64, 101, 165, 167, 169, 187
Baitkowen siehe Baitenberg
Balga 45, 52, 58, 59, 63, 64, 66, 184, 192, 215, 217, 228
Balgaofen, Kr. Neidenburg 57
Balten 36
Barannen, Kr. Lyck 80, 150, 212
Barannen, Kr. Treuburg 184
Baranowen 101, 224
Barten 11, 45, 215
Bartenstein 11, 50, 72, 99, 112, 154, 165, 166, 182
Bartlickshof, Kr. Lötzen 37
Bartsdorf 155
Beldahn-See 13, 14, 127, 209
Belgien 105, 188
Berghof, Gut, Kr. Lötzen 169
Bergisches Land 106, 227
Berlin 15, 76, 99, 100, 105, 106, 107, 122, 124, 125, 132, 133, 138, 169, 184, 212, 235, 249
Bialla siehe Gehlenburg
Bialutten 83
Bialystok 92, 94, 99, 122
Birken, Kr. Treuburg 173
Bischofsburg 11, 45, 99, 148, 149, 158, 184, 214, 221
Bischofsstein 112, 169, 180
Bittken 145
Blumental, Kr. Lyck 39
Bobern 188
Bobr 31, 36, 38, 141

Böhmen 36
Bohnsack 184
Bolbach, Kr. Treuburg 37
Bolken, Kr. Treuburg 18
Borchersdorf 68, 155
Borken 65, 188
Borker Forst 104, 131, 136, 152, 198, 199
Borschimmen, Kr. Lyck 37, 38, 136
Bosem 221
Boyen, Feste bei Lötzen 104, 131, 136, 152, 198, 199
Brandenburg 45, 52, 59, 64, 65, 66, 73, 82, 92, 101, 105, 152, 180
Braunsberg 27, 33, 100, 152, 165, 168, 173, 184, 196, 234
Britische Inseln siehe England
Brödienen 182
Bromberg 110
Buhnhausen, Kr. Lyck 39
Bug 13, 17
Bunelka 109
Burdungen, Kr. Neidenburg 19
Bussen 58, 182, 218

Cammin 170
Camyonbrot, Furt im Lyckfluß 49
Carlshof/Rastenburg 114
Chaborowsk, Sibirien 195
Charlottenburg 106
Chelchen 64
Christburg 46, 48, 49, 223
Cichanow 62
Compiège/Frankreich 108

Dänemark 100, 165
Dankfelde 175
Danzig 43, 45, 60, 90, 92, 96, 109, 110, 111, 130, 164, 165, 166, 167, 168, 170, 175, 184, 185
Darkehmen 99
Deime 152
Deutsch-Eylau 11, 158
Deutschland 96, 100, 108, 109, 113, 118, 119, 122, 126, 130, 137, 184, 191, 209, 221, 227, 229
Deutsches Reich 60, 110, 116, 121, 135, 152, 168, 185
Deutsche Reichsbahn 122, 123, 129
Dimmern 61
Dingeln 66
Dippelsee 37, 165
Dirschau 167
Dnjepr, Fluß 33, 165
Döhringen 156
Draguhn, Mecklenburg 179
Dramberg, Pommern 155
Drauesen-See 45
Dreimühlen 39, 64, 68, 75, 80, 92, 124, 202, 226, 249
Drewenz 13
Drigelsdorf 60, 68, 162, 188
Drygallen siehe Drigelsdorf
Dubeningken 72

Düna 26
Düsseldorf 158
Duß-See 99, 221

Ebenfelde 65, 68, 124, 135
Ebenrode 145, 152
Eckersberg 50, 68, 91, 168, 193
Eckersdorf 14, 99
Elbe 33, 170, 184
Elberfeld 137
Elchwerder/Kurisches Haff 147
Eichhöhe 180
Eichhorn 101
Eichmedien 59, 83, 168, 179, 180, 182
Eigenau/Gilgenburg 57
England 110, 111, 112, 184, 188
Erlenau, Kr. Sensburg 168
Ermland 10, 11, 13, 58, 59, 60, 69, 72, 109, 111, 118, 119, 120, 121, 213, 234, 236
Erlental, Kr. Treuburg 18, 40
Elsaß-Lothringen 80
Estland 47, 108, 137

Falkenhof, Kr. Ortelsburg 127
Filipowo 145, 172
Flammberg 82, 137, 158, 212
Flensburg-Mürwik 184
Fließdorf siehe Jucha
Frankfurt/Main 106, 198
Frankenau 102, 109
Frankreich 96, 100, 110, 111, 146
Frauenburg 166
Frascatti 111
Friedland 104
Friedrichsfelde 91, 212
Friedrichshof 57, 83
Frisches Haff 45, 152, 158, 166, 168, 170, 173, 180, 184
Fürstenwalde 101

Galinde-Fluß 9, 31, 36, 37, 50, 62, 128, 193, 194
Galinden 47, 74
Galizien 112
Gansen 187
Garbassen, Kr. Treuburg 38, 145
Gartenberg 88
Garten-See 14
Gdansk siehe Danzig
Gdingen siehe Gotenhafen
Gedwangen 19, 67
Gehlenburg 37, 68, 81, 85, 99, 135, 161, 182, **191**ff
Gehsen 101
Geislingen, Kr. Ortelsburg 61
Gelitten, Kr. Treuburg 40
Gera/Thüringen 167
Gerdauen 11, 48, 50, 102, 104
Giersfelde, Kr. Lyck 40
Giesenau 180
Gilgenburg 11, 13, 50, 57, 62, 89, 102, 230, 231
Glogau 95
Gnesen 42, 47

271

Goldap 11, 50, 72, 80, 88, 99, 134, 145, 161, 172, 179, 203, 226
Gollubien 64, 88
Gonsken 101, 134, 226
Gorlau 187
Gortzitzen siehe Deumenrode
Gotenhafen 165, 167
Grabowen 221
Grabnick 10, 29, 37, 65, 83, 104, 141, 168
Grajewo 169
Graudenz 92, 102, 141, 150, 152
Grodno 88, 122, 139
Grodtken 57
Grondowker Forst 89
Groschken 119, 121
Gr. Gardienen 24, 82, 102
Gr. Jägerndorf 88
Gr. Konopken 67
Gr. Koschlau 68, 83, 101, 102
Gr. Lenk 57
Gr. Margen-See 19
Gr. Rosinsko 248
Gr. Schäfgen 57, 67, 101
Gr. Schiemanen 101
Gr. Schöndamerau 249
Großbritannien siehe England
Grünbruch 172
Grünfelde 13
Guhsen, Kr. Treuburg 38
Gumbinnen 80, 91, 99, 100, 102, 134, 145, 146, 150, 203, 218, 226, 235
Guhsen, Kr. Treuburg 38
Gusken, Kr. Lyck 165
Güstrow 170
Gutten, Kr. Lötzen 37
Gutten, Kr. Treuburg 87

Hänsel-See bei Jucha 37, 141
Hallenfelde, Kr. Goldap 145
Hamburg 122
Hammerbruch 168
Hashnen, Kr. Treuburg 37
Haschner-See 141
Hasenberg 61
Haus-See 127
Heiligenbeil 152, 158, 168
Heiligenlinder-See 13
Heilsberg 152, 158, 168, 169, 173, 180, 182
Heilsberger Dreieck 179
Heinrichsdorf 68, 101, 182
Heinrichstal 172
Heinrichswalde 58
Hela 184
Herholz, Gut Sensburg 173
Heringdorf 170
Herzogskirchen 134
Hessen-Nassau 80
Hirschberg 56
Hohendorf 68
Hohenholz/Holstein 170
Hohensee 182
Hohenstein 11, 50, 52, 62, 87, 109, 141, 152, 182
Holland 80, 82
Holstein 12, 170, 184

Insterburg 50, 72, 80, 92, 99, 102, 105, 147, 182, 226
Inster-Fluß 104, 152
Italien 111, 121

Jablonken 56, 59, 121
Jägerdorf 159
Jägerhöhe, Schwenzaitsee 126
Janowo 155
Japan 111
Januschkau 83, 101
Jarke 17
Jauer 56, 59, 66
Jedwabno siehe Gewangen
Jena 94
Johannisburg 11, 16, 17, 37, 49, 50, 53, 56, 60, 62, 63, 64, 66, 68, 72, 73, 74, 75, 80, 81, 83, 85, 87, 89, 90, 91, 95, 96, 98, 99, 101, 104, 111, 119, 128, 136, 138, 141, 144, 147, 149, 152, **161ff**, 179, 181, 182, 189, 192, **193ff**, 200, 212, 215, 226, 231, 232, 234, 235, 236
Johannisthal 159
Jucha 12, 18, 24, 37, 39, 40, 64, 65, 68, 69, 75, 85, 86, 88, 92, 131, 148, 165, 202, 203, 249, 252
Jürgenau 65
Jurburg 141

Kalben-See 213
Kahlberg 167, 170, 180, 184
Kalisch 44, 45, 96, 150
Kalkhof, Treuburg 148, 172
Kandien 67
Kallinowen siehe Dreimühlen
Kannwiesen 103
Karlöwen/Grabnick 168
Karolen 101
Karolinenhof, Försterei 103
Karpathen 33
Katyn 145
Kaukasus 26
Kaunen, Kr. Neidenburg 18
Kl. Dexen 100
Kl. Jerutten 101, 159
Kl. Koslau 30, 101
Kl. Lensk 57
Kl. Lobenstein 119, 121
Klein-Mühle, Lyck 68
Kl. Nappen 119, 121
Kl. Schoben-See 158
Kl. Skomatzko, Kr. Lötzen 37
Kl. Stamm 180
Keipern, Kr. Lyck 19
Kelchdorf, Kr. Treuburg 18
Kernsdorfer Höhe 10, 11, 13
Kersten-See 13
Kiel 16
Klaussen 15, 16, 64, 65, 83, 92, 168
Kobulten 83, 250
Kolleschnicken siehe Jürgenau
Kölmersdorf 101
Köln 106
Königgrätz 100
Königsberg 15, 16, 47, 52, 72, 73, 76, 83, 84, 87, 88, 89, 91, 95, 99, 102, 124, 125, 126, 130, 133, 134, 138, 150, 152, 154, 158, 164, 165, 176, 184, 201, 206, 210, 211, 227, 228, 235, 240
Köslin 170
Koniec, Neidenburg 207
Kopicken 65
Korridor 121, 123
Korschen 165, 170, 180, 184
Koslau 57, 179, 182, 208
Kosuchen 18
Kotzik siehe Waldersee
Kottenberg 57
Krakau 61, 70, 71, 83, 112, 200
Kreuzingen 147
Kronau 175
Kruglinnen 18
Kruschwitz 49
Krutinna-Fluß 14, 18, 99, 127
Krzywen siehe Rundfließ
Kuckuckswalde 159
Küstrin 95
Kujawien 43, 45, 46
Kulm 45, 49, 107
Kulmerland 30, 43, 44, 57, 60
Kumilsko siehe Morgen
Kurkau, Kr. Neidenburg 156
Kurland 60, 150
Kurisches Haff 96, 147
Kursiche Nehrung 89, 141
Kurzebrack 121
Kyschienen 57

Lahna 100, 109
Landestheater, Südostpreußen 120, 137
Landsberg 161
Langanken 182
Langendorf 182
Lauenburg 170
Lausitz 26, 33
Lautenburg 102, 170
Lega-Fluß 225
Legenquell, Kr. Treuburg 173
Lehler-See 213
Lehlesken, Kr. Ortelsburg 61, 62
Leipzig 83, 96, 195
Lemberg 102, 237
Lensk 57
Lenzendorf 168
Leunenburg 50, 215
Lettland 25, 108
Liebemühl 11, 82
Liebstadt 11
Lindenwiese 18
Lipowitz 101
Litauen 13, 24, 49, 60, 68, 69, 77, 80, 108, 137, 139, 193, 200, 232
Littfinken, Kr. Neidenburg 28
Livland 46, 47
Löbau 30, 57
Lötzen 9, 11, 24, 37, 38, 47, 50, 60, 63, 66, 67, 68, 70, 71, 72, 73, 74, 75, 83, 85, 87, 88, 91, 99, 101, 104, 111, 119, 124, 125, 126, 129, 131, 133, 135, 136, 148, 149, 152, 167, 168, **175ff**, 182, 184, 189, 193, 195, **196ff**, 209, 215, 216, 221, 225, 231, 234, 236, 250

Löwentin-See 9, 13, 18, 19, 31, 36, 37, 48, 125, 126, 198
Locarno 130
Lockwinnen 218
Lockwinner-See 13
Lodz 150
London 110
Lübeck 45, 47, 69, 169
Luxemburg 188
Lyck 7, 9, 11, 15, 16, 22, 37, 38, 40, 42, 52, 53, 56, 60, 63, 64, 65, 66, 68, 70, 71, 74, 75, 76, 80, 81, 82, 83, 84, 85, 87, 88, 91, 92, 99, 101, 104, 105, 106, 111, 115, 122, 123, 124, 125, 128, 130, 135, 136, 138, 139, 144, 145, 147, 148, 149, 152, 161, **164ff**, 179, 182, 184, 187, 189, 192, 195, 196, **199ff**, 215, 216, 221, 225, 231, 232, 234, 236, 240, 241
Lyck-Fluß 17, 64, 74
Lyck-See 64, 68, 199, 200
Lyssewen siehe Lissau

Mähren 36
Malga 103, 155
Malga, Kr. Neidenburg 57, 82, 103
Magdeburg 42, 47, 77, 120
Marburg 109
Marggrabowa siehe Treuburg
Marienburg 49, 60, 74, 102, 116, 152, 158, 223
Marienwerder 26, 45, 69, 76, 82, 92, 116, 119, 121, 167, 168
Marxhof, Kr. Lötzen 19
Masowien 9, 10, 33, 44, 45, 46, 49, 56, 58, 59, 60, 71, 92, 193, 194, 210, 224, 232
Masuren 7, 10, 12, 14, 16, 22, 24, 26, 27, 31, 33, 38, 45, 58, 67, 71, 74, 75, 77, 78, 80, 81, 83, 84, 87, 88, 91, 92, 94, 95, 96, 98, 99, 100, 101, 105, 109, 110, 112, 113, 119, 120, 121, 122, 123, 124, 125, 130, 131, 133, 136, 138, 150, 184, 185, 186, 188, 198, 200, 206, 208, 221, 234, 235, 236, 237, 240, 242, 243, 245, 251
Masurische Seen 104
Mauer-See 13, 31, 36, 37, 125, 175, 198, 199
Mecklenburg 12, 44, 170
Mehlsack 169, 180
Meißen 45
Melnosee 49, 56, 60, 109
Memel 31, 36, 50, 89, 92, 96, 109, 110, 139, 141, 145, 150
Mensguth 53, 68, 90, 91, 212, 249
Merseburg 130
Mertinsdorf 155, 180
Merunen 37, 48, 50, 83, 134, 137, 145, 148, 172, 226, 227
Mewe 121
Michelau 44
Michelsdorf 61
Milken 24, 27, 66, 67, 68, 169, 175, 249
Milucken, Kr. Lyck 18, 22

Milucken, Kr. Ortelsburg 61
Mierunsken siehe Merunen
Mlawa 13, 137, 154
Modlin 141
Mohrungen 11, 30, 148, 182, 203
Morgen 68
Moschnen 225
Moskau 99
Mostolten 187
Moythienen 177
Mühlen 102
München 15
Muschaken 68, 83, 103

Nadrauen 47
Narew 9, 17, 31, 36, 49, 130, 141, 150
Narmeln 173
Narzym 68
Nassauen 80
Natangen 45, 46, 48
Nehrung 168, 170, 184
Neide 57, 62
Neidenburg 11, 15, 16, 17, 26, 27, 31, 33, 49, 50, 52, 56, 57, 60, 62, 72, 74, 75, 83, 85, 87, 89, 91, 94, 96, 99, 101, 102, 103, 106, 107, 109, 118, 119, 128, 130, 132, 133, 135, 150, 152, **154ff**, 201, **204ff**, 214, 221, 229, 236, 238, 240, 249, 250
Neiße westliche 184, 188
Nemmersdorf 145, 146, 150
Nessau 44
Neudorf, Arys 190
Neuendorf, Kr. Lyck 18, 64, 164, 167, 188, 189, 199
Neuendorff/Lötzen 196
Neufließ, Kr. Ortelsburg 18, 137
Neuhoff, Kr. Lötzen 11, 83, 91, 169, 218
Neuhof, Kr. Neidenburg 101, 195
Neu-Keykuth 158
Neumalken, Kr. Lyck 19, 38, 104, 165
Nickelsdorf 162
Nidainer-See 18
Nieden 127
Niederhorst 188
Niederlande 188
Niedersee 13, 18, 125, 127, 128, 141, 161, 179, 184, 208, 216, 221
Nikolaiken 67, 81, 99, 125, 126, 127, 128, 135, 136, 148, 149, 161, 167, 168, 179, 184, 199, **216f**, 221
Nikolaiker-See 13
Njemen 104
Nogat 173
Norddeutschland 100
Norddeutscher Lloyd 122
Nordenburg 72
Nowogeorgiewsk 104, 143
Nürnberg 146
Nußberg, Kr. Lyck 19

Oberland 11, 13, 25, 26, 27
Obeschlesien 186, 233
Oder 33, 36, 150, 170, 182, 184, 188
Österreich 10, 96, 100

Oletzko 11, 66, 71, 73, 74, 75, 81, 85, 87, 91, 92, 200, 202, 225, 226, 230, 231, 232, 234, 236
Oliva 75, 234
Oloff-See 214
Olschöwen siehe Erlental
Omulef 17, 18, 155
Omulefofen, Kr. Neidenburg 57
Orlau 102, 109
Orlener-See 216
Orlowen siehe Adlersdorf, Kr. Lötzen
Ortelsburg 11, 15, 17, 19, 27, 49, 50, 52, 57, 58, 59, 61, 62, 63, 68, 73, 74, 75, 81, 83, 85, 87, 90, 91, 94, 96, 99, 101, 103, 106, 111, 120, 124, 127, 129, 130, 134, 135, 141, 150, 155, **158ff**, 179, 182, 189, 200, **209ff**, 214, 221, 228, 229, 234, 236, 240, 249
Oschekau 102
Osterode 11, 13, 50, 52, 56, 67, 72, 86, 102, 118, 150, 152, 155, 182, 204, 205, 223, 230, 231, 236
Ostpreußen 7, 15, 25, 33, 36, 49, 50, 60, 69, 74, 77, 81, 88, 91, 92, 94, 95, 96, 98, 102, 105, 108, 109, 110, 111, 113, 116, 118, 119, 120, 121, 125, 129, 130, 131, 132, 137, 139, 144, 145, 150, 152, 161, 167, 173, 184, 221, 234, 237
Ostrolenka 124, 130
Ostrokollen siehe Scharfenrade, Kr. Lyck
Osthilfe 123, 124, 132
Ostsee 33, 36, 150, 170, 182, 184, 188
Ostwall 141, 142, 143, 152, 158

Paris 110, 113, 117
Parlöwen 61
Passarge 166, 173
Passenheim 27, 58, 68, 75, 99, 135, 155, 158, 159, 182, 210, 211, 219, 229, 249, 250
Paterschoben-See 19
Peipus-See 45
Peitschendorf 18, 134, 179, 182, 208, 218
Pfaffendorf 180
Philippowo 75
Pfalz 80
Piasken siehe Kl. Rauschen
Piasten 130
Piasuchen 236
Pillacker-See 13
Pillau 158, 165, 184
Pissantizen siehe Ebenfelde
Pissek-Fluß siehe Galinde-Fluß
Plotzitznen 64
Plowcer Berg 141
Plock 9, 10, 36, 43, 61, 68, 92, 96
Podersbach, Kr. Treuburg 36
Podlawien 65
Pogesanien 30, 45, 46
Polen 45, 46, 47, 52, 55, 60, 68, 70, 71, 74, 76, 80, 82, 88, 92, 93, 94, 96, 97, 98, 104, 109, 110, 113, 116,

273

118, 121, 122, 130, 137, 148, 164, 188, 192, 193, 200, 203, 211, 221, 227, 232, 233
Polommen 81
Poltawa 195
Pomesanien 30, 46, 56, 67, 82
Pommern 10, 26, 33, 36, 82, 92, 148, 149, 158, 161, 204
Pommerellen 45, 49, 60
Posen 97, 109, 110, 120, 235
Potulic, Lager bei Bromberg 187
Potsdam 180
Prag 83
Praschnitz 129, 130, 137
Praust 170
Prawdzisken siehe Reifenrode, Kr. Lyck
Pregel 17, 47
Preußen 47, 48, 52, 70, 71, 73, 74, 75, 76, 77, 82, 86, 88, 90, 92, 94, 95, 96, 99, 112, 193, 194, 200, 205, 228, 229, 232, 233, 234, 236, 237
Preußischer Landrücken 13
Preußental 179, 218
Pr. Eylau 100, 154, 159, 165, 179, 211
Pr. Holland 11, 48, 72, 152
Pripjet, Sümpfe 33
Proberg 218
Przellenk 57, 83, 100
Puchallowen 101, 103
Pulawy 150
Pultusk 150
Puppen 101, 105, 158, 159
Pustnick, Kr. Sensburg 32, 182

Rastenburg 11, 50, 72, 85, 149, 161, 164, 165, 167, 168, 169, 176, 180, 182, 193, 196, 215, 216, 221
Raszki 145
Rauschken 62
Raygrod 49, 65, 66, 141, 145
Reichenau 155
Reiffenrode 50, 101, 112
Reimannswalde 144, 145, 147, 227
Reuschendorf, Kr. Sensburg 217
Reuschendorf, Kr. Lyck 25, 26, 65, 161, 162, 182
Rheden 45
Rhein 50, 58, 59, 63, 64, 66, 67, 68, 69, 71, 72, 74, 75, 81, 85, 87, 91, 99, 148, 167, 168, 176, 184, 196, 214ff, 221, 231, 232
Rheiner-See 13, 214
Rheinland 235
Rheinswein 62, 68, 209
Rheinsweiner-See 58
Ribben 58, 68, 218, 221
Riedlingen 58
Riesenburg 76
Rieti 45, 67
Riga 47, 137
Rimini 44
Reuß 101, 136, 145

Rössel 11, 67, 109, 111, 117, 119, 144, 147, 158, 167, 172, 180
Rogallen 168
Rogenwalde 58

Rohmanen 27, 209
Rominter Heide 150
Rosenberg 116
Rosch-See 36, 128, 141, 193
Rosinsko 83
Rostken 64
Rotfließ 184
Rotwalde 119
Rudczanny siehe Niedersee
Rudwangen 58
Ruhrgebiet 100
Rundfließ 64
Rübezahl 56, 59, 66
Rußland 10, 94, 95, 96, 103, 108, 123, 137, 182, 185, 202, 211, 221
Rutkowen 61
Rydzewen 83

Saale 33
Saalfeld 67, 72, 201
Sachsen 33, 94, 100, 145, 147, 148, 172, 191, 204, 227
Sachsen-Meiningen 106
Sallenten, Gut am Orlener-See 211
Salpkeim 59, 140
Samaiten 60
Samland 27, 33, 36, 47, 48, 49, 56, 152, 184, 220, 249, 250
Santander/Spanien 18
Sarken 109
Sassen 30, 31, 47, 50, 56
Sawitz-Fluß 227
Schalauen 47
Schareyken 83, 226
Scharfenrade 35, 83, 84, 92, 101, 249
Schimonken 83
Schirwind 143
Schlawe 170
Schlepien, Kr. Treuburg 38
Schlesien 33, 36, 45, 66, 96, 150
Schloßberg 139, 145, 152
Schmieden 182
Schnippen, Kr. Lyck 187, 188
Schöndamerau 68
Schönhöhe, Kr. Ortelsburg 158
Schoß-See 13
Schützendorf 31
Schuttenofen, Kr. Neidenburg 57
Schwarzenofen, Kr. Neidenburg 57
Schweden 74, 146
Schwetz 158
Schweiz 80, 146, 188
Schwentainen 83, 135, 159, 226
Sczuplinen 83
Seebren 102
Seeburg 102
Seedanzig 159
Sedden 83
Seedranken 88
Seehesten 11, 58, 59, 61, 62, 63, 68, 69, 70, 71, 74, 85, 87, 91, 92, 179, 181, 217ff, 220, 221, 231
Seesker Berg 10, 11, 13, 15, 224
Selbonken 182
Selment-See 141
Senkitten 169
Sensburg 13, 53, 58, 68, 72, 74, 75, 83, 87, 94, 98, 99, 101, 111, 112,

119, 122, 124, 126, 127, 130, 134, 135, 144, 148, 158, 161, 167, 168, 172, 179ff, 184, 189, 208, 216, 217, 218, 236
Sibirien 182
Siebenbürgen 44
Sirgune (Sorge-Fluß) 43
Skandinavien 40
Skomanten 40
Skomant-See 39, 48
Skomatzko siehe Dippelsee
Skottau 68, 101, 102
Skurpien, Kr. Neidenburg 39, 68, 101
Soldau 7, 27, 49, 50, 52, 57, 59, 60, 62, 68, 72, 75, 91, 94, 99, 102, 106, 109, 110, 137, 141, 150, 152, 154, 155, 205, 206, 214, 230, 231, 249, 250
Sonntag-See 38
Sorquitten 58, 68, 179, 182, 218, 221
Sorquitter-See 13
Sowjetrußland 121, 130, 184
Sowjetunion siehe Sowjetrußland
Spanien 146
Spirding-See 9, 13, 31, 36, 37, 48, 50, 73, 126, 127, 128, 179, 190, 193, 209
Spirgsten 175
Sudauen 47, 50, 75
Sudauischer Winkel 48, 49
Suleiken, Kr. Treuburg 37, 172
Sunowo-See 68, 200
Suwalki 10, 13, 36, 66, 137, 138, 141, 145, 172, 227
Stangenwalde 172, 180, 182
Staßwinnen, Kr. Lötzen 18, 19, 22, 67
Statzen, Kr. Treuburg 37, 172
Steinort 126
Stettin 82, 95, 170, 185
Steynio, Kr. Pr. Eylau 48
Stollendorf 167, 168, 169
Stolp 167, 170, 180
Stradaunen, Kr. Lyck 24, 56, 60, 64, 65, 66, 67, 68, 70, 71, 80, 81, 92, 202, 225
Stürlack, Gr. + Kl. 59, 68, 179
Stuhm 116
Stutthof bei Danzig 168, 184
Swerstätten 59
Swinemünde 170
Sypittken, Kr. Lyck 37
Szepanken 61

Tafelberg am Löwentin-See 43
Talussen 109
Talter Gewässer 13, 126, 127
Tannenberg 11, 13, 55, 59, 102, 104, 130, 155, 198, 199, 204, 207, 224, 231
Tannenberg-Denkmal 109
Tapiau 48, 104
Tauroggen 96
Teichwalde, Kr. Treuburg 37
Teterow 170
Thalheim 101
Theerwisch 68

Thorn 36, 45, 49, 60, 92, 102, 141, 150, 158, 204, 224
Thüringen 33, 144, 147, 148, 167
Thurau 102
Tilsit 76, 83, 94, 96, 134
Tirklo-See 193
Tolkemit 150, 152
Torgau 184
Trakehnen 78
Trentowken, Gut, Kr. Lyck 80
Treptow 170
Treuburg 11, 15, 16, 37, 38, 60, 64, 66, 68, 72, 74, 83, 84, 88, 99, 100, 101, 104, 106, 111, 119, 121, 122, 134, 135, 136, 138, 139, 144, 145, 147, 148, 161, 164, **172ff**, 179, 181, 189, **224ff**, 238
Turoscheln 101, 102

Ukta 14, 127, 135, 182, 221
Ungarn 150
Union der Sozialistischen Sowjetrepubliken siehe Sowjetunion
Upalten 18, 24, 126, 175
USA 110, 184

Vereinigtes Königreich siehe Großbritannien

Vereinigte Staaten von Amerika siehe USA
Versailles 108, 109, 111, 112, 113, 130, 131, 132

Wachteldorf 136
Wagenauer Kanal 128
Waldersee, Kr. Johannisburg 25, 91
Wallenrode 134, 135, 226, 248
Waltersdorf 145
Waplitz 19, 102
Warmien 45
Warpuhnen 58, 101
Warschau 36, 61, 74, 92, 110, 112, 118, 120, 141, 207, 211,
Warschau-See 193
Warthe 36, 61
Wehlau 76
Weichsel 9, 13, 17, 27, 30, 33, 45, 49, 102, 121, 141, 150, 152, 158, 170, 173
Weißrußland 48
Weißuhnen 101, 161
Wersteinen 58
Westfalen 235
Westpreußen 10, 49, 105, 109, 110, 121, 151, 184, 186

Widminnen 37, 66, 71, 83, 93, 133, 148, 167, 168, 175, 182, 224, 227, 228
Wielitzken siehe Wallenrode
Wien 96
Wiersbinnen siehe Stollendorf
Wiesenfeld, Kr. Neidenburg 25
Wildenheim 68, 101
Wilhelmstal 101
Willenberg 57, 68, 72, 73, 75, 81, 90, 91, 96, 99, 103, 158, 182, 211, 212, 214, 250
Willkassen, Kr. Treuburg 66
Wischniewen siehe Kölmersdorf
Wittenberg 83
Wizno 143
Woeterkeim 187
Wolgast 170
Wollin 170
Wondollek, Kr. Johannisburg 90
Wormditt 148, 203
Woszellen siehe Neumalken
Wuppertal 106
Wystiter-See 50

Zeysen 65
Zichenau 150, 154
Zinten 72, 129
Zondern, Kr. Lötzen 24

DIE GRÖSSTEN SEEN MASURENS

Quellen: a) Fischereistatistische Veröffentlichungen, herausgegeben vom Preußischen Ministerium für Landwirtschaft, Domänen und Forsten, 1931
b) G. Braun, Ostpreußische Seen, Diss. Königsberg Pr. 1903.

	Größe	Tiefe
Spirding-See	105,9 qkm	25 m
Mauer-See	ca. 100 qkm	28,5 m
mit Mauersee, Dargainensee, Dobensee, Kissainsee.		

Neidenburg

Kösnick-(Kosno-)See	5,57 qkm	40 m
Omulef-See	5,01 qkm	10 m
Hartig-See	2,59 qkm	45 m
Malschöwer-See	2,32 qkm	10 m
Kaunen-See (Soldau)	2,09 qkm	—

Ortelsburg

Großer Schoben-See	9,11 qkm	35 m
Großer Kalben-See	5,24 qkm	30 m
Lehlesker-See	4,47 qkm	50 m
Waldpusch-See	4,41 qkm	30 m
Rheinswein-See	2,82 qkm	25 m
Großer Babant-See	2,51 qkm	60 m
Kleiner Schoben-See	2,39 qkm	5 m
Grammer-See	2,31 qkm	20 m
Seedanziger-See	1,90 qkm	6 m
Ratzeburger-See	1,86 qkm	12 m
Markshöfer-See	1,60 qkm	38 m
Großer und Kleiner Lenk-See	1,51 qkm	60 m

Johannisburg

Rosch- oder Warschau-See	22,12 qkm	28 m
Nieder-See	17,94 qkm	25 m
Arys-See	11,42 qkm	29 (Oder 45 m?)

	Größe	Tiefe
Pogobier-See	6,91 qkm	27 m
Warnold-See	4,85 qkm	5 m
Buwelno-See	3,89 qkm	48 m
Kessel-See	2,96 qkm	20,5 m
Ublick-See	2,79 qkm	25 m
Sandek-See	2,72 qkm	35 m
Tuchlinner-See	2,45 qkm	4,5 m
Tirklo-See	2,28 qkm	24 m
Barbensee	2,13 qkm	21 m
Großer Wiartel-See	1,68 qkm	25 m

Lyck

	Größe	Tiefe
Laschmieden-See mit Uloffke- und Reckent-See	12,19 qkm	39 m
Großer Selment-See	11,2 qkm	20,5 m
Statzer-, Wachteldorfer- und Raygrod-See im größeren Teil in Polen liegend	15,2 qkm	25 m
Sonntag-See	5,87 qkm	25 m
Druglin-See	4,89 qkm	3 m
Lyck-See	4,09 qkm	57 m
Großer Margen-See	2,19 qkm	9 m
Lipinsker-See	2,17 qkm	22 m
Skomentner-See	1,90 qkm	4 m

Treuburg

	Größe	Tiefe
Haschner-See	5,61 qkm	30 m
Großer Schwalg-See	2,25 qkm	20 m
Herzogshöher-See	2,24 qkm	35 m
Treuburger-See	2,12 qkm	36,5 m
Herzogskirchener-See	2,10 qkm	19,5 m
Großer Meruner-See	1,98 qkm	24 m

Lötzen

	Größe	Tiefe
Löwentin-See	24,62 qkm	37 m
Rheinischer-See	11,30 qkm	47 m
Deyguhner-See	8,36 qkm	45,2 m
Widminner-See	5,68 qkm	10 m
Jagodner-See	4,82 qkm	34 m
Gablick-See	3,95 qkm	10 m
Kruglinner-See	3,38 qkm	22 m
Taita-See	3,23 qkm	29 m
Martinshagener-See	3,09 qkm	48 m
Kleiner Talter-See	3,07 qkm	35 m
Ublick-See	2,79 qkm	25 m

	Größe	Tiefe

Sensburg

	Größe	Tiefe
Talter Gewässer	19,— qkm	51 m
Beldahn-See	13,5 qkm	33 m
Nikolaiker-See	7,32 qkm	45 m
Mucker-See	6,89 qkm	15 m
Juno-See	3,56 qkm	35 m
Salent-See	3,08 qkm	22 m
Gehland-See	3,04 qkm	28 m
Ixt-See	2,03 qkm	25 m
Schoß-See	2,59 qkm	30 m
Weiß-See	2,36 qkm	15 m
Sorquitter-See	2,12 qkm	26 m
Pillacker-See	2,07 qkm	30 m
Gr. Sisdroy-See	1,90 qkm	25 m

VERLAG GERHARD RAUTENBERG
Postfach 1909 — 2950 Leer/Ostfriesl. — Fernruf (0491) 4288

Dietrich Weldt
Ostpreußen — damals und heute
128 Seiten, davon 96 Seiten Schwarzweiß-Fotos: Alte Aufnahmen in der Gegenüberstellung mit neuen. 32 Seiten farbige Aufnahmen. Format 19,5 x 27 cm, Leinen, farbiger Schutzumschlag

Ruth Geede
Wie Blätter im Wind
Roman aus dem alten Ostpreußen, 200 Seiten, gebunden, Leinen mit farbigem Schutzumschlag

Helmut Peitsch
Verlassen in der Heimat
Deutsche Schicksale in Ostpreußen heute. 186 Seiten, broschiert, viele Bilder